BIG HISTORY

BIG HISTORY

From The Big Bang To The Present

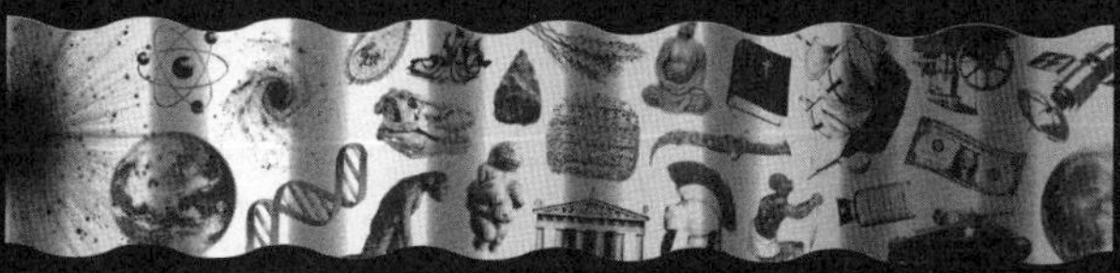

빅히스토리

빅뱅에서 현재까지 :
인간은 어디에서 와서 어디로 향하고 있는가

신시아 브라운 지음 | 이근영 옮김

바다출판사

균형 잡힌 정확한 세계사라면

반드시 자연환경을 고려해야 하며,

수없이 다양한 방법으로

자연환경이 인간의 활동에 미친 영향과

인간의 활동이 자연환경에 미친 영향을

고려해야만 한다.

J. 도널드 휴스 편저, 《지구의 얼굴: 환경과 세계사》

한국어판 서문

제 책의 새로운 한국어 번역판에 서문을 쓰게 돼서 기쁩니다. 이 책이 나온 후에 빅히스토리에 대한 많은 책들이 나왔고 빅히스토리를 공부하는 사람들의 숫자도 크게 늘어나고 있습니다.

현재 가장 많은 학교에서 교재로 사용되고 있는 데이비드 크리스천 David Christian의 《시간의 지도: 빅히스토리Maps of Time: An Introduction to Big Bang》를 비롯해, 프레드 스피에르Fred Spier 《빅히스토리, 그리고 인류의 미래Big History and the Future of Humanity》가 대표적인 책이고 2014년에는 데이비드 크리스천과 저 그리고 다른 저자들이 공동으로 참여해 미국에서 대학 교재 수준의 《빅히스토리: 아무것도 없는 것과 모든 것의 사이Big History: Between Nothing and Everything》를 출판하기도 했습니다.

데이비드 크리스천은 호주의 매쿼리대학에 빅히스토리 연구소를 만들어 빅히스토리에 대한 다양한 교육 동영상을 제작해 보급하고 있습니다. 또 암스테르담대학의 빅히스토리 연구자들도 영어로 된 빅히스토리 관련 동영상들을 만들어 보급하고 있습니다.

빌 게이츠가 재정을 지원하고 데이비드 크리스천이 프로그램을 만든 빅히스토리 프로젝트Big History Project는 빅히스토리를 가르치는 선생님들에게 아주 훌륭한 온라인 교과 과정을 제공하고 있습니다. 미국의 1,300개 고등학교를 포함해 전 세계의 1,700개 학교에서 6만 4,000명의 학생들이 빅히스토리 프로젝트가 만든 교과 과정으로 빅히스토리를 공부하고 있습니다.

빅히스토리가 무슨 도움을 줄지 궁금해 하는 독자들도 있을 것입니다. 빅히스토리는 과학과 인문학을 통합해 인류 전체의 기원을 탐구하는 것입니다. 빅히스토리는 인류가 하나의 생물 종으로 지구와, 그리고 더 나가서는 우주 전체와 아주 밀접하게 연결되어 있다는 것을 보여줍니다. 따라서 지구에 살고 있는 사람이라면 누구라도 인류 전체가 공유하고 있는 기원에 대한 이야기를 배울 기회가 있어야 한다고 생각합니다.

빅히스토리는 아주 많은 정보와 지식을 포함하고 있지만, 독자들은 모든 사실들을 기억하려고 애쓸 필요는 없습니다. 중요한 점은 전체 이야기의 흐름입니다. 우주가 만들어질 때부터 현재까지 이어진 복잡성의 증가를 이해하면서 그 안에서 인간이라는 종의 위치를 파악하는 것이 사실들을 기억하는 것보다 중요합니다. 현재 인간은 지구의 기후와 시스템 자체를 바꿀 정도로 막강한 힘을 갖게 되었습니다. 인간이 어떻게 그런 힘을 갖게 되었는지 그리고 그 미래는 어떤 모습일지도 빅히스토리가 이해하고자 하는 이야기의 일부입니다.

이 책을 통해 독자들이 빅히스토리가 묘사하는 거대한 이야기 안에서 어떻게 자신의 삶을 살아야 할지를 고민하기를 바랍니다. 그런 고민을 통해 인류가 가까운 장래에 자신들의 삶의 터전인 지구를 파괴하지 않고 지속 가능한 삶을 유지할 수 있는 방법을 찾을 수 있다면 빅히스토리가 큰 기여를 한 것이라고 생각합니다.

한국의 독자들이 이 책을 통해 빅히스토리를 좀 더 쉽게 이해하기를 바라며, 데이비드 크리스천의 《시간의 지도 : 빅히스토리》를 한국어로 번역해 빅히스토리를 한국에 소개한 이근영 빅히스토리 연구소 소장이 이 책을 번역해준 것에 감사드립니다.

목차

초판 서문

《빅히스토리Big History》는 간결하고 이해하기 쉬운 용어로 빅뱅에서 현재에 이르는 과학적 창조의 이야기를 기록한 책이다. 나는 인간 지식의 다양한 분야들을 엮어 하나의 매끈한 이야기로 만들었다.

독립된 학문 분야로서 역사는 보통 약 5500년 전의 문자 기록에서 시작된다. 그러나 이 책에서 나는 과학적 방법으로 우리가 현재 알고 있는 한계까지 '역사'의 대상을 확장했으며, 단순히 기록된 문서에만 얽매이지 않고 이용 가능한 모든 자료와 증거를 이용했다. 역사는 과학적 작업의 한 부분이다. 따라서 인간이 밝혀낸 이야기를 구태여 두 부분으로 나누어 하나는 '과학'이라 부르고, 다른 하나는 '역사'라고 부를 정당한 이유는 없다.

기록으로 남아 있는 5000여 년의 역사는 지구 일생의 단지 100만분의 1 정도만을 말해주고 있기 때문에, 우리의 이야기는 그보다 훨씬 더 과거로 확장되어야 한다. 우리가 살고 있는 세계가 어떤 모습이고 인간은 도대체 어떤 생물인지를 이해하려면, 기록된 역사 이전의 일들을 살펴보아야 한다.

'과학'과 '역사'를 나눌 이유가 없듯이, '과학'과 '종교'를 나누어 이름붙일 그럴듯한 이유도 없다. 지난 50여 년간 과학자들은 우리가 어디에서 왔고 어떻게 여기 왔으며 어디로 가는지, 즉 우주의 기원에 대한 검증가능하고 또 상당 부분 검증된 설명을 만들어왔다. 그것이 우리 시대의 창조론이다. 다시 말해 근대 과학의 발견을 토대로 삼고, 제트기로 여행을 하고, 심장 이식을 하고, 인터넷을 사용하는 현재의 창조론인 것이다. 물론 우리가 살고 있는 세상이 영원히 존재하지는 않겠지만, 그것이 현재의 모습으로 존재하는 동안만큼은 과학적 창조의 이야기가 우리의 창조 이야기다.

이제 우리는 우주의 시간대(우주의 시작과 중간, 그리고 끝)에 대해 과학 용어를 통해 생각할 능력을 갖게 되었으며, 그에 따라 우리가 살고 있는 행성인 지구의 이야기를 보다 큰 맥락 안에 집어넣을 수 있게 되었다. 생각과 상상력의 힘으로 우리가 알게 된 그런 거대한 규모의 이야기를 달갑지 않게 여기는 사람들도 많다. 그러나 나를 포함한 또 다른 많은 사람들은, 인간으로서 우리 존재가 갖는 중요성은 거대한 우주의 규모와 비교한다고 해서 감소하는 것이 아니라 오히려 증가한다고 생각한다. 나는 현재 우리가 알고 있는 사실들에 대해 논쟁을 벌이거나 어떤 사실에 대한 여러 상반되는 반응들을 조화시키려고 하기 보다는 사실 그대로를 전달하려고 노력했다. 물론 사실이란 늘 변한다는 점도 염두에 두면서 말이다.

독자들은 필자의 전체적인 접근 방법이 무엇인지에 대해 궁금해 할 수 있다. 어떤 이야기든 간에 거기에는 반드시 줄거리나 구성이 있다. 그리고 이 책과 같은 거대한 역사, 즉 '빅히스토리'를 쓰는 저자라면 누구나 나름대로의 강조점과 독특한 목소리를 갖고 있다.

나는 과학계에서 충분히 받아들여지고 있는 정보와 이론만을 사용하고, 가능하면 거기에 개인적 의견을 개입시키지 않으려고 노력했다. 나는 이야기를 하려는 것이지 논쟁을 하려는 것이 아니기 때문이다. 또 나는 역사학자기 때문에 인간의 역사에 대해 지질학자나 생물학자보다 더 많은 비중을 두어 이야기했다. 그리고 역사의 모순과 복잡성을 지나치게 훼손하지 않는 범위 안에서, 가능하면 이야기를 단순화하려고 노력했다. 나는 역사에서 가장 기본적인 요소들이라고 생각하는 기후, 음식, 성, 무역, 종교, 사상, 제국, 문화 등에 대해 많은 것을 언급하려고 노력했다.

어떤 이야기라도 종잡을 수 없는 것이 되지 않으려면 잠재적인 강조점들이 반복되어 나타나기 마련이다. 이 책에 숨어 있는 근본적인 주제는 지구가 인간에게 미친 영향과 인간의 행동이 지구에 미친 영향이다. 지구와 그 위에 사는 인간의 이야기를 함께 묶으면서, 나는 인간이 후손을 늘리기 위해 취한 행동이 지구의 환경과 지구에 사는 다른 생명체들을 심각한 위기에 몰아넣었다는 사실을 깨달았다. 한 줄로 요약하자면 그것은 '인간의 진보'가 아니라 '인간의 증가'에 대한 이야기다.

그 주제는 내가 이야기를 쓰기 전에 생각했던 것이 아니라 이야기를 쓰면서 자연스럽게 드러났다. 보다 정확히 말하자면, 그 주제는 내가 인간에 대한 거대한 이야기를 농업의 시작부터로 한정 짓지 않으면서도, 가능하면 간결하게 말하려고 노력하자마자 수없이 반복돼 나타났기 때문에 발견할 수 있었던 것이다. 인간이 정말 어떤 일을 해왔는지는 보다 긴 시간의 틀 속에서만 드러난다. 나 자신도 이야기를 시작하고서야 비로소 인간이 한 일에 대해, 전부는 아니지만 부분적으로나마 깨닫게 되었다.

내가 지금처럼 거대한 이야기를 하나로 묶는 데 가장 큰 자극을 준 사람은 데이비드 크리스천이다. 그는 1975년부터 2000년 사이에 오스트레일리아 시드니에 있는 매쿼리대학에서 러시아와 유럽의 역사를 가르쳤다. 1989년에 크리스천 교수는 동료들에게 자신이 생각하는 역사학의 바람직한 입문 과정이 어떤 것인지를 보여주기 위해 '빅히스토리'라는 이름의 강좌를 개설했다. 한 학기 동안 계속된 강좌는 정말로 맨 처음부터, 즉 우주의 기원에서부터 시작됐다. 그는 창조 신화와 시간에 대한 강의를 했고, 이어 다른 학과 교수들이 자신의 전공 분야를 강의했다. 크리스천 교수는 〈세계사 저널*Journal of World History*〉에 기고한 한 논문에서 그 강좌에 대해 묘사했다. 그 논문은 역사에 대한 내 생각을 새로운 방향으로 바꿔놓았다. '빅히스토리'라는 용어는 그런 방향의 연구를 지칭하기 위해 널리 통용되는 표현이 되었다. 크리스천 교수는 2004년에 《시간의 지도: 빅히스토리》라는 책을 펴냈는데, 이 책은 빅히스토리에 대한 훌륭한 입문서 역할을 하고 있으며 빅히스토리 연구와 관련된 기술적인 문제들에 대해 논하고 있다. 나는 독자들이 읽고 있는 내 책의 초고가 완성될 때까지 그 책을 읽지 않으려고 애썼다.

빅히스토리라는 이름이 생기기 이전의 초기 개척자로는 영국 스완지에 있는 유니버시티칼리지의 클라이브 폰팅Clive Ponting을 들 수 있다. 내가 소중하게 간직하고 있는 그의 책은 《녹색 세계사: 환경과 문명의 붕괴A Green History of the World: The Environment and The Collapse of Great Civilizations》다. 폰팅은 빅뱅에서부터 시작하지는 않았지만 하나의 장 전체를 '역사의 기초'에 할애하고 있으며, 거기서 그는 오랜 시간에 걸친 대규모의 지질학적·천문학적 힘들의 영향에 대해 언급하고 있다.

이 책을 쓰기 위해 웃고 즐길 일도 필요했기 때문에, 나는 래리 고닉Larry Gonick의 《만화로 본 우주의 역사: 빅뱅에서 알렉산드로스대왕까지The Cartoon History of the Universe: From the Big Bang to Alexander the Great》와 에릭 슐만Eric Schulrnan의 《더 짧은 시간의 역사: 빅뱅에서 빅맥까지A Briefer History of Time: From the Big Bang to the Big Mac》라는 두 개의 다른 초기 빅히스토리들도 열심히 탐독했다.

빅뱅에서 시작해서 현재에 이르는 역사를 다루는 빅히스토리는 아직까지 세계사의 작은 하부 분야에 불과한데, 세계사조차도 1990년 봄에서야 독자적 학회지가 시작된 분야다. 빅히스토리는 아직 독자적 학회지가 없으며, 대학에서 빅히스토리를 드러내놓고 실제로 가르치는 연구자들은 전 세계를 다 털어도 극소수에 불과하다. 세계사나 세계종교에 대한 입문 과정으로 우주의 역사나 지구의 역사를 덧붙이는 교수들은 일부 있을 수 있다. 그렇다면 빅히스토리의 초기 연구자인 필자가 어떻게 학문적 장애와 규제를 피해서 그것을 가르치고 책까지 쓸 수 있었는지 궁금해 하는 독자가 있을지도 모르겠다.

그 질문에 대한 답은 우리 어머니인 루이스 스토크스에 대해 말하는 것으로 시작해야 할 것 같다. 왜냐하면 천문학과 지질학, 생물학, 세계종교 등에 대해 갖고 있던 어머니의 광범위한 지적 관심을 통해 내 진로가 결정되었기 때문이다. 1930년대에 어머니는 중학교 생물 교사로 일하셨는데, 진화론을 생명의 근본원리로 받아들였고 내 주변 세계를 진화론을 통해 설명해주셨다. 따라서 빅히스토리는 내게는 자연스러운 사고방식이 되었고, 그것은 내가 어머니로부터 받은 선물이었다.

켄터키 주 서부의 작은 마을에서 성장한 나는 미국 한복판에서 두 부류의 문화를 경험했다. 부모님은 장성할 때까지 위스콘신 주 남부에서 자라셨지만 1935년 결혼한 후에는 켄터키 주 동부로 이주했으며, 아버지는 거기서 산을 뚫고 길을 내는 일을 하셨다. 내가 태어난 해인 1938년에 부모님은 켄터키 주 서부의 매디슨빌에 정착했고, 아버지는 할아버지·할머니와 함께 조그만 탄광을 사서 운영하셨다. 그분들은 마치 특이한 남부 문화 속으로 이민 온 사람들 같았는데, 아버지는 남부 문화에 완전히 적응했지만 어머니는 고향인 위스콘신의 전통과 가치를 고수하셨다. 따라서 내게는 복합적 관점들이 자리 잡게 되었고, 아버지의 영향을 받아 이야기를 하는 것도 좋아하게 되었다.

나는 어머니와 더 가까웠기 때문에 노스캐롤라이나 더럼에 있는 듀크

대학에서 대학 시절까지 보냈으면서도 한 번도 남부 사람이라고 느껴본 적이 없었다. 그 후 나는 존스홉킨스대학에서 교육학 석사 학위를 받았고, 메릴랜드의 볼티모어에서 고등학생들에게 세계사를 가르치기 시작했다. 나는 존스홉킨스대학 교수들의 격려와, 우드로윌슨재단 및 미국여대생연합회AAUW에서 주는 장학금의 도움을 받아 1964년에 존스홉킨스대학에서 교육사로 박사 학위를 받았다. 그때 내 논문 주제는 19세기 초에 최초로 독일 대학에 유학했던 네 명의 미국 학생에 대한 것이었다.

나는 박사 학위를 받고 3개월 후에 첫째 아들을 낳았고, 2년 후에는 내 첫 번째 남편이 평화봉사단 의사로 일하고 있던 브라질의 포르탈레자에서 둘째 아들을 낳았다. 브라질에서의 2년은 내가 갖고 있던 문화에 대한 생각들을 무너뜨렸고, 세계사에 대한 내 시각을 열어주었다. 내 첫 번째 책은 브라질의 위대한 교육자 파울루 프레이리Paulo Freire에 대한 것이었는데, 그는 내가 헤시피에 거주하기 1년 전에 그곳을 떠나 볼리비아로 망명을 했다.

브라질 생활을 청산한 후 나는 볼티모어에서 아이들을 키우며 지내다가 1969년에 버클리로 이사를 해서, 이전에 내가 경험했던 것보다 훨씬 더 개방적인 문화 속에서 새로운 생활을 시작했다. 그곳의 문화는 뉴욕 시와 유럽, 그리고 태평양권의 문화에 가까웠다. 당시는 다문화주의Multiculturalism가 시작되고, 스튜어트 브랜드Stuart Brand가 《지구 카탈로그Whole Earth Catalogue》(1968)를 출판했으며, 최초로 우리의 허약한 행성인 지구가 우주 공간에 떠 있는 귀중한 사진들이 촬영된 중대한 변화의 시기였다.

1981년에 나는 캘리포니아에 있는 도미니칸대학 교육대학에서 전업으로 가르치는 일을 시작했고, 그 뒤에는 도미니칸칼리지에서 단일 주제를 가르치는 프로그램을 운영했다. 그때 나는 《세계사 저널》을 처음부터 모두 받아 보았으며, '마린 국제 교육Global Education Marin'으로 불리던, 교사들을 위한 연수 프로그램을 통해 교사들이 자신의 교육 내용에 전지구적 시야를 도입하는 것을 도와주었다. 이 프로그램은 후에 스탠포드 대학을 중심으로 캘리포니아 주 전체에서 시행된 국제학 프로그램의 일부가 되었다. 그런 과정을 통해 나는 세계사라는 학문의 발전을 지켜볼 수 있었고, 그 과정에서 크리스천 교수의 논문도 읽게 되었다.

빅히스토리에 대해 새롭게 관심을 갖게 되면서, 나는 그것에 대한 내 생각을 표현할 방법을 찾게 되었다. 1992년 봄에는 역사학과에서 '콜럼버스와 그의 세계'라는 강의를 했고, 1993년에는 초등학교 교사가 되려고 준비하는 학부생들에게 세계사 과목을 가르쳤다. 나는 폰팅의 책을 교재로 사용하면서 빅뱅과 생명의 진화에 대한 나 자신의 해석으로 강의를 시작했으며, 학생들에게는 빅뱅에서 현재에 이르는 시간대를 구성해 보도록 했다. 학생들은 열성적으로 강의를 듣기는 했지만, 그것에 매혹되지는 않았다. 빅히스토리에 매료된 것은 나뿐이었다.

교육학부에 상근하게 된 후 안식년을 얻을 기회가 되었을 때, 나는 세계사를 쓰겠다는 제안을 했다. 교수들 중 반 정도는 좋은 생각이라고 보았지만 나머지는 말도 안 되는 소리라는 반응을 보였다. 그래서 나는 안식년을 얻기 위해 세계사를 기술하는 것을 잠시 포기하고 《인종주의를 거부하며: 백인 동맹자들과 민권을 위한 투쟁Refusing Racism: White Allies and the Struggle for Civil Rights》을 집필했다.

상근으로 가르치는 것을 그만두고 잠시 쉰 후에 내가 유일하게 하고 싶었던 일은 이 책을 쓰는 것이었다. 나는 어머니가 돌아가신 후 2002년 9월부터 이 책을 쓰기 시작했고, 2004년 12월에 초고를 끝냈다. 그 과정에서 내가 20여 년간 모아온 〈뉴욕 리뷰 오브 북스The New York Review of Books〉에 실린 기사들을 이용했는데, 밥 실버스Bob Silvers와 바버라 엡스타인Barbara Epstein의 도움을 받았다. 또한 많은 학자의 훌륭한 최근 책들도 많이 읽었는데, 티머시 페리스Timothy Ferris, 린 마굴리스Lynn Margulis, 스티븐 핑커Stephen Pinker, 제러드 다이아몬드Jared Diamond, J. R. 맥닐J. R. McNeil과 윌리엄 맥닐William H. McNeil, 그리고 데이비드 크리스천의 책들이 그 안에 포함된다.

그러면서 나는 내 생각을 학생들에게 평가받기 위해 역사학과에서 비상근으로 가르치는 일을 다시 시작했다. 나는 초등학교 교사가 될 학생들에게 계속 세계사를 가르치면서, 동시에 서로 다른 세 개의 학과와 함께 '우주 이야기'라는 학제적 주제의 세미나를 개최했다. 이런 학제적 강의를 가능하게 해준 도미니칸대학의 전통에 감사드린다. '우주 이야기'는 내가 진행한 '전 지구 역사'라는 과목과, 자연과학과의 짐 커닝햄Jim Cunningham이 담당한 '지구 위의 생명', 그리고 종교철학과의 필 노백Phil Novak이 담당한 '세계의 종교'로 이루어졌다. 또다시 학생들의 반응은 열광적이었지만, 우리의 시도가 무언가 새로운 것이라는 점에 대해서는 알지 못하는 듯 보였다. 나는 모든 학문적 경계를 뛰어넘는 그 프로젝트를 수행하면서 그들이 보여준 용기와 자신감에 큰 빚을 지고 있다.

이 책은 내가 지금까지 쓴 어떤 책보다 더 많이 나의 동료들과 가족들의 참여로 이루어졌다. 교육학부 학장인 배리 코프먼Barry Kaufman과 역사학과 동료들, 특히 퍼트리샤 도허티Patricia Dougherty와 마틴 앤더슨Martin Anderson은 많은 지원을 해주었다. '마린 국제 교육' 프로그램을 함께 진행했던 낸시 반 레벤스웨이Nancy van Ravenswaay와 앨리스 바톨로뮤Alice Bartholomew, 그리고 론 헤링Ron Herring은 내가 오랜 기간 동안 바른 방향으로 나아갈 수 있도록 지켜주었다. 내 여동생인 수잔 힐과 조카 이안 힐은 기다리기가 지겹다는 듯이 책의 새로운 장이 언제 나오는지를 끊임없이 물어주었다. 로스앤젤레스의 유니버시티고등학교에서 세계사를 가르치는 내 양딸 데버라 로빈스는 나와 대부분의 주제에 대해 토론을 했고 늘 새로운 주제로 나를 이끌곤 했다. 내 아들 이보는 여러 책과 논문들을 소개해주었고, 다른 아들인 에릭은 내게 좋은 음식의 중요성을 깨닫게 해주었다. 엘살바도르에 사는 진이모와 이모부 호르헤 부스타만테는 내게 늘 영감의 원천이 되어주었다. 또한 세계 각지에 퍼져 있는 친구들도 내 작업에 모두 도움을 주었다.

내 원고를 초기에 읽어준 많은 사람들에게도 감사를 드린다. 도미니칸대학에서 물리학과 수학을 가르치는 아미트 시굽타Amit Sengupta 교수는 첫 번째 장을 감수해주었고, 생물학 교수인 짐 커닝햄은 두 번째 장을 읽어주었다. 역사학과의 동료인 마틴 앤더슨은 많은 오류로부터 나를 구해주었다. 종교철학과의 필 노백은 내 책이 담고 있는 유물론적 가정들에도 불구하고 나의 구상 전체를 살펴본 후 내가 자신감을 갖도록 격려해주었다. 세계사학자인 존 미어스John Mears와 케빈 라일리Kevin Reilly는 전문가로서의 조언을 해주었다. 데이비드 크리스천은 표현할 수 없을 만큼 많은 도움을 주었다. 그 이외에도 짐 림, 체스터 보울스, 마고 골트, 케이티 베리, 마를린 그리피스, 조안 린돕, 필립 로빈스, 수전 라운즈, 빌 바너가 내 책의 초고를 읽고 도움을 주었다. 남편인 잭 로빈스 역시 초고를 모두 읽어주었다. 그의 사랑과 후원이 없었다면 이 책은 불가능했다.

열정과 전문성을 갖고 이 책을 만드는 작업을 해준 뉴프레스 출판사의 직원들, 특히 마크 파브르, 멜리사 리처즈, 모리 보톤에게 깊은 감사를 드린다.

그러나 이 책에 담긴 실수와 잘못된 판단은 전적으로 나의 책임이다.

BIG HISTORY

시간과 공간의 깊이

1부

1

팽창하는 우주

137억 년 ~ 46억 년 전

우리 인간은 지구라는 조그만 행성 위에서 우주 공간을 돌면서 태양이라고 불리는 별로부터 나오는 빛과 온기를 매일 조금씩 받으며 산다. 우리는 하루에 약 2,000만 킬로미터의 속도로 우리 은하Milkyway의 중심을 도는데, 우리 은하는 우리 은하대로 각각 약 1,000억 개씩의 별을 가진 1,000억 개 이상의 은하들이 있는 우주를 돌고 있다(그림 1.1).

우리가 빙빙 돌고 있는 이 우주는 약 137억 년 전에 하나의 단일한 점에서 시작되었고, 이후 지속적으로 온도가 낮아지면서 계속해서 팽창하고 있다. 우리가 알고 있는 우주는 세 개의 공간과 하나의 시간이라는 네 개의 차원을 갖고 있으며, 그 안에서 시간과 공간이 서로 연결돼 있다. 다시 말해 현재 우리가 관찰할 수 있는 세 개의 공간이라는 차원에서 우주의 크기는 모두 137억 광년씩이며, 시간의 차원에서 본 우주의 나이는 137억 살이고, 내가 이 책을 쓰고 독자들이 읽고 있는 동안에도 끊임없

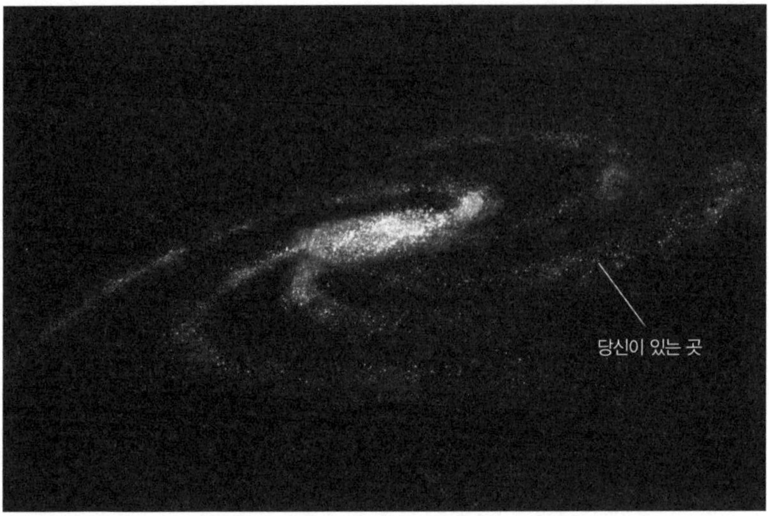

그림 1.1 우리 은하 우리 태양계는 우리 은하의 가장자리 중간쯤에서 회전한다.

이 팽창하며 나이를 먹고 있다.

인간이 지구상에 등장한 이후, 인간은 밤하늘에서 빛을 내는 점들을 두려움과 존경의 마음을 갖고 바라보아 왔으며, 맨눈으로도 알아낼 수 있는 지식들을 가지고 바다를 항해하거나 육지를 여행하거나 미래를 예측해왔다. 그러나 특별한 도구 없이 끝없는 우주의 기원이나 물질의 본질에 대해 많은 사실을 발견하기는 어려웠는데, 우주나 물질의 규모는 우리가 일상에서 접할 수 있는 크기와는 무척 다르기 때문이다. 20세기 후반에 와서야 과학자들은 거대한 규모의 우주와 미세한 물질의 세계를 볼 수 있는 도구들을 개발해내기 시작했다. 최근 들어 우주와 물질에 대한 지식은 엄청나게 늘어났다. 이제는 쉽게 구할 수 있는 도표와 사진들을 보면서 약간의 상상력을 활용한다면, 누구라도 우리들이 살고 있는 놀라운 우주에 대해 이해할 수 있다.[1]

자욱한 안개가 걷히고 차츰 맑아지다

우주의 모든 것은 무척 상상하기 어려운 하나의 사건으로부터 시작됐다. 그것은 빅뱅이었다. 빅뱅이라는 이름은 1952년에 영국의 천체물리학자인 프레드 호일Fred Hoyle이 BBC 라디오에 등장해서 명명한 것이다.[2] 우주는 한 개의 원자만 한 크기였을지도 모르는 하나의 점에서 분출돼 나온 것이며, 그 점 안에는 우리가 알고 있는 모든 물질과 에너지, 공간과 시간이 엄청난 밀도로 함께 응축되어 있었다. 압축되었던 공간은 마치 파도처럼 밀려 나와 지금까지도 모든 방향으로 물질과 에너지를 싣고 퍼지면서 식어가고 있다. 최초에 일어났던 그 팽창의 힘으로 인해 지난 137억 년 동안 수천억 개의 은하들이 생겨났으며, 지금도 그 숫자는 늘어나고 있다. 그렇게 해서 팽창하는 우주가 시작됐다.

그렇다면 도대체 어디서 그 분출이 일어났을까? 답은 우리들 각자가 지금 있는 곳까지를 포함한 우주의 모든 곳이라고 할 수 있다. 왜냐하면 우리가 분리되어 있다고 생각하는 모든 장소가 태초에는 같은 장소였기 때문이다.

최초의 우주는 '우주원형질cosmic plasma'이라는 물질로 이루어져 있었는데, 온도가 대단히 높아서 어떤 구조를 갖고 있었는지 알 수 없다. 수조 도에 이르는 높은 온도에서는 물질과 에너지의 구분이 불가능하다. 따라서 그런 상태에서는 아무도 에너지가 무엇인지 모르지만, 물질이 에너지가 쉬고 있는 상태라는 것만큼은 명백하다. 우주가 식어가면서 우리가 알고 있는 물질의 구성 요소들 중 가장 작은 쿼크quark가 세 개씩 뭉쳐져 양성자와 중성자를 만들어내기 시작했다(그림 1.2). 그것은 빅뱅이 일어난 지 약 10만분의 1초가 지난 후 우주의 온도가 태양 내부 온도의 약 100만 배 정도로 내려갔을 때 일어났다. 그로부터 100분의 1초쯤 후에 양성자와 중성자가 함께 모여 지금까지 알려진 것들 중 가장 가벼운 원소인 수소와 헬륨의 핵이 만들어진다.

빅뱅이 일어난 후 채 1초가 지나기 전에 물질을 지배하는 네 개의 기본적인 힘인 중력 전자기력, 강핵력, 약핵력이 나타난다. 그중에서 가장 약한 힘이 중력이다. 중력은 뉴턴의 중력이론과 아인슈타인의 일반상대성이론에 의해 묘사되기는 했지만, 여전히 정확히 정의되지 않고 있다. 전자기력은 전기와 자기의 힘이 합쳐진 것이다. 네 개의 힘 중 가장 강력한 강핵력은 쿼크를 양성자와 중성자 안에 가두어두고 양성자와 중성자를 원자의 핵 속에 묶어두는 힘이다. 약핵력은 방사성 원소들의 자연 붕괴(원자핵의 붕괴)를 일으킨다. 과학자들은 그 네 개의 힘이 모두 어떤 하나의 힘의 양상들일 것이라고 믿고 있지만, 아직까지는 그것들을 통합하는 이론을 만들어내지 못하고 있다.

네 개의 힘이 완벽한 균형을 이루고 있기 때문에 우주가 현재와 같은 상태로 존재하고 팽창한다. 만약 중력이 조금이라도 더 강력했다면 모든

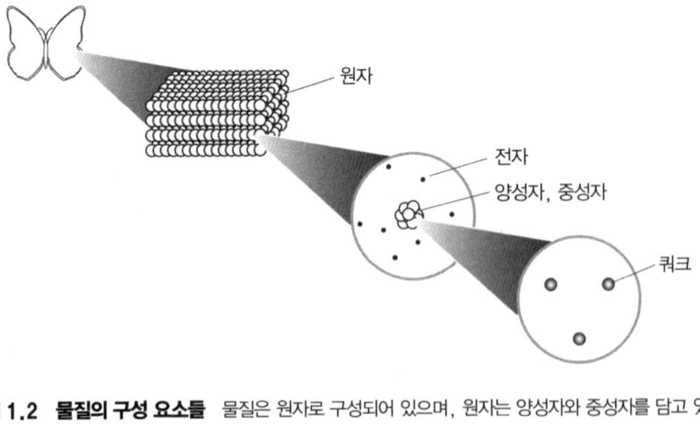

그림 1.2 물질의 구성 요소들 물질은 원자로 구성되어 있으며, 원자는 양성자와 중성자를 담고 있는 핵을 도는 전자들로 구성된다. 양성자와 중성자는 쿼크로 이루어져 있다. 쿼크보다 더 작은 물질의 구성 요소가 있는지는 현재 알려져 있지 않다.

물질은 스스로 붕괴되고 말았을 것이다. 반대로 중력이 조금이라도 약했다면 원자조차 형성되지 못했을 것이다. 또 우주의 온도가 조금 더 천천히 식었다면 양성자와 중성자는 헬륨과 리튬을 만들어내는 데 그치지 않고 철을 만들어낼 때까지 계속해서 결합했을 텐데, 철은 별과 은하를 만들어내기에는 너무 무거운 물체다. 네 개의 힘 사이에 존재하는 이런 절묘한 균형이야말로 우주가 유지될 수 있는 유일한 방법으로 보인다. 그래서 과학자들은 현재의 우주가 살아남기 전에 많은 우주가 존재했다가 사라졌을지도 모른다고 생각한다. 새로 탄생한 우리의 우주는 엄청난 속도로 성장하면서, 생겨난 지 채 1초도 되지 않는 사이에 지금까지도 유지되고 있는 기본적인 속성들을 갖추었다.

빅뱅 이후 약 30만 년 사이의 팽창과 냉각 과정 속에서, 이리저리 미친 듯이 돌아다니던 음전기를 띤 전자의 속도가 줄어들었다. 양성자와 중성자로 된 원자핵은 양전기를 띠고 있었다. 전자의 속도가 충분히 줄어들자 원자핵이 자기를 이용해 전자를 끌어들일 수 있게 되었으며, 그 결과 가장 가볍고 전기적으로 중성을 띠는 최초의 원자인 수소H와 헬륨He이 만들어졌다. 수소는 하나의 양성자와 하나의 전자로 이루어져 있고, 헬륨은 두 개의 양성자와 두 개의 전자로 이루어져 있다.

수소와 헬륨의 탄생은 우주의 이야기에서 아주 중요한 사건이다. 안정적인 원자가 만들어지기 전까지 우주에는 양전기를 띠거나 음전기를 띤 수없이 많은 입자들이 이리저리 떠다니고 있었기 때문에, 광자photon라고 불리는 아원자 입자들로 구성된 빛이 그 충전된 입자들 사이를 통과할 수 없었다. 왜냐하면 광자는 전기적 성격을 가진 입자들과 상호작용을 일으켜 반사되거나 흡수되기 때문이다. 만약 누군가 당시에 거기 있었다면 우주의 모습은 자욱한 안개나 눈을 뜰 수 없을 정도로 눈부신 눈보라처럼 보였을 것이다.

음전기를 띤 전자와 양전기를 띤 원자핵이 묶여 원자가 형성되자, 빛의 광자들이 자유롭게 돌아다닐 수 있게 됐다. 복사輻射로 인한 안개가 걷힌 것이었다. 물질이 만들어지면서 우주는 점차 맑아지기 시작했다. 누군가 거기 있었다면 우주 전체의 모습을 볼 수 있었겠지만, 당시의 우주는 엄청난 양의 에너지가 통과하는 커다란 수소와 헬륨 구름들이 듬성듬성 보이는 거대한 빈 공간처럼 보였을 것이다.

오늘날 우리는 텔레비전 스크린에 보이는 '강설잡음snow noise'을 통해 빅뱅 때 생긴 광자의 일부를 볼 수 있다. 강설잡음을 보려면 먼저 안테나 선을 뽑고 화면이 나오지 않는 채널에 맞춰야 한다. 강설잡음의 1퍼센트 가량은 빅뱅에서 생긴 빛과 열의 찌꺼기들인데, 그 찌꺼기들이 '우주배경복사cosmic background microwave radiation'를 만들어낸다.[3] 만약 인간의 눈이 극초단파에 민감하다면(다행히도 그렇지 않지만) 우리는 우리 주변에서 발산되는 빛을 볼 수 있을 것이다.

과학자들은 무선통신 장비를 이용해 우주배경복사를 기록해왔다. 1950년대와 1960년대에 물리학자들은 자신들이 우주에 대해 이미 알고 있던 정보를 통해, 우주는 135억 년 동안 온도가 내려가 현재는 절대영도보다 몇 도 정도 높은 온도를 지닌, 태초에 생겨난 광자들로 가득 차 있을 것이라고 생각했다. 1965년 봄에 미국 뉴저지 주의 벨연구소에서 일하던 두 명의 전파천문학자 아노 펜지어스Arno A. Penzias와 로버트 윌슨Robert W. Wilson은 통신위성에 사용할 새로운 극초단파 안테나를 시험하다가 우연히 쉿쉿거리는 잡음 속에 남아 있는 광자들을 찾아냈다. 1989년에 미국항공우주국NASA은 '우주배경복사 탐사COBE' 위성을 발사했는데, 그 위성은 우주에 세제곱미터당 약 4억 개의 광자가 존재하고 있음을 대단히 높은 정확도로 입증하는 자료를 수집했다. 실제로 우주는 빅뱅 이론이 예측한 대로 섭씨 -270.3도쯤의 온도를 가진, 눈에 보이지

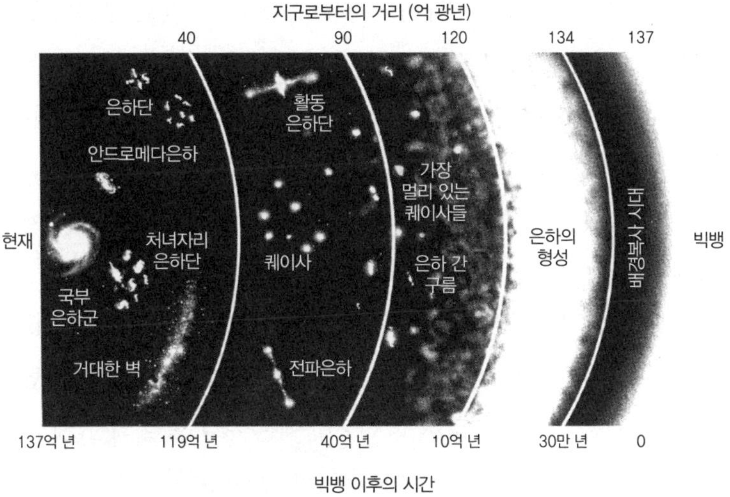

그림 1.3 우주에 대한 우리의 시각 국부은하군에 속해 있는 우리 은하에 위치한 지구에서 보면 우주의 과거를 볼 수 있다. 그 이유는 멀리 있는 은하들의 빛이 지구에 도착하는 데 수십억 년이 걸리기 때문이다. 먼 과거에 우주는 지금보다 훨씬 작았고 은하들과 자주 충돌했다. 퀘이사는 아마도 충돌하고 있는 젊은 은하의 핵으로 생각되는 대단히 멀리 떨어져 있는 물체다.

않는 우주배경복사로 가득 차 있었다.

2002년에 미국항공우주국은 '윌킨슨 극초단파비등방성탐사선WMAP'이라는 약 5미터 길이의 탐사선을 지구에서 150만 킬로미터 밖으로 보냈다. 이 탐사선은 1년 동안 전체 하늘을 타임노출time exposure로 촬영해 빅뱅이 일어난 후 38만 년이 지나 발생한 우주배경복사의 지도를 높은 해상도의 사진으로 보여줌으로써, 다시 한 번 우주의 기원을 설명하는 빅뱅 이론의 정확성을 확인해주었다.

천문학자들에게는 다행스럽게도, 우주와 같이 거대한 규모에서는 거리가 곧 타임머신의 역할을 한다. 어떤 물체가 멀리 있을수록 우리가 보는 것은 그 물체의 더 젊은 시절의 모습이다. 왜냐하면 물체가 멀리 있을수록 거기서 나오는 빛이 지구에 도착하는 데 걸리는 시간이 더 길기 때문이다. 우리는 지금 결코 현재의 우주 모습을 볼 수 없고, 우리가 볼 수 있는 것은 과거의 우주일 뿐이다. 멀리 있는 별과 은하들에서 나오는 빛이 지구에 도착하는 데는, 연간 거의 10조 킬로미터의 속도로 여행한다고 해도 수백만 년에서 수십억 년이 걸리기 때문이다. 따라서 우리는 아주 먼 과거도 볼 수 있다. 또 우리는 배경복사를 통해서 거의 우주가 시작할 때까지 돌아가 볼 수도 있다(그림 1.3).

이렇게 생각해보자. 지구에서 가장 가까운 별인 태양의 빛이 지구에 도달하는 데는 8분 20초가 걸린다. 목성의 빛은 목성이 지구에 가장 가까울 때 약 35분 정도 걸리고, 목성이 지구에서 가장 멀리 있을 때 약 한 시간가량 걸린다. 밤하늘의 별 중에서 가장 밝게 빛나는 시리우스의 빛은 지구에 도착하는 데 8.6년이 걸린다. 즉, 시리우스는 지구에 서 빛이 8.6광년 걸려 도달하는 거리인 약 81조 킬로미터 떨어져 있다. 광학기기의 도움 없이 맨눈으로 볼 수 있는 별들의 빛은 지구에 오는 데 4년에서 4000년까지 걸린다. 우리가 3000광년 떨어져 있는 어떤 별이 폭발하는 모습을 본다면, 그 폭발은 그 빛이 지구에 도착하는 데 필요한 시간인 3000년 전에 일어난 일이다.

나선형 은하 속에서 별들이 반짝이다

앞에서 설명한 대로 우주는 빅뱅 이후 약 30만 년이 지나면서 맑아지기 시작했다. 수소와 헬륨으로 만들어진 거대한 구름들이 떠돌아다니다가 약 1조 개의 작은 구름으로 나뉘었다. 각각의 작은 구름들은 나름대로의 동력을 갖고 있었기 때문에 우주의 팽창에도 불구하고 크기를 유지했고, 그 결과 구름 사이의 거리는 멀어졌다.

우주의 온도가 내려가고 움직임이 진정되면서 수소와 헬륨 구름들은 중력으로 결합해 독자적인 은하가 되었다. 즉, 수소와 헬륨의 원자들이 서로 부딪히는 과정에서 은하가 만들어진 것이다. 원자들이 충돌하면서 그 마찰로 인해 엄청난 열이 생겨났고, 그로 인해 원자는 전자를 잃게 됐다. 그에 따라 수소 핵이 융합을 일으켜 헬륨 이온을 만들어냈다. 이 핵융합반응은, 질량의 손실은 빛의 속도의 제곱을 곱한 만큼의 에너지를 만들어낸다는 아인슈타인의 $E=mc^2$이라는 공식에 따라 엄청난 양의 빛과 에너지를 방출했다. 수소가 타기 시작하면서 초당 수백만 톤의 물질이 에너지로 변화하고 별이 태어났다. 최초의 별들은 빅뱅이 일어난 이후 약 20만 년 무렵에 만들어졌다.

우주는 매우 다양한 크기의 물체들로 가득 차 있다. 그중 가장 큰 물체는 별이며, 별은 스스로 에너지를 만들어낸다. 가장 큰 별들은 우리의 별인 태양보다 20배 정도 더 크다. 우주에서 가장 작은 물체는 현미경으로만 볼 수 있는 먼지 입자들인데, 하루에 수백 톤씩 지구의 대기권에 쏟아져 내린다. 일반 주택의 처마에 쌓인 미세한 흙 속에도 소량의 성간물질이 들어 있다. 행성은 중간 크기의 물체들로서, 스스로 수소융합반응을 통해 에너지를 생산하기에는 크기가 충분치 않다.

별은 다양한 크기와 밀도를 갖고 있으며 시간이 지나면서 한 종류에서 다른 종류로 변화한다. 지구에 가까운 대부분의 별은 적색성인데, 우리가 가장 잘 알고 있는 별인 태양은 수소를 태워 수소융합반응을 일으키는 안정된 황색성이다. 태양은 약 50억 년 후에 수소를 다 태우고 나면 헬륨을 태우는 헬륨융합반응을 일으키게 될 것이다. 헬륨융합은 더 많은 에너지를 만들어내는 더 뜨거운 과정이기 때문에, 태양은 추가로 만들어진 에너지의 압력으로 인해 적색거성이라고 부르는 별이 될 때까지 팽창하게 된다. 그리고 헬륨 연료가 다 타게 되면 적색거성은 백색왜성으로 쪼그라든다. 그 후에는 지구만 한 크기지만 질량은 지구의 20만 배에 달하는 흑색왜성이라고 불리는 재가 될 때까지 서서히 식게 된다. 지금까지는 어떤 흑색왜성도 발견된 적이 없는데, 우주의 나이가 그런 느린 냉각과정을 마칠 정도로 오래되지 않았기 때문이다.

만들어질 때부터 태양보다 큰 일부 황색성들은 태양이 미래에 그렇게 될 것보다도 더 큰 적색거성이 될 것이다. 그런 별들은 적색거성의 시기가 끝나도 곧바로 백색왜성으로 줄어들지 않는다. 그 별들에서 탄소, 질소, 산소, 마그네슘, 그리고 마지막으로 철과 같은 무거운 원소들이 생성돼 태워지기 때문이다. 그런데 철은 별의 연료로 사용될 수 없다. 그 결과 에너지 생산이 중단되고 중력이 우위를 점하게 된다. 그렇게 되면 별의 중심핵이 내파를 일으키고 그것이 표피에 엄청난 폭발을 일으켜 별을 산산조각 내버린다. 그 결과로 별의 중심핵만이 남아 백색왜성이 되거나, 작지만 대단히 밀도가 높은 중성자별이 되거나, 아니면 빛조차도 그 중력장을 빠져나갈 수 없을 만한 밀도를 가진 물체인 블랙홀black hole이 된다. 이런 자기 파괴적인 별의 폭발을 초신성超新星이라고 부른다. 태양보다 최소한 여섯 배 정도 큰 별들만이 초신성이 된다.

초신성은 우주의 생산성에 큰 기여를 한다. 초신성은 일종의 우주 용광로로, 새로운 물질들을 만들어내고 앞에서 본 것처럼 블랙홀을 형성하는 계기를 제공한다. 태양보다 열 배 이상 큰 별이 폭발하면 태양보다 네 배 이상 큰 중심핵이 남게 된다. 그런 상태에서는 중력이 너무 강해서 모든 물질이 사라지고, 빛조차도 빠져나올 수 없을 정도로 강력한 중력장만 있는 블랙홀이 생성된다. 아무도 물질이 어디로 사라지는지 모른다. 블랙홀의 중심부는 '특이점singularity'이라고 불리며, 태양보다 열 배쯤 큰 별이 만들어낸 블랙홀의 지름은 60여 킬로미터 정도에 불과하다. 특이점의 주변에는 그 안에 들어간 모든 것을 블랙홀 속으로 빨아들이는 강력한 중력장이 감싸고 있는데, 그 중력장을 '사상의 지평면event horizon'이라 부른다.

천문학자들은 거의 모든 은하들의 중심에 우리 은하에 있는 것과 같은 거대한 블랙홀이 있다고 추측하고 있다. 태양보다 여섯 배 정도 더 큰 우리 은하의 블랙홀은 남반구에 있는 궁수자리Sagittarius 안에 있는 것처럼 보이기 때문에 '사기타리우스 A(SgA)'라고 불린다. 칠레의 아타카마 사막에 있는 초거대망원경VLT을 통해 10년 이상 작업한 과학자들이 2002년에 그 존재를 확인했다.

거대한 초신성은 블랙홀이 된다. 그러나 태양의 3~6배 정도 질량을 가진 비교적 작은 초신성들은 안에서 내파를 일으키기보다는 밖으로 폭발한다. 불에 타고 있는 중심핵에서는 수소가 타서 헬륨으로 변하고 헬륨이 타서 탄소로 변한다. 핵들은 융합반응을 일으키면서 계속해서 산소와 칼슘, 그리고 원소주기율표를 따라 더 큰 핵들로 변화한다. 일정한 단계에 이르면 거대한 폭발이 일어나 별을 구성하던 대부분의 물질을 가스 형태로 우주 공간에 방출한다. 그러나 그 가스 속에는 수소와 헬륨뿐 아니라 생명을 유지시킬 수 있는 보다 복잡한 원소들이 새롭게 더해진다.

초신성만이 철보다 무거운 물질들을 만들어낼 수 있다. 이런 식으로 약 90억 년의 시간 동안 아주 느리게 원소주기율표의 모든 물질들이 만들어졌다. 지구상에 있는 모든 금 부스러기들은 태양이 생기기도 전에 폭발한 거대한 별들로부터 왔다. 독자들이 손가락에 끼고 있는 금반지의 금은 최소한 45억 년 이상 된 것이다. 그렇게 별의 폭발은 지구의 생명을 가능하게 한 원소들을 만들어냈다. 인간은 우주먼지로 만들어졌다고 볼 수도 있을 것이다.

이제 다시 우리들의 이야기로 돌아가 보자. 빅뱅이 일어난 후 수십만 년이 지난 후에 밀도파density wave가 우주를 돌아다니며 수소와 헬륨 구름을 흔들어 별로 만들면서 은하들이 만들어졌다. 우주 공간은 거미줄 모양을 한, 회전하는 나선형의 은하들 속을 돌아다니는 수십억 개의 별들로 반짝이기 시작했다. 대부분의 은하들은 나선형인데, 우주의 초창기에는 물질의 밀도가 높았기 때문에 은하들이 충돌하는 일이 흔히 있었다. 은하들이 충돌하면 큰 은하가 작은 것을 흡수하기는 했지만, 큰 은하도 본래의 나선형 형태를 유지할 수 없었다. 그 대신 큰 은하는 타원형으로 변해 '타원은하'가 된다. 타원은하는 새로운 별을 만들어내지 못하는데, 가스 구름을 흔들어 새로운 별을 만들어내는 밀도파가 타원은하를 통과하지 못하기 때문이다. 우리 은하가 완벽한 나선형인 것은, 운 좋게도 지금으로부터 약 120억 년 전의 초기 우주에서 상대적으로 덜 붐비는 장소에 있었던 까닭이다.

지금까지 우주의 역사에서 약 3분의 2에 해당하는 초기 90억 년 동안, 우주에서는 상상이 불가능할 정도의 불꽃놀이가 벌어졌다. 은하들은 빙빙 돌면서 부딪혔고, 밀도파가 은하를 통과하면서 새로운 별들을 만들어냈다. 초신성이 폭발해 가스 형태의 원소들을 흩어놓았고, 그 원소들은 다른 초신성의 영향으로 새로운 별이 되었다. 또 초신성의 폭발은 모든 물질을 사라지게 하는 블랙홀을 만들어내기도 했다. 그런 일들이 벌어지는 동안 우주는 계속해서 팽창했고 온도는 내려갔다. 우주는 죽음과 부활, 타락과 우아함으로 반짝이고, 눈부신 아름다움과 창조가 폭력 및 파괴와 번갈아 일어나는 무도회장이었다.

초신성의 파편에서 태양이 탄생하다

지금으로부터 약 46억 년 전에 우리 은하에서 초신성이 폭발해 그 파편으로부터 새로운 별 태양이 생겼다. 그런 사실은 역시 그 초신성에서 유래한 달의 암석과 운석을 통해 알 수 있는데, 그것들은 모두 45억

6000만 년 전에 만들어졌다.

우리의 태양은 평균보다 크고 밝은 별로, 우리 은하의 별들 중 상위 5퍼센트에 해당한다. 또한 우리 은하에서 태양계가 위치한 지역에 있는 별들의 약 3분의 2가 '동반성同伴星'을 갖고 있는 데 반해, 태양은 동반성이 없다는 특징도 있다. 태양은 우리 은하의 중심에서 약 3만 광년쯤 떨어져 있는데, 우리 은하의 나선형 팔 중 한쪽의 약 5분의 2쯤 되는 지점이다. 태양이 우리 은하의 중심을 한 바퀴 도는 데는 하루에 약 2,000만 킬로미터의 속도로 2억 2500만 년에서 2억 5000만 년 정도가 걸린다. 태양은 태어난 후 지금까지 태양계에 속한 행성들과 다른 물체들을 동반해 우리 은하의 중심을 스무 번쯤 돌았다. 그 크기로 짐작해볼 때 태양은 100억 년쯤 타오를 수 있으며, 지금까지 그중 46억 년 정도가 흘렀다.

초기 태양의 주위에는 폭발한 초신성에 의해 생긴 수많은 원소 가스와 성운 먼지 같은 잔존물들이 원반 모양으로 돌고 있었다. 가스 형태의 원소들이 충돌하면서 조그만 알갱이들이 생겨났는데, 그 알갱이들은 불안정했기 때문에 원반 모양을 유지하지 못하고 여러 개의 띠가 만들어졌다. 그런 띠들 내부에서 결합이 일어나면서 행성이 만들어졌다. 네 개의 내행성인 수성, 금성, 지구, 화성은 태양 중력의 영향으로 암석이 많고 무겁게 만들어졌으며, 외행성들인 목성, 토성, 천왕성, 해왕성은 가볍고 가스가 많은 형태로 만들어졌다. 달보다 작은 명왕성은 행성으로 분류되기에는 크기가 충분치 않다는 판정을 받은 바 있다. 지구 질량의 약 300배가 되는 목성은 별이 되기에는 아슬아슬하게 작다.

태양계를 그려내려면 최소한 어떤 도시의 한 구역 정도의 거리를 축척으로 사용해야 한다. 지구를 콩알만 한 크기로 줄인다면, 목성은 거기서 300미터쯤 떨어져 있고 해왕성은 1.6킬로미터 밖에 있게 된다.[4]

초기 단계의 행성들은 가스 상태이거나 용해된 상태였다. 각각의 행성들은 중력의 상호작용을 통해 형태가 만들어졌다. 철과 니켈 같은 가장 무거운 원자들이 행성의 중심핵으로 가라앉았으며, 수소와 헬륨 같은 가벼운 원자들은 외피를 구성했다. 또 불안정한 방사성 원소들에 의해 이런 정적인 중력의 질서가 무너지기도 했다. 방사성 원소들이 떨어져 나오면서 그 에너지로 인해 행성이 뜨겁게 끓어올라 행성 내부의 깊숙한 곳에 있던 물질들을 표면으로 끌어냈다.

작은 행성인 수성, 금성, 화성에서는 약 10억 년 이내에 암석이 만들어지면서 모든 활동이 정지됐다. 반대로 큰 행성인 목성, 토성, 천왕성 해왕성에서는 태양계가 처음 생겨났을 때와 비슷한 펄펄 끓는 가스 활동이 지금까지도 계속되고 있다. 유일하게 지구만이 중력과 전자기력이 균형을 이루는 크기를 갖고 있기 때문에 끓고 있는 중심핵의 주변에 단단한 암석층이 형성될 수 있었다. 또 유일하게 지구만이 태양과의 평균 거리가 약 1억 5,000만 킬로미터 떨어져 있는데, 그로 인해 분자복합체를 형성할 수 있는 온도를 유지할 수 있었다. 태양계에서는 유일하게 지구에서만 화학반응이 계속 변화하며 일어난다.

우리는 지구가 태양을 한 바퀴 도는 양으로 시간을 측정해 1년이라고 부른다. 지구는 태양을 돌면서 동시에 자전축을 중심으로 자전을 한다. 그런데 이 자전축이 약 23.5도 기울어져 있기 때문에 지구의 자기 축은 태양과 직각을 이루지 않는다. 이렇게 경사진 자전축으로 인해 지구가 태양의 한 면을 바라보고 있을 때 지구의 한 반구는 더 많은 햇빛을 받게 되고, 지구가 태양의 다른 면을 바라보고 있을 때는 지구의 다른 반구가 더 많은 햇빛을 받게 된다. 지구 자전축의 경사로 인해 계절이 만들어졌는데, 만약 지구의 자전축이 직각이었다면 북반구와 남반구는 1년 내내 같은 양의 햇빛을 받았을 것이다. 참고로 수평 자전축을 갖고 있는 토성을 제외하고는 태양계의 다른 모든 행성들이 수직 자전축을 갖고 있다.

태어난 후 처음 약 5억 년 동안, 지구는 운석과 소행성의 충돌로 지속적인 충격을 받았다. 이런 초기 충돌이 남긴 흔적을 간직하고 있는 풍경을 보고 싶다면 달의 표면을 보면 된다. 달은 그 크기가 너무 작아서 내부의 열을 곧바로 잃어버려 초기의 표면 상태를 유지하고 있기 때문이다. 그에 반해 지구는 상당히 커서 중심핵이 충분히 뜨거웠기 때문에, 그 열로 초기 충돌로 인한 흔적들을 밤낮으로 끓여 없애 충돌의 흔적이 남아 있지 않다.

지구의 표면에 암석이 형성될 정도로 충분히 식었을 때, 지구 내부로부터 용암이 분출돼 나오면서 메탄, 수소, 암모니아, 탄소 같은 지구 내부의 화학 성분들을 표면으로 함께 내뿜어 지구의 대기를 끊임없이 변화시켰다. 천둥과 엄청난 전기를 띤 번개를 가진 거대한 전기 폭풍이 그런 화학 용기를 뒤흔들었다. 그렇게 다시 약 5억 년의 임신 기간을 거친 후에 지구는 생물 분자들을 만들어낼 준비를 마쳤다.

남아 있는 의문점들

지금까지 이 장에서 한 이야기는 1960년대와 1970년대에 만들어진 이른바 우주의 '표준 모델standard theory'을 통해 현재 과학자들이 알고 있는 내용에 기초한 것이다. 나는 의도적으로 그 내용에서 벗어나지 않으려고 노력했다. 그러나 우리가 알고 있다고 생각하는 모든 것들을 우리가 아직도 모르는 것의 맥락에서 살펴볼 필요가 있다. 답이 제시되지 않은 채 남아 있는 중요한 문제들이 여전히 많기 때문이다.

심지어 달의 기원조차도 아직 분명치 않다. 일부 과학자들은 달이 지구에서 떨어져나간 조각이라고 본다. 하지만 대부분의 과학자들은, 달은 소행성이 지구에 부딪힌 후에 지구의 중력을 빠져나가지 못해 지구궤도를 돌고 있는 것이며, 그때 지구의 자전축이 기울어져 지구에 계절이 생겼다고 생각하고 있다.

대답하기 더 어려운 질문들도 있다. "도대체 어떤 이유로 달의 궤도나 안드로메다은하의 궤도에 똑같은 수학적 공식이 적용될 수 있을까?"라든가, "빅뱅 이전에는 대체 무엇이 있었을까?"하는 질문들이다. 첫 번째 질문에 수학자들은 어깨를 으쓱하며 "신이 수학자"이기 때문이라고 농담처럼 답하곤 한다. 인간이 우주에 대해 무엇이든 이해할 수 있다는 사실, 즉 인간의 정신이 실제와 정확하게 일치하는 방정식을 만들어낼 수 있다는 사실은 정말 놀라울 뿐이다. 두 번째 질문과 그 밖에 다른 질문들을 하나씩 살펴보자.

1. 빅뱅 이전에는 무엇이 있었을까?

아무도 우주의 초기 상태가 어떤 모습이었는지 알지 못한다. 어떤 물리학자들은 이 질문에 대한 답은 인간의 이성과 이론으로는 영원히 찾지 못할 것이라고 믿고 있다. 그러나 그렇다고 이론이 없는 것은 아니다. 펜실베이니아주립대학의 리 스몰린Lee Smolin은 우리의 우주가 만들어진 초기 조건이 다른 우주의 블랙홀 상태였을지 모른다는 이론을 제시하고 있다.[5] 실제로 물질, 에너지, 공간, 그리고 시간이 모두 사라질 때까지 엄청나게 축약된다는 블랙홀에 대한 묘사는, 빅뱅 이론에 따른 우주의 시작 이야기와 비록 정반대이기는 하지만 비슷한 점이 많다. 스몰린의 생각을 연구하는 물리학자들은 물질, 에너지, 공간, 그리고 시간이 우리의 우주에서 빠져나가 다른 곳에서 새로운 우주로 다시 탄생할 수 있다는 이론도 만들어냈다. 어쩌면 우리는 서로가 서로를 만들어내는 '다중우주multiverse' 중 하나의 우주에 살고 있는지도 모른다. 스몰린의 이론은 다중우주론에 기초한 현재의 여러 가지 이론적 가설 중 하나다.

2. 우주는 최초에 어떻게 팽창하기 시작했을까?

우주 팽창을 설명하는 신빙성 있는 가설 중 하나에 따르자면 우주는 존재하기 시작한 최초의 순간에 빛의 속도를 훨씬 뛰어넘는 속도로 기하급수적으로 팽창해 일정한 시간마다 그 반경을 계속해서 두 배씩 늘렸다고 한다. 그러나 이런 발작적 팽창은 우주 탄생 후 채 1초도 안 돼 끝이 났으며, 그 후로 우주는 안정적인 선형 팽창률을 보이는 단계로 정착했다가 지금으로부터 약 50억 년 전부터 그 팽창 속도가 다시 빨라지기 시작했다고 한다. 이런 '급팽창 가설Inflationary hypothesis'은 빅뱅 이론의 몇 가지 문제를 설명하는 데 도움을 주기는 하지만, 아직 확실하게 정립된 것은 아니다.

3. 거대한 우주를 다루는 일반상대성이론과 우주의 미시적 속성을 다루는 양자역학이 어떻게 양립할 수 있는가?

일반상대성이론과 양자역학은 서로 모순되는 내용들을 포함하고 있으며, 아직까지는 그런 모순들을 해소하며 모든 것들을 설명하는 하나의 거대한 통합 이론이 만들어지지 않고 있다. 그러나 블랙홀이나 빅뱅 순간의 우주를 설명하기 위해 물리학자들은 일반상대성이론과 양자역학을 동시에 사용해야만 한다. 물리학자들이 그렇게 할 때 그 방정식의 답은 흔히 무한대와 같아진다. 당연히 그런 결과에는 문제가 많은데, 단순하게 말하자면 다음과 같다. 양자역학에 따르면 미시 수준의 우주는 모든 것이 예측이 불가능하게 나타났다 사라지는 무질서하고 비정상적인 영역이다. 그에 반해 일반상대성이론은 매끄러운 공간기하학의 원리에 기초하고 있다. 그러나 극단적인 규모를 제외해놓고 보면 양자역학이론과 일반상대성이론은 결과를 예측하는 데 아무런 문제없이 사용될 수 있다. 왜냐하면 미시 세계의 무질서하고 비정상적인 파동은 서로를 상쇄해

결국 별문제가 없는 매끄러운 구조를 만들어내기 때문이다.

물리학자들은 자신들의 이론에 모순이나 불일치가 사라지기 전까지는 지식을 불완전하다고 생각한다. 1984년에 물리학자인 마이클 그린Michael Green과 존 슈워츠John Schwarz가 새로운 통합 이론의 실마리를 제공했는데, 흔히 '초끈이론superstring theory', 혹은 줄여서 '끈이론string thoery'이라고 부른다. 이 이론은 우주를 구성하는 가장 기본적인 요소들이 입자가 아니라 파동의 양식에 따라 그 속성이 결정되는 꿈틀대는 가닥 혹은 끈이라는 생각에 기초해 있다. 그 끈들은 10^{-35}센티미터쯤 길이의 대단히 작은 물체이기 때문에 지금까지 알려진 어떤 강력한 장비로 보아도 마치 점처럼 보인다. 초끈이론은 또 우주에는 시간 차원 이외에도 열 개 혹은 그 이상의 차원이 있다고 본다. 이론적으로만 보면 초끈이론은 모든 물질과 힘들이 이리저리 움직이는 에너지의 끈이라는 하나의 구성 요소에서 나온다고 보기 때문에 진정한 통합 이론의 가능성을 제시하고 있다. 1984년 이후 끈이론을 뒷받침하는 많은 증거들이 제시됐지만, 그 이론을 확증할 수 있는 실험적 증거는 아직까지 발견되지 않았다.

4. 1960년대와 1970년대에 과학자들이 우주에 특정한 시작점이 있다는 사실에 대해 확신을 갖기 시작한 이후, 그들은 '그렇다면 우주가 어떻게 끝날 것인가?'에 대해서도 고민하기 시작했다.

우주의 끝에 대해서는 세 가지 가능성이 있는 것으로 보인다. 한 가지는 모든 별이 재가 되고 모든 은하의 빛이 사라질 때까지 우주가 계속해서 영원히 팽창할 가능성이다. 또 다른 가능성은 우주의 팽창이 멈추고 그 과정이 역전돼 우주의 모든 물질이 다시 하나로 뭉쳐져 폭발함으로써 거대한 파멸에 이를 가능성이다. 마지막으로는 우주의 팽창이 절묘한 균형에 이르러 팽창 속도는 줄어들지만 그 과정이 역전되지 않을 가능성이 있다.

지난 수십 년간 물리학자들은 우주의 팽창 속도가 줄어들지 않고 빨라지고 있다는 사실을 발견했다. 알려지지 않은 무엇인가가 우주를 더 넓게 퍼뜨리고 있다. 과학자들은 이 알려지지 않은 반중력적인 힘을 '암흑에너지dark energy' 혹은 '무의 에너지energy of nothingness'라고 부른다. 과학자들은 또 지구상에 있는 어떤 물질과도 다른 '암흑물질dark matter'이 존재한다고 믿는다. 그 누구도 암흑물질과 암흑에너지의 정체에 대해 알지 못하지만, 과학자들은 그것들이 우주 전체의 90퍼센트 정도를 구성하고 있다고 생각한다. 그리고 그것들을 찾으려는 노력은 이제 막 시작됐다.

2

지구, 생명을 갖다

46억 년 ~ 500만 년 전

지구 위의 생명은 종잡기 어려운 신비한 현상이다. 어떤 의미에서는 지구 전체가 만들어질 때부터 살아 있었다고 생각할 수 있기 때문에, 도대체 언제 생명이 시작됐는지 정확하게 말하기란 쉽지 않은 일이다. 1강에서 살펴본 대로 지구는 언제나 물질과 에너지의 균형을 유지하면서, 차갑게 식지도 않았고 그렇다고 뜨거운 열로 기화되지도 않았다. 지구는 그 크기와 태양으로부터의 거리의 도움을 받아 아니 좀 더 정확하게 말하자면 그 크기와 태양으로부터의 거리에 의해 결정되어, 늘 안정된 상태에 있으면서도 동시에 변화하는 모습을 유지해왔다.

과학자들은 지구의 이런 활동적인 자기지속적 성격을 '자기생성autopoiesis'이라는 그리스어로 부르고 있다. 자기생성이야말로 생명에 대한 가장 기본적인 정의인데, 생명체라면 계속 변화하면서도 안정성을 유지할 수 있어야 하기 때문이다. '가이아Gaia 이론'에 따르면 지구 자체도 지속적인 변화와 발전 속에서 근본적인 안정성을 유지하고 있기 때문에 살아 있다고 볼 수 있다. 가이아란 그리스어로 지구의 여신을 뜻한다. 또 설령 지구 전체가 자기조절적 체계를 갖추고 있지 않다 하더라도, 대기권과 지구 표면의 퇴적물들은 자기조절적 체계를 형성해 지구 위의 생명체가 지속될 수 있도록 공기의 구성과 지표상의 온도를 유지하고 있는 것처럼 보인다.[1]

그렇다면 이런 지속적인 발전의 과정 속에서 지구는 도대체 언제부터 자기 자신을 재생산해낼 수 있는 생명체에 보금자리를 제공하기 시작했을까? 아주 오랫동안 과학자들은 생명의 시작을 이미 멸종된 무척추동물인 삼엽충에서 찾아왔다. 삼엽충 화석이 살아 있는 생명체 중에서 가장 오래된 기록이었기 때문이다. 삼엽충은 딱딱한 신체 부위를 가진 최초의 동물이었기 때문에, 바다 밑바닥에 있는 석회암에 뚜렷한 자국을 남겼다. 약 5억 8000만 년 전으로 거슬러 올라가는 삼엽충 화석은 지구상의 거의 모든 곳에서 엄청나게 발견된다.

그러나 1943년에 전자현미경이 발명되면서 화석을 구성하고 있는 세포를 볼 수 있게 되었다. 이제 생명은 지구가 만들어진 후 처음 7억 5000만 년 무렵의 기간에 박테리아 세포와 함께 시작되었다는 사실이 받아들여지고 있다.

그러나 전자현미경의 도움이 없다고 해도, 우리는 생명 역사의 박물관과 같은 역할을 하는 우리의 신체를 통해 지구 생명의 역사를 개괄적으로 상상해볼 수 있다. 인간의 몸은 우주와 마찬가지로 물질과 에너지로 구성돼 있다. 별의 폭발로 만들어진 원자로 구성된 우리 몸의 세포는, 생명이 처음 만들어졌을 때의 지구와 마찬가지로 수소와 철이 풍부한 상태를 유지하고 있다. 탄소는 다른 다섯 가지의 원소들과 결합돼 모든 생명체에서 공통적으로 발견되는 화학물질인 단백질을 만들어내는데, 단백질은 인간을 포함해 모든 생명체의 무게에서 물을 제외하고 나면 99퍼센트를 차지한다.

모든 인간의 생명은 하나의 세포에서 시작한다. 그것은 지구상의 모든 생명이 하나의 세포에서 시작했다는 사실을 반복하고 있는 것이다. 최초의 세포는 박테리아였고, 인간의 몸에 있는 박테리아 세포는 동물 세포보다 열 배나 더 많다. 인간의 세포는 미토콘드리아와 색소체, 그리고 섬모undulipodia라는 세 개의 구조를 포함하고 있는데, 그것들은 이전에는 별개의 박테리아였다가 후에 복잡한 인간 세포에 포함된 것들이다.

우리의 피에는 아직도 바닷물의 소금이 포함돼 있고, 우리는 눈물이나 땀으로 바닷물을 배출한다. 이런 사실들은 모든 생명이 바다에서 시작됐다는 것을 입증한다. 태아는 물로 가득 찬 환경에서 9개월 동안 자라고 발달하는데, 지구상의 어떤 생명체도 발달의 초기 단계에서는 축축한 곳이 아니면 발달할 수 없다. 태아는 지금도 귀 뒤에 작은 상처처럼 보이는 아가미를 일시적으로 갖고 있는데, 나중에 숨을 쉬는 폐로 발전하는 전 단계로 생성된 것이다. 인간의 몸은 지구의 표면과 마찬가지로 65퍼센트가 물로 되어 있다. 인간은 대단히 심오하고 근본적인 방법으로 지구에 속해 있다.[2]

세포와 생명이 진화하다(39억 년 ~ 20억 년 전)

초기 상태의 지구에서 화학물질들이 어떻게 생명을 만들어냈을까? 과학자들은 그 과정을 확실하게 말하지 못하고 있다. 아직까지 실험실에서 화학물질을 이용해 생명을 만들어내지 못하고 있기 때문이다. 물론 진정한 의미의 과학자들은 이제 겨우 50여 년간을 노력했을 뿐이다. 지구가 생명을 만들어내는 데는 최소한 5억 년 이상이 걸렸다. 그러나 과학자들은 적지 않은 근거를 갖고 다음과 같은 시나리오로 생명이 만들어졌다는 것 정도는 알고 있으며, 빠진 몇몇 조각이 발견되기만 한다면 그런 생명의 창조 과정이 입증될 것으로 상당히 자신하고 있다.[3]

지구는 약 46억 년 전에 만들어졌다. 처음 약 5억 년 동안 지구는 용암으로 된 불덩어리 상태로 남아 있었고 너무나 뜨거웠기 때문에 표면이나 물이 존재할 수 없었다. 물이 대기권의 높은 곳에 수증기로만 존재하고 응결될 수 없었기 때문이다.

그 최초의 5억 년 동안에도 지구의 온도는 계속해서 내려갔다. 그리고 지금으로부터 40억 년 전쯤에는 여전히 끈적끈적한 상태였던 맨틀 위에 암석의 얇은 껍데기가 형성될 정도로 지구의 온도가 충분히 떨어졌다. 연대를 알아낼 수 있는 오래된 암석 가운데 하나가 그린란드에 있는데, 약 38억 년 전에 만들어졌다. 화산이 암석의 틈새로 분출했고 용암을 토해냈다. 운석의 충돌도 많았고 전기 폭풍도 극심했다. 암석판들의 운동으로 지구 내부의 가스가 방출되어 수증기와 질소, 아르곤, 네온, 이산화탄소 같은 물질이 새로운 대기를 만들어냈다. 이 과정을 그 내용에 걸맞게 '거대한 트림big belch'이라고 부르기도 한다.

가장 오래된 박테리아의 화석이 34억 년가량 된 것이기 때문에, 우리는 이런 환경 속에서도 최초의 생명체가 지구 역사 초기의 11억 년 이내에 어떻게든 태어났다는 사실을 알고 있다. 과학자들은 바다에 벼락이 떨어졌을 때 그것이 이른바 '원시 수프primordial soup'로부터 알 수 없는 과정을 통해 생명 세포를 만들어냈다고 생각해왔다. 그러나 원시 수프 안에 있던 작은 분자들이 아무리 벼락의 도움을 받았다고는 해도 자연발생적으로 스스로를 조합해냈다고 생각하기는 어렵다. 과학자들은 분자들이 어떻게 스스로를 조합했는지에 대해 다양한 설명을 제시해왔다. 그 중 가장 신빙성 있는 설명에 따르면, 세포가 존재하기 이전에 일종의 원시세포proto-cell 혹은 거품이 있었다고 한다.

그런 거품은 특정한 분자들이 원시적 형태의 막으로 합쳐져 아주 좁은 영역을 막게 되면 생기는데, 거기서 복잡한 화학적 진화가 일어났다는 것이다. 그 막은 특정한 분자는 통과시키고 다른 분자들은 통과시키지 않는다. 그리고 거품이 스스로를 유지하기에 벅찰 정도로 커지게 되면 작은 거품들로 나누어진다. 그 작은 거품들에는 서로 다른 분자들이 담기게 된다. 그렇게 나뉜 거품들이 서로 충돌하거나 합쳐진다. 화학적으로 지속 가능한 거품들은 계속 유지되고 그렇지 않은 것들은 사라진다. 이런 원시세포들은 약 39억 년 전에 발생하기 시작했는데, 복잡한 분자 구조와 신진대사의 발전을 이뤄내는 역할, 즉 생명의 연속성을 보장하는 기제로 작용했던 것으로 보인다.

아주 초기 단계의 거품 안에 있던 원소들은 탄소C, 수소H, 산소O, 인P 등이었고, 어쩌면 나트륨Na을 포함하고 있었을지도 모른다. 질소N가 암모니아의 형태로 참여하게 되면서 복잡성이 극적으로 증가하게 되는데, 질소는 세포의 삶에 필요한 촉매작용과 정보 저장에 반드시 필요하기 때문이다. 이 일은 거품들이 돌아다니기 시작한 후 약 1억 년이 지난 38억 년 전쯤에 일어난 것으로 보이며, 그때가 지구상의 모든 생명체가 진화해 나온 하나의 세포 혹은 세포 집단인 최초 세포가 등장한 시점이다. 모든 생명체가 동일한 유전자 코드, 즉 동일한 생화학적 연결망을 공유하고 있다는 사실이 하나의 단일한 최초 세포가 존재했었다는 증거를 제공하고 있다. 이 사건은 때때로 '거대한 탄생'이라고 불리곤 한다.

모든 생물을 만들어낸 최초 세포는 단순한 거품에서 시작해서 단백질과 핵산, 그리고 유전자 암호를 발전시킴으로써 진정한 의미의 생명 세포가 된다. 약 5,000개의 단백질을 갖고 있었던 최초의 생명 세포들은 얇은 막에 둘러싸여 있었는데, 그 막 안에 떠다니는 RNA와 DNA 가닥들을 포함하고 있었다. 그 세포들의 지름은 1,000분의 1밀리미터 정도였으며, RNA와 DNA를 이용해 RNA분자와 DNA분자를 복제했고, 그것을 통해 단백질을 합성하면서 스스로를 유지하고 재생산해냈다.

RNA가 DNA보다 먼저 발달했을 것으로 생각되는데, RNA는 스스로를 복제할 수 있고 또한 나중에 세포로 발전하는 효소로도 작용하기 때문이다. 생명을 만들어낸 이 마지막 단계가 어떻게 발생했는지는 여전히 밝혀지지 않고 있다. 생명을 탄생시킨 화학적 연결망이 워낙 복잡하기 때문에 그것을 이해하기 위해서는 새로운 수학적 개념들이 필요할 정도다. 최초 세포는 화산의 분출구에서 에너지를 얻으며 사는 열을 좋아하는 원시세균archae이거나, 현재의 남조류나 녹조류에 가까운 박테리아 세포였다. 남아프리카에 있는 한 산에서 발견된 약 34억 년 된 암석에서 나온, 현재까지 발견된 화석 중 가장 오래된 화석에서는 현재의 남조류와 흡사한 모양의 가느다란 미생물 가닥을 볼 수 있다.

인간이 원시세균이나 남조류에서 진화했다는 말의 뜻은 무엇일까? 보다 구체적으로 '진화'란 무엇을 의미하는가? 1859년에 찰스 다윈이 자신의 진화 이론을 제시한 이후 지금까지, 과학자들은 이 문제에 대해 논쟁을 거듭해왔다. 박테리아가 복합 유기체보다 더 복잡한 방법으로 진화하기 때문에 박테리아의 연구에서 얻어진 새로운 이해를 토대로 생명체가 시간에 따라 변화하고 발전하는 다양한 방법들이 제시되고 있다.

첫 번째는 다윈에 의해 공식화된 것으로, 한 세대에서 다음 세대로 넘어갈 때 발생하는 무작위적 돌연변이다. 현재는 돌연변이가 유전자 복제 과정에서 자연발생적으로 일어난다는 사실이 밝혀졌다. 유전자는 하나의 완전한 단백질이나 단백질의 일부를 만들어내는 DNA에 담긴 정보다. 돌연변이란 단순히 유전자 전체의 정보를 담고 있는 게놈Genom 안에 있는 핵산의 기본 단위인 뉴클레오티드의 순서에 생긴 변화에 불과하다. 그 결과 생명체를 만들어내는 지시 사항에 변화가 생기는 것이다. 돌연변이로 생겨난 새로운 생명체는 그 돌연변이가 주어진 환경 속에서 자원을 얻는 경쟁이나 자기 자신을 재생산하는 데 어떤 이점을 제공할 때만 다른 비슷한 생명체보다 자신의 유전자를 더 많이 퍼뜨리게 된다. 다윈이 발견한 것은 무작위적인 유전자 돌연변이를 통해 변화하는 환경에 적응해나가는 진화의 구조였다.

진화의 두 번째 길은 박테리아가 사용하는 방법이다. 박테리아는 자신의 크기를 두 배로 해서 갖고 있는 한 가닥의 DNA를 복제한 후에 세포분열을 일으켜, 각각 DNA를 갖는 새로운 두 개의 세포를 만들어내는 방식으로 번식한다. 빨리 자라는 박테리아는 20분에 한 번씩 분열한다. 만약 위협을 받으면 박테리아는 유전물질을 주변에 흘리고 다른 박테리아들이 그것을 가져간다. 인간은 이제 막 배우고 있지만 박테리아는 이미 자신의 DNA를 합성하고 있다. 박테리아는 매일 자신의 유전물질을 15퍼센트 정도 변화시킬 수 있다. 그들은 유전물질을 대단히 빠르게 교환할 수 있는 전 지구적 연결망을 갖고 있는 셈이다.

진화의 세 번째 방법은 '공생발생symbiogenesis'이라고 부르는 과정이다. 공생발생은 공생 관계에 있는 두 생명체가 하나의 생명체가 되는 것을 말한다. 우리 주변에서 쉽게 찾아볼 수 있는 예로는, 산소 중에서는 살 수 없지만 산소가 없는 우리의 장 속에 살면서 음식물의 소화를 돕는 박테리아를 들 수 있다.

지금으로부터 38억 년 전에서 18억 년 전에 이르는 약 20억 년 동안 박테리아는 놀라운 일들을 해냈다. 그 엄청나게 긴 기간 동안 박테리아는 효소 작용, 질소고정, 광합성, 운동, 그리고 지구 생태계의 근본요소들을 만들어냈다. 최초의 살아 있는 세포들은 자신이 필요로 하는 아미노산이나 뉴클레오티드, 비타민, 효소 따위를 만들어낼 수 없었기 때문에 주변 환경으로부터 그런 성분들을 직접 흡수했다. 그러나 박테리아의 수가 증가하고 영양소들이 소진되기 시작하면서, 살아남은 박테리아들은 가용한 물질로부터 양분과 에너지를 얻기 위해 새로운 물질대사 방법을 발전시켜야만 했다. 최초의 혁신 중 하나로서 박테리아는 당을 에너지로 변화시키기 시작했다. 또 진흙이나 햇빛이 비치지 않는 물속에 살던 박테리아들은 당을 분해시키는 발효법을 발전시켰는데, 발효는 지금까지도 여전히 사용되고 있는 방법이다. 어떤 박테리아들은 대기에서 질소가스를 받아들여 아미노산 사슬을 만들어내는 능력을 발전시키기도 했다. 현재의 모든 생명체들은 그렇게 공기로부터 질소를 고정시킬 수 있는 일부 박테리아 집단에 의존하고 있다.

또 박테리아는 햇빛과 공기 중에 있는 이산화탄소를 양분으로 바꾸는 광합성 과정을 발전시켰다. 광합성을 하던 초기의 박테리아는 공기에서 직접 수소를 빨아들여 탄소와 결합시켜 탄수화물을 만들어내기도 했다. 비록 아직까지도 완전히 이해되지는 않고 있지만, 박테리아가 만들어낸 이런 물질대사 혁신은 지구 위에 사는 생명의 역사에서 가장 중요한 혁신으로 자리 잡고 있다. 박테리아는 또 자신이 살고 있는 환경을 통제하기 위해서 여러 가지 가스들과 용해성 화학물질들을 공기와 물을 통해 순환시켰다.

박테리아가 생긴 후 20억 년쯤 지난 지금으로부터 약 18억 년 전, 박테리아는 지구 표면의 거의 전부를 덮게 된다. 곳곳에 있던 낮은 웅덩이들은 떠다니는 박테리아로 인해 자줏빛이나 황갈색으로 화려한 빛을 띠고 있었다. 녹색과 갈색을 띤 녹조류 덩어리들이 물 위에 떠다니거나 물가 기슭에 붙어 있거나 축축한 땅을 물들이곤 했다. 화산은 여전히 연기를 분출하고 있었고, 공기는 마치 양탄자 더미처럼 층층이 쌓인 박테리아들이 내뿜는 역한 냄새로 가득 차 있었다. 박테리아는 그때쯤 이미 중요한 물질대사와 효소 작용을 위한 기제들은 거의 모두 발전시켰지만, 여전히 세포핵이 없는 세포, 즉 원핵세포에 머물러 있었다. 박테리아의 유전자는 세포 내부를 마음대로 떠돌아다니고 있었으며, 핵을 구성할 수 있도록 짧은 막으로 둘러싸인 염색체에 담겨 있지는 않았다. 그러나 그렇다고 해도 박테리아가 지구 생태계의 수없이 많은 기초적 기제들을 만들어냈다는 사실을 부정할 수는 없다.

새로운 세포와 양성兩性의 출현(18억 년 ~ 4억 6000만 년 전)

약 20억 년 전에 지구는 재앙 수준의 공해 위기를 맞았다. 그 이전에는 공기 중에 산소가 거의 없었지만, 청록색 박테리아가 물에서 수소를 빼앗으면서 산소가 대기 중에 아주 많이 방출되었다. 그런데 박테리아는 산소를 이용할 수 없었기 때문에 산소는 모든 박테리아의 생존을 위협하게 된다. 산소는 탄소, 수소, 인, 질소와 같은 생명을 구성하는 화학 물질과 반응하기 때문에 유해하다. 대기 중의 산소량은 100만분의 1에서 5분의 1로, 즉 0.0001퍼센트에서 21퍼센트로 서서히 증가했다.

이런 대기 변화에서 살아남은 박테리아들은 대규모로 재구성되었다. 청록색 박테리아는 역사상 가장 위대한 발명을 통해 산소량을 조절해가면서 산소호흡을 하는 방법을 개발해낸다. 이제 박테리아는 산소를 생산하는 광합성과 그렇게 생산된 산소를 소비하는 호흡 작용을 모두 할 수 있게 되었다. 대기 중의 산소량은 현재와 같은 수준인 21퍼센트 정도에서 안정되었다. 어떻게 그런 산소량이 유지될 수 있는지는 여전히 의문이다. 하지만 만약 대기 중의 산소량이 몇 퍼센트라도 높았다면 생명체는 불에 탔을 것이고, 반대로 몇 퍼센트라도 낮았다면 질식하고 말았을 것이다.

대기 중의 산소량이 21퍼센트로 높아지면서 새로운 종류의 세포가 나타났다. 비록 박테리아가 산소호흡법을 만들어내기는 했지만, 산소는 박테리아가 완전히 사용할 능력이 없는 새로운 에너지원이었기 때문이다. 그 결과 일부 박테리아는 진핵세포라는 새로운 종류의 세포로 발전했다. 진핵세포는 핵이 얇은 막으로 둘러싸여 있고, 산소를 이용하는 미토콘드리아를 포함하고 있다는 두 가지 특징을 갖고 있다. 많은 과학자들은 핵이 없는 세포로부터 핵을 가진 세포로의 이런 도약을 생물학의 역사에서 가장 극적인 일로 생각하고 있다. 이런 도약은 그 이후 다시 일어나지 않았고, 오늘날의 다세포 생명체는 모두 핵을 가진 세포들로 구성돼 있다(그림 2.1).

핵이 없는 세포보다 훨씬 더 크고 복잡한 새로운 세포들은 그 내부 구

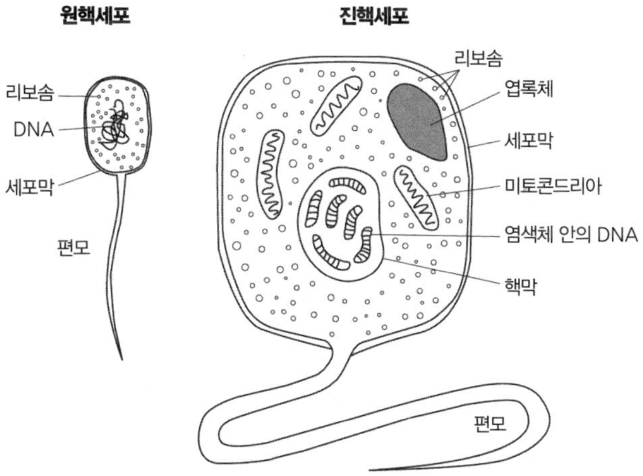

그림 2.1 원핵세포와 진핵세포 세포는 투과성 막에 둘러싸여 있는 생화학 공장으로, 세포의 기능과 재생산을 제어하는 유전물질인 DNA를 가지고 있다. 리보솜은 DNA의 명령에 따라 단백질을 합성하는 구조체다. 원핵세포보다 더 복잡한 진핵세포는 막 안에 DNA 가닥들로 구성된 게놈을 가지고 있는데, 이것이 핵을 이룬다. 핵 바깥 부분에는 다른 세포 기관들이 이리저리 움직이고 있다. 그 기관 중 하나인 미토콘드리아는 영양분을 화학적 에너지로 바꾸고, 엽록체는 빛을 화학 에너지로 바꾼다.

조 안에 규칙적으로 움직이는 세포질을 갖고 있다. 또 새로운 세포의 핵 안에 있는 염색체에는 핵이 없는 세포보다 1,000배 많은 DNA가 담겨 있다. 그렇게 많은 수의 DNA가 어떤 기능을 하는지는 분자생물학이 풀지 못하고 있는 수수께끼 중 하나다. 새로운 세포 중 일부는 광합성을 담당하는 부분인 색소체나 엽록체를 갖고 있었으며, 동시에 산소를 활용하는 부분인 미토콘드리아도 갖고 있었다. 많은 생물학자들은 새로운 세포의 그 두 부분이 원래는 분리되었던 박테리아가 하나의 박테리아로 합쳐지면서 만들어졌다고 보고 있다. 한 실험에 따르면, 단세포동물인 아메바의 경우 해로운 박테리아라고 해도 10년 안에 그것이 필요한 요소, 즉 세포기관이 된다고 한다. 또한 핵을 가진 세포도 비슷한 방식으로 여러 생명체가 합쳐져 만들어진 것으로 보인다.[4]

진핵세포는 빨라야 19억 년 전쯤 등장했다. 17억 년 전에서 15억 년 전 사이에 진핵세포로 만들어진 생명체들은 두 개의 성性을 필요로 하는 재생산 방식을 발전시켰다. 즉 한 생명체에서 분비된 정자가 다른 생명체에서 분비된 난자와 결합하는 방식이다. 난자와 정자가 합쳐지고 분열되어 각각의 부모로부터 반씩 얻어진 완전한 염색체를 가진 새로운 생명체가 탄생한다. 성적 번식은 지금까지도 이런 식으로 변함없이 지속되고 있다.

핵을 가진 새로운 세포와 새로운 번식 방법이 등장함에 따라 세포는 이전보다 훨씬 더 자주 합쳐졌다. 그 이전의 세포들도 때때로 함께 뭉쳐 다세포 생명체가 되기는 했지만, 새로운 진핵세포는 훨씬 더 광범위하게 뭉쳐졌으며 그 결과 식물과 동물을 만들어냈다. 양성의 세포가 합쳐져 새로운 세포를 만들어내면서 유전적 다양성도 증가했다. 유전자를 복제하면서 생기는 실수, 즉 돌연변이로 인해, 그리고 또 서로 다른 근원을 가진 유전자의 합성으로 인해 새로운 생명체가 태어날 가능성이 커졌기 때문이다.

생명의 역사 중 6분의 5는 단세포 생명체인 박테리아의 역사다. 박테리아는 우리 인간이 살기 위해 필요한 모든 화학구조를 만들어냈다. 우리는 흔히 박테리아를 퇴치해야 할 세균으로 생각하고 있지만, 박테리아는 존경받을 가치가 있는 우리의 조상이기도 하다. 그에 더해 박테리아는 반갑게 맞아야 할 손님이기도 한데, 인간의 피부에는 약 1조 개의 박테리아가 살고 있기 때문이다. 박테리아는 태초부터 그랬듯이 여전히 지구를 통치하고 있다. 생명체가 작을수록 그 구조가 덜 복잡하기 때문에 생성되기도 쉽고 생존하기도 쉽다.

식물이 자라고, 지구 표면이 변화하다(4억 6000만 년 ~ 2억 5000만 년 전)

앞서 보았듯이 살아 있는 세포들은 환경과 밀접한 관계를 가지면서 생존한다. 실제로 생물학자들조차 생물과 무생물의 차이에 대해 분명하게 정의 내리는 것을 힘들어하는데, 지구의 환경과 지구에 사는 생명체 사이에는 떼어낼 수 없는 유대가 존재하기 때문이다.[5]

단세포인 청록색 박테리아가 만들어진 후에, 그것들은 함께 뭉쳐 박테리아 군체群體를 만들었고 햇빛이 드는 얕은 물속에 살았다. 때때로 물이 마르곤 했는데, 그럴 때 일부 청록색 박테리아 군체는 바깥쪽은 말라도 안쪽에서는 습기를 유지할 수 있는 능력을 발전시켰다. 이런 진화론적 이점을 갖고 생존한 박테리아 군체는 좀 더 발전해 현재의 이끼나 우산이끼와 같은 초기 식물로 진화했다. 지금으로부터 4억 6000만 년 전쯤에 최초 식물의 원형이 땅으로 올라왔다.

일단 땅에 오른 식물은 3차원적으로 발달해 뿌리에서 물을 끌어 올리고, 초기 형태의 잎이라고 할 수 있는 납작한 가지 끝에서 양분을 끌어내리는 강력한 줄기를 만들어낸다. 이런 일은 약 4억 년 전에 일어났다. 그다음으로는 물이 없을 때 씨눈이 말라 죽지 않도록 보호하는 씨가 만들어졌다. 씨는 씨눈이 주변 환경을 감시하며 싹을 틔울 수 있을 때까지 기다리는 것을 가능하게 하는 역할을 한다. 그다음으로는 양치류가 등장해 3억 4500만 년 전부터 2억 2500만 년 전까지 지구의 육지를 뒤덮는다.

그 당시 지구의 육지는 어떤 모습을 하고 있었을까? 아주 오랫동안 사람들은 오늘날 우리가 알고 있는 대륙이 언제나 같은 장소에 안정된 모습으로 있었다고 믿었다. 하지만 이제 우리는 사실이 그렇지 않았음을 알고 있다.[6]

지구는 하나의 거대한 전자기 발전기다. 지구의 핵은 단단하지만 그 주변은 지구가 처음 태어날 때 발생한 열로 뜨거워진 액체 상태의 철과 니켈로 둘러싸여 있다. 지구의 자기장은 핵의 중심을 빙빙 돌고 있는 액체 상태의 철로 인해 만들어진다. 지구의 단단한 핵은 5년마다 지름이 약 5센티미터씩 천천히 커지고 있는데, 우주의 다른 모든 물체가 그렇듯 지구도 식어가고 있기 때문이다.

지구 내부의 수백 킬로미터부터 약 6~30킬로미터 두께쯤 되는 지구 표면의 암석층 사이에는 부분적으로 녹아 있는 바윗덩어리인 마그마가 놓여 있다. 지구 표면의 암석층은 지구 전체를 덮고 있다. 대륙은 그런 암석층이 부풀어 오른 것이고, 대양은 암석층이 약 3킬로미터 정도 움푹 팬 곳에 물이 차 있는 것이다. 암석층은 지각판들로 나뉘어 있으며, 지각판들은 마그마 위를 떠다니며 서로 부딪히고 다른 지각판의 위나 아래로 들어가기도 한다. 열로 뜨거워진 마그마는 바다 한가운데나 화산을 통해 지구 표면으로 올라오기도 하고 지각판들 사이로 올라오기도 하는데, 그렇게 되면 새로운 암석층이 형성되거나 기존의 암석층이 움직이면서 지진이 발생한다. 지구 표면의 암석층은 침식되어 바다 밑에 쌓였다가 다시 암석으로 뭉쳐져서 지구 표면으로 밀어 올려지곤 했는데, 지구 역사상 25번쯤 그런 일이 있었다.[7]

지구의 대륙은 그 아래에서 움직이는 마그마를 따라 1년에 약 2.5센티미터 정도 움직인다. 새로운 암석이 형성될 때 그 암석의 자기장은 생성 당시 지구 남·북극의 자극磁極과 일치하기 때문에, 시간의 변화에 따라 대륙이 어떻게 움직이는지 연구할 수 있다. 이런 현상을 연구하는 학문을 고지자기학古地磁氣學이라고 부른다. 자극은 매년 조금씩 변하기 때문에 과학자들은 암석이 얼마나 움직였고 암석이 언제 멈췄는지를 알아낼 수 있다.

지각판의 움직임과 고지자기학적 연구, 그리고 화석 기록들에 대한 정보를 합쳐, 지리학자들은 시간대에 따른 지구 표면 암석층의 위치를 재현해냈다. 물론 과거로 거슬러 올라갈수록 사실이 분명치 않기 때문에 논쟁과 해석의 여지가 많아진다. 하지만 최소한 지구가 그 안에 사는 생명체들에게 변함없는 환경을 지속적으로 제공하지 않았다는 사실에는 모두가 동의하고 있다.

종자 양치류seed fern의 전성기였던 약 2억 5000만 년 전까지는, 현재 우리가 알고 있는 대륙의 대부분은 '판게아Pangaea'라고 불리는 하나의 거대한 대륙에 함께 묶여 남극 근처에 모여 있었던 것으로 추측된다. 그보다 이전 시기에는 조각난 섬과 같은 땅덩어리들이 바다 위를 떠다니고 있었고, 현재 우리가 알고 있는 땅들은 대부분 바닷속에 잠겨 있었다. 또 섬처럼 떠다니던 땅덩어리들은 그 이전에는 하나로 뭉쳐져 있었던 것으로 보인다.

판게아는 약 5000만 년 동안 유지되다가 두 개로 나뉘어 위쪽은 현재의 북아메리카와 유럽, 그리고 시베리아를 포함하는 로라시아Laursia로,

아래쪽은 현재의 남반구에 해당하는 곤드와나Gondwana로 분리되었다. 곤드와나는 나중에 남아메리카, 아프리카, 마다가스카르, 아라비아, 오스트레일리아, 남극 대륙, 인도 대륙으로 다시 갈라진다. 지구 내부의 열은 지구가 만들어질 때 발생해 자연 붕괴되는 방사능 물질에 의해 지금까지 계속 유지되고 있는데, 이렇게 지구의 핵이 데워지는 한 대륙의 지각판들은 계속해서 움직일 것이다(그림 2.2).

판게아가 분리되기 시작한 후 종자 양치류 나무들은 구과식물毬果植物로 발달했다가, 1억 년 전쯤에는 꽃을 피우는 종자식물과 활엽수로 발달한다. 현재 우리가 알고 있는 식물 종 중 가장 먼저 나타난 것들은 너도밤나무, 자작나무, 무화과, 호랑가시나무, 오크, 플라타너스, 목련, 야자나무, 버드나무 등이다. 삼나무는 살아 있는 공룡도 지켜봤을 정도로 오래됐다.

나무와 그 밖의 다른 식물들은 다른 생명체들을 위해 지구를 시원하

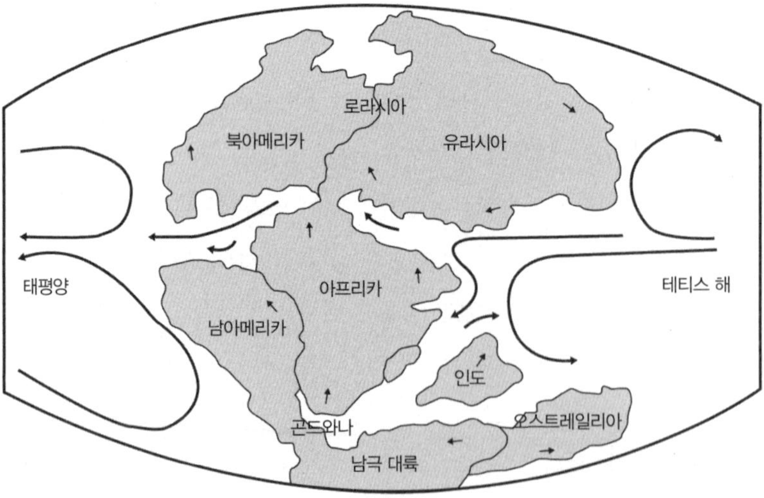

그림 2.2 약 2억 년 전 판게아의 분리

게 만들었고, 지금도 그렇게 하는 데 대단히 중요한 역할을 하고 있다. 지구는 매일 태양으로부터 히로시마에 투하된 원자폭탄 1억 개에 해당되는 엄청난 양의 에너지를 받고 있다. 또 지구는 그 중심핵에서 매일 새로운 에너지를 만들어내고 있다. 지구가 태양으로부터 받는 에너지의 대부분은 튕겨 나가 우주 공간으로 다시 되돌아간다. 식물이 광합성을 통해 전환시키는 태양에너지의 양은 매우 적지만, 식물은 공기 중의 이산화탄소를 제거함으로써 지구에 도움을 준다. 공기 중의 이산화탄소를 제거하면 지구의 온도가 내려가는데, 이산화탄소는 태양으로부터의 에너지가 지구에 침투하게는 하지만 열이 우주 공간으로 되돌아가는 것은 막는 역할을 하기 때문이다. 대기 중의 이산화탄소 농도는 약 0.035퍼센트에 불과하다. 하지만 이런 미량의 이산화탄소가 지구의 기온을 안정시키는 데 핵심적인 역할을 한다. 또 식물의 광합성은 대기 중에 산소를 뿜어내 지구 생명체들에게 필수적인 산소의 농도를 약 21퍼센트 정도로 유지하도록 돕고 있다.

동물, 육지로 올라오다(4억 5000만 년 ~ 6500만 년 전)

지금까지의 이야기는 약 2억 5000만 년 전에 해안가에 있던 박테리아가 충분히 마른 후에 종자 양치류로 발전해 판게아라고 불리던 하나의 대륙을 뒤덮었다는 내용으로 요약될 수 있다. 그렇다면 동물은 어땠을까? 도대체 동물이 언제부터 네발로 땅 위를 기기 시작했을까?

동물은 바닷속에서 생명을 시작했다. 식물세포들이 얕은 물속에서 함께 뭉치기 전부터 동물은 바닷속에서 발달하기 시작했다. 동물은 세포 기능의 전문화와 세포 간의 복잡한 상호작용이라는 특징으로 식물과 구분된다. 아주 최근에 들어서야 전자현미경의 도움을 받아 눈으로 확인할 수 있게 된 것처럼, 동물세포는 이웃한 세포와 다양한 방식으로 정밀하게 연결돼 있다. 이런 신비스러운 세포 결합은 태아로 발달하는 세포 덩어리와 함께 '동물성'의 진정한 표식으로 받아들여지고 있다. 또 동물세포는 그 안에 광합성을 담당하는 세포기관이 내재돼 있지 않다. 동물은 복잡한 세포 결합을 통해 발생한 후에 새로운 차원으로 발달하게 된다.

동물로 발전하는 첫 단계는, 운동을 위한 세포 꼬리와 핵은 갖고 있지만 광합성 기능은 없는 어떤 세포가 다른 세포에 붙어 그 세포를 움직이고 다니면서 시작된다. 그렇게 되면 다른 세포는 자신의 미세소관微細小管들을 다른 목적을 위해 사용할 수 있게 된다. 현존하는 가장 단순한 동물인 트리코플랙스Trichoplax는 1883년에 어떤 수족관의 벽을 기어 다니다가 발견됐다. 트리코플랙스는 가로가 3밀리미터 정도 되는 핵을 가진 세포들의 조그만 군집으로, 세포 꼬리만으로 움직이며 다른 아무런 기능도 하지 않는 동물이다.[8]

동물은 처음에 바닷속에서 부드러운 동체를 가진 생명체로 발달했기 때문에 초기 동물에 대한 증거를 찾기란 쉽지 않다. 2004년에 중국 남서부에서 사람 머리카락 네 개 정도의 폭에 양면이 있는 평평한 동체를 가진 동물 화석이 발견됐는데, 지금으로부터 약 6억 년 전 것으로 확인됐다.

지금으로부터 약 5억 8000만 년 전이 되자 동물은 맨눈으로도 볼 수 있는 껍질이나 뼈와 같은 경질부硬質部를 갖게 되었는데, 그런 동물의 화석은 전 세계에서 대량으로 발견되고 있다. 이때쯤 이미 우리의 박테리아 조상은 30억 년 동안 존재하고 있었다. 경질부를 가진 최초의 동물은 삼엽충과, 일부는 길이가 무려 3미터가 넘는 거대한 쏨뱅이 같은 것들이었다. 물론 그런 동물들은 지구상에 존재했다 사라진 약 99퍼센트의 다른 종들과 함께 지금은 완전히 사라졌다.[9]

동물은 식물에 비해 육지로 올라오는 데 다소 오랜 시간이 걸렸다. 크기가 컸고, 바닷속에서 이미 어느 정도 복잡하게 발달했었기 때문이다. 동물이 육지로 올라오기 시작한 것은 약 4억 6000만 년 전으로 보이는데, 쥐며느리처럼 생긴 동물이 최초였을 것으로 생각된다. 동물은 왜 그런 모험을 했을까? 아마도 바닷속이 점점 더 위험해졌기 때문일 것이다. 상어가 나타났고, 판게아가 만들어지면서 쉽게 먹이를 찾을 수 있는 해안가도 줄어들었다. 양서류는 일생 중 일정한 기간 동안 물속에 살아야 하지만, 파충류와 조류, 대부분의 포유류는 태아 상태일 때만 제외한다면 그럴 필요가 없다.

또 다른 생명체인 균류菌類도 역시 육지로 올라왔다. 동물도 아니고 식물도 아닌 균류는 핵을 가진 세포가 진화하는 세 번째 방법을 보여준다. 균류는 포자에서 발달하는데, 균류 세포 하나에는 많은 핵이 들어 있다. 균류는 영양분을 직접 섭취하거나 광합성을 통해 얻지 않고 흙이나 나무에서 분자를 직접 빨아들여 얻는다. 균류에서 우리 눈에 보이는 부분은 '열매'에 해당하며, 균류의 실제 동체는 땅속에 들어 있는 미세한 실들의 덩어리이다. 페니실린과 같은 곰팡이, 버섯, 이스트, 모렐morel, 송로松露 등이 흔히 볼 수 있는 균류이고, 대부분은 땅 위에 산다. 균류는 동물이나 식물과 더불어 진화했으며, 그 세 종류의 생명체는 대단히 밀접하게 연관돼 있다.

미시적 관점으로 보면, 식물과 동물, 그리고 균류와 박테리아가 함께 보여주는 야생의 화려하고 다양한 풍경의 이면에는 핵을 가진 세포들이 얽혀 만들어낸 공생적 연관 관계가 존재한다는 것을 읽어낼 수 있다. 또 현미경을 치우고 좀 더 거시적인 관점에서 보면, 식물과 동물, 그리고 균류와 박테리아가 모두 모여 하나의 살아 있는 '생물상生物相, biota'을 형성하고 있고, 그것이 생태계를 감시하고 통제해 생명에 필요한 여러 조건들을 유지해나가고 있음을 알 수 있다.

약 2억 5000만 년 전에 그런 지구 생명 공동체가 심각한 도전을 받게 된다. 그 결과 불과 수십만 년 사이에 약 95퍼센트의 종種이 사라지고 50퍼센트 이상의 과科도 사라지게 된다. '생물상' 전체로 보자면, 생명은 유지되었지만 엄청난 손실을 입은 것이었다. (생물의 분류 체계로 보면 서로 번식을 할 수 있는 종에 가장 많은 생물이 속해 있다. 종의 상위개념은 속屬이고, 속은 그보다 상위개념인 과에 속한다. 과의 상위개념은 목目이다.)

도대체 어떤 일이 있었기에 지구상에 존재하는 생명체의 모든 과 중에서 무려 50퍼센트 이상이 사라졌을까? 현재 우리는 지구의 역사를 통해 대량 멸종이 최소한 다섯 번 내지 여섯 번 반복적으로 일어났었다는 사실을 알고 있다. 대량 멸종이 얼마나 자주 일어났었는지, 그리고 대량 멸종에 일종의 규칙성이 있는지에 대해서는 여전히 많은 논란이 있다. 그러나 2억 5000만 년 전의 대량 멸종이 지구 역사상 가장 참혹했다는 점에 대해서는 모두가 동의하고 있다.

과학자들이 2억 5000만 년 전의 대량 멸종에 대해 많은 자료를 모았고 여러 가지 이론을 제시하고 있지만, 그 원인에 대해 확실한 결론이 내려지지는 않았다. 현재 가장 신빙성 있는 이유로 제시되고 있는 것들로는 해수위의 변화, 대기의 변화, 기후의 변화를 비롯해 거대한 화산 폭발, 외계 물질의 충돌 등이 있다.[10]

대량 멸종이 일어나기 약 2000만 년 전까지만 해도 모든 대륙이 판게아로 뭉쳐지고 있었기 때문에 그렇게 대륙들이 함께 뭉치면서 극심한 기후변화를 일으켰을 수도 있다. 또 2억 5110만 년 전과 2억 5220만 년 전으로 각각 확실하게 고증되는 시베리아와 중국 남부에서의 거대한 화산 폭발로 인해 햇볕이 차단돼 빙하기가 시작되었을 수도 있다. 바닷속의 산소가 갑자기 줄어들었을 수도 있다. 거대한 운석이 오스트레일리아 북

서부의 인도양에 떨어졌을 수도 있다. 대량 멸종의 원인에 대한 논란은 여전히 진행 중이다.[11]

대량 멸종 이후에 생명은 새로운 형태의 생명체들을 평소보다 더 빨리 만들어내면서 그에 대응했던 것으로 보인다. 새롭게 탄생한 생명체들은 멸종된 생명체들로 인해 비어 있는 자리를 채웠다. 2억 5000만 년 전의 대량 멸종이 일어나기 전까지는 양서류가 지배적인 동물이었고, 그중 일부는 파충류로 발달해 있었다. 그러나 대량 멸종 이후에는 파충류가 번성했고, 놀랍고 새로운 종들로 빠르게 진화했다.

양서류는 껍질이 있는 알을 낳으면서 파충류로 진화했다. 껍질이 있는 알은 땅에 낳을 수 있었기 때문에 부모가 물로 돌아갈 필요가 없었다. 그렇게 하기 위해 파충류는 알을 낳은 후에 남성이 알에 수정하는 것이 아니라 여성의 신체 내부에 정자를 직접 넣는 방법, 즉 성기를 삽입하는 교미 방법을 개발해야 했다. 인간도 같은 방법으로 번식을 하고 있기 때문에 파충류의 덕을 보고 있다고 할 수 있겠다.

대량 멸종이 일어난 후 2500만 년 사이에 파충류는 우리가 공룡이라고 부르는 놀라운 생물로 진화했다. 판게아는 약 2억 년 전에 해체됐는데, 공룡은 그 이전인 약 2억 1000만 년 전에 지구 전체를 지배할 정도로 늘어났다. 다른 모든 동물들은 거의 1억 년 이상을 공룡의 주변에서 살아야 했다. 공룡들이 살았던 이 시기를 지질학적 연대기에서는 백악기, 쥐라기, 트라이아스기라고 부른다.

공룡에 대해서는 수많은 추측들이 있지만 전문가들은 공룡이 단일한 조상을 가진 단일한 집단이라고 보고 있다. 공룡은 대부분 땅 위에 살고 있었으며, 현재의 새들은 육식을 하던 특정한 공룡 집단의 직계 후손이다. 공룡의 크기는 불과 약 60센티미터에 2킬로그램 남짓 되는 것부터 10미터가 넘는 키에 70톤이나 나가던 브라키오사우루스에 이르기까지 다양했다. 공룡은 판게아가 유지되는 동안 전 세계를 지배했지만, 공룡의 전성기에 판게아가 해체되기 시작했다. 공룡 중에서 가장 유명한 티라노사우루스는 공룡시대 후반기에 모습을 드러냈다. 티라노사우루스는 지금까지 존재했던 동물 중 가장 큰 육상 육식동물로, 길이가 약 14미터 정도였고 키는 6미터에 달했으며 무게는 5톤 정도였다.

또 15센티미터에 이르는 위협적인 이를 갖고 있었는데, 사냥을 해서 먹기보다는 죽은 동물을 먹었던 것으로 보인다. 만약 일곱 살짜리 아이가 그 당시에 살았다면 '왕 티라노사우루스Tyrannosaurus rex'의 입안에서 있어도 될 정도였다.

오늘날 우리는 공룡의 거대한 크기와 다양성, 그리고 그 힘 때문에 공룡의 세계에 대해 매력을 느낀다. 또 다른 이유도 있는데, 그것은 공룡들이 살던 세계가 지금 우리가 살고 있는 세계와 무척 비슷했다는 점이다. 공룡시대에 물에는 물고기와 양서류가 살고 있었다. 기후는 열대성이었기 때문에 지금 우리가 좋아하는 푸른 나무와 꽃, 벌들이 그때도 살고 있었다. 공룡은 짝짓기를 발전시켰고, 일부 공룡은 심지어 알과 자식들을 돌보기도 했다. 우리가 어린 시절에 갖고 놀던 장난감 인형이나 애완동물을 닮은 털이 많은 조그만 포유류들은, 공룡시대에 공룡의 발밑을 돌아다니며 밤에 나와 과일 열매를 따거나 동물을 사냥하며 살았다. 현재 우리에게 익숙한 것들 중 몇몇 요소만 제외한다면 공룡시대는 너무도 친숙한 세계다. 조류는 날개 달린 공룡으로부터 막 발달하기 시작했다. 물론 그때 동굴에 살던 인간은 없었는데, 인간은 공룡시대가 끝나고도 6200만 년 후에야 등장했기 때문이다. 인간은 고사하고 대형 유인원조차 공룡시대에서 3500만 년을 기다려야 볼 수 있다.

공룡에서 침팬지까지(6500만 년 ~ 500만 년 전)

수없이 많은 다양한 공룡이 전 세계를 지배하던 공룡의 전성기에 또 다른 대량 멸종이 일어났다. 약 6500만 년 전에 일어난 이 대량 멸종으로 인해 조류로 발달한 공룡을 제외한 모든 종류의 공룡이 사라졌고, 동시에 25킬로그램이 넘는 모든 육상동물이 멸종했다. 이 사건은 그 이전의 다른 멸종 사건에 비해 특별히 더 심각하지는 않았지만 우리의 머릿속에는 더 생생하게 남아 있다. 인간은 지렁이나 삼엽충, 그리고 미생물의 죽음보다는 공룡의 죽음을 더 가깝게 느끼기 때문이다.

6500만 년 전에 멸종한 어떤 공룡 집단은 갑작스럽게 사라진 것으로 보인다. 또 어떤 공룡 집단은 7500만 년 전부터 6500만 년 전 사이에 그 다양성이 서서히 줄어들었다. 대부분의 지상식물들과 곤충, 달팽이, 개구리, 도롱뇽, 거북이, 도마뱀, 뱀, 악어, 일부 태반 포유류, 대부분의 어류, 그리고 바다에 사는 무척추동물 등이 이 대량 멸종에서 살아남았다.

오래전 과학자들은 공룡이 무척 멍청했다거나, 변비에 걸렸다거나, 혹은 털이 있는 작은 포유류가 공룡의 알을 훔쳤다는 식으로 공룡의 멸종 원인에 대해 여러 가지 근거 없는 억측들을 했었다. 그러나 이런 생각들은 약 10킬로미터 폭의 운석이 지구에 충돌해 엄청난 파편을 만들어냈고 그것이 수천 년 동안 햇빛을 가렸을 수 있다는 '충돌 재앙'의 명백한 증거 때문에 사라졌다. 1991년에 지질학자들은 현재 멕시코의 유카탄반도 아래 자리 잡고 있는, 운석 충돌로 인한 너비 약 200킬로미터, 깊이 약 30킬로미터의 구멍을 발견했다. 그 근처에 있는 마을의 이름을 따 '칙술룹Chicxulub'이라고 불리는 이 충돌구멍은 유카탄반도의 북쪽 해안가에 있었고, 그곳으로부터 엄청난 크기의 쓰나미가 멕시코만을 따라 이동했다. 동시에 2억 5000만 년 전의 대량 멸종 당시와 마찬가지로 수많은 화산이 터졌다. 하지만 지질학자들은 외계 운석의 충돌과 화산 폭발, 그리고 대량멸종 사이의 연관 관계에 대해서는 아직도 확실하게 알지 못하고 있다.[12]

앞에서 말한 것처럼, 고생물학자들은 조그만 포유류가 공룡의 알을 훔쳐 먹었기 때문에 공룡이 멸종했다고 생각한 적도 있었다. 하지만 이제 고생물학자들은 공룡이 쇠퇴하면서 지구상에 포유류가 발달할 수 있는 기회가 주어졌기 때문에, 그 결과로 포유류가 다양하게 발전했다고 생각한다. 공룡이 사라진 생태 공간은 엄청나게 넓었으므로, 포유류는 무척 다양한 종을 만들어낼 수 있었다.

포유류는 살아 있는 새끼를 낳을 수 있는 능력을 갖고 있다. 유대류有袋類처럼 새끼가 작은 경우는 외부에 있는 육아낭 속에서 성장하며, 태반류胎盤類처럼 새끼가 큰 경우는 암컷의 몸속에서 성장한다. 최초의 포유류는 약 2억 1000만 년 전에 등장했는데, 일부는 쥐보다 약간 컸다. 몸을 따뜻하게 보호하는 털이 있었으며, 곤충과 동물의 살코기를 먹었으나 일부 종은 후에 식물도 먹었다.

현재 우리는 포유류를 특징짓는 가장 중요한 점이 약 1억 5000만 년 전에서 1억 년 전 사이에 포유류 뇌 안에 새롭게 발달된 영역인 '대뇌변연계limbic system'에서 비롯되었다는 사실을 알고 있다. 대뇌변연계는 외부 세계와 신체 내부를 감시하고 그 양자를 조화시키는 역할을 한다. 또 생리 기능을 조절해 신체를 외부 세계에 적응시키는 기능도 해서, 추운 곳에서도 몸을 따뜻하게 유지할 수 있게 해준다. 감정이 자리 잡고 있는 곳도 대뇌변연계이며, 감정을 표현하는 안면 근육도 거기서 통제한다.

거대한 몸집을 가진 공룡의 존재는 포유류의 진화에 행운이었다. 공룡 덕분에 대부분의 포유류는 작은 몸집을 갖고 있었고 가능하면 땅에 가깝게 붙어살아야 했다. 또 공룡이 잠든 밤에 먹을 것을 찾아 나서야 했던 야행성동물로 발달했으며 단단한 치아와 좋은 후각 및 청각을 갖게 됐다. 지금 우리가 보고 있는 다람쥐나 쥐가 공룡의 발밑을 빠르게 돌아다니던 초기 포유류의 대표적인 동물들이다.

공룡이 사라진 후에도 포유류의 몸집이 어느 정도 커지기까지는 수백만 년이 더 걸렸다. 이 시기에 판게아가 작은 조각들로 나뉘면서 생명체의 역사도 분화하기 시작했다. 대륙이 분리돼 고립되면서 동물은 하나의 거대한 땅덩어리 위를 돌아다닐 수 없게 되었고, 그에 따라 각각의 대륙에서 다양한 종이 발전하기 시작했다. 초기의 대형 포유류들은 우리가 보기에는 대부분 둔하고 이상하게 생겼었다. 그 이유는 초기 대형 포유류들이 삼림지대에서 발달했기 때문이다. 자연히 나중에 초목 지대에서 발달한, 달리기에 적합한 긴 다리와 매끈한 몸매를 가진 포유류들과는 다르게 생길 수밖에 없었다.

지구의 기후는 계속 변화하면서 새로운 진화를 위한 추진력을 제공했다. 약 5500만 년 전에서 5000만 년 전 사이에는 지구의 온도가 점점 따뜻해져서 남극과 북극에도 밀림이 생겼다. 이때 두 종류의 거대한 포유류인 고래와 돌고래가 바다로 돌아갔다. 3500만 년 전이 되면서 더 많은 땅덩어리들이 갈라져(이때 남극 대륙에서 오스트레일리아가 떨어져 나갔고 노르웨이에서 그린란드가 떨어져 나갔다) 해류의 방향이 바뀌면서, 지구의 연평균 기온이 갑자기 떨어지기 시작했다. 난류와 한류가 부딪히면서 날씨가 차가워졌다. 많은 동물이 사라졌고, 새로운 동물들이 생겼다. 여우원숭이, 갈라고원숭이, 보통 원숭이 등과 같은 초기 영장류들은 1년 내내 과일을 얻을 수 있던 열대지방에서 살아남았다. 기온이 떨어지기 시작한 후 첫 500만 년 사이에 최초의 유인원이 등장했다.

그로부터 또다시 1000만 년에서 1200만 년이 흐른 뒤인 약 2300만 년 전에 지구의 기온은 다시 따뜻해지기 시작했다. 지각판의 압력으로 북아메리카 대륙에 로키산맥과 해안산계, 시에라네바다산맥, 그리고 시에라마드레산맥을 포함하는 대산계가 생겼고, 남아메리카 대륙에 안데스산맥이 생겼다. 인도 대륙 전체가 유라시아 대륙에 부딪혀 히말라야산맥이 만들어졌다. 아프리카 대륙은 유라시아 대륙과 연결돼 코끼리와 비슷한 종류의 동물들 및 유인원과 같은 아프리카 토종 동물들이 유라시아로 들어갔다.

약 1000만 년 전에 지구의 온도는 그 이전의 3500만 년 전 이래 가장 더워졌다. 그러다가 대기 중의 이산화탄소가 줄어들면서 역 온실효과가 일어나 다시 차가워졌다. 이런 변화의 결과로 북아메리카와 남아메리카 대륙에 초원이 나타났는데, 이것은 지난 5억 년간 생태계에 일어난 가장 중요한 일로 받아들여지고 있다. 초원은 지구 전체 면적의 3분의 1을 덮었으며, 동물에게 안정적인 먹을 것을 제공했다. 풀을 소화할 수 있는 동물은 자기 재생이 가능한 먹을 것의 공급을 보장받게 됐다. 아메리카 대륙에서 지금으로부터 1000만 년 전에서 800만 년 전에 있었던 초원의 탄생과 그로 인한 동물의 군집은 700만 년 전에서 500만 년 전에 동아프리카의 사바나 지역에서 일어난 일을 미리 보여주는 것이었다.

이제 기후변화가 지구 이야기에 골격이 된다는 사실이 제법 분명해졌을 것이다. 대부분의 기후변화는 용해된 마그마로 만들어진 맨틀 위를 떠다니는 대륙이 산맥을 만들어내고 해류의 방향을 바꾸면서 일어난다. 운석의 충돌이나, 지구의 경사와 흔들림, 또 공전궤도와 같은 다른 다양한 요소들도 복합적으로 작용해 기후변화를 일으킨다.

몸집이 작은 영장류, 즉 유연한 손과 다섯 개의 발가락이 달린 발, 손톱, 정면을 보는 눈을 가진 포유류는 약 6000만 년 전에서 5500만 년 전 사이에 처음 나타났다. 약 2500만 년 전까지는 그중 일부가 좀 더 몸집이 큰 호미노이드 영장류, 즉 유인원으로 발전했다. 유인원은 그 후로 약

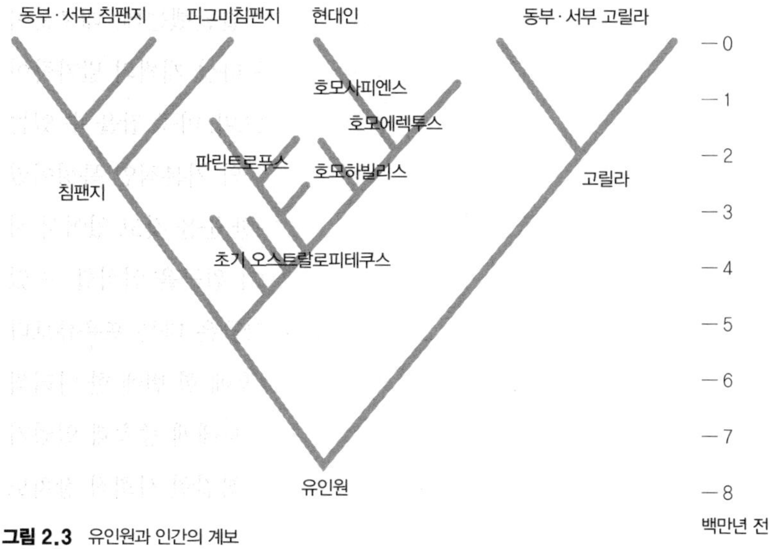

그림 2.3 유인원과 인간의 계보

2000만 년에서 2500만 년 정도 더 발전하다가 지금까지 생각되던 것보다 훨씬 더 이른 시기인 약 700만 년 전에서 500만 년 전에 호미니드(현대 인간의 직간접적인 조상으로 분류되는 일상적으로 두 발로 걷던 모든 종들의 총칭-옮긴이)와 유인원 집단으로 분리됐다(그림 2.3).

유인원과 인간의 발달에 대한 이야기를 확인할 수 있는 유일한 증거는 수백만 년씩 된, 여기저기 흩어져 있는 부서지기 쉬운 뼛조각들과 발자국들뿐이고, 어디에서도 완전한 기록을 찾아볼 수는 없다. 그래서 현재로서는 완벽한 계보를 그려낼 수 있는 방법이 없다. 지난 20여 년 동안 주목할 만한 진전이 있었지만, 남아 있는 증거의 곳곳에 여전히 빈틈이 있다. 화석 자료에는 특히 두 개의 커다란 공백이 있다. 고릴라와 침팬지, 그리고 인간이 발생한 3100만 년 전부터 2200만 년 전 사이의 기간과, 몸집이 큰 유인원과 인간이 갈라진 1200만 년 전에서 500만 년 전 사이의 기간이다.

최초의 유인원은 열대지방과 아열대지방에서 발달했는데, 대부분이 나무에 사는 원숭이들이었다. 네 개의 발에 모두 다섯 개씩의 발가락이 있고, 뾰족한 손발톱 대신에 평평한 손발톱이 있으며, 마주 잡을 수 있는 엄지손가락과 발가락이 있다는 것이 그 유인원들의 기본적인 특성이었다. 원숭이들은 또 옆으로 향하지 않고 앞으로 향한 눈을 갖고 있어서 시야가 좀 더 겹칠 수 있었다. 그리고 겹치는 시야가 원근을 인식할 수 있도록 뇌가 조정하는 역할을 해야 했기 때문에, 그들은 다른 포유류보다 더 큰 뇌를 갖게 됐다. 또한 긴 회임 기간을 가진 후에 한 번에 한 마리씩의 새끼를 낳았다. 새끼는 천천히 성장했고 또 부모에게 종속돼 있었기 때문에, 오랜 기간 새끼가 자라는 것을 돕기 위해 복잡한 사회적 장치도 생겨났다.

다른 지역 원숭이들과는 달리 아메리카 대륙의 원숭이 영장류들은 나무에서 내려오지 않았다. 왜 그랬는지는 아직까지도 분명히 밝혀지지 않고 있다. 아시아, 유럽, 아프리카에서는 일부 원숭이들이 나무 아래로 내려와 대형 유인원이 되거나 아니면 나중에 인간으로 발달한 호미니드가 됐다. 대형 유인원은 약 2500만 년 전에 아프리카 대륙에 처음 나타났고, 1800만 년 전에는 프랑스와 인도네시아에 이르는 유라시아 남부 지방에도 나타났다. 유럽과 아시아에서는 대형 유인원이 수백만 년 동안 발달했지만 결국 난관에 봉착했다. 아시아에서는 대형 유인원 중 오랑우탄만이 살아남았다. 유럽에서는 기후가 건조해지면서 약 800만 년 전에 대형 유인원들이 사라졌다. 유일하게 아프리카 대륙의 동부에서만 대형 유인원이 번성해 진화를 계속했다.

그렇다면 아프리카 대륙의 동부에는 도대체 어떤 특별한 점이 있었을까? 거기에는 동아프리카지구대라는 아프리카 대륙 지각판에 난 거대한 균열이 있었다. 동아프리카지구대는 북쪽의 홍해와 에티오피아에서 시작해 케냐, 우간다, 탄자니아, 말라위를 거쳐 남쪽의 모잠비크에 이르는데, 길이가 6,400킬로미터나 된다. 무려 2000만 년 동안이나 지구대를 따라 지각 활동이 일어나 화산이 폭발하고, 고원이 솟아나고, 저지대가 붕괴되어 계곡이 만들어졌으며, 그 계곡을 따라 물이 흘러 아프리카 대륙에서 가장 큰 호수들이 생겨났다. 모든 종류의 기후가 존재했고, 열대 밀림 대신에 넓은 삼림이 들어섰고, 그것은 다시 사바나 초원으로 대체됐다. 지역에 따라 강우량이 달랐고, 지형적 장애물도 생겨나 여러 동물 집단들을 서로 분리시켰다. 결국 동아프리카지구대는 진화를 실험하는 최적의 실험실을 제공했다.

아프리카의 대형 유인원에는 두 종류의 침팬지(보통의 침팬지와, 흔히 피그미침팬지라고 부르는 보노보)와 두 종류의 고릴라가 있다. 최근의 연구를 보면 인간은 인간과 가장 가까운 친척인 침팬지와 98.4퍼센트의 DNA를 공유하고 있다(비교를 위해 말해보면, 인간은 다른 생명 세계와 유전자의 약 90퍼센트를 공유하고 있다).[13]

대형 유인원에 대한 연구는 제인 구달Jane Goodall이 야생 상태의 침팬지를 관찰하기 위해 탄자니아로 갔던 1960년대 초에 겨우 시작됐다. 그때까지는 동물원에서가 아니면 아무도 침팬지에 대해 큰 관심을 기울이지 않았고, 침팬지에 대해 많이 알지도 못했다. 구달 박사가 침팬지에 대해 알려준 후에야, 우리는 인간의 초기 역사를 이해하려면 침팬지에 대해 알아야 한다는 사실을 깨닫기 시작했다. 만약 침팬지나 피그미침팬지, 그리고 고릴라가 과학자들이 진화에 대해 이해하기 전에 사라졌었다면 초기의 인간이 어쨌을지 상상하는 일은 불가능했을 것이다.[14]

45년이 넘는 면밀한 연구 끝에 생물학자들은 침팬지의 행동에 대해 점차 의견의 일치를 보이고 있다. 침팬지와 피그미침팬지는 그 행동이 상당히 다르다. 보통의 침팬지는 수컷이 공격적으로 방어하는 경계 안에 있는 영토에 산다. 다 자란 수컷은 정해진 영역 안에 머무르는 데 비해 암컷은 다른 영역에도 들어간다. 암컷과 수컷은 부부로 사는 대신에 서로 다른 각각의 위계질서 내에서 생활한다. 수컷은 필요하다면 폭력을 사용해 암컷을 복종시킨다. 수컷과 암컷은 모두 여러 상대와 짝짓기를 한다. 침팬지는 어린아이 정도의 언어 사용 능력을 갖고 있으며, 각자 독특한 개성과 능력을 갖고 있다. 게다가 몸동작을 통해 다른 침팬지나 인간과 의사소통을 할 수 있고, 새끼들에게 그것을 가르칠 수도 있다. 기본적으로는 열매와 식물을 먹지만, 날고기를 좋아하며 때로는 그것을 얻기 위해 다른 동물을 잔혹하게 죽이기도 한다. 어미 침팬지는 새끼와 끈끈한 유대를 갖지만 수컷은 새끼를 기르는 데 별로 관심이 없다. 침팬지는 무척 사회적인 동물로, 80마리에서 100마리 정도가 모여 산다. 그들의 감정은 인간과 매우 비슷해서 화를 내고, 질투를 하고, 걱정을 하고, 외로워하고, 약한 자를 보호하고, 나누어 가질 줄도 안다.

그에 비해 피그미침팬지는 전혀 다른 동물이다. 보통 침팬지에 비해 크기가 작은 피그미침팬지는 그 비율에 맞게 보통 침팬지보다 작은 머리와 목, 그리고 어깨를 갖고 있으며, 평평하고 넓적한 얼굴을 하고 있다. 피그미침팬지는 1929년까지는 별도의 종으로 여겨지지 않았기 때문에 최근에 들어서야 그에 대한 연구가 시작됐다. 야생 상태에서 피그미침팬지는 예전에 자이르였던 콩고민주공화국에 있는 콩고 강의 남쪽기슭에서만 산다. 보통의 침팬지 사회보다 훨씬 덜 위계화되어 있는 피그미침팬지 사회는 암컷에 의해 통제된다. 피그미침팬지는 서로를 죽이는 일이 거의 없으며, 여러 종류의 짝짓기를 통해 갈등을 해소한다. 침팬지와 피그미침팬지는 침팬지 계보에서 인간이 떨어져 나온 후에 발달했기 때문에, 이론적으로 보자면 인간은 두 침팬지 종 모두와 연결돼 있다.[15]

그러나 침팬지는 인간이 아니고 인간도 침팬지가 아니다. 인간과 침팬지를 구분하는 명백한 유전자 표지가 있기 때문이다. 침팬지는 48개(24쌍)의 염색체를 갖고 있는 데 비해 인간은 46개(23쌍)의 염색체를 갖고 있다. 또 침팬지는 여러 가지 점에서 인간과 확실히 다르다. 침팬지는 성교를 하는 데 단지 10초에서 15초 정도밖에 걸리지 않고, 합법적인 행동과 불법적인 행동을 구분하지 못하며, 말을 하지 못하고, 인간으로부터 몸동작을 통해 의사소통을 배운다고 해도 단지 두 살 정도 먹은 어린아이 수준의 '대화'밖에 하지 못한다.

다음 장에서는 인간이 공통의 유인원 조상으로부터 침팬지와 갈라진 후, 지금으로부터 700만 년 전부터 500만 년 전 사이에 아프리카 대륙 동쪽의 동아프리카지구대에서 어떻게 진화했는지를 살펴보기로 하겠다.

남아 있는 의문점들

이 장에서 다룬 거의 40억 년 동안의 시간대에 대한 우리의 지식은 불가피하게 대부분 불완전한 증거에 의존하고 있다. 답이 없는 많은 의문들이 있기는 하지만, 새로운 증거가 나올 때마다 그것은 우리 이야기의 근본 틀을 확인시켜주고 있다.

암석과 화석의 연대를 확인하는 최근의 기술 발전이 큰 도움이 되고 있다. 그것은 방사성, 즉 동위원소라고 불리는 특정한 원소의 핵이 보여주는 통계학적 경향을 이용하는 방법이다. 동위원소의 핵은 불안정하며 방사능을 띠고 있다. 동위원소의 양이 절반으로 줄어드는 데 필요한 시간 혹은 그 핵이 변하는 데 필요한 시간을 반감기라고 부른다. 화산 암석은 보통 방사성동위원소를 포함하고 있는데, 그것을 통해 암석의 나이를 알아낼 수 있다. 흔히 '방사성탄소 연대측정법'이라고 불리는 이 방법은 1948년에 발명됐고 최근에 크게 발전했다.[16]

1. 공룡의 피는 따뜻했을까?

로버트 바커Robert Bakker는 《공룡에 대한 다른 생각The Dianosaur Heresies》이라는 자신의 책에서 그렇게 오랜 세월 동안 지구를 지배한 공룡은 분명히 온혈동물이었을 것이라고 주장했다. 즉 다른 파충류들과는 달리 포유류처럼 따뜻한 피를 가졌었기 때문에 공룡이 생존경쟁에서 우위를 차지했을 것이라는 주장이다. 그의 생각이 대단하기는 하지만 받아들일 수도 없고 거부할 수도 없다. 왜냐하면 화석에는 공룡의 장기에 대한 어떤 증거도 남아 있지 않고, 화석만으로는 그 기능을 알 수 없기 때문이다.

2. 생물은 어떻게 분류되어야 하는가?

미생물에 대한 지식이 늘어나면서 과학자들은 박테리아를 좀 더 상세히 나눌 수 있는 완전히 새로운 분류 체계를 제안하고 있다. 1969년에 코넬대학의 생태학자인 R. H. 휘태커R. H. Whittaker는 동물계, 식물계, 곰팡이계, 박테리아가 포함된 원핵생물계, 그리고 식물도 아니고 동물도 아닌 모든 것을 포함하는 원생생물계 등 다섯 종류의 생물계를 제안했다. 1976년에는 칼 우스Carl Woose가 박테리아, 원시세균, 진핵생물로 생물계를 나누는 새로운 차원의 '영역domain'을 만들고 그 아래 23개의 분류를 두자고 제안했다. 우스의 구분에서는 모든 식물과 동물은 "진핵생물 계통의 가장 먼 쪽 가지 끝의 몇몇 잔가지의 위치로 추방"되었다.[17] 새로운 분류를 위한 논쟁은 여전히 진행 중이다.

3. 진화가 인간의 본성을 설명하는 데 어떤 도움을 주나?

진화심리학자들은 인간의 정신을, 생존에 적합하도록 만들어진 인간성의 한 특징으로 본다. 그런 생각은 지난 수십 년간 꽤 유행했었다. 그들은 인간의 뇌가 침팬지의 뇌에서 진화했으며, 지난 5000년 동안의 경험이 아니라 최소한 지난 200만 년 동안의 상황으로부터 진화했다고 본다. 그리고 지난 5000년 동안의 경험은 아직 인간의 유전물질에 암호화되지 않았다고 여긴다. 그런 작은 예 중 하나가 인간이 뱀과 거미에 대해 공포를 느낀다는 사실인데, 진화심리학자들은 인간이 뱀과 거미가 많은 장소에서 발달하면서 그런 공포를 갖게 되었다고 본다. 뱀과 거미를 두려워하던 유인원은 살아남을 확률이 높았으며, 그런 두려움은 뱀과 거미에 대해 두려움을 느끼지 못하던 동료들의 죽음을 보면서 우리의 뇌에 확실하게 자리 잡게 되었다는 설명이다.[18]

4. 침팬지가 인간과 그렇게 가까운 친척이라면 한 가지 의문이 생긴다. 인간이 침팬지와 교미를 한 적은 없을까?

누군가 그렇게 한 사람이 있다면 입을 굳게 다물고 있음이 분명하다. 아직까지 그런 실험은 알려진 바가 없기 때문이다. 침팬지와 인간은 서로 다른 종이며, 결코 새끼를 낳을 수 없다. 또 만약 실험적으로 새끼를 낳을 수 있다고 해도 인간으로 길러야 할지 침팬지로 길러야 할지 마땅치 않다.

대형 유인원의 미래는 무척 암울하다. 그들은 거의 모든 삼림을 잃어버렸고, 에볼라 바이러스로 죽어가고 있다. 인간은 고기를 얻기 위해 유인원을 사냥하고, 동물원에 가두기도 하고, 의학 실험을 위해 잡아들이고 있다. 유인원을 가까이서 연구하던 학자들은 슬픔을 감추지 못하고 있다. 유인원과 가장 가까이에서 살고 있는 아프리카 사람들의 이해관계는 유인원의 이해관계와 자주 충돌한다. 우리 아이들의 생전에 유인원이 야생에서 멸종될 가능성은 대단히 높다.

5. 일부 생물학자들과 천문학자들은 우주에서 다른 생명체를 찾거나 지구의 생명체를 우주로 퍼뜨리기 위해 부단히 노력하고 있다. 그들은 다음과 같은 질문을 한다. 박테리아나 미생물이 우주의 다른 지역에도 퍼진 일이 있었을까? 박테리아 군체는 지구가 아닌 다른 곳에서도 생명을 위한 환경을 만들어낼 수 있었을까? 박테리아를 다른 행성에 가져가면 박테리아는 거기서 새로운 군체를 만들어낼 수 있을까?

3

인간, 하나의 종으로 탄생하다

500만 년 ~ 3만 5000년 전

이제 우리가 이야기해온 엄청난 시간을 정리해보자. 유대·기독교 전통에서 태어난 사람이라면 세상이 불과 수천 년 전에 창조됐다고 배웠을 것이다. 세상은 유대 셈법에 따르자면 기원전 3761년에 시작됐고, 킹제임스판 《성경》 번역본의 주석에 따르자면 기원전 4004년에 창조됐다. 그러나 지구상의 다른 문화들은 좀 더 긴 시간개념을 갖고 있었다. 마야 기록은 100만 년 전에서, 논란의 여지가 있기는 하지만 무려 4000만 년 전에 이르는 시간에 대해 언급하고 있다. 힌두교에서는 우주 자체가 죽음과 탄생을 거친다고 본다. 힌두교 최고의 신인 브라흐마의 하루 낮과 밤의 길이는 무려 86억 4000만 년에 이르는데, 이것은 과학적 우주론에서 말하는 빅뱅 이후의 시간과 비교해 절반이 조금 넘는다. 중국의 8세기경 천문학자였던 일행一行은 세상이 수백만 년 동안 존재해왔다고 생각했다.

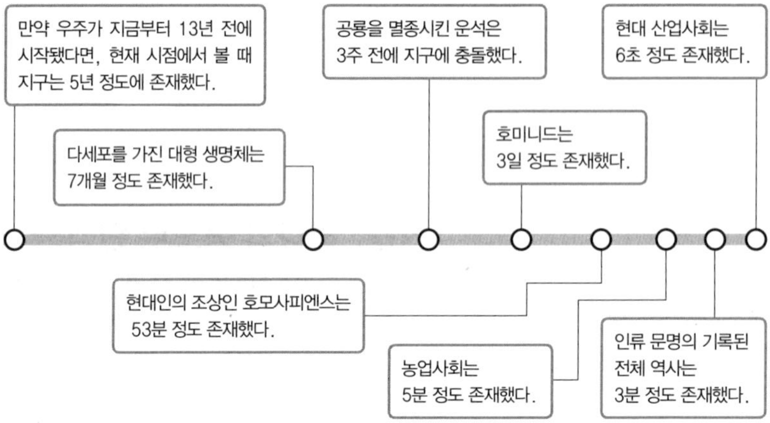

그림 3.1 압축해본 우주의 시간표
출처: David Christian, "World History in Context," *Journal of World History*, December 2003, 440.

인간은 기껏해야 70년에서 100년 정도를 살기 때문에 우주적 시간에 대해 직접 경험할 수 없다. 결국 우리는 비유나 은유를 통해 우주적 시간을 이해 가능한 구체적인 형태로 만들어야 한다. 그런 상상력을 발휘하지 못한다면 인간은 인간이 경험하는 짧은 시간의 한계에 구속될 수밖에 없다.

빅뱅부터의 시간을 상상하기 위해서 빅뱅 이후의 모든 시간을 13년이라는 시간 속에 집어넣어볼 수 있다. 우주가 13년 전에 시작됐다고 가정해보면 지구는 5년 전에 생겼다. 공룡을 멸종시킨 외계 운석은 3주 전에 지구에 떨어졌고, 두 발로 걷는 인간의 조상인 호미니드는 3일 전에 나타났다. 또 현대인의 조상이 된 최초의 호모사피엔스는 53분 전에 나타났고, 현대 산업사회는 6초 정도 전에 시작됐다(그림 3.1).[1]

뉴욕에 있는 미국자연사박물관은 최근에 우주역사전시관을 열었는데, 시청각적으로 재현된 빅뱅을 보면서 관람이 시작된다. 빅뱅을 보고 난 후에 관람객들은 기다란 복도를 따라 두 개의 층을 내려가도록 되어 있다. 그 끝에는 표지판이 하나 있고 거기에 지난 3만 년 동안의 인간 역사를 표현하기 위해 머리카락 폭 정도 길이의 선이 그려져 있는데, 나는 그 비유를 결코 잊을 수가 없다.

내가 이 책을 쓰고 있는 동안에 몇몇 친구가 책의 각 쪽이 일정한 시간을 나타내도록 구성하면 어떻겠느냐는 제안을 했었다. 그러나 그들이 만약 제대로 계산을 해봤다면 그런 제안을 하지 않았을 것이다. 300쪽짜리 책에 지구 역사 46억 년만을 나타낸다고 해도 각 쪽은 무려 1500만 년을 보여줘야 할 것이다. 그렇게 되면 호모사피엔스는 책의 맨 마지막 장 마지막 줄의 끝에서 세 번째쯤 등장해야 한다. 대부분의 쪽들은 알 수 없는 시간대를 나타내는 흰 종이들일 것이다. 결코 훌륭한 책 판매 전략일 수 없음이 분명하다.

우주가 만들어진 후 초기의 약 3분의 2 정도의 시간은 제쳐두고 지구가 존재했던 기간만을 놓고 보자. 직선으로 비유하기 위해 1,000미터 정도 길이의 끈을 길게 풀어놓았다고 가정한다. 그 끈의 길이가 지구가 시작된 후 45억 년의 기간과 같다면, 약 500만 년 전에 일어난 대형 유인원과 호미니드의 분리는 선의 맨 끝에서 1미터가 조금 넘는 지점에서 일어났다. 또 호미니드에서 호모사피엔스로 발달한 것은 끝에서 4.4센티미터 정도 되는 지점에서 일어난 일이다. 그리고 농업이 시작된 후 지금까지의 시간은 겨우 2.2밀리미터 정도밖에 안 된다.

지구의 시간을 표현하는 다른 단순한 방법이 있다. 우리에게 가장 익숙한 하루 24시간을 기준으로 생각해보는 것이다. 지구의 나이를 하루로 보고 자정에 지구가 시작되었다고 가정해보자. 최초의 단세포생물은 새벽 4시쯤에 나타났고, 최초의 바다 식물은 저녁 8시 30분쯤에 출현했다. 동물과 식물이 육지로 올라온 시각은 밤 10시쯤이다. 그리고 공룡은 밤 11시가 되기 직전에 나타나서 밤 11시 39분쯤 멸종했다. 인간이 나타난

것은 밤 11시 58분쯤이다. 농업이 시작되고 도시가 건설된 시각은 자정에서 불과 몇 초 전이다.[2]

어떤 식으로 표현하건 인간의 역사는, 우주의 시간을 들먹일 것도 없이 지구의 시간과 비교해봐도 극히 적은 부분에 불과하다는 사실이 분명하게 드러난다.

다양한 돌연변이를 통해 호미니드가 발달하다

인간이 등장한 시점을 정확히 찾기란 쉽지 않다. 인간과 유인원의 경계가 분명치 않기 때문이다. 700만 년 전에서 500만 년 전쯤 어떤 유인원에게 돌연변이가 일어났고 살아남았다. 그 최초의 돌연변이는 호미니드라고 불리는 인간의 직간접적인 조상들 내부에서 계속해서 다른 돌연변이를 낳았다. 그런 돌연변이 중에서 생존에 유리한 것들은 보존됐다. 그리고 그런 변화가 결국 호모사피엔스의 등장으로 이어졌다.

이러한 유전적 변화는 아프리카의 동부라는 같은 장소에서 반복적으로 일어났다. 최소한 300만 년 정도는 오직 아프리카에서만 호미니드가 발달했다. 유인원은 유럽과 아시아에도 살았지만 호미니드는 오직 아프리카에만 살았다. 약 180만 년 전에서 100만 년 전 사이에 호미니드의 한 종인 호모에렉투스라고 불리는 직립원인이 아프리카를 떠나 지구의 다른 지역으로 퍼져나갔다. 그 후 약 20만 년 전에서 10만 년 전 사이에 호모사피엔스로 발달한 또 다른 집단의 인간이 아프리카를 떠나 다른 지역에 정착했다. 그때 호모사피엔스보다 먼저 아프리카를 떠나 여러 곳에서 진화하던 호모에렉투스는 이미 멸종되어가고 있었다. 아프리카로부터의 다른 이동이 있었는지는 모른다. 하지만 이런 큰 그림이 현재 그릴 수 있는 최선이다.[3]

왜 아프리카의 동부에서만 인간의 진화가 시작됐을까? 아프리카의 어떤 특징이 그곳에서만 유일하게 인간의 발전을 가능하게 했을까?

아프리카 동부의 기후는 열대성이다. 인간에게 털이 없다는 사실만 봐도 우리가 열대성 동물에서 진화했음을 알 수 있다. 인간이 되기 위해 열대 유인원들은 나무에서 내려와 초원 위에서 살았다. 따라서 인간은 삼림에 살던 동물이 아니라 초원에 살던 동물이다. 인간의 발전을 가능하게 한 지형은 앞 장에서 본 것처럼 아프리카 동부의 동아프리카지구대였다.

탄자니아에 있는 동아프리카지구대의 올두바이 협곡이나 응고롱고로 분화구를 방문한 사람들은 그 아름다움에, 그리고 자기 조상들의 고향을 본다는 느낌에 깊은 감동을 받기 마련이다. 세렝게티 평원의 가장자리인 올두바이 협곡이나 응고롱고로 분화구에 서서 보면, 유인원에서 분리돼 발달한 인간의 먹이가 되었던 다양한 동물과 새를 지금도 여전히 볼 수 있다. 협곡의 벽과 나무가 가득 찬 지역, 그리고 넓게 트인 초원은 거기 살던 초기 인류에게 식량과 주거지와 울타리를 제공해주었다.

동아프리카지구대는 아프리카 대륙 지각판에 난 거대한 균열 때문에 생겼다. 아프리카 대륙의 동부는 언젠가 떨어져 나가 인도양으로 흘러들어 갈 것이고, 결국 인도나 중국, 일본 혹은 어딘가에 부딪히게 될 것이다. 동아프리카지구대의 균열은 에티오피아의 홍해에서 시작해 케냐, 탄자니아, 모잠비크로 이어지며, 자이르와 잠비아로 이어지는 곁가지 균열도 있다. 적도는 탄자니아에 있는 킬리만자로 산에서 동아프리카지구대의 중간 지점을 지나간다. 해안가의 평평한 초원 지대는 400미터에서 1,200미터에 이르는 내륙의 고원지대로 이어진다. 고원지대의 온도는 인간에게 생리적으로 가장 자연스러운 섭씨 26.5도 내외로 유지되고 있다(그림 3.2).

동아프리카지구대의 풍경은 삼림과 초원, 그리고 열대초원인 사바나로 이루어져 있고, 간혹 산맥이 자리 잡고 있다. 우기에는 빗물이 푸른 풀과 나무와 열매를 맺는 식물에 물을 공급한다. 건기에는 고원지대가 말라버리기 때문에 번개로 불이 나기도 하지만, 비가 오면 식물이 다시 살아난다. 사바나는 쾌적한 온도와 풍부한 과일, 견과류, 사냥감을 제공하는 생명의 온상이다.

그러나 늘 변화가 있었다. 지진과 수시로 변하는 비의 양으로 인해 그 지역의 환경이 변했기 때문이다. 지구가 빙하기로 접어들었을 때 사바나

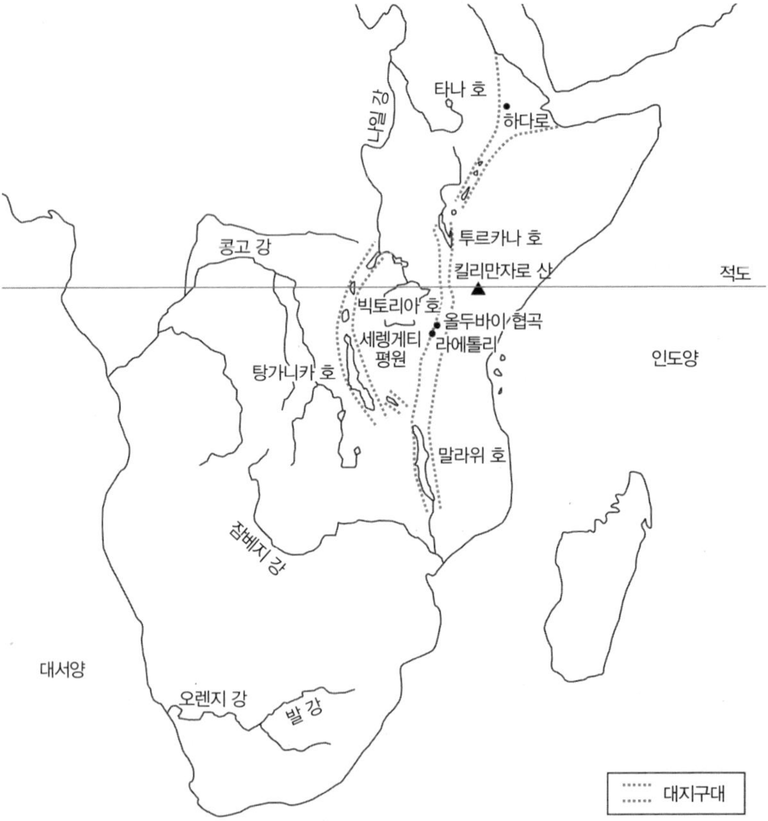

그림 3.2 아프리카 동부의 동아프리카지구대

지역은 차갑고 건조해졌으며 초지는 사라졌다. 간빙기 동안에 사바나는 습해지고 뜨거워져서 열대우림이 들어서기도 했다.

기후는 진화의 가장 중요한 요인이다. 인간으로 바뀌어가던 호미니드들은 엄청난 기후변화에 적응해야만 했다. 만약 기후가 우리가 알고 있는 것처럼 변하지 않았더라면, 만약 특정한 지역의 유전자 집단이 열대지역의 극심한 추위나 더위 같은 특정한 외부 압력에 노출되지 않았었다면, 인간은 탄생하지 않았을지도 모른다.

지구가 빙하기와 간빙기를 오가는 현재와 같은 환경에 접어든 것은 불과 200만 년 전의 일이다. 남극 대륙에 최초의 빙원이 나타난 때는 약 3500만 년 전인데, 지구의 온도가 그 이전 6500만 년 정도의 기간 동안 섭씨 8.3도가량 낮아졌기 때문에 생긴 일이다. 지난 200만 년 동안 지구에는 일정한 기온 범위가 유지되면서 추운 기온과 따뜻한 기온이 반복됐다.

지난 100만 년 동안 대략 10만 년의 간격을 두고 열 번쯤의 빙하기가 있었다. 흔히 '대빙하시대'라고 부르는 마지막 빙하기는 약 9만 년 전에 시작해서 2만 년 전에 극에 달했다. 간혹 추운 기간도 있었지만, 따뜻했던 지난 1만 년 동안의 평균기온은 앞선 빙하기 때보다 섭씨 1도에서 2.5도 정도 더 높았다.

기후가 이렇게 변하는 이유는 무엇일까? 기후변화의 원인은 지구 회전축의 기울기와 지구가 태양을 도는 공전궤도, 그리고 지구 자전축의 흔들림으로 인해 생기는 미세한 변화 때문으로 보인다. 위의 세 가지는 모두 각자 나름대로의 주기를 갖고 있다. 지구 회전축은 21.39도에서 24.36도까지 기울었다가 다시 원상태로 돌아오는 데 4만 1000년이 걸린다. 지구의 공전궤도가 거의 원형에서 타원 형태에 가깝게 되었다가 다시 원래의 원형으로 돌아오는 데는 9만 5800년이 걸린다. 또 자전축 이 흔들리다가 다시 제자리로 돌아오는 한 차례의 세차운동에는 2만 6000년이 걸린다. 이런 세 가지 변화는 서로 겹치기도 하고, 때로 서로 강화하기도 하고, 어떤 때는 서로 상쇄시키기도 한다.

지진, 화산, 대륙 이동, 대기권 탄소량의 변화, 운석이나 소행성의 충돌 같은 요인들도 기후를 변화시킨다. 또한 평균 50만 년마다 한 번꼴로 무작위로 일어나는 극자기 역전 현상도 기후변화의 요인이다. 바다 밑에 있는 암석의 자기장을 통해 확인된 바에 따르면, 지난 1000만 년 동안 282번의 극자기 역전이 있었다. 마지막 극자기 역전은 78만 년 전에 있었는데, 그때는 직립원인이 석기로 도구를 만드는 것을 배우고 있을 때였다. 과학자들은 현재 지구자기장의 힘이 10퍼센트에서 15퍼센트 정도 줄어들어 있고 자기장의 약화가 가속화되고 있다는 사실을 확인했다. 그에 따라 보통 5000년에서 7000년 정도 걸리는 극자기 역전 현상이 시작된 것이 아닌가 하는 논쟁이 일어나고 있다.

약 600만 년 전부터의 극심한 기후변화 속에서 호미니드의 계보가 느리면서도 불규칙하게 발달했다. 많게는 20개의 호미니드 종이 한때 존재했지만, 지금 살아남은 것은 우리 인간뿐이다. 그런 발전 과정을 보여줄 수 있는 화석 증거는 불완전하고 빈약하며 혼란스럽기까지 하다. 많은 종들이 동시에 존재했기 때문이다. 고인류학자들은 아직까지는 호미니드 종들의 명백한 계보를 만들기 어렵고 아마 영원히 그럴지도 모른다고 생각하고 있다. 과학자들은 인간의 유전자와 침팬지의 유전자를 비교해 인간을 인간으로 만드는 유전자의 일부 목록을 작성하기도 했다. 그 안에는 듣기와 말하기를 담당하는 유전자, 발달 중인 뇌를 내부적으로 연결해주는 유전자, 냄새를 맡고 뼈의 형태를 만들어주는 유전자 등이 포함돼 있다.

과학자들은 호미니드 중에서 가장 오래된 것을 오스트랄로피테쿠스

(남방의 원숭이)라고 부른다. 오스트랄로피테쿠스는 키가 1미터에서 1.5미터 정도였고, 침팬지와 비슷한 크기의 머리를 갖고 있었다. 약 440만 년 전의 것으로 추정되는 가장 오래된 화석은 1992년에 에티오피아의 아파르에서 발견됐다. 가장 잘 알려진 오스트랄로피테쿠스 화석은 1974년에 에티오피아의 하다르 근처에서 발굴된 '루시'인데, 발견된 부분은 신체 전체의 절반도 채 되지 않는다. 루시라는 이름은 비틀스의 '다이아몬드와 함께 하늘나라에 있는 루시Lucy in the Sky with Diamonds'라는 노래에서 딴 것으로, 루시를 발견할 당시 발굴단이 일하면서 그 노래를 듣고 있었다고 한다. 하다르에서는 또 약 320만 년 전의 것으로 보이는 최소한 13명의 뼛조각들도 발굴됐다.

루시는 직립보행을 하던 아프리카 북부산 호미니드 종이었다. 루시의 키는 약 1미터였고 몸무게는 30킬로그램 이하였으며, 나이는 19세에서 21세 정도였다. 골반은 현대 여성과 비슷했지만 얼굴은 침팬지와 비슷했다. 루시의 골격을 통해 인류학자들 사이의 오래된 논쟁 하나가 끝이 났다. 그 논쟁은 인간이 두 발로 먼저 걷기 시작했는지 아니면 대용량의 두뇌가 먼저 발달했는지 하는 것이었다. 루시의 골격을 보면 인간이 두 발로 먼저 걸었다는 사실을 알 수 있다. 루시의 골격은 일부 대형 유인원들이 나무에서 살 때 가지고 있던, 회전운동을 할 수 있는 팔과 어깨를 유지한 채 나무에서 내려와 직립 자세를 발전시켰고, 그 후에 뇌가 커지기 시작했음을 보여주고 있다.

인간의 발전 과정을 보여주는 또 다른 유적은 1970년대 후반에 메리 리키Mary Leakey가 이끈 발굴단에 의해 탄자니아의 라에톨리에서 발견된 발자국들이다. 그 발자국들은 화산 폭발로 쌓인 화산재 위를 가로질러 걷던 두 명의 호미니드의 것으로 보인다. 그들의 발은 비가 약간 내려 축축해진 화산재 깊숙이 파묻혔다. 그 후 화산재가 마르자 그 안에 있던 석회가 단단해졌다. 그 위에 더 많은 화산재가 떨어져 발자국 모양이 보존되었고, 결국 360만 년 후에 발견된 것이다. 정말 대단한 발견이 아닌가?

도대체 어떻게 초기의 대형 유인원들이 두 발로 걷는 호미니드로 발달했을까? 전문가들은 동아프리카 유인원들의 체격이 커지면서 보다 많은 먹을거리가 필요해졌는데, 숲이 사바나로 변하는 환경에서는 나무 위에서 그것을 구하기가 점점 힘들어졌다고 본다. 아마 초기 호미니드들은 처음에는 먹을 것을 찾아 나무에서 내려왔다가 먹을 것을 구해 다시 자기 무리 속으로 돌아갔을 것이다. 직립을 하게 되면 더 멀리 볼 수 있고, 식량과 새끼를 손으로 나를 수 있고, 손과 팔을 이용해 다른 일을 할 수 있는 이점이 생긴다. 또 다리가 강하고 무거워지면서 몸의 중심이 아래로 내려와 직립 자세를 유지하기가 더 쉬워진다. 그밖에도 직립 자세를 더욱 강화시키는 다른 사소한 변화들도 함께 생기기 시작했음이 분명하다.

여러 종의 오스트랄로피테쿠스가 약 50만 년 전까지 함께 공존했기 때문에, 그들 사이의 관계를 정리하려는 고인류학자들을 곤혹스럽게 만들고 있다. 그리고 그사이에 또 다른 호미니드 종들이 발전했고, 약 250만 년 전쯤이 되자 큰 뇌와 작은 뼈를 가진 유인원인 '호모Homo(사람속)'가 등장했다. 약 200만 년 전에는 호모하빌리스, 즉 손재주가 좋은 유인원 인간이 등장했다. 키가 약 1.2미터쯤 되었던 이 호미니드 종의 뇌는 점점 커지기 시작해서 침팬지의 뇌 용량이었던 300~400세제곱센티미터에서 600~800세제곱센티미터로 증가했다. 걷거나 나무를 잡는 일에서 손이 자유로워지면서 손을 이용해 석제 도구를 만들어내기 시작했고, 그 결과 뇌도 발달했다. 눈도 멀리 볼 필요가 생겼는데, 그 역시 뇌를 발달시키는 데 도움을 주었다. 보다 큰 두뇌를 가진 수컷은 큰 골반을 가진 암컷을 선택했을 가능성이 높다. 뇌가 큰 새끼들은 산도를 쉽게 통과하기 위해 보통의 경우보다 일찍 태어나는데, 그만큼 양육 기간이 길어지고 어른과의 접촉도 많아진다. 큰 뇌 덕분에 최초의 석제 도구를 생산할 수 있었고 협동 작업을 늘릴 수 있었다. 물론 말을 하는 능력은 아직 개발하지 못했다. 어쨌든 손과 눈, 그리고 뇌가 협업하면서 그 협업을 더 강화시키는 자기강화적인 순환 과정이 생기기 시작했다.

호모하빌리스는 열대지방에서는 처음으로 대낮에 사냥을 하거나 썩은 고기를 먹는 육식동물이었는데, 그들이 얻은 칼로리의 약 10퍼센트 정도까지를 고기로부터 얻었을 것으로 생각된다. 최초의 호미니드 종들이 정확히 얼마나 많은 고기를 먹었는지는 여전히 격렬한 논쟁거리다. 포유류의 생활 방식은 대체로 그들이 먹는 것에 따라 결정되기 때문에 이 문제는 대단히 중요하다. 그러나 치아의 구조를 통해 추측할 수 있는 내용을 제외하고는 실제적인 증거는 거의 없다. 180만 년 전쯤에 또 다른 호미니드 종인 호모에렉투스(직립원인)가 나타났는데, 키는 1.67미터 정도였고 뇌의 용량도 900~1,100세제곱센티미터로 호모하빌리스보다 모두 컸다. 현대인의 평균 뇌 용량이 1350세제곱센티미터 정도인 것을 생각해보면, 호모에렉투스는 '원숭이'라기보다는 '사람'이라고 불러야 맞을 것 같다.

호모에렉투스는 상당히 친숙하게 느껴진다. 그들은 나무로 된 창을 만들었고, 돌을 깎아 아름다운 손도끼를 만들었다. 그들은 큰 사냥감을 포획했던 것으로 보이는데, 그러기 위해서는 정밀한 도구가 필요했고, 대단히 기초적인 말밖에 하지 못했겠지만 치밀한 사회적 협동도 필요했다. 그들은 약 20퍼센트 정도의 칼로리를 고기로부터 얻었을 것으로 생각된다. 그들은 집을 지었고 아이들을 돌봤다. 또 침팬지들 사이에서 보이는 수컷과 암컷의 위계질서에서 현대적인 남성과 여성 사이의 부부 관계로 남녀 관계를 변화시켰던 것으로 보인다.

또한 호모에렉투스는 불을 두려워하지 않는 법을 배웠는데, 그 결과 인류의 가장 위대한 진보 중 하나인 불의 사용을 촉진했다. 그들은 번개에 의해 불이 붙어 타다 남은 나뭇조각을 보관했다가 불을 붙이는 법을 배웠을 것이다. 이런 행동은 다소 위험하기는 했지만 여러 가지 이점을 갖고 있었다. 불을 이용해 맹수들에게 겁을 줘서 쫓아버릴 수 있었고, 사냥감을 몰아 덫에 빠지게 할 수 있었고, 다양한 식품을 익혀 먹을 수 있었고, 먹을 것을 오랫동안 보관할 수 있었고, 어두운 동굴을 밝힐 수 있었고, 추운 날씨에 따뜻하게 지낼 수 있었기 때문이다. 큰 뇌가 실제로 이득을 주기 시작한 것이었다.

먹을 것을 준비하고 요리하고 나누어 먹는 일은 인간 경험의 대단히 핵심적인 부분이기 때문에, 일부 학자들은 요리법이야말로 우리가 인간이 되는 데 가장 중요한 요소였다고 주장하고 있다. 인간은 요리를 통해 보다 다양한 것을 먹고 더 많은 영양분을 흡수할 수 있게 됐다. 사냥터에서 잡은 동물의 고기를 그 자리에서 날로 먹지 않고 요리해 먹으면서 남성과 여성 인간의 신체 크기가 비슷해졌고(요리를 해서 먹게 되면 여성도 더 많은 음식을 먹게 된다), 남성과 여성 인간이 다른 대부분의 유인원들과는 달리 오랫동안 부부로 지내게 되었다고 볼 수도 있다. 인간이 언제 불을 사용하게 되었는지에 대해서는 200만 년 전부터라는 주장에서부터 30만 년 전이라는 주장까지 다양한 추측들이 있다.[4]

불을 사용하게 되면서 호모에렉투스는 또 다른 최초의 도전을 한다. 그들 중 일부가 최초로 따뜻한 아프리카의 안락함을 버린 것이다. 물론 그들은 추위로부터 자신들을 보호할 불을 갖고 있었다. 호모에렉투스가 아프리카를 떠난 것은 약 120만 년 전에서 70만 년 전 사이의 일로 짐작되는데, 사하라사막에 충분한 비가 내려서 안전하게 건널 수 있었던 덥고 습한 시기였을 것이다. 호모에렉투스는 아프리카 대륙과 대륙을 연결하는, 현재의 사우디아라비아가 있는 지역의 육교를 건넌 것으로 보인다. 이런 이동은 이주라기보다는 소규모의 수렵·채집자 집단이 먹을 것을 찾아 움직인 것으로 보아야 한다.

결국 호모에렉투스는 근동 지역, 유럽, 아시아 북부 일부 지역, 그리고 열대 지역인 아시아의 남부와 남동부 지역까지 퍼져나갔다. 그들은 유라시아 대륙 북부의 대부분을 차지하는 혹한 지역에는 거주할 수 없었으며, 오스트레일리아와 아메리카 대륙에는 도달하지 못했다. 당시의 인류는 전체를 합쳐봐야 수십만 명 정도였다. 그러나 인간은 다른 동물들과 마찬가지로 전 지구를 돌아다녔다. 인간도 다른 동물들과 마찬가지로 돌아다니기를 좋아했기 때문이다. 1년에 20킬로미터 정도의 속도로 움직인다면 지구를 걸어서 한 바퀴 도는 데 2000년밖에 안 걸린다. 호모에렉투스가 생존했던 기간 동안에 검치호랑이가 멸종했는데, 인간이 그때부터 이미 환경에 영향을 미쳤던 것이 아닌가 하는 의문을 갖게 된다.

인간이 약 180만 년 전에 아프리카를 떠나 아시아에서 호모에렉투스로 발달한 다음 아프리카로 다시 돌아왔다는 대안적 견해를 제시하는 학자들도 있다. 그러나 실제로는 인간이 사는 지역이 확장되기도 하고 축소되기도 하면서 복잡한 인구 이동이 오랜 기간 동안 이루어졌다고 보아야 할 것이다.

호모에렉투스의 후손들

호모에렉투스의 후예들은 지역에 따라 세 개의 집단으로 나뉜다. 유럽과 지중해 지역의 네안데르탈인, 동아시아의 호모에렉투스, 그리고 아프리카 동부 혹은 남부에서 생긴 호모사피엔스가 그들이다. 공식적인 분류는 이런 집단 구분을 명확하게 보여주지 못하고 있는데, 그 이유는 네안데르탈인을 호모사피엔스의 하위 집단으로 여겼었기 때문이다. 그래서 네안데르탈인을 '호모사피엔스 네안데르탈렌시스'라고 부르기도 했는데, 여전히 그렇게 부르는 사람들도 있다. 그러나 네안데르탈인은 호모사피엔스 종에 속하지 않는다는 사실이 이미 밝혀졌다. 호모사피엔스를 네안데르탈인과 구별하기 위해 진정한 호모사피엔스는 공식적으로 '호모사피엔스 사피엔스'라고 부른다. 그러나 간략하게 이 책에서는 네안데르탈인과 호모사피엔스로 부르기로 하겠다.

네안데르탈인들은 약 9만 년 전에 시작된 마지막 빙하기가 도래하기 전인 13만 년 전에서 2만 8000년 전 사이의 화석 기록에서 발견된다. 그들은 빙하기가 막 시작되려는 시점에 지구에서의 삶에 성공적으로 적응한 최초의 인간이었다. 네안데르탈인의 화석은 다른 어떤 원인들의 화석보다 많이 발견됐는데, 그중에는 약 30개의 완벽에 가까운 골격도 포함되어 있다. 네안데르탈인이라는 명칭은 1856년에 독일의 뒤셀도르프 근처인 네안데르 계곡에서 발견된 뼈 화석에서 비롯된 것이다. 하지만 그 이전에도 비슷한 뼈 화석은 많이 발견됐었다.

네안데르탈인의 골격을 보면 그들이 어떻게 추위에 적응했는지 알 수 있다. 그들의 뼈는 현대인의 뼈보다 짧고 단단하다. 남자나 여자, 아이들이 모두 강한 근육과 둥근 가슴을 가진, 웅크린 듯 보이는 큰 몸집을 갖고 있었음을 보여주는 증거다. 남자는 약 1.7미터의 키에 70킬로그램 정도의 몸무게였으며, 여자는 약 1.6미터의 키에 54킬로그램 정도의 무게가 나갔다. 엉덩이 부분의 일부 특징을 보면 그들이 현대인처럼 걷지 않았음을 알 수 있다. 또 그들의 뇌는 현대인의 뇌와 크기는 비슷하지만 다른 모양으로 생겼었다. 그들의 두개골은 이전의 호미니드들과 마찬가지로 길고 미발달한 상태였다. 그들의 가장 큰 특징은 도드라진 눈 위의 뼈와, 그 이전이나 이후의 어떤 인간보다 큰 거대한 콧구멍이었다.

네안데르탈인은 도구를 만들기는 했지만, 수만 년 동안 도구의 모양을 바꾸지는 못했다. 그들은 돌을 이용해 송곳과 바늘, 주먹도끼, 칼을 만들었다. 네안데르탈인은 매머드, 사향소, 늑대, 동굴곰, 야생마, 순록 등을 사냥했고, 주로 사냥한 동물 고기를 먹으며 살았다. 그들은 나무를 사용하기는 했지만 뼈나 뿔, 상아를 이용할 생각은 하지 못했다. 그들은 동굴그림을 그리지 않았고, 거의 멸종 단계에 이르기 전까지 장식품을 사용하지 않았다.

네안데르탈인은 분명히 불을 사용했다. 그들은 짐승의 가죽을 벗겨 옷과 은신처를 만들었다. 죽은 자들을 파묻은 최초의 인간이기도 하다. 시체가 도구와 함께 발견되기도 하지만 다른 부장품의 흔적이나 장례식의 단서는 찾아볼 수 없다. 어떤 뼈에는 죽기 오래전에 당한 상처나 병의 흔적도 남아 있는데, 불구가 된 사람을 사회가 보호했다는 사실을 보여준다.

네안데르탈인이 어느 정도의 언어능력을 갖고 있었는지는 논란거리다. 해부학적으로 재구성해보면 네안데르탈인의 후두는 현대인과는 다른 위치에 있었다. 따라서 그들이 낼 수 있었던 소리에는 한계가 있었음이 분명하다. 말의 한계로 인해 그들은 현대인보다 많은 몸짓과 표정을 통해 의사소통을 했을 것이다.

현대의 유전학자들은 뼈에 담겨 있는 세포가 죽음과 함께 즉시 사라지지 않는다는 사실을 발견했다. 너무 오래되지만 않았다면 때로는 죽은 지 꽤 지난 동물로부터도 소량의 DNA를 추출해낼 수 있다. 만약 죽은 지 1000년이 지났다면 DNA를 성공적으로 추출해낼 수 있는 가능성은 약 70퍼센트다. 그런데 유전학자들은 1997년에 3만 년이 지난 네안데르탈인의 뼈에서 짧은 DNA가닥을 추출해내는 데 성공했다. 그 DNA는 네안데르탈인이 현대인의 표본 집단과 대단히 다르며 결코 현대인의 조상일 수 없다는 사실을 보여주었다. 이제 네안데르탈인은 극심한 추위에 적응한 특별한 형태의 호모에렉투스로 여겨지고 있다(호모사피엔스의 경우에는 아직까지 그 정도로 세월이 지난 DNA 자료가 발견된 적이 없다).[5]

앞으로 보게 되겠지만, 호모사피엔스가 자신의 출생지인 아프리카 동부 지역을 떠나 유럽에 도착한 후에 네안데르탈인은 사라지게 된다. 이런 사실을 통해 유럽에서 진화한 네안데르탈인과 같은 종류의 인간은 아프리카에서 진화한 종류의 인간보다 생존에 덜 적합했다고도 볼 수 있다. 그러나 1960년대와 1970년대 이전까지 유럽인들은 이런 사실을 받아들이려고 하지 않았고 이해할 수도 없었다. 그 이전까지는 아프리카에서의 발굴이 부진한 데다 연대 확인 기술도 미미했고, 거기에 인종차별주의적인 사고가 더해져 현재에는 명백해 보이는 현대인의 계보를 정확히 인식하는 일을 방해했었다.

하나의 예만 들어봐도 상황을 잘 알 수 있다. 1912년에 큰 뇌를 가진 호미니드의 유골이 영국 서식스 지방의 필트다운 사력층沙礫層에서 발견됐다는 소식이 발표됐다. 이른바 '필트다운인'으로 알려진 이 유골은 큰 뇌를 가진 최초의 인간 조상이 영국에서 발달했다는 증거로 유럽과 미국의 과학계에 널리 받아들여졌다. 그 이후 필트다운인 유골은 다른 화석 증거들을 평가하거나 함량 미달인 것으로 폄하하는 판단의 기준이 되었다.

그러나 필트다운인은 발견된 지 40년 후에 가짜로 판명됐다. 그것은 현대인의 뼛조각들과 오랑우탄의 턱뼈를 오래된 것처럼 보이게 만든 후에 교묘하게 조합한 것이었다. 누가 그런 사기극을 꾸몄는지는 밝혀지지 않았지만, 최초로 그 유골에 대해 말한 해부학자와 그것을 발견한 아마추어 고고학자, 그 고고학자에게 원한을 품고 있던 박물관 학예연구관, 셜록 홈스라는 명탐정을 만들어낸 작가 코넌 도일, 그리고 고고학자의 친구 등 다양한 사람들이 의심을 받고 있다. 이 사건은 과학적 작업 전반의 신뢰성에 의문을 제기하게 만들었다. 그러나 유럽의 고고학자들은 비록 40년이 걸리기는 했지만 이 사기극을 밝혀냄으로써 자신들의 명예를 지킬 수 있었다.[6]

동아시아에 최초로 도착한 인간은 호모에렉투스였다. 그곳에서 호모에렉투스는 아시아 밀림의 열대와 온대 기후에 적응하면서 발달했다. 초원이 아닌 밀림 지역에서 살려면 과일과 견과류를 얻기 위해 계속해서 움직여야 한다. 그들은 돌을 도구로 사용하는 대신에 대나무와 나무를 사용했는데, 그 흔적은 고대의 유적지에 남아 있지 않다. 이런 밀림 문화는 수십만 년 동안 아프리카나 유럽에서 인류가 겪었던 변화와는 전혀 별개로 서서히 발전하면서 융성했다. 아시아에서 호모에렉투스는 유럽이나 아프리카에서보다 수십만 년 동안 더 생존했던 것으로 보인다. 언어학자인 데릭 비커턴Derek Bickerton의 기억에 남는 말을 빌리자면, 중국 북부의 호모에렉투스는 "30만 년 동안이나 저우커우뎬周口店의, 웃풍이 세고 연기가 자욱한 동굴에서 자신들이 만들어낸 쓰레기로 동굴 안이 가득 찰 때까지 타다 남은 잔불 위에 박쥐를 구워 먹고 있었다."[7]

호모사피엔스, 전 세계로 퍼져나가다

이제 우리는 마침내 우리들 자신, 즉 현대인을 만나게 된다. 우리 자신을 만나게 되는 곳은 역시 그곳, 즉 아프리카 동부다. 그곳에서 약 25만 년 전에서 13만 년 전 사이에 호모에렉투스의 아프리카 쪽 후손들이 한 번 더 돌연변이를 일으켜 생존에 좀 더 적합한 종인 호모사피엔스로 진화한다. 그것이 우리가 알고 있는 호미니드 족보에서의 마지막 종 형성 사건이다.

호모사피엔스는 튼튼하게 생겼던 네안데르탈인과는 다르게 크고 날씬했다. 호모사피엔스는 튀어나온 눈 위의 뼈 대신에 넓고 높은 이마와 두개골을 갖고 있었다. 비록 호모사피엔스의 뇌 용량은 네안데르탈인보다 작았지만 모양은 상당히 달랐다.

호모사피엔스는 호미니드 중에서 맨 처음으로 완벽한 분절 언어를 발전시킨 집단이다. 유창하게 말을 하게 되면서 호모사피엔스는 구문構文의 사용과 인간만의 독특한 특징인 추상적이고 합리적이며 상징적인 사고를 발전시켰다. 손과 눈과 두뇌와 말이 서로를 강화하는 순환 구조가 완전히 자리 잡은 것이다.

인간의 언어가 어떻게 진화했는지를 연구하기 위해서는 단 두 가지의 해부학적 방법밖에 사용할 수 없기 때문에, 인간의 언어에 대한 우리의 지식은 인간 역사에 대한 이야기에서 가장 발전이 덜 된 분야다. 그중 한 가지 방법은 뇌에서 언어를 통제하는 부분인 브로카Broca 영역을 연구하는 것이다. 브로카 영역의 크기와 모양은 두개골 안쪽의 본을 떠서 알 수 있다. 또 다른 방법은 목구멍 부분의 뼈를 통해 후두와 인두의 발달을 살펴보는 것이다.

뇌의 브로카 영역은 손의 운동을 정확하게 제어하는 역할을 하기도 한다. 말을 하기 위해서는 혀의 정확한 움직임이 필요한데, 그것은 손을 움직일 때 요구되는 정확성과 흡사하다. 학자들은 뇌에 손상을 입어 언어를 이해하고 만들어내는 능력에 장애가 생긴 사람들은 손동작도 정확하게 할 수 없다는 사실을 밝혀냈다. 반면에 자폐증에 걸린 아이들 중에 수화手話를 배운 아이들은 때로 말하는 능력을 갖게 되기도 한다. 학자들은 초기 인류가 세밀한 손가락 동작을 발달시키면서 동시에 단어를 연결하고 구문을 만들어낼 수 있게 하는 뇌의 영역을 발달시켰다고 보고 있다. 손을 움직이는 동작이 말로 연결된 것이다.

인간의 독특한 점 중 하나는 후두의 위치다. 대부분의 동물은 후두가 목구멍의 높은 쪽에 달려 있어서 폐로 들어가는 공기와 식도로 들어가는 액체를 분리하는 밸브 역할을 한다. 또 다른 일부 동물은 숨을 쉬면서 동시에 마실 수 있다. 하지만 인간은 그렇게 할 수 없다. 인간의 후두는 남자 성인의 결후結喉의 위치에서 볼 수 있듯이 목구멍의 중간쯤으로 이동해 있다. 그 결과 코 뒤편과 목구멍의 위쪽에 공간이 생겨 소리통으로 작용하게 되었는데, 그 소리통은 대단히 재주 많은 인간의 혀 및 입술과 결합해 손의 재주와 비슷한 수준의 비상한 언어능력을 부여했다. 아이들은 커가면서 후두의 진화론적 역사를 다시 보여준다. 어릴 때는 후두가 목구멍의 맨 위쪽에 있다가 아이들이 자라서 열네 살쯤 되면 정상적인 위치인 목구멍의 중간쯤으로 내려간다.[8]

네안데르탈인의 경우 후두의 위치가 현대인과 같았었는지에 대해서는 많은 논란이 있다. 대부분의 전문가들은 네안데르탈인의 경우 후두가 현재의 여덟 살가량 아이의 후두와 같은 위치에 있었을 것으로 생각하고 있다. 어쨌든 모든 전문가들은 인간 문명에 극적인 도약이 일어났던 시기인 약 3만 년 전 정도에는 인간의 후두가 현재와 같은 위치를 잡았으며, 인간이 완전하게 말을 습득했을 것으로 보고 있다.

시간이 지나면서 아프리카의 호모에렉투스는 서서히 호모사피엔스로 변화해갔다. 호모사피엔스는 자신의 뛰어난 두뇌와 언어능력을 이용해 아프리카의 다른 호미니드 종들을 쇠퇴시켰으며, 지금으로부터 약 10만 년 전쯤에는 약 5만 명 정도로 늘어났다. 그중 일부는 지구의 기후가 짧은 기회를 제공하는 기간 동안 열대 사바나를 벗어나 현재의 이스라엘, 팔레스타인, 시리아 그리고 레바논에 해당하는 지중해의 동쪽 지역으로 이동했다. 그러다가 약 9만 년 전쯤에 지구가 다시 차가운 빙하기로 접어들자 사하라사막이 빠르게 말라버렸고, 인간은 다시 따뜻하고 비가 많이 내리는 시기가 올 때까지 이동에 방해를 받았다.

호모사피엔스는 약 9만 년 전에 이미 지중해 동쪽 지역까지 이동했음에도 불구하고 약 6만 년 전에서 4만 년 전이 되기까지는 유럽에 이르지 못했던 것으로 보인다. 이것은 한 가지 의문을 불러일으킨다. 호모사피엔스가 유럽에 도착하는 데 대체 왜 그렇게 오랜 시간이 걸렸을까?

호모사피엔스가 따뜻한 사바나보다 추운 기후에 적응하는 데 더 시간이 필요했다는 추측이 있다. 즉 그들이 추위를 막기 위한 기술을 익히면서 지중해 동쪽 지역에 머물렀다는 말이다. 그들은 더 따뜻한 옷과 주거지를 만드는 기술을 익히거나, 과일과 견과류가 귀했기 때문에 보다 나은 사냥 기술을 발달시켰을 것이다. 약 5만 년 전부터 4만 년 전 사이의 짧은 따뜻한 기간 동안에 호모사피엔스는 유럽의 남쪽으로 이동했다. 그때 유럽의 북쪽에는 여전히 빙하가 쌓여 있었다. 다시 추운 날씨가 돌아왔을 때, 크로마뇽인으로 알려져 있는 유럽 남쪽의 호모사피엔스들은 네안데르탈인과는 달리 신체적 변화를 통해서가 아니라 발달한 문명의 기술을 통해 그 추위에 적응했다.

한 가지 흥미로운 의문이 생긴다. 네안데르탈인과 호모사피엔스는 어떤 관계가 있었는지에 대한 의문이다. 그들이 중동 지역과 유럽의 중부와 서부에서 서로 영향을 주고받았다는 점은 알고 있지만, 자세한 내용에 대해서는 상상할 수밖에 없다. 그들은 같은 종에 속하는 아종亞種으로 분류되기 때문에, 초기 학자들은 그들이 서로 성교를 할 수 있었을 것이라고 생각했다. 그러나 현대의 유전학자들은 호모사피엔스의 유전자가 네안데르탈인의 유전자와 섞이지 않았다고 보고 있다. 그들 사이에 전쟁이 있었을 수도 있다. 또는 두 집단이 환경에 적응하는 기술이 달랐기 때문에 단순히 사망률이 달랐을 수도 있다. 네안데르탈인은 약 30세대, 즉 1000년 이내에 사라졌을 수도 있다. 어떻게 그런 일이 일어났는지는 분명치 않지만, 지금으로부터 3만 4000년 전에서 3만 2000년 전쯤에는 유럽 지역에 남아 있는 유일한 호미니드 종은 호모사피엔스에 속했던 크로마뇽인뿐이었다.

호모사피엔스 중 일부 집단은 지중해 부근에서 서쪽으로 움직여 유럽의 남부 지방으로 이동했고, 다른 집단들은 동쪽으로 움직여 아시아의 동남부 지역으로 이동했던 것으로 보인다. 그러나 아직까지 이런 추측을 뒷받침할 만한 화석 자료는 발견되지 않고 있다. 우리는 호모사피엔스가 정확히 언제부터 아시아의 동남부, 인도네시아 제도, 그리고 지질학자들에게 사훌Sahul이라고 알려져 있는 대륙에 살게 됐는지 알지 못한다. 사훌 대륙은 뉴기니, 오스트레일리아 그리고 지금은 물로 덮여 있지만 당시에는 빙하로 인해 해수면이 낮아지면서 물 위로 나와 있던 뉴기니와 오스트레일리아 사이의 대륙붕이 합쳐진 것이었다.

초기 인간들이 사훌 대륙을 식민화한 것은 인간이 바다를 항해한 최초의 예이다. 빙하기가 최고 정점에 달했었던 2만 년 전쯤에 사훌과 가장 가까운 대륙의 거리는 바닷길로 약 100킬로미터 정도였다. 실제로 인간은, 그때보다 빙하가 적고 해수면이 훨씬 더 높아 바닷길의 거리가 100킬로미터보다 훨씬 더 멀었음이 분명한 그 이전의 시기에도 그 바닷길을 건너곤 했다.

그렇다면 도대체 누가 이런 놀라운 일을 해냈을까? 호모에렉투스였을까, 아니면 호모사피엔스였을까? 정확한 답은 아무도 모른다. 사훌 대륙에 초기 인간이 정착한 것은 우연히 혹은 의도적으로 대나무로 만든 뗏목을 타고 바다를 건넜던 소수 인간의 성취였을 것이다. 최소한 7일 정도가 걸렸을 그 여행은 수천 년 동안 반복적으로 일어났음에 틀림없다. 뉴기니와 오스트레일리아의 많은 지역에 수렵·채집자들이 살기 시작한 것은 약 4만 년 전 일로 알려져 있으며, 어쩌면 6만 년 전에서 5만 년 전부터 살기 시작했을 수도 있기 때문이다. 뉴기니와 오스트레일리아에 살던 이 초기 정착민들이야말로 상당한 거리의 바닷길을 여행할 수 있는 배를 만들 능력을 지녔던 최초의 인간들이었다.

중앙아시아와 중국과 시베리아에 인간이 거주하게 된 과정은 대단히 복잡하며, 지금까지도 완전하게 알려지지 않고 있다. 최근의 치아연구에 따르면 아시아의 북동부 지역에서 발견된 치아는 유럽이나 아시아의 남동부에서 발견된 치아보다는 중국 남부에서 발견된 치아와 연관성이 깊다고 한다. 치아의 차이가 매우 뚜렷하기 때문에 전문가들은 아시아 북동부 지역의 인간은 아시아의 남동부나 유럽의 호모사피엔스와는 동떨어진 다른 호모사피엔스 집단으로까지 생각하고 있다. 아시아 북동부에 살던 인간들이 결국 아메리카 대륙으로 건너갔고, 그로 인해 인간이 지구 전체에 거주하게 되었다.

대빙하시대 동안 해수면의 높이는 지금보다 훨씬 낮았다. 시베리아와 알래스카 사이에는 지금은 사라진 베링기아Beringia라는 대륙이 있었다. 시베리아와 알래스카 사이의 육교 역할을 하던 베링기아는 약 5만 년 전과 약 2만 년 전 두 차례의 가장 혹독한 빙하기에 그 크기가 가장 컸다. 그러다가 빙하가 녹기 시작하면서 높아진 바닷물이 베링기아를 덮기 시작했고, 약 1만 2000년 전에는 베링기아가 완전히 바닷속으로 잠겼다. 따라서 빙하시대의 수렵·채집자들은 9만 년 전부터 1만 2000년 전 사이에는 어느 때나 배가 없이도 베링기아를 건너 아메리카 대륙으로 이동할 수 있었을 것이다.

그렇다면 언제, 어떻게 그렇게 했던 것일까? 대부분의 전문가들은 베링기아가 육교 역할을 했다는 점에 대해서는 동의하고 있다. 초기 인간의 주거지에 대한, 논쟁의 여지가 없는 가장 오래된 고고학적 증거가 미국 뉴멕시코 주의 클로비스 유적지에서 발견됐는데, 그 유적지는 약 1만

3600년 전의 것이었다. 또 약 3만 년 전까지 거슬러 올라가는, 그보다 이른 주거지로 보이는 유적들도 있다.

그 정확한 과정이야 어찌 됐건, 아메리카 대륙에 인간이 정착하게 된 것은 아프리카로부터 현대적 인간이 서서히 이동해나간 최종 결과였다. 인간은 맨 처음에 아프리카로부터 다른 열대와 온대 기후 지방으로 이동했고, 다음으로 빙하기에 가까운 환경을 갖고 있던 유라시아 대륙 북부를 거쳐 아메리카 대륙으로 이동한 것이다. 1만 1000년 전에 이르면 수렵·채집자들이 아메리카 대륙의 거의 모든 지역에 거주하게 된다. 지구상의 다른 인간들과 마찬가지로 그들은 생존하기 위해 창의적이고 창조적일 수밖에 없었다. 그들은 아주 다양한 방식으로 아메리카 대륙의 환경에 적응해갔으며, 그 결과 그로부터 1만 2000년쯤 후에 아메리카 대륙을 찾아온 유럽인들에게 놀랍도록 다양한 문명을 보여줄 수 있었다.

지구상의 마지막 무인도들은 폴리네시아 사람들에 의해 채워졌는데, 그들은 약 3000년 전에 통가와 사모아제도로, 1500년 전에는 마르키즈제도와 이스터(라파누이) 섬, 그리고 하와이로, 그리고 약 1200년 전에는 뉴질랜드로 배를 타고 갔다. 또 인도네시아에 살던 사람들은 약 1200년 전에 마다가스카르에 정착했다.

아프리카에서 다른 곳으로 퍼져나가면서도 호모사피엔스는 하나의 종으로 남아 있었다. 현대적 인간이 아프리카를 떠난 후 10만 년에서 20만 년이 흘렀음에도 불구하고 호모사피엔스는, 콩고 강을 경계로 해서 약 200만 년 전에 두 개의 명백히 다른 하위 종으로 분리된 침팬지와는 달리 별개의 종으로 나뉘지 않았다. 유전학적으로 보자면 인간이 다른 종으로 나뉘기에 아직 충분한 시간이 없었다고도 할 수 있다. 거기 더해 인간은 시간과 공간의 차이를 뛰어넘어 다른 인간과의 접촉을 꾸준히 유지해왔다. 대빙하기가 이런 상황에 일조했음이 분명하다. 빙하가 엄청난 양의 물을 얼게 해 해수면이 낮아져 대륙이 연결되어 있었기 때문이다. 그 결과 일부 호모사피엔스는 서로 분리된 인간들의 경계 주변을 이리저리 돌아다니며 성적 교류를 가질 수 있었다. 이런 초기 여행자 클럽의 회원들이야말로 인간을 하나의 종으로 유지시켜준 사람들이었다고도 할 수 있다.

요약하자면 열대지방의 나무에 살던 유인원의 후손인 현재의 인간은 약 19만 년 전에서 10만 년 전 사이에 아프리카의 동부에서 처음 나타났다. 그들은 그 후 아프리카를 떠나 지구 전체에 정착했으며, 가장 혹독한 기후를 이겨내고 생존하면서 자신들이 정착한 모든 땅에서 지배적인 생명체가 되었다. 현재의 인간이 얼마나 최근의 생물인지를 돌이켜보면 놀랄 수밖에 없다. 인간은 이제 겨우 10만 살에서 20만 살밖에 되지 않았다. 그에 비해 인간의 직접 조상인 호모에렉투스는 호모사피엔스가 되는 데 140만 년이 걸렸으며, 유인원으로부터 인간이 분리되는 데는 무려 300만 년에서 400만 년 정도가 걸렸다. 실제로 인간은 하나의 종으로서는 여전히 아동기에 있다. 만약 우리 인간이 다른 대부분의 종들처럼 수백만 년의 생존 기간을 갖고 있다면 말이다.

인간이 어떻게 지배적 생물이 되었는지에 대한 이야기에서는 두 가지 사실이 반드시 강조되어야 한다. 하나는 인간이 다른 모든 생명체와 떨어질 수 없는 한 부분이라는 점이다. 인간은 지구와 그 위에 사는 다른 모든 생명체들의 움직임에 생생하게 연결돼 있다. 지난 수백 년 동안 인간의 종교, 심리학, 철학들은 인간의 도시 생활이 보여주듯 지구와 인간의 생물학적 연관성을 경시하고 감추는 경향이 있었다. 하지만 최근 들어 서구에서도 인간과 다른 모든 생명체와의 연관성에 대한 인식이 증가하기 시작했다. 물론 지구와 가깝게 살아온 다른 문명의 사람들은 늘 그런 인식을 갖고 살아왔다.

다른 하나는 오랜 세월을 거치는 동안 지구의 환경이 결코 똑같지 않았다는 점이다. 하루를 기준으로 보면 지구가 무척 안정적으로 느껴지지만, 진실은 그와 전혀 다르다. 지구에 가해지는 힘들은 서로 결합해 상상을 초월할 정도의 복잡하고 예측 불가능한 결과를 만들어내고, 부드럽게 작용하는 것처럼 보이는 힘도 갑작스러운 변화를 일으키곤 한다. 큰 그림으로 보자면 우리는 현재 흔히 재앙이라고 부르는 것들 사이의 좁은 틈새에서 살고 있음을 알 수 있다. 우리는 한편으로는 그런 장기간에 걸친 변화를 인식하며 살아가는 방법을 배우고 있지만, 다른 한편으로는 우리의 짧은 삶을 지속하는 데 필요하기 때문에 하루하루의 일상이 늘 지속될 것이라는 가정을 하며 살아가고 있는 것이다.

지금까지의 이야기는 다음과 같이 정리될 수 있다. 우리의 우주는 137억 년 전에 엄청난 에너지를 지닌 하나의 점에서 시작했으며, 그 점이 폭발해 지금까지 계속해서 팽창하고 있다. 폭발의 열이 충분히 식은 후에 수소와 헬륨 같은 가벼운 형태의 물질이 생겨나 별이 태어났고, 그런 별들 안에서 보다 무거운 원소들이 만들어졌다. 어떤 별들은 초신성이 되어 폭발하면서 무거운 원소들을 퍼뜨렸는데, 그렇게 흩어진 원소들이 우리의 태양계와 지구를 포함한 새로운 항성계들을 만들었다. 지구에서는 자외선과 번개 같은 에너지원의 도움을 받아 생명을 만들어내는 화학적 구성 요소들이 발달해, 결국 지금으로부터 약 40억 년 전에서 35억 년 전 사이에 최초의 살아 있는 세포가 탄생했다. 최초의 세포는 분화하고 증식하며 쉬지 않고 진화를 계속했다. 약 600만 년 전의 돌연변이로 인해 침팬지로부터 인간으로의 발달이 시작됐다. 인간이 별개의 종이 된 것은 약 20만 년 전에서 10만 년 전의 일이었지만 약 3만 년 전쯤에는 다른 호미니드 종들을 모두 지배하게 되었고, 약 1만 3000년 전부터는 지구 전체에 걸쳐 퍼져 살게 되었다.

남아 있는 의문점들

1. 언제 어디서 호모사피엔스가 처음 나타났는가?

초기 인간의 기원을 설명하는 학자들은 약 100만 년 전에 호모에렉투스가 아프리카에서 발달해 퍼져나갔다는 사실에 동의하고 있다. 하지만 최근까지도 학자들은 호모사피엔스의 기원에 대해서는 두 개의 집단으로 나뉘어 있다. 한 집단은 현대인의 가장 가까운 조상인 호모사피엔스가 지구의 다른 부분에서 독자적으로 발달해 호모에렉투스와 함께 살았다고 주장한다. 이 가설을 흔히 칸델라브라Candelabra(가지가 달린 초대) 이론이라고 부르는데, 마치 촛대에 달린 가지처럼 서로 다른 인간 종들이 함께 존재했다고 보기 때문이다. 현재 다수를 차지하고 있는 또 다른 집단은 이 책에 제시된 것과 같은 과정을 통해 호모사피엔스가 발달했다고 본다. 즉 호모사피엔스가 아프리카에서 발생해 지구의 다른 부분으로 퍼져나갔다고 보는 것이다. 이 가설은 흔히 '노아의 방주'(인간은 한 때 모두 한 배를 타고 있었다는 의미에서), '아프리카로부터Out of Africa', '에덴동산' 등으로 불린다.

칸델라브라 이론에 따르면 현대적 인간은 다양한 장소에서 나타나 약 70만 년 전쯤이나 혹은 그 이전에 유전적으로 분리되었다고 한다. 하지만 '노아의 방주' 이론가들은 현대적 인간이 약 20만 년 전에서 10만 년 전에 아프리카에서 등장한 후 유전적으로 다양하게 분화되며 퍼져나갔다고 주장한다. 칸델라브라 이론은 대부분의 화석 표본이 유럽과 근동 그리고 아시아 지역에서 발견될 때 유행했었다. 그러나 1970년대에 아프리카에서 화석이 발견되기 시작하면서 많은 학자들이 '노아의 방주' 이론을 지지하는 쪽으로 기울었다. 최근에 발견되는 다양한 형태의 증거들 대부분은 아프리카에서 뒤늦게 일어난 분화를 보여주고 있지만, 아직

까지는 완벽하게 결정적이라고 말할 수 없다.[9]

위에 언급한 두 이론은 현재의 인간이 보여주고 있는 해부학적 다양성에 여러 가지 암시를 제공한다. '노아의 방주' 이론가들은 피부색이나 머리 형태 그리고 체격과 같은 차이는 외면적인 것이며 다양한 환경에 대한 최근의 적응 결과에 불과하다고 본다. 그러나 칸델라브라 이론가들은 그런 유전적 차이가 100만 년 정도 거슬러 올라가는 것이라고 생각한다.

2. 종교와 과학의 발견이 배치되지 않을 수 있을까?

유대·기독교 세계에 사는 사람들 중 일부는 다른 일부 종교적 전통 속에서 사는 사람들이 그렇듯이 과학의 발견을 거부하고 신이 지금과 같은 모습의 세계를 수천 년 전에 창조했다고 여전히 믿고 있다. 그들은 흔히 '창조론자'로 알려져 있으며, 그들의 입장은 '젊은 지구 창조론'으로 불린다. 창조론의 다른 입장도 있다. '늙은 지구 창조론자'들이라고 하는데, 그들은 현대 지질학과 천체물리학의 발견을 받아들이지만 생물학적 발견, 특히 진화론을 거부한다. 또 어떤 진화론자들은 진화론의 일부는 받아들이지만 인간과 원숭이같이 아주 다른 종들 사이의 연속성은 받아들이지 않는다. 원숭이들과 친숙한 많은 아프리카 사람들은 인간이 원숭이로부터 진화했다는 것을 믿지만, 기독교인들이나 이슬람교도들은 그렇게 생각하지 않는다.

1997년 갤럽 여론조사에 따르면, 미국인의 44퍼센트 정도는 유일신이 지난 1만 년 사이에 현재와 거의 비슷한 모습으로 인간을 창조했다고 믿고 있었다. 단지 10퍼센트만이 유일신의 개입 없는 진화를 믿고 있었다. 그리고 나머지는 유일신이 어떤 방식으로든 진화의 방향을 인도했다고 믿고 있었다.[10] 대부분의 미국인들은 진화와 자신이 믿는 신의 존재를 조화시키려고 노력하고 있는 것이다.

브라이언 굿윈Brian Goodwin, 리처드 르원틴Richard Lewontin, 리처드 도킨스Richard Dawkins 같은 유명한 과학자들은 그것이 가능하다고 생각하지 않는다. 그들은 진화에는 방향이나 진보가 없다고 본다. 그 대신에 일련의 임기응변과 우연한 사건들, 생명의 자유로운 창조성, 그리고 가능성의 영역에 대한 탐색만이 존재한다고 생각한다.

다른 과학자들은 자신의 종교적 배경에서 벗어나서, 혹은 자신의 종교적 신념과 관계없이, 종교적 신념을 가진 사람들에게 자신의 입장을 표명하기도 한다. 그런 예로는 브라이언 스윔Brian Swimme과 토머스 베리Thomas Berry의 《우주 이야기: 태초의 밝은 빛에서 생태대生態代까지The Universe Story: From the Primordial Flaring Forth to the Ecozoic Era》, 어슐라 구디너프Ursula Goodenough의 《자연의 신성한 깊이The Sacred Depths of Nature》, 프리초프 카프라Fritjóf Capra와 데이비드 스타인들라스트David Steindl-Rast의 《우주에 속해서: 과학과 영성의 경계에 대한 탐색Belonging to the Universe: Explorations on the Frontiers of Science and Spirituality》, 그리고 에드워드 윌슨Edward O. Wilson의 《창조: 지구 위의 생명을 구하기 위한 호소The Creation: An Appeal to Save Life on Earth》 등이 있다. 또 종교철학자인 로열 루Loyal Rue는 자연주의적 관점에서 진화의 이야기를 다룬 《모든 사람의 이야기: 진화의 서사 바로 읽기Everybody's Story: Wising Up to the Epic of Evolution》라는 책을 쓰기도 했다.

4

인간, 수렵과 채집을 시작하다

3만 5000년~1만 년 전

이제 인간이 우리 이야기에 본격적으로 등장했다. 따라서 의도적으로 이야기의 속도를 조금 늦춰, 큰 뇌와 소리통을 가진 이상한 털 없는 원숭이인 인간을 보다 자세하게 살펴볼 필요가 있다. 지난 3만 년의 시간은 이미 그 이전에 지나간 시간들과 비교해보면 마치 우리가 살고 있는 현대와 같은 시대처럼 느껴질 정도다. 실제로 3만 년 전의 사람들은 우리들로부터 겨우 1,200세대 떨어져 있을 뿐이다. 한 세대의 기간을 25년이라고 간주하면, 4세대면 100년이고 40세대면 1000년이 된다. 결국 1,200세대면 3만 년이 지나게 된다.

앞서 본 것처럼, 현대적인 정신과 행동은 이미 약 20만 년 전부터 아프리카에서 산발적으로 발달해왔다. 인간은 천천히 상징적 언어를 발전시켜 자신들의 집합적인 지식을 다음 세대에 물려주었다. 약 3만 5000년쯤 전에 인간은 동굴벽화, 조각, 인형, 부장품, 장식품을 만들어 냈으며 상징적인 말을 완벽하게 사용했던 것으로 보인다. 3만 5000년 전에서 1만 2000년 전 사이에 인간은 이미 세련되고 복잡한 문화와 상징적 재현 방식을 발전시켰고, 지구 전체에 성공적으로 정착했다. 그런 이유로 선사시대를 연구하는 역사학자들은 그들이 현대인과 같은 지적 능력과 언어 능력을 갖추고 있었던, 우리와 다르지 않은 인간이었다고 믿고 있다.

그렇다면 당시의 진화한 수렵·채집자들의 생활은 어떤 모습이었을까? 내가 그들을 진화한 수렵·채집자들이라고 부르는 이유는 그들이 약 10만 년에서 20만 년 정도의 시간에 걸쳐 아주 서서히 수렵과 채집 생활을 발전시켜, 결국 대단히 높은 수준의 복잡한 행동 양식을 만들어냈기 때문이다.[1]

수렵·채집자들은 어떻게 살았을까

수렵·채집자들의 삶은 상당히 다양했을 것이다. 왜냐하면 그들은 지구의 거의 모든 기후 환경에 살고 있었으며 자기들만의 특정한 환경에 솜씨 있게 적응했었기 때문이다. 그러나 그들이 살았던 곳이 오스트레일리아나 아프리카 남부의 사막이었건 혹은 북극지방이거나 아마존 유역이었건 관계없이, 우리는 수렵·채집을 하며 살았던 사람들의 일반적인 특징을 유추해볼 수 있다.

채식자forager라고 불리기도 하는 수렵·채집자들은 작은 규모의 집단을 이루고 살았으며, 그 집단의 크기는 자신을 방어하고 그 안에서 역할을 분담해 일을 할 정도로 크면서도 걸을 수 있는 거리 안에 있는 식량의 공급을 바닥내지는 않을 정도로 작은 것이었다. 손쉽게 손에 넣을 수 있는 식량의 양에 따라 집단의 크기는 다양하게 정해졌는데, 10명에서 20명 사이의 집단도 있었고 60명에서 100명 사이의 집단도 있었던 것으로 보인다. 때로 서로 다른 집단들이 합쳐지기도 했지만, 그렇게 해서는 오랫동안 지낼 식량을 마련하기 어려웠다. 역사학자들은 지금으로부터 2만 년 이전에는 500명 이상이 한꺼번에 모였던 적은 없었을 것이라고 추측하고 있다.[2]

이런 집단들은 동물들을 따라서 움직이거나, 먹을 수 있는 식물이 다 소비되고 나면 다른 곳으로 옮겨 다니는 방랑 생활을 했다. 움직임의 양상은 지역적 환경에 따라 달랐다. 어떤 집단은 여름철에는 몇 개월 동안 한곳에 머무르다가 봄과 가을에 자주 움직였을 수도 있다. 또 겨울이 되면 가까이서 동물을 구할 수 있는 동굴 안에서 지내기도 했을 것이다. 연어와 다른 해산물이 충분했던 북아메리카의 태평양 연안에 살던 집단과 같은 일부 집단들은 영구적인 정착지를 만들기도 했다.

북극지방과 같이 혹독한 기후 속에서 사냥한 고기에만 의존해 생활하던 이누이트족을 제외한다면, 당시 사람들은 계절에 따라 다른 음식을 먹었을 것이다. 직접 사냥한 고기나 다른 동물이 먹다 남은 고기는 수렵·채집자들이 먹던 음식의 약 10퍼센트에서 거의 전체를 차지했을 수도 있다. 그러나 그것도 계절에 따라 큰 편차가 있었을 것이다. 보다 발달한 도구를 이용해 지속적으로 사냥을 할 수 있게 된 시기인 약 3만 년 전 이전까지는 다른 동물이 먹다 남은 고기를 먹는 일이 대부분이었을 것이다.

수렵·채집자들이 먹던 음식의 질이 어땠었는지를 추측하기란 쉽지 않다. 하지만 최근의 증거를 보면 이전에 생각했던 것보다는 훨씬 더 양질의 음식을 먹었던 것으로 보인다. 물론 그것도 지역과 운에 따라 큰 편차가 있다. 과일이나 견과류와 함께 때때로 고기를 먹을 수 있었다면 충분한 영양분을 얻을 수 있었을 것이다. 수렵·채집자들은 주변 환경을 파괴하거나 오염시키기 전에 늘 이동을 했기 때문에 전염병에 걸리는 일은 별로 없었다. 하지만 많은 사람들이 어릴 때 죽거나 사고 혹은 전쟁 등으로 죽었기 때문에, 수렵·채집자들의 평균수명은 약 30세 정도였을 것으로 보인다. 그러나 그때도 물론 어떤 사람들은 60대까지 살곤 했다.

수렵·채집자들이 지은 주거지를 보면 그들의 창의성을 잘 엿볼 수 있다. 그들은 가능하면 남쪽으로 입구가 난 동굴을 사용했다. 또 주거지를 짓기 위해 거대한 동물의 뼈를 사용했다. 예를 들어 기원전 1만 5000년경 우크라이나의 메지리치에서는 주거지를 짓기 위해 털이 많은 매머드의 뼈를 사용했다. 털 달린 매머드의 무게는 약 4.5톤 정도가 되는데, 한 주거지에 그런 매머드 95마리의 뼈가 사용되기도 했다. 그러나 다른 곳에서는 그보다는 내구성이 떨어지는 동물 가죽, 나뭇가지, 돌, 골풀, 진흙 같은 재료들이 사용되었음이 분명하다. 왜냐하면 인간은 대부분의 지역에서 자주 움직여야 했으므로 그런 곳에서는 가볍고 이동이 손쉬운 재료들이 주거지를 짓기에 가장 적합했을 것이기 때문이다.

수렵·채집자들이 살던 때로부터 1만 년에서 3만 년이 지난 지금 남아 있는 것이라고는 돌과 뼈가 전부다. 따라서 오늘날 비록 극소수이기는 하지만 여전히 수렵·채집자들과 비슷한 생활을 하고 있는 사람들이 남아 있지 않았다면, 과거의 수렵·채집자들이 어떻게 살았는지를 상상하기는 거의 불가능했을 것이다. 물론 현재 남아 있는 수렵·채집자들의 수는 많지도 않고 그나마도 그들과는 전혀 다르게 사는 외부세상의 압박으로 인해 빠르게 줄어들고 있다. 그렇다고 해도 그들이 사는 모습은 과거 수렵·채집자들의 삶을 말해주고 있다.

하지만 현재의 수렵·채집자들이 사는 방식이 3만 년 전에서 1만 년 전에 살던 수렵·채집자들의 삶의 방식을 정확히 말해준다고 믿을 수 있을까? 현재의 수렵·채집자들의 삶의 방식이 과거의 수렵·채집자들과 분명히 다르다고 생각할 수밖에 없는 몇 가지 분명한 이유가 있다. 무엇보다 그들도 지난 세월 동안 농업과 산업 사회를 사는 사람들과 마찬가지로 나름대로 진화하고 발전했기 때문에, 그들의 생활이 3만 년 전의 수렵·채집자들과 똑같다고 볼 수는 없다. 그에 더해 현재의 수렵·채집자들은 자신에게 필요한 면적보다 훨씬 좁은 지역에 국한돼 살고 있으며, 때로는 다른 어떤 집단도 살고 싶어 하지 않는 열악한 환경에서 살고 있다. 그들은 생존을 위해 투쟁하고 있는 데 비해, 과거의 수렵·채집자들은 훨씬 더 넓고 먹을 것도 풍부한 지역을 자유롭게 돌아다녔다. 마지막으로 현재 남아 있는 수렵 채집자들 중에서 현대 기술과 정치의 간섭을 받지 않는 사람들은 거의 없다.

그럼에도 불구하고 현재의 수렵·채집자들은 그들이 사는 곳이 극지방이건 열대림이건 사막이건, 그 어디건 간에 여전히 그들의 조상과 수없이 많은 특징을 공유하고 있기 때문에, 인류학자들은 현재의 수렵·채집자들로부터 약 3만 년 전에서 1만 년 전에 살던 수렵·채집자들의 생활이 어땠는지를 유추해낼 수 있다고 생각한다.[3]

현재의 수렵·채집자들을 관찰해보면 남자가 거의 언제나 사냥을 하고 여자는 식물을 채집하거나 작은 동물을 잡는다. 물고기 잡기나 작은 짐승 사냥과 같은 일은 남녀가 함께 하는 경우가 많다. 남자는 창이나 활, 그리고 화살 같은 사냥 관련 도구를 만들고, 여자는 바구니, 망태기, 항아리같이 먹을 것을 모으거나 요리하는 용기들과 실, 바늘, 긁개같이 옷을 만드는 도구를 만든다. 사회구조는 단순하고 평등주의적이며, 어떤 인간 사회에도 존재하는 나이, 성, 친족 관계, 그리고 개인적인 성취에 따른 구분을 제외하고는 계층이나 상하 관계가 존재하지 않는다. 그리고 먹을 것은 필요에 따라 나눈다.[4]

농업이 발전하기 약 2만 년 전의 유적지에서 발굴된 도구를 보면, 그 양과 질과 참신함에서 놀랄 만한 진보가 일어났음을 알 수 있다. 그 이전까지 돌로 만든 도구는 커다란 크기의 주먹도끼나 선별된 석핵石核의 파편이 거의 전부였다. 그러나 그 이후에 만들어진 석기는 양쪽에 날을 가진 얇은 모양으로 변했고, 결국 창날이나 던지는 무기로 발전한다. 또 사람들은 돌이 아닌 매머드의 상아나 뼈, 그리고 사슴뿔 등을 이용해 도구를 만들기 시작했다. 그중에는 구부러진 작살이나 낚싯바늘처럼 복잡한 도구도 포함돼 있었다. 약 2만 3000년 전쯤이 되면 손잡이의 길이가 30센티미터 정도 되는 던지는 창이 나타나는데, 흔히 사슴뿔에 동물 모양의 장식을 새겨 만들었다. 고고학자들은 프랑스의 라스코에 있는 한 동굴 바닥의 진흙에서 지금으로부터 약 2만 년 전에서 1만 7000년 전 사이의 것으로 추정되는, 세 겹으로 된 밧줄 자국을 발견했다. 그런 끈을 만들 수 있었다면 그들은 그물이나 올가미, 그리고 덫도 만들 수 있었을 것이다.

가정용 공예품도 만들어지기 시작했다. 사람들은 돌로 된 화로와 동굴을 밝히기 위한 등을 만들었는데, 등은 대개 조그만 석회석 판 가운데 동물 기름을 담을 구멍을 뚫은 것들이었다. 대부분 동물의 뼈나 상아로 만들어진, 실을 끼워 바느질을 할 수 있는 눈이 달린 바늘은 약 2만 년 전에 등장했다. 수렵·채집자들은 바늘을 사용해 동물의 털가죽을 엮어 몸을 따뜻하게 할 수 있었을 것이다. 매머드의 이빨, 동물의 엄니, 조개껍데기, 동물 뼈 등을 이용해서는 팔찌, 목걸이, 구슬들을 만들었다. 남자와 여자가 모두 도구를 만들었을 텐데, 정확히 누가 어떤 도구들을 만들었는지에 대해서는 추측만이 가능할 뿐이다.

수렵·채집자들의 시대를 통틀어 전체 인구는 상대적으로 큰 변함이 없었다. 많은 아기들이 죽었으며, 출산 간격은 대개 4, 5년에 한 명꼴이었던 것으로 보인다. 여자들은 이동을 하거나 먹을 것을 채집해야 했기 때문에 두 명의 아이를 함께 데리고 다닐 수는 없었을 것이다. 출산 간격이 이렇게 벌어지게 된 또 다른 이유는, 여자들이 다른 종류의 젖이나 유아식이 없는 상태에서 몇 년간 젖을 먹여 아기를 양육하게 되면 배란이 억제되곤 하기 때문이다. 아마 다른 종류의 산아제한도 행해졌을 것이다. 쌍둥이가 태어나면 하나를 죽이거나, 약초를 사용해 임신을 막거나 낙태를 했을 수도 있으며, 금욕적인 생활을 했을 수도 있다. 또한 식량이 부족해서 출산율이 낮았을 수도 있다.

여자들이 먹을 것을 준비하는 동안 아이들은 대개 놀면서 지냈을 것이다. 그러나 조금 큰 아이들은 열매나 씨를 모으고 도마뱀이나 개구리를 사냥하면서 여자들을 도왔다. 만약 기후와 환경이 적당했다면 그런 생활도 상대적으로 풍요로운 삶이었을 것이다. 하루에 몇 시간만 일해도 생활에 기본적으로 필요한 것을 모두 얻을 수 있고, 나머지 시간은 다른 사람들과 어울려 지내면서 쉬거나 자신을 돌볼 수 있었기 때문이다.

인간의 의식이 보다 복잡하게 발전하기 시작했음을 가장 잘 보여주는 예술품은 동굴에 그려진 그림들이다. 동굴벽화는 세계 각지에서 발견되지만, 피레네산맥을 둘러싼 프랑스 남서부와 에스파냐 북동부 지역의 석회암 동굴들에 가장 잘 보존되어 있다. 최초의 동굴벽화는 1879년에 에스파냐의 알타미라에서 발견되었다. 그 이후 벽화와 부조가 남아 있는 동굴이 그 지역에서만 200개가 넘게 발견되었는데, 그 동굴들은 사람들이 빙하의 절정기를 피해 2만 5000년 전에서 2만 년 전 사이에 대피했던 장소로 보인다.* (그 지역에는 상당히 많은 수의 순록과 붉은 사슴이 살고 있었기 때문에 식량을 찾기 위해 다른 장소로 이동할 필요 없이 꽤 많은 수의 사람들이 지낼 수 있었을

---

* 오늘날 이 지역에 살고 있는 바스크인들은 유전학적으로 특이해서 다른 모든 유럽인들과 비교해 대단히 높은 Rh^- 혈액형을 갖고 있다. 또한 그들의 언어도 독특한데, 이런 점들을 통해 볼 때 그들은 중동 지역으로부터 다른 호모사피엔스들이 이 지역에 들어오기 이전에 이미 이 지역에 살고 있던 네안데르탈인들을 멸종시킨 유럽 최초의 호모사피엔스의 후예들이었던 것으로 보인다.

것이다.) 가장 잘 알려진 동굴벽화들은 2만 8000년 전에서 1만 3000년 전 사이의 것들인데, 그 이후에는 기후가 따뜻해지면서 먹을 것이 풍부해져 동물의 중요성이 줄어들었기 때문이다.

당시의 사람들이 동굴 벽에 그린 것은 대부분 동물이었으며, 특히 사슴과 들소, 말 따위를 많이 그렸다. 또 남자의 전신, 손바닥 자국, 여자의 성기 등 인간의 다양한 모습도 등장한다. 손바닥 자국에 대한 최근의 분석에 따르면 그것들은 대부분 성인 남자의 것이라고 한다. 그런 동굴벽화가 어떤 종교적이거나 주술적인 동기에 의해 그려졌는지에 대해서는 알려져 있지 않다.[5]

사람이나 동물을 그렸음이 분명한 최초의 그림들이 발견되는 시기는 3만 2000년 전에서 3만 년 전까지로 거슬러 올라간다. 그 시기는 또 음악이 존재했다는 최초의 증거, 즉 동물의 뼈 한쪽이나 양쪽에 구멍을 낸 관악기가 나타난 때이기도 하다. 프랑스 쪽 피레네산맥에 있는 가르가스라는 동굴에서 2만 6000년 전에서 2만 3000년 전의 것으로 보이는 200개 이상의 손자국이 발견됐다. 그것들은 바위 위에 손을 반듯하게 대고 그 위로 붓질을 하거나 염료를 불어서 만들어낸 손자국이었다. 그런데 이상하게도 열 개의 손만을 제외하고 나머지는 모두 손가락이 없었다. 왜 손가락이 없었을까? 어떤 종교적 의식을 위해 손가락을 잘랐던 것일까? 질병이나 감염, 사고, 혹은 동상 때문에 손가락이 사라진 것이었을까? 아니면 일부러 손가락을 구부려 어떤 의미를 전달하려고 했던 것일까? 우리가 알 수 있는 길은 없다. 손자국은 오스트레일리아, 브라질, 미국 캘리포니아 등지에서도 발견되었다.[6]

약 2만 5000년 전부터 2만 3000년 전 사이에 유럽에서 발견된 것 중 가장 인상 깊은 예술품은 흔히 비너스상으로 알려진, 크기가 작은 여성의 조상影像들이다. 그 조상들은 대개 매머드의 상아나 돌을 원료로 삼았으며, 극히 일부의 경우에는 진흙이 사용되기도 했다. 거의 대부분이 여성상인데, 일부는 신체 비율을 과장해 표현하기도 했지만 그렇지 않은 것도 있다. 남성상과 성을 구분하기 어려운 조상도 일부 발견된다. 또 발견된 조상들 중에는 양식화된 여자와 남자의 성기가 표현된 것도 있다.

일부 고고학자들과 역사학자들은 비너스상이 세계적으로 널리 퍼져 있던 풍요의 여신에 대한 숭배를 나타내고 있으며, 새로운 생명을 생산해내는 여성의 힘에 대한 존경과 경의가 표현되던, 가부장제가 정착하기 이전의 시대를 보여준다고 믿고 있다.[7]

그러나 이런 설명을 받아들이거나 거부할 아무런 증거도 없기 때문에 우리는 단지 추측만 할 수 있을 뿐이다. 비너스상은 대지의 여신 혹은 풍요의 여신을 재현한 것일 수도 있고, 새로 지은 집이나 새 생명을 보호하기 위해 청해진 혼령일 수도 있고, 성인식을 위한 교육 도구일 수도 있고, 다산을 위한 부적일 수도 있다. 또 다른 가능성도 있다. 아이들의 인형이나 어른들의 성적 노리개일 가능성 말이다(그림 4.1).

비너스상을 풍요의 여신상으로 해석하는 것에 대한 몇 가지 반대 의견도 있다. 오늘날 존재하는 수렵·채집자들의 신념 체계를 보면, 그들은 인격화된 신이나 여신을 믿기보다는 영혼이나 자연의 힘 같은 것을 믿기 때문이다. 그것들을 비너스상이라고 부르는 것 자체가 로마신화에 등장하는 여신에 대한 비유이며, 로마신화는 신을 인격화시키는 전혀 다른 사고방식을 가진 문화의 산물인 것이다. 그에 더해 오늘날의 수렵·채집

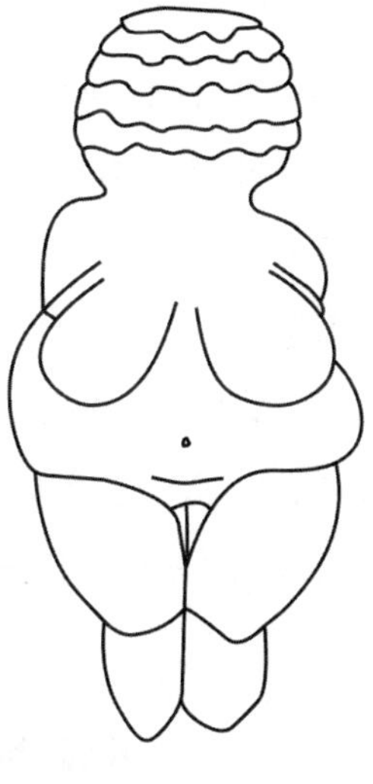

그림4.1 '빌렌도르프의 비너스상'으로 알려진 여성상 길이가 약 11센티미터이고, 석회암으로 만들어진 이 조각상은 약 2만 5000년 전의 것이다.

자들은 인구를 늘리기보다는 줄이는 데 더 관심이 많다. 그 이유는 어쩌면 현대의 수렵·채집자들에게 허용된 공간이 줄어들어서 일수도 있지만, 앞서 살펴본 것처럼 그런 제한이 없던 고대 수렵·채집자들의 경우에도 분명히 일정한 수준의 인구를 유지했었다. 비너스상이 어떤 것이었다고 생각하건 간에, 남성보다는 여성을 표현한 조상이 압도적으로 많았다는 사실을 보면 거기에는 분명히 어떤 의미가 담겨 있었을 것이다.[8]

후기 산업사회에 살면서 극심한 스트레스를 받고 있는 현대인들은 수렵·채집자들의 생활을 이상화하기 쉽다. 깊은 동굴 안의 벽에 그려져 있는 그림에서 튀어나온 것 같은 동물들과 함께 야외에서 생활하는 즐거움을 상상하는 일은 우리가 잃어버리고 있던 마음의 한구석을 건드린다. 미리 짜인 일정이나 마감 시간 없이, 늘 친구나 가족과 함께 하면서, 하루에 몇 시간만 일해도 필요한 것들을 얻을 수 있다는 사실은 확실히 매력적이다.

그러나 수렵·채집자들의 삶도 분명히 불확실하고 두려움에 가득 차 있었음이 분명하다. 그들은 거대한 몸집을 가진 맹수들 속에서 그다지 보호가 되지 않는 주거지에 살고 있었다. 밤이 되면 표범이 동굴에서 아이들을 채 가기도 했다. 기후도 변화무쌍했고, 식량 공급도 확실하지 않았다. 죽음은 갑자기, 그리고 예상치 못하게 찾아왔다. 그래서 수렵·채집자들도 오늘날 우리가 그렇듯이 축제, 예술, 음악, 제례, 그리고 모임 등을 통해 자신의 감정을 표현하고 위안을 얻었던 것이다.

수렵·채집자들은 어떤 언어를 사용했을까

전문가들은 수렵·채집자들이 분명히 서로 간에 일종의 언어를 사용했을 것이라고 확신하고 있다. 앞에서 본 것처럼 네안데르탈인들은 완전한 인간의 언어를 갖지 못했을지 모르지만, 호모사피엔스는 분명히 달랐다. 인간을 새로운 종으로 바꿔놓은 유전자 돌연변이는 인간에게 문법과 구문의 사용을 가능하게 한 뇌 안의 신경 변화였던 것으로 보인다. 구문을 사용한다는 말은, 어린아이들이 그렇듯이 아무 단어들이나 마구잡이로 늘어놓는 것이 아니라 '왜냐하면', '~했음에도 불구하고', '~하지 않는다면', '~이기 때문에' 등의 추상적인 표지어가 쓰인 종속절을 사용해 단어를 위계 있는 구조 속에서 표현하는 것을 말한다. 그런 능력으로 인해 결국 호모사피엔스는 다른 모든 호미니드들보다 우위를 점하는 강점을 갖게 됐다.[9]

우리는 언제, 어떻게 완전한 상징언어가 발달했는지 알지 못하고 있다. 일부 학자들은 지금으로부터 약 6만 년 전에서 4만 년 전 정도에 아주 갑작스럽게 인간 두뇌의 연결망에 어떤 변화가 있었거나 혹은 후두나 혀의 구조에 변화가 생겨 그 결과 완전한 언어가 생겨났다고 본다.[10] 그러나 다른 학자들은 완전한 상징언어는 그보다 이전 시기에 시작돼 느리게 발전했다고 본다. 즉 완전한 상징언어는 인간이 호모사피엔스로 유전적인 변화를 일으킨 후에 발달하기 시작했으며, 다른 많은 요소들, 특히 상징언어의 사용과 함께 얻게 된 집단적 학습 효과 등의 결과로 생겨났다고 본다. 또 아프리카에서 발견된 최근의 증거를 토대로 한 이론들도 이런 점진적 발전에 무게를 두고 있다. 하지만 서유럽에서는 호모사피엔스가 그곳으로 이동하면서 그들과 함께 상징언어가 갑자기 나타난 것처럼 보인다.[11]

어떤 언어학자들은 아프리카에 있었던 최초의 호모사피엔스 집단이 공유하던 하나의 최초 언어가 있었을 것이라고 믿고 있다. 그러나 대부분의 학자들은 그 최초 언어를 다시 구성해낼 수 있으리라고 생각하지 않는다. 왜냐하면 그 말이 사용되던 때로부터 너무 많은 시간이 흘렀기 때문이다. 수천 년 이내에 사용되던 언어만이 재구성을 했을 때 신뢰할 수 있다.

그럼에도 불구하고 일부 언어학자들은 최초 언어에 대한 실마리를 계속 찾고 있다. 어떤 학자들은 최초의 언어가 딸각거리는 소리(혀를 입천장에 붙였다가 뗄 때 나는 소리)를 포함하고 있었을 것으로 추측하고 있다. 딸깍거리는 소리는 입과 혀의 적극적인 사용을 필요로 하며, 특히 계속해서 딸각거리는 소리를 내려면 더욱 그렇다. 딸각거리는 소리가 남아 있는 언어들은 아프리카 남부 지역에서 찾을 수 있는데, 각각의 언어마다 보통 네 개에서 다섯 개 정도의 서로 다른 딸각거리는 소리를 갖고 있다. 그런 언어들은 거의 최초의 호모사피엔스 집단과 유전적으로 연결돼 있는 것으로 드러난 집단들에 의해 사용되고 있다.[12]

최초의 공통 언어에 대한 또 다른 증거 중 하나는, 황소자리에 있는 특정한 별무리를 북아메리카 원주민과 시베리아 사람들, 그리고 오스트레일리아 원주민들 등 아주 다양한 집단들이 공통적으로 '일곱자매별'이라고 부른다는 사실이다. 물론 각각의 집단은 그 별무리에 대해 나름대로의 단어를 가지고 있지만 그것들은 모두 '일곱 자매'로 번역된다. 영어를 사용하는 사람들은 그 별무리를 '플레이아데스'라고 부르는데, 그리스신화에 따르면 제우스에게 벌을 받아 하늘을 떠받치게 된 아틀라스와 플레이오네 사이에 태어난 일곱 자매가 만들어낸 별자리이기 때문에 여전히 일곱 자매와 관련이 있다. 이런 일을 우연의 일치라고 보기는 어렵다. 그 단어를 사용하는 다양한 집단의 사람들은 적어도 6만 년 전 지구의 여러 곳으로 퍼져나가기 전에 그들 모두의 공통 조상으로부터 그 단어를 얻어왔음이 분명하다.[13]

어떤 학자들은 이른바 '노스트라틱Nostratic'이라고 불리는 언어에 속하는 약 500개 정도의 단어를 찾아내기도 했다. 노스트라틱어는 중동,

우랄과 캅카스산맥 지역, 중앙아시아 인도, 그리고 아프리카 북부 등지에서 약 2만 년 전에서 1만 2000년 전 사이에 수렵·채집자들이 사용하던 언어로 추측된다. 학자들은 가장 안정적인 의미를 갖고 있어서 같은 의미의 다른 단어에 의해 거의 혹은 결코 대체되지 않는 단어들의 연구에 집중하고 있다. 그중 가장 안정적인 의미를 갖고 있는 22개의 단어는 나/나를, 둘, 너, 누구/무엇, 혀, 이름, 눈, 심장, 이齒, 아니다. 손톱/발톱, 이/서캐, 눈물(방울), 물, 죽은, 손, 밤, 피, 뿔, 태양, 귀, 소금이다.[14]

언어는 대체로 문화의 산물로 여겨졌다. 그래서 우리는 흔히 호모사피엔스가 큰 두뇌를 발달시켰고 그와 함께 언어를 만들어냈다고 말하곤 한다. 이런 개념은 20세기 초반의 70여 년 동안 사회과학의 지배적인 패러다임이었다. 그 패러다임 속에서 전문가들은, 인간은 문화로 특징지어지며 우리 행동의 대부분은 가족이나 공동체가 속해 있는 문화로부터 우리가 배운 것에 의해 지배된다고 생각해왔다.

그러나 그런 패러다임은 지난 30년 동안 생물학자들이(그리고 그들과 함께 일하던 사회과학자들이) 인간 행동의 생물학적 결정 요인들을 강조하면서 변화해왔다. 이제는 문화와 상호작용을 하는 물리적 속성들이 인간 행동의 근본적인 결정 요소들로 받아들여지고 있다. 언어를 사용하는 인간의 놀라운 능력은 언어 습득이 가능하도록 연결된 우리 뇌의 구조 때문인 것으로 생각하게 된 것이다. 그 결과 인간의 아이들은 문화가 제공한 언어를 어떤 시행착오도 없이 능숙하고 빠르게 배울 수 있는 것이다.

전문가들이 문화를 인간 행동의 결정 요인으로 보는 한, 그들은 인간들 사이의 차이를 주로 보게 된다. 그러나 이제 전문가들이 물리적 요인을 고려하게 되면서, 그들은 다양한 문화 사이의 공통점을 찾게 되었다. 그들은 인간의 보편적 특징들, 즉 모든 개인, 모든 사회, 모든 문화, 모든 언어가 공유하고 있는 특징들을 찾기 시작했다. 인간의 어떤 보편적 특징들은 인간의 생물학적 특징에 내재되어 있고, 문화적 제도가 보편적 특징으로 변한 것도 있다. 인간의 보편적 특징 중 가장 분명한 예는 복잡하고 상징적인 언어이며, 그것은 인간에게 고유한 것이다. 다른 예들도 있다. 모든 인간은 어떤 형태든 주거지를 짓고 살며 혼자 살지 않는다. 또 사회화와 친족, 분업의 유형을 갖고 있으며, 명예를 차등적으로 분배한다. 모든 인간은 성행위는 사적으로 하지만 먹는 일은 함께 한다. 모든 문화에서 정치적으로는 남자가 우위를 점한다. 인간은 서로 잘 협력하지만, 원하지 않는 갈등도 많이 겪는다. 인간은 옳고 그른 것을 구분하며, 제사 의식을 행하며, 노래하고, 춤을 추고, 죽은 자를 추모한다. 이런 것들이 인간의 보편적인 특징이다.[15]

인간의 또 다른 보편적인 특징은 물론 의식意識, 즉 자기 자신에 대한 인식이다. 진화의 이야기에서 언제부터 의식이 존재했을까 하는 것도 흥미로운 주제 중 하나다. 다른 동물도 자의식을 갖고 있을까? 도대체 언제 인간에게 완전한 의식이 생겼을까? 의식은 뇌에 있는 신경 체계의 위계질서가 아주 고도로 복잡한 신호를 보내면서부터 생긴 것 같다. 그 신호가 충분히 복잡해지면 생물체는 지속적인 의식을 경험하게 된다. 어쩌면 인간 신경의 복잡성은 침팬지의 의식으로부터 완전한 인간의 의식으로 시간을 두고 서서히 발달했을 것이다. 그 결과 인간의 의식은 우리와 함께 4만 년 동안 함께 있어왔다.[16]

해수면의 상승

이상하게 들릴지 모르지만, 인간이 지구에 퍼져 대부분의 지역에 정착하게 된 때는 혹독한 빙하기였다. 그 당시의 겨울은 오늘날의 겨울보다 훨씬 더 추웠다. 지난 9만 년 전에서 1만 7000년 전 사이에 있었던 대빙하시대는 2만 년 전쯤에 최고조에 이르렀는데, 그때가 인간이 지구를 점령한 때다.

더 이상한 사실은, 빙하기의 시작은 점진적인 과정이었던 데 비해 해빙기는 짧아서 불과 5000년에서 7000년 정도 지속됐다는 점이다. 약 1만 7000년 전 기후가 변하기 시작했다. 지구가 따뜻해지기 시작해서 인간을 포함한 지구의 모든 동물과 식물이 빨리 적응하거나 사라져야 했다.

1만 4000년 전에서 1만 1000년 전 사이에 기온이 올라가면서 얼음이 급하게 녹기 시작했다. 해수면의 상승은 인간 삶의 터전을 극적으로 바꿔놨다. 그 전까지 접근이 가능하던 곳에 더 이상 접근할 수 없게 되었고, 약 40퍼센트의 해안가가 바닷속에 잠겼다. 아시아와 아메리카 대륙을 연결하던 육교는 바다에 잠겨 베링해협이 되었다. 영국과 유럽 대륙을 연결하던 육지도 바다 아래 잠겨 현재의 영국해협이 되었다. 에스파냐와 아프리카를 연결하던 육지에는 바닷물이 덮쳐 지브롤터해협이 되었다. 스리랑카는 인도로부터 떨어졌고, 필리핀과 대만은 한국에서 분리되었다.

약 1만 2000년 전에는 빅토리아 호의 물이 나일 강으로 흘러들어가기 시작해서 세상에서 가장 긴 강을 만들어냈다. 또 세계적으로 갠지스 강, 황하, 인더스 강, 티그리스 강, 유프라테스 강 등과 같은 다른 거대한 강들이 생겼고, 그런 강들이 범람을 일으켜 쌓인 침적토는 훗날 위대한 초기 문명을 지탱해준 농업을 가능하게 만들어주었다. 강우량의 형태와 식물 종이 급격하게 변화했다. 1만 년 전이 되자 해수면은 빙하기와 비교해 무려 140미터나 상승했다.

범람은 계속됐다. 기원전 5600년 무렵에는 지중해의 수위가 너무 높아지면서 터키와 불가리아를 잇고 있던 육교를 강한 힘으로 때려 보스포루스해협이 만들어졌다. 그때 지중해로부터 유입된 바닷물이 조그만 민물호수였던 에욱시네 호를 거대한 내해인 흑해로 바꿔놓았다. 언어분석을 통해, 이때 흩어진 사람들이 헝가리, 슬로바키아, 이라크 등 다양한 장소로 이주했다는 것이 알려졌다. 이 엄청난 범람은 생존자들의 기억 속에 생생하게 남아 세계적인 홍수신화로 기록됐다. 전 세계 약 500개의 신화에 홍수 이야기가 등장한다.[17]

아프리카는 해수면이 상승하는 기간 동안 상당히 좋은 조건 속에 있었다. 홍수가 밀어닥친 지역으로부터 도망친 사람들이 아프리카 남부로 밀려들었다. 사하라사막에 비가 많이 내리면서 호수와 습지가 생겨나, 심지어는 아프리카 북부 지역까지도 거주하기에 매력적으로 보였다. 그런 기후는 지금으로부터 약 5000년 전까지 이어지다가 그 이후로 다시 사막이 넓어지기 시작했다.

세계적으로 기온이 상승하던 이 시기에 거대한 포유류들이 멸종했다. 털 달린 매머드, 털 달린 코뿔소, 마스토돈, 유라시아 들소 등 멸종된 대부분의 동물들은 수만 년 동안 인간이 즐겨 사냥하던 것들이었다. 어쩌면 인간의 지나친 사냥이 그런 동물들의 멸종을 앞당겼을 수도 있다. 기후변화가 원인인지 지나친 사냥이 원인인지는 여전히 논쟁의 대상이다. 유일하게 북아메리카 대륙의 대평원에서만 거대한 동물의 사냥을 기반으로 하는 생활이 유지됐는데, 그곳에는 북아메리카 들소들이 여전히 생존해 있었기 때문이다.

인간은 보다 작은 동물, 식용식물, 바다 포유류, 조개, 물고기 등으로 먹을거리의 종류를 넓혀가며 이런 기후변화에 적응해나갔다. 그런 먹을거리들은 환경이 따뜻해지면서 늘어났다. 환경을 통제하고, 동물을 우리에 가두고, 식물의 가지를 치고, 식물을 보호하는 등의 최초의 농업기술들은 해빙기가 시작되기 전부터 발전했을 수도 있지만, 기후가 따뜻해지면서 더욱 빠르게 발전했다.[18]

먹을 것을 얻는 방법이 복잡해지면서 인간의 사회조직도 함께 복잡해지기 시작했다. 인구도 증가했다. 사회조직의 발달과 인구의 증가는 따뜻한 기후에 대한 인간의 가장 중요한 적응이었던 농업의 기초가 되었다. 즉 보다 큰 규모의 농사를 짓기 위해 인간이 정착하면서 제대로 된 농업이 시작된 것이다.

그 이전의 수렵·채집 시절에는 인구가 상대적으로 안정적인 수준에 머물렀다. 기원전 2만 8000년의 인구는 수십만 명 정도였을 것으로 추정되고 있다. 그러나 기원전 1만 년경에는 대략 600만 명쯤으로 증가한다. 해빙과 문화 발전, 그리고 인간이 사회적 관계를 통해 자신의 성취를 나누며 그것을 후대에 전하는 집단학습 등의 결과로 인간의 재생산이 보다 성공적으로 이뤄졌던 것이다.

인간은 유전적으로 얼마나 변화하고 적응해왔나

우리 이야기가 지금으로부터 약 1만 년 전 농업의 시작에 이를 때쯤이면, 현대적 인간은 지구상의 다양한 기후에서 약 5만 년 정도 살았고, 하나의 종으로는 약 20만 년 정도 존재했다. 그 기간 동안 인간은 얼마나 변했던 것일까?

오늘날의 인간은 다른 생명계와 약 90퍼센트의 DNA를 공유하고 있으며, 우리의 가장 가까운 친척인 침팬지와는 약 98.4퍼센트의 DNA를 공유한다. 그렇게 보면 우리를 인간으로 만드는 것은 약 1.6퍼센트의 DNA밖에는 없다. 모든 인간은 그중 대부분을 공유하고 있다. 모든 인간이 공유하고 있는 부분 중 극히 일부분만이 사람마다 다른데, 그로 인해 인체 내부의 차이와 피부색, 머리칼 색, 눈동자 색, 머리 모양, 얼굴의 모양과 같은 외형적 차이가 만들어진다. 이런 극히 일부분의 차이는 인구 집단에 따라 나타나지만, 그에 따라 인간을 다시 분류하기는 어렵다. 하나의 특별한 차이가 나타나는 분포가, 다른 차이가 나타나는 분포와 일치하지 않기 때문이다. 어떤 공동체가 특정한 유전자를 공유하고 있을 가능성은 있지만, '친족'이나 '인종'으로 인간을 분류할 만한 유전적 증거는 없다. 그것들은 모두 사회적 구성물일 뿐이다.

그러나 16세기부터 18세기까지 유럽인들은 인간을 피상적이고 눈에 보이는 차이, 특히 피부와 머리와 눈동자 색깔에 따라 '인종'이라고 부르는 집단으로 나누었다. 19세기 후반에 진화라는 개념이 이해되기 시작하면서 이런 '인종'이라는 가정이, 각각의 인종은 지질학적 거리로 인해 따로 고립돼 별개로 발생하고 진화했다는 가설과 합쳐졌다. 그에 따라 백인들은 자신이 다른 인종에 비해 우월하며, 심지어 아프리카 사람들을 인간과 원숭이를 이어주는 발견되지 않은 진화론의 잃어버린 사슬이라고까지 생각했다.[19]

1953년에 제임스 왓슨James Watson과 프랜시스 크릭Francis Crick이 DNA의 구조를 밝혔을 때에야 과학자들은 어떻게 유전이 일어나는지를 겨우 이해하기 시작했다. DNA는 디옥시리보뉴클레오티드의 긴 사슬로 유전정보를 담고 있으며, 그 분자 생산물에 의해 사슬의 복제가 가능하다. 그 이전에는 유전물질이 피를 통해 전달된다고 일반적으로 믿었었다. 그래서 제2차 세계대전 중에는 많은 백인 병사들이, 만약 흑인의 피를 수혈 받으면 흑인 아이를 낳을 수도 있다고 걱정했다. 그래서 혈액은행에서도 1952년까지 피를 따로 보관할 정도였다. 이런 생각은 '순혈', '혈통', '혈연' 등과 같은 표현으로 우리의 언어에도 아직껏 남아 있다. 그러나 그 이후로 과학자들과 사회과학자들은 유전적 차이의 기원에 대한 현재와 같은 이해에 서서히 이르게 됐다. 그 과정에서 대부분의 과학자들은 '인종'이라는 단어가 생물학적으로 의미가 없다는 것을 깨닫게 되

었다.[20]

현재 통용되고 있는 유전적 차이에 대한 설명은 다음과 같다. 호모사피엔스를 만들어낸 유전적 돌연변이는 단 한 사람에게 일어났다. 그 후로 여러 세대가 흘러서야 조그만 집단의 인간들이 그 돌연변이 유전자를 갖게 되었다. 그런 유전자를 가진 집단의 규모가 커지고 점차 퍼지다가, 약 7만 년 전에 그 집단은 갑자기 1만 5000명 정도로 줄어든다. 어쩌면 그것이 인간의 동질성을 설명하는 요인일 수 있다.[21] 결국 인구는 회복되고 확장되어 다양한 여러 집단으로 분리되었는데, 각 집단은 유전자의 변화나 무작위적인 유전자의 돌연변이에 의해 일정한 유전적 특이성을 보유하게 됐다. 이런 특이성은 호모사피엔스가 전 세계로 퍼지기 이전에 아프리카에서 이미 시작되었는지도 모르고, 혹은 그 이후에 일어났는지도 모르지만, 현재로서는 어느 쪽도 정확치 않다.

서로 다른 특징을 지닌 집단들이 전 세계로 퍼져나가 정착하고 다양한 기후와 생태 환경에 적응하면서, 그런 지역적 환경에 적응하는 자연선택에 의해 유전적 차이가 발생하기 시작했다. 그런 예로는 안데스 지역 인디언의 넓은 가슴을 들 수 있는데, 그것은 공기가 희박한 고산 지대에서 산소를 얻는 것을 돕는다. 또 에스키모의 경우 가슴이 좁은데, 이는 열을 보관할 수 있기 때문이다.

자연선택이 피부색이나 눈동자 색 혹은 머리칼 색의 차이를 만들어냈는지의 문제는 답하기가 더 어렵다. 예를 들어 피부색에 관여하는 어떤 단일한 유전자도 아직까지 밝혀지지 않고 있다. 그것은 여러 종류의 연결된 유전자들의 합성 결과인 것처럼 보인다. 피부색은 피부에 있는 멜라닌이라는 색소의 양에 따라 결정된다. 유전자는 생산되는 멜라닌의 양을 결정한다. 일부 생물학자들은 멜라닌의 양이 많으면 햇볕에 타는 것과 피부암을 막아주기 때문에, 보다 많은 멜라닌을 생산하는 유전자를 가진 사람들은 열대지방에서 더 유리하다고 주장한다. 하지만 멜라닌은 피부가 햇빛에 드러났을 때 발생하는 비타민 D의 생산을 늦추기도 한다. 멜라닌이 많아 피부가 어두운 사람들이 햇빛이 적은 곳으로 이동하게 되면 비타민 D가 결핍될 위험에 처할 수도 있다. 또한 그들은 동상의 위험도 높아진다. 어떤 일에선지 적도에서 떨어진 지역에서의 자연선택은 멜라닌을 적게 만들어내는 유전자를 가진 사람들을 선호해, 시간이 지나면서 결국 피부색이 밝은 사람들이 우세하게 되었다.[22]

다른 학자들은 햇볕에 타거나 피부암에 걸리는 것을 막아주는 것은 재생산의 성공 여부에 하찮은 영향밖에는 주지 못한다고 주장하면서, 왜 열대지방의 사람들이 검은 피부를 갖고 있는지에 대해 최소한 여덟 가지의 이론이 있다고 지적한다. 어쩌면 다윈이 주장했듯이 우리 눈에 보이는 대부분의 차이들을 만들어낸 것은 자연선택과 결합된 성선택이었는지도 모른다.[23]

성선택은 아무런 직접적인 생존 가치가 없는 특성들을 선택하는 것이다. 하지만 간접적으로는 이성을 유혹함으로써 생존력을 향상시킨다. 다윈은 사람들이 이성을 선택할 때 가슴, 머리카락, 눈과 피부색 등에 상당한 주의를 기울이고 자신에게 익숙한 것을 선택한다고 주장한다. 현대의 연구는 이런 주장을 뒷받침하고 있다.[24]

따라서 서로 격리된 집단들에서 자연선택과 성선택을 통해 점차 유전적 차이가 나타났다고 결론내릴 수 있을 것이다. 외형적으로 드러난 유전적 차이에 기초한 집단들은 어쩌면 다른 종으로 가는 길 위에 서 있는지도 모른다. 그러나 호모사피엔스가 등장한 이후 그 내부에서 새로운 종이 나타난 적은 아직 없다. 우리는 다양한 종을 만들어낼 정도의 시간과 고립을 겪었던 새나 오리나 침팬지에 비해 아직도 어린 종이다. 살아있는 모든 인간은 하나의 종, 즉 호모사피엔스에 속한다. 현대에 들어와 지역적 고립이 더욱 줄어들면서 유전자는 전 세계로 퍼져나가고 있고, 사람들은 다른 피부색에 대해 더 이상 많은 가치 평가를 하지 않는 경향을 보인다.

남아 있는 의문점들

1. 수렵·채집자들의 생활을 어떻게 평가해야 할까?

수렵·채집자들의 생활을 어떻게 평가하는가는 매우 중요하다. 왜냐하면 이를 통해 숨겨져 있는 다양한 가치 기준이 드러나기 때문이다. 인류학자들은 지난 30년 동안 수렵·채집자들의 생활에 대한 자신들의 의견을 급진적으로 바꿨다. 1960년대까지만 해도 인류학자들은 수렵·채집자들의 단순한 자족경제, 식량에 대한 끊임없는 추구, 그리고 아주 특별한 경우를 제외하고는 극히 한정된 여가 시간 등에 대해 집중적으로 언급했다. 이런 부정적인 의견은 자신의 생활 방식이 수렵·채집자들에 비해 우월했다고 생각한 농업인들로부터 유래한 것으로 보인다. 또한 그것은 물자가 부족했던 수렵·채집자들의 생활을 낮게 평가하던 현대 중산층의 사고방식에서 나온 것이기도 하다.

1972년에 마셜 살린스Marshall Sahlins는 이런 견해를 바꾸는 책을 출판했다. 살린스는 사냥과 채집을 긍정적인 생활 방식으로 보았으며, 그것을 '최초의 풍요로운 사회'라고 불렀다. 그리고 실제로 어떻게 사람들이 대여섯 시간 이상 일하지 않으면서 필요한 것을 얻었는지를 분석해냈다. 살린스는 인간의 역사가 수렵·채집자에서 농사꾼으로, 그리고 산업 노동자로 '발전'했다는 전통적인 견해에 반대했다.[25]

1960년대의 생물학 혁명도 수렵·채집 시대에 대한 재평가에 힘을 더했다. 생물학자들은, 개인은 자기가 속한 집단이나 가족이나 자기 자신을 이롭게 하기보다는 자기 유전자를 존속시키고 자손을 이롭게 하기 위해 행동한다고 주장하기 시작했다. 대부분의 생물학자들은 이제 각 개인이 유전자를 보존하도록 프로그래밍되었다고 보고 있으며, 문화란 "인간 본성을 일정한 방향으로 표현하는 것"[26]이라고 믿는다.

2. 진화는 얼마나 빨리 일어났나?

많은 유전적 변화들은 선택에 있어서 도움이 되는 것도 해가 되는 것도 아닌, 즉 중립적이다. 그 밖의 유전적 변화들은 이롭거나 해롭게 변하지만, 아주 부분적으로만 그렇다. 이로운 유전자는 대체되는 데 수천 혹은 수만 세대가 흘러야 한다. 인간에게 있어 1,000세대는 무려 2만 5000년에 해당한다. 그러나 어떤 유전적 변화는 대단히 강한 선택적 이점을 갖고 있어서 자연선택을 통해 수천 년 사이에 널리 퍼져나갈 수도 있다.

인간에게 있어서 한 가지 예는 우유에 들어 있는 당분인 젖당을 소화시키는 능력이다. 대부분의 인간은 네 살 정도가 되면 이 능력을 잃는다. 그러나 르완다의 투치족, 서아프리카의 풀라니족, 인도 북부의 신드족, 서아프리카의 투아레그족, 북아프리카 동부의 베자족, 그리고 일부 유럽인들과 같은 소수의 사람들 사이에서는 어른이 되어도 젖당을 소화시키는 능력이 발전됐다. 이런 사람들은 양이나 염소나 소를 기르기 때문에, 어른이 되어 젖당을 소화시킬 수 있는 능력은 강한 선택적 이점을 갖고 있다. 동물은 지난 1만 년(약 400세대) 사이에 가축화되었는데, 그 기간 동안에 어른이 동물의 젖을 마시는 유목민 중 약 80~98퍼센트 정도의 사람들이 젖당을 소화할 능력을 갖게 되었다.[27]

3. 유전자 흐름(서로 다른 집단 사이의 성적 교류)은 얼마나 있었는가?

유전자 연구는 우리 조상들의 역사를 밝혀내기 시작했다. 《이브의 일곱

딸The Seven Daughters of Eve》의 저자인 브라이언 사이크스Bryan Sykes는 토종 유럽인의 95퍼센트 이상을 차지하고 있는 일곱 개의 모계 혈통을 미토콘드리아 DNA 분석을 통해 밝혀냈다. 미토콘드리아 DNA는 어머니로부터만 온다. 미토콘드리아는 모든 세포에 존재하는 조그만 구조인데, 세포핵에는 존재하지 않는다. 그것은 세포핵의 바깥에 있는 세포질에서 발견된다. 그것의 역할은 세포가 에너지를 만들어내기 위해 산소를 이용하는 것을 돕는 것이다. 인간 난자의 세포질은 약 25만 개 정도의 미토콘드리아로 차 있는데, 정자에는 아주 극소수만이 존재하며 정자가 난자에 들어가면 정자에서 그것이 빠져나간다. 따라서 모든 인간은 자신의 미토콘드리아를 어머니로부터 받으며, 어머니는 자신의 아이들에 대해 시작부터 이런 추가적인 투자를 하는 것이다.

유전자 추적 결과 약 5퍼센트의 토종 유럽인들의 유전자만이 해석되지 않고 있다. 현재까지 밝혀진 유전자 추적 결과를 보면 유럽인들의 모계에서는 대단히 흥미로운 사실이 드러나고 있다. 예를 들어, 스코틀랜드 에든버러에 사는 초등학교 교사는 폴리네시아인의 미토콘드리아 DNA를 갖고 있다. 그녀는 자신이 200년에 걸친 가족사를 알고 있다고 말했지만, 어떻게 그런 일이 일어났는지는 모르고 있었다. 어쩌면 그녀는 배의 선장과 사랑에 빠진 타히티 여인의 후손일 수도 있다. 영국 서머싯에 젖소 농장을 하는 농부는 아프리카인의 DNA를 갖고 있었는데, 가까운 바스에 살던 로마 노예의 후손인지도 모른다. 이런 예들은 먼 거리를 여행하는 사람들에 의한 유전자 혼합, 즉 유전자의 흐름을 보여준다. 예전에는 그런 일이 교통의 발달에 따라 극히 최근에 일어났다고 생각했었지만, 이제는 인간이 그 종의 초기부터 여행을 했으며 그에 따라 유전자도 흘러 다녔다는 것이 분명해지고 있다.[28]

BIG HISTORY

1만 년 동안의 따뜻한 시기

2부

5

초기 농업이 시작되다

BC 8000년 ~ BC 3500년

놀랍게도 농업은 지구상의 최소한 네 개 지역, 많게는 일곱 개 지역에서 약 8000년 정도의 시간을 두고 독립적으로 시작됐다. 지금으로부터 1만 년 전이었던 기원전 8000년에는 거의 모든 사람들이 야생에서 얻을 수 있는 것을 먹고 살았다. 그런데 2000년 전이 되면 거의 대부분의 사람들이 농사를 지어 먹고 살게 된다. 호미니드의 역사 500만 년을 되돌아보면, 아니 호모사피엔스의 역사인 10만 년에서 20만 년의 역사만 되돌아보더라도, 농업이 발전한 지난 8000년 동안의 변화는 엄청난 것이다. 그 변화가 너무 빨라서 역사학자들은 그것을 아프리카 역사에 극적인 변화를 가져온 '농업혁명'이라고까지 부르고 있다.[1]

왜 사냥과 채집 생활에 성공적으로 적응했던 인간이 겨우 수천 년의 시간 사이에 전 세계적으로 그런 생활 방식을 버리고 농업을 선택했을까? 이 복잡한 질문은 우리를 현재에 좀 더 가깝게 만든다. 왜냐하면 농업으로의 변화는 겨우 400세대, 즉 1만 년 전에 일어난 일이기 때문이다.

우리는 농업을 통해 얻은 음식을 먹는 일에 너무 익숙해져 있기 때문에 수렵·채집자들처럼 불을 둘러싸고 앉아 있는 모습을 상상하기가 쉽지 않다. 수렵·채집자들이 먹던 음식이 비록 우리에게는 소화하기 어려운 이상한 것으로 보일지 모르지만, 고고학자들은 농업화된 음식으로의 전환이 사실은 우리가 먹는 음식의 질을 떨어뜨렸고 개인당 노동량을 늘렸다고 믿고 있다.

그렇다면 인간은 왜 그런 일을 했을까? 정확한 이유는 아무도 모른다. 하지만 지난 30년 동안 새로운 증거들이 나타났다. 가장 단순한 답은, 인간은 생존하기 위해서 그렇게 할 수밖에 없었다는 것이다. 그런 변화를 이끌어내지 못한 인간은 죽었다.

왜 인간이 사냥이나 채집을 포기했는지에 대한 좀 더 복잡한 이유는 식량 위기라는 개념을 통해 설명될 수 있다. 다른 동물과 마찬가지로 인간에게 있어 가장 중요한 일은 충분한 식량을 얻는 일이다. 식량을 많이 발견하면 할수록 아이도 더 많이 가질 수 있기 때문에 인간은 늘 먹을거리를 찾는다.[2]

기원전 9000년경, 많은 지역의 사람들이 식량조달에 차질이 생겼다는 사실을 느끼기 시작했다. 또한 식량이 풍부한 지역으로 이동하는 것도 다른 사람들이 이미 선점하고 있었기 때문에 불가능했다. 아프리카로부터 이동할 때 약 5만 명 정도였을 것으로 추정되는 호모사피엔스 인구는 기원전 9000년경에 500만에서 600만 명에 이르렀다. 수렵·채집 시절에는 인구가 서서히 증가했지만 시간이 지남에 따라 그런 느린 증가로도 상당한 수의 인구에 이르게 됐다. 어쩌면 지구가 수렵·채집이라는 단순한 기술을 통해 인간을 부양할 수 있는 능력이 한계에 이르렀는지도 모른다.

그러나 이런 인구요인은 전체 이야기의 일부에 불과하다. 앞 장에서 설명했듯이 지구의 기온이 평소보다 더 빠르게 변하고 있었다. 기원전 9000년경부터 세계적으로 기온이 급격히 상승하면서 마지막 빙하기가 물러났다. 이런 온난화는 인간에게 여러 가지 영향을 미쳤다. 높아지는 해수면으로 인해 인간은 내륙으로 들어가야 했고, 기온의 상승으로 동식물의 생태계가 바뀌면서 거의 모든 지역의 인간들이 새로운 환경에 창의적으로 적응해야 했다. 인간은 그 후 수천 년 동안 요리를 하고, 숲을 없애기 위해 불을 사용하고 사회적 협업을 위해 언어를 사용하고, 문제의 해결을 위해 도구를 사용했던 그 이전의 발전에 기초해, 또 동식물 생태계의 변화에 대응해 자신들을 변화시켰다. 그리고 떠돌아다니던 수렵·채집자 집단에서 농사꾼과 목동이 되어 정착하기 시작했다. 그것을 통해 일시적으로나마 인간은 잉여 식량을 만들어낼 수 있었다.

동물과 식물을 기르게 되다

인간이 지구 최초의 농사꾼이거나 유일한 농사꾼은 아니다. 개미는 식물(버섯)을 기르고, 동물(진디)을 돌본다. 개미는 식물의 씨를 모아 자신의 굴 근처에 저장한다. 최소한 225개 속의 식물들이 개미의 활동에만 의존해 번식하고 있다. 개미와 마찬가지로 인간도 특정한 동식물의 생존주기와 연관되기 시작했는데, 그 결과 우리가 농업이라고 부르는 일이 생겨났다.[3]

지난 50여 년 동안 고고학자들의 연구를 통해 농업의 시작에 대한 우리의 지식이 크게 발전했다. 고고학자들이 증거로 사용한 것은 동물의 뼈와 식물의 씨, 그리고 꽃가루 등이다. 예를 들어 1만 1000년 전에 기후가 따뜻해졌다는 사실은 1968년 이란에 있는 두 개의 호수 바닥에서 발견된 꽃가루 분석을 통해 알 수 있었다. 또 다른 증거는 흔히 분석糞石이라고 불리는 인간의 대변 화석인데, 그것을 통해 인간이 어떤 식물을 먹었는지 알 수 있다. 그런 증거를 찾아내기 위한 최적의 장소는 건조한 지역들이다. 방사성탄소연대측정법은 만약 같은 장소에 발견된 자료들이 같은 시간대를 나타낸다면 수백 년 정도의 오차 범위 내에서 정확하다고 볼 수 있다.

동식물을 기르게 된 과정은 길고, 의도되지 않았고, 상호작용적이며, 진화적인 과정이었다. 어쩌면 다양한 지역의 집단들이 어떻게 동식물을 기를 것인지에 대해 의견을 교환했을지도 모른다. 하지만 동식물을 기르는 일은 지구상 최소한 네 개의 서로 다른 지역에서 서로 다른 시기에 독립적으로 발생한 것으로 보인다. 그 네 개의 지역은 아시아 남서부 지역(비옥한 초승달 지역), 중국과 아시아 남동부 지역, 아프리카 그리고 아메리카 대륙이다.

이렇게 서로 다른 지역에서 농업이 동시에 등장한 이유는 따뜻한 기후 때문이었다. 따뜻한 기후에서 가장 잘 살아남은 동식물은 적응력이 뛰어나고 특화되어 있지 않다는 특징을 가진 것들이었다. 이런 특징들은 사실 대부분의 종에서 어린 시절에 나타나는 것이다. 따라서 따뜻한 기후는 흔히 유형성숙幼形成熟이라고 부르는 어린 시절의 특성을 오래 간직하는 동물들을 만들어냈다. 그런 동물들은 다루기 쉽고, 인간을 두려워하지 않고, 의존적이고, 성적으로 일찍 성숙하는 경향을 갖고 있다. 즉 길들이기 쉬운 경향을 가진 동물들이 발달하기 시작한 것이다.[4]

동식물을 기른다는 것은 인간이 인간과 가까운 특정한 동물이나 식물을 야생의 환경에서 분리해 자신이 원하는 특성을 가진 새로운 종을 만들어냄으로써, 동식물의 재생산을 서서히 통제해가는 일종의 유전공학이라고 정의할 수 있다.

최초로 길들여진 동물은 다름 아닌 인간의 가장 친한 친구인 개였다. 개의 조상은 북아메리카 대륙에서 진화해 세계 곳곳에서 발견되는 회색늑대다. 늑대는 아메리카 대륙에서 기원전 약 1만 1000년에서 1만 년 사이에 서서히 개로 진화했고, 현재의 이란 지역에서는 그보다 좀 더 늦게 진화했다. 기온이 변함에 따라 개들은 인간이 피운 모닥불이나 사냥터 주변을 맴돌면서 먹을 것을 찾게 됐고, 그에 따라 인간과 관계를 맺었을 것이라고 쉽게 예측할 수 있다. 개는 아주 쉽게 인간의 활동에 적응했을 것이다. 개는 무리를 지어 다니는 동물로, 우두머리를 따라다닌다. 그래서 인간을 무리의 우두머리로 쉽게 받아들인다. 어릴 때 잡힌 개의 새끼는 클 때까지 쉽게 돌볼 수 있었다. 또 길들여지면서 개는 사냥을 도왔고, 나중에 다른 동물들이 가축화됨에 따라 그것들을 맹수로부터 지키거나 무리를 지어 끌고 다니는 데 중요한 역할을 했다. 개는 또 유용한 청소부였는데, 인간의 배설물을 먹어 마을을 깨끗하게 청소했다. 어떤 문화에서는 개를 먹기도 했지만, 다른 문화에서는 그렇게 하지 않았다.

고양이가 현재 상태로 진화한 것은 지금으로부터 약 530만 년 전에서 340만 년 전의 일이지만 예상할 수 있듯이 개보다는 늦게 길들여졌다. 고양이를 가축화한 것은 이집트인들로 추정되는데, 기원전 1500년경의 문서를 보면 쥐로부터 곡물을 보호하기 위해서 그랬던 것 같다. 고양이는 다 자라면 독립적으로 행동하지만 어렸을 때는 사회적인 동물이다. 고양이가 가축화된 것은 그런 특징 때문일 것이다. 가축화된 고양이에 대한 기록은 기원전 500년경 그리스와 중국에서도 보인다.

몸무게가 45킬로그램이 넘는 포유류의 경우 13개의 종만 가축화되었다. 양, 염소, 소, 돼지, 말, 두 종류의 낙타, 당나귀, 야마(라마), 순록, 물소, 야크, 발리 소Bali cattle 등이다. 이런 동물들은 모두 기원전 8000년에서 기원전 6000년 사이에 길들여졌다. 그것들은 모두 식물을 먹고, 빨리 자라며, 갇혀서도 번식할 수 있고, 도망치기 위해 자신이나 사육자를 해치지 않고, 다루기 쉽도록 무리를 짓는 구조를 갖고 있다는 공통점이 있다. 대부분의 다른 포유류들은 가축으로 만들기가 쉽지 않았고, 유전적으로도 적당치 않았다. 그렇지 않았다면 우리는 지금 어쩌면 하마의 젖을 먹고, 축제 때 얼룩말을 타고 시내를 행진하고 있을지도 모른다.

가축의 사육을 발전시킨 각각의 지역에서는 저마다 서로 다른 동물들을 길들였다. 가장 최초의 지역은 중동 지역*이었다.

흔히 비옥한 초승달 지역이라고 알려진 이곳 사람들은 동식물을 기르지 않고도 마을에 정착할 수 있었다. 왜냐하면 그들은 가젤과 같은 풍부한 사냥감에 더해 야생 곡물을 충분히 모아 저장할 수 있었기 때문이다. 식량을 비축하지 않고 한곳에 오래 머무르지 않는 단순 수렵·채집과 비교해서 이런 생활 방식을 복합 수렵·채집이라고 부르기도 한다.

두 종류의 야생동물이 비옥한 초승달 지역의 사람들과 자발적으로 가까워졌다. 기원전 약 9000년에 양羊이, 그리고 기원전 약 8000년에 염소가 그랬다. 양과 염소는 인간보다 더 많은 종류의 풀과 나뭇잎을 먹고 소화시킬 수 있기 때문에, 자연히 인간이 먹을 수 없는 식물을 단백질로 바

---

* 이 지역을 부르는 용어는 일정치 않다. 근동Near East이라는 용어는 지중해의 동쪽 끝과 맞닿아 있는 지역을 부르기 위해 쓰이는데, 현재의 터키, 키프로스, 시리아, 레바논, 팔레스타인, 이스라엘, 요르단, 이집트에 해당한다. 중동Middle East이라는 용어는 페르시아 만에 접한 국가들을 부르는 데만 한정되어 있다. 여기에는 오늘날의 이라크, 이란, 쿠웨이트, 사우디아라비아와 아라비아반도의 다른 걸프 국가들이 해당된다. 그러나 요즘 뉴스에서 중동이라는 말을 걸프 국가들은 물론이고 근동 지역까지를 포함해서 사용하고 있다. 역사학자들이 폭넓게 사용하고 있는 비옥한 초승달 지역Fertile Crescent은 현재의 이스라엘, 요르단에서 시작해 북쪽으로 레바논으로 이어지고 다시 동쪽으로 터키와 시리아의 접경지대를 지나 이란과 이라크의 국경 지대에 있는 자그로스산맥 남쪽에 이르는 커다란 활 모양의 땅을 말한다. 나는 이 책에서 중동이라는 용어를 뉴스 해설자들이 쓰는 것처럼 넓은 의미로 사용할 것이며, 비옥한 초승달 지역이라는 용어는 위에 정의한 것처럼 좁은 의미로 사용할 것이다. 근동이라는 말은 지중해의 동쪽 끝을 지칭하기 위해서만 사용하고, 메소포타미아는 티그리스 강과 유프라테스 강 유역을 나타내는 데만 사용할 것이다.

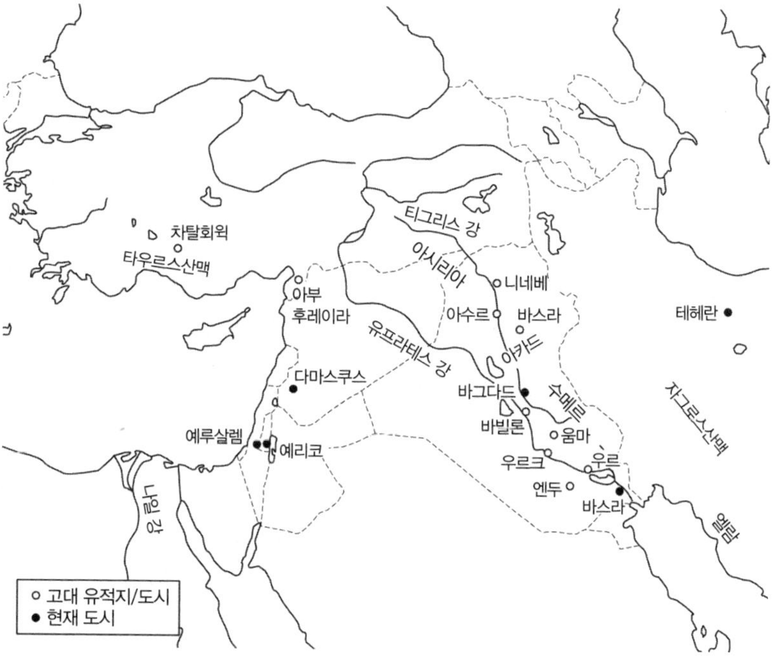

그림 5.1 고대의 서남아시아

꾸는 유용한 도구가 되었다. 인간은 그런 동물들을 이곳저곳으로 몰고 다니는 법을 서서히 배우게 됐고, 결국 우리에 가두고 맹수로부터 보호하는 법까지 배웠다. 양과 염소는 인간에게 자발적으로 종속됨으로써 성공적으로 진화할 수 있었다. 양과 염소는 현재 각각 10억 마리가 넘게 살고 있지만, 그 야생종들은 거의 멸종 위기에 처해 있다.

양과 염소의 가축화 과정은 인간이 양과 염소 떼들이 이동하는 것을 보살피면서 시작되었던 것으로 보인다. 그러다가 인간은 그중 일정한 집단을 특정 장소로 몰고 가서 먹이를 먹이고 축사에 가둬 영구적으로 정착시켰다.

식물을 기르는 것 역시 길고 느리게 진행됐다. 인간은 야생초의 씨앗을 먹기 위해 모으면서 그것들을 자세히 관찰했다. 또 식물 기르기에 대한 이른바 '쓰레기 더미 이론'에 따르면, 인간은 처음에는 자신이 먹지 않고 버린 씨앗들이 야영지 부근에서 자라는 것을 발견했을 것이라고 한다. 아마도 여성이 식물을 기르던 초기에 중요한 역할을 했을 것인데, 그들이 수렵·채집자 집단에서 주로 채집하는 역할을 했기 때문이다.[5] 여성들은 어떤 야생초가 다른 것들보다 더 큰 씨앗을 가졌는지, 수확해서 식품으로 만들기가 더 쉬운지 알아챘을 것이다. 어떤 풀들은 이삭이 쉽게 흩어져 씨를 잘 퍼뜨렸지만 어떤 풀들은 다 익을 때까지 씨가 단단히 달려 있었다.

비옥한 초승달 지역의 여성들은 세 종류의 야생초를 찾는 법을 배웠다. 에머밀emmer wheat, 외알밀einkorn wheat, 그리고 보리다. 그리고 나중에는 렌즈콩, 병아리콩, 그리고 두 종류의 꼬투리콩을 찾는 법도 배웠다. 그런 야생초를 모아 여성들은 그것을 돌보고 보호하는 법을 배우게 되었다. 여성들은 그 풀들이 어디서 자라고 다음해에 어디서 싹이 트는지 알게 되었을 것이다. 결국 여성들은 씨의 일부를 모았다가 그것이 자랄 만한 곳에 뿌리고 물을 주고 잡초를 뽑아주었다. 그리고 가장 큰 씨와 튼실한 열매를 골라 저장했다. 남성들이 계속해서 사냥을 하는 동안 여성들은 남성들의 사냥감에 밀과 보리, 그리고 콩을 더 해갔다.

기원전 7500년쯤이 되면 비옥한 초승달 지역에서는 사람들이 마을에 모여 살며 곡물과 동물들을 돌보게 된다. 양과 염소를 기르고 밀과 보리를 재배하면서 그들은 수렵과 채집을 할 때보다 더 좁은 지역에서 더 많은 식량을 얻을 수 있게 됐다. 이런 점진적인 과정 속에 사람들이 다시 단순 수렵·채집 생활로 돌아가면서 수많은 복합 수렵·채집자들의 마을이 버려지기도 했다. 모든 마을이 농업으로의 전환을 원한 것도 아니었고 그럴 능력이 있었던 것도 아니었기 때문이다. 여아 살해에 대한 증거도 많이 있는데, 초기의 많은 마을에서 인구수를 자신들이 얻을 수 있는 식량의 양에 맞추어 조절하려는 시도였던 것으로 보인다.

통계적으로 보면 한 명의 수렵·채집자가 살아가기에 충분한 식량을 얻기 위해서는 약 26제곱킬로미터 정도의 땅이 필요하다. 하지만 그 10분의 1 정도의 개간된 땅이 있다면 최소한 50명이 먹고 살 수 있다. 따라서 농업은 수렵·채집 경제보다 약 50배에서 100배까지 더 많은 인구를 먹일 수 있다.[6]

기원전 6000년경이 되면 비옥한 초승달 지역에서 정착 생활이 보편화된다. 그 지역에서 키우기에 적당한 모든 동식물을 기르게 되었으며, 그것은 다른 인접 지역으로 농업이 전파되는 기초가 됐다. 비옥한 초승달 지역의 농업은 나일 강 유역에는 거의 변하지 않은 채로 전파되었고 유럽에는 약간 변형된 형태로 전파됐다.

기원전 6000년에서 기원전 5000년 사이에는 근동 지역과 기온이 비슷하던 그리스와 발칸반도 남부에서도 농업이 시작됐고, 소를 사육하기 시작했다. 고고학자들은 인간이 언어를 통해 지식을 전달함으로써 농업이 전파됐는지, 아니면 새로운 지역으로 이동하면서 농업이 전파됐는지에 대해 열띤 논쟁을 벌여왔다. 그러나 유전자 연구 결과 농업은 말로 전파된 것이 아니라 사람들이 직접 이동해 전파됐다는 것이 이론의 여지없이 밝혀졌다.

농업이 유럽의 중부와 북서 지역으로 전파되는 데는 그리스에 농업이 정착된 이후 약 3000년이 더 걸렸다. 기원전 4000년이 되면 농업은 유럽 중부의 라인 강과 도나우(다뉴브) 강, 비스와 강과 드네스트르 강 유역에도 자리 잡는다. 기원전 3000년에서 기원전 2000년 사이에는 농업이 유럽의 북서 지역에 자리 잡았고, 그 후 1000년 뒤에는 덴마크와 스웨덴 남부에도 정착한다. 이 지역에서는 나무를 벌채해 태우는 기술로 삼림을 없애야만 했는데, 후에 인구밀도가 높아지면서 그런 곳들이 영구 경작지가 되었다. 귀리와 호밀은 중동에서는 잡초로 자랐었지만, 유럽 북서부의 차갑고 습도가 높은 곳에서는 농경 작물로 잘 자랐다.

농부들이 중동과 터키로부터 퍼져나가면서, 그들은 인도유럽어라고 불리는 자신들의 언어를 함께 가져갔다. 당시 전 세계적으로 쓰이던 열 개가량의 최초 언어 중 하나였던 인도유럽어는 기원전 약 8000년부터 기원전 약 2000년 사이에 근동의 일부 지역과 카스피 해 및 흑해 주변 지역에서 사용되었다. 산스크리트어는 기원전 1500년이나 혹은 그 이전에, 그리스어는 기원전 약 1450년에 인도유럽어로부터 발전했다.

농업은 중동에서 시작된 후에 약 2000년이 지나 기원전 4300년경이 되어서야 나일 강 유역에서 시작되었는데, 그곳에서는 주로 보리와 밀, 그리고 소가 길러졌다. 기후적으로 보자면 훨씬 더 농업에 적합했을 나일 강 유역에 농업이 정착되는 데 왜 그렇게 오랜 시간이 걸렸는지는 여전히 의문이다. 소는 사하라 지역에서 기원전 7000년경에 가축화되었으며, 사하라사막이 기원전 6000년 이후 건조해지면서 소떼는 사막의 주변부로 밀려났다.

아프리카인들은 짐을 나르는 동물로 당나귀를 가축화했다. 뿔닭도 가축화했는데, 뿔닭은 고대 이집트와 나중에 로마에서 가장 맛있는 식재료로 꼽혔다. 그리고 앞서 말한 것처럼 고양이도 가축화했다. 기장, 수수, 야생 벼, 마, 야자 등이 아프리카에서 기르게 된 식물들이다. 마는 씨로 번식하는 것이 아니라 줄기를 잘라 심거나 뿌리를 심어 자라는 식물이다. 그렇게 번식하는 식물로는 카사바, 바나나, 사탕수수, 토란 등이 있다. 이런 농작물들은 증거로 삼을 만한 씨를 남기지 않기 때문에, 아프리카와 아시아 사람들은 알려진 것보다 훨씬 더 이전에 그런 식물들을 길렀을지도 모른다.

아시아에서는 초기의 식량 생산에 대한 흔적이 많이 남아 있지 않은데, 기후가 근동 지역보다 더 따뜻하고 습도도 높았기 때문일 것이다. 현재 인정되고 있는 이론들에 따르면 기원전 약 6000년에 중국에서는 기장과 쌀을 길렀던 것으로 보인다. 콩은 기원전 약 1100년까지는 나타나지 않았다. 돼지와 가금류의 가축화도 거기에서 시작됐다. 쌀은 인도와 아시아 남동부에서 각각 재배가 가능해졌다.

아메리카 대륙의 사람들도 자신들만의 텃밭을 만들었다. 기원전 약 6000년에 멕시코의 고원지대에 살던 사람들은 약 30종의 식물을 음식과 약품, 그릇으로 사용하기 위해 길렀다. 이런 식물들 중에는 옥수수, 칠레고추, 토마토, 다섯 종류의 호박, 조롱박, 아보카도, 파파야, 구아바, 강낭콩 등이 포함된다. 옥수수는 천천히 등장했는데, 유전자 연구 결과를 보면 기원전 약 7000년부터 기르기 시작했다. 야생에서 옥수수는 엄지손가락만 한 크기였다. 그러다가 서서히 생산성이 높은 큰 옥수수들이 개발돼 기원전 2000년경에는 옥수수 생산량이 조그만 마을의 인구를 먹일 수 있게 됐다. 이 지역에는 개와 칠면조를 제외하고는 가축화할 만한 동물이 없었기 때문에 사냥이 지속됐다. 그리고 목화와 땅콩도 재배되었다.

현재의 볼리비아와 에콰도르 대부분 지역을 포함하는 페루의 산악지대에서는 다른 종류의 곡물과 동물을 길렀다. 야마와 알파카는 식용이 아니라 짐을 나르는 동물로 사용됐다. 사람들은 주로 감자와 단백질이 풍부한 씨앗 곡물인 키노아를 주식으로 삼았다. 옥수수는 기원전 약 1000년에 페루로 전파됐다.

긴 시간의 틀에서 보자면, 생산양식으로서의 농업으로 발전하는 동식물 기르기는 세계의 다양한 지역에서 거의 동시다발적으로 일어난 것처럼 보인다. 그러나 짧은 시간의 틀에서 보자면, 불과 수천 년 사이에 어떤 지역은 다른 지역에 비해 농업의 발전이 늦어졌고 그 결과 엄청난 차이가 생겼다. 아메리카 대륙에는 초기에 기를 만한 동식물이 없었기 때문에, 그곳에서는 근동이나 유럽, 아시아에서보다 무려 3000년에서 4000년이나 늦게 복합사회가 발달하게 됐다. 그 결과 유럽인들이 1500년경 아메리카 대륙에 도착했을 때 그들이 발견한 것은 중동 지역에서 기원전 약 2000년에 발달했던 것과 많은 점에서 비슷한 사회였다. 유럽인들은 보다 발달한 자신들의 농업사회의 산물인 말과 총, 질병 등을 통해 뒤늦게 발달하던 아메리카 대륙의 문명을 질식시켰다.[7]

기원전 9000년에서 기원전 3000년 사이의 식물에 대한 인간의 실험은 대단히 성공적이어서 그 이후로는 기초 식량으로 쓰이는 어떤 식물도 새롭게 재배되지 않았다. 유일한 예외는 크랜베리와 블루베리, 그리고 호두 등 북아메리카 대륙 원주민들이 먹다가 지난 200년 사이에 기르게 된 것들뿐이다.

꽃을 피우는 약 20만 종의 식물 중 약 3000종만이 인간의 식량으로 사용돼왔다. 그중에서 여전히 중요한 식물은 15종뿐인데, 4종의 곡류(밀, 쌀, 옥수수, 사탕수수), 6종의 콩류(렌즈콩, 완두, 야생완두, 강낭콩, 대두, 땅콩), 그리고 5종의 전분 식품(감자, 고구마, 마, 카사바, 바나나)이 그것들이다.[8]

조그만 마을들이 생기다

사람들이 어떻게 생활 방식으로서의 농업으로 전환했는지의 과정은 오늘날의 시리아에 있는 아부후레이라라는 마을에 대한 특별한 발굴을 통해 드러났다. 이 유적지는 기원전 약 1만 1500년에 구덩이에 나무로 기둥을 세우고 그 위에 갈대 지붕을 얹은 주거지들이 모여 최초로 작은 마을을 이루었던 곳이다. 그곳에 주거하던 사람들은 야생 보리, 밀, 그리고 호밀을 모아 저장했다. 그들은 매년 봄에 남쪽으로부터 이동해오는 페르시아가젤을 사냥해 대량으로 잡았고, 그 고기를 말리고 소금을 쳐서 저장했다. 아부후레이라의 인구는 300명에서 400명 정도로 늘어났다. 하지만 기원전 약 1만 년에 일시적으로 기온이 낮아졌을 때, 그들은 마을을 버리고 다시 방랑 생활로 돌아갔다. 방랑 생활은 그때까지만 해도 아직 기온이 차가워지거나 주변의 땔감이 떨어지면 정착을 대신해서 선택할 수 있었던 생활 방식이었다.

500년쯤 후인 기원전 약 9500년에 같은 곳에 또 다른 마을이 생겨났다. 처음에 마을 사람들은 가젤을 주로 사냥하며 살다가 기원전 약 9000년에는 가축화된 양과 염소를 몰고 다니며 밀과 병아리콩, 그리고 다른 곡물들을 기르는 생활 방식으로 전환했다. 그들은 하나 이상의 방을 가진 직사각형 모양의 진흙 단층집을 짓고 살았고, 집과 집 사이에는 좁은 골목과 뜰이 있었다. 집의 바닥에는 검게 그을린 회반죽을 발랐으며, 때로는 붉은색의 문양으로 장식하기도 했다. 각각의 집은 한 가족을 위해 지어졌던 것으로 보인다. 그 마을은 최종적으로 거의 12만 제곱미터의 넓이까지 확장됐는데, 기원전 약 5000년에 알려지지 않은 이유로 버려졌다.

비슷한 시기에 중동에 있던 다른 두 마을인 요르단 강 서쪽 강변의 예리코(여리고)와 터키 중심부의 차탈회윅에 대해서도 집중적 발굴이 이루어졌다.

샘물이 솟아오르던 곳에 있던 예리코의 거주지는 기원전 7000년경에는 최소한 4만 제곱미터 정도로 넓어졌다. 예리코 주민들은 주거지 주변에 거대한 벽을 세웠다. 그들은 암석을 깎아 깊이 약 2.7미터에 폭 3.2미터 정도인 구멍을 뚫은 후에, 그 주변으로 약 3미터 높이의 석벽을 쌓고 거기에 7.5미터쯤 되는 탑도 세웠다. 성벽 안에는 벌집 모양의 진흙 벽돌 집들이 다닥다닥 붙어 있었다. 왜 예리코 사람들이 그런 성벽을 세웠는지는 불가사의다. 홍수를 막을 목적으로 세운 것일 수도 있고, 아니면 식량을 훔치려는 다른 사람들로부터 자신을 보호하려고 세운 것일 수도 있다. 그 성벽은 체계적인, 그리고 잉여 식량이 있었기에 가능했던 공동 노동이 이루어졌음을 입증한다.

예리코에서는 죽은 사람을 거주지 내에서 처리했으며, 흔히 머리를 몸에서 떼어내곤 했다. 때로는 색이 칠해진 회반죽 덩어리로 머리 모양을 만들기도 했는데, 그것은 사회적 지위의 차이를 보여주는 것인지도 모른다. 그러나 다른 부장품은 발견되지 않았다.

예리코의 정착민들은 양과 염소를 길렀는데, 기원전 약 6500년이 되면 양과 염소는 그들이 먹던 고기 전체의 약 60퍼센트를 차지하게 된다. 어쩌면 그때는 가젤이 이미 사라졌는지도 모른다. 그들은 소와 돼지도 점점 더 가축에 가깝게 만들어갔으며, 밀, 보리, 렌즈콩, 완두 등을 길렀고, 수확량을 늘리기 위해 돌려가면서 곡물을 심었다. 상당한 수준의 무역 활동도 행해졌다. 터키의 흑요석, 시나이반도의 터키옥, 지중해와 홍해 지역의 조개껍데기 등이 예리코에서 발견됐다. 공 모양, 원뿔 모양, 둥그런 판 모양의 진흙 덩어리들이 발견되는데, 물건의 거래를 기록하기 위한 단순한 기장 방식이었던 것으로 추측해볼 수 있다.

예리코에서 사용되던 흑요석은 터키에서 온 것으로, 아마도 당시 가장 큰 무역 중심지였던 차탈회윅을 거쳐 왔을 것이다. 차탈회윅이 축적한 부의 일부는 그 근처의 산에서 나던 흑요석 무역을 통해 얻어졌다. 흑요석은 용암이 호수나 바다로 흘러들어가 갑자기 식으면서 만들어지는 유리처럼 반짝이는 암석이다. 그것은 쉽게 쪼개져 날카로운 날을 만들어내고 또 갈면 빛이 나기 때문에 품질이 좋은 도구, 무기, 거울, 장식품들을 만들 때 유용하게 사용된다. 차탈회윅 유적지는 1961년에서 1963년 사이에 발굴됐는데, 인간이 어떻게 정착 생활에 적응했는지, 그

리고 그 과정에서 어떻게 아름다운 물건들을 만들어냈는지를 자세히 보여주고 있다.[9]

차탈회윅은 터키 남중부의 코니아 평야 위에 13만 제곱미터 정도의 넓이로 자리 잡고 있었으며, 삼림 지역으로 둘러싸인 습지대와 가까웠다. 발굴 결과를 보면 그곳은 기원전 7000년부터 최종적으로 그곳이 버려졌을 때인 기원전 약 4500년 사이에 최소한 열두 번 정도 다시 지어졌는데, 아마도 집들이 무너져 내렸기 때문인 것으로 보인다. 틀에 끼워 햇볕에 말린 진흙 벽돌로 만든 집들은 서로 기대어 지어졌으며, 일부는 집 안에 뜰도 있었다. 지붕은 평평했으며, 구멍이 있어서 사다리를 타고 지붕으로 올라갈 수도 있었다. 마을의 가장 바깥쪽에 있는 집의 벽은 마을을 방어하는 역할을 했다.

차탈회윅에 살던 사람들의 주식은 가축화된 양, 염소, 돼지, 그리고 보리와 완두, 두 종류의 밀이었다. 붉은 사슴, 멧돼지, 야생 당나귀 등을 줄곧 사냥했고 야생 벼, 도토리와 같은 야번식물도 모아서 저장해 먹곤 했다. 확실한 것은 아니지만, 아마포와 아마유의 원료가 되는 아마를 길렀을지도 모른다는 일부 증거가 발견되기도 했다.

차탈회윅에 살던 남자들의 평균 키는 170센티미터 정도였고 여자들의 평균 키는 157센티미터 정도였다. 남자들은 평균 34세까지 살았고 여자들은 평균 30세까지 살았다. 이런 평균수명은 상당히 높은 영·유아 사망률을 의미한다. 차탈회윅에서 발견된 해골을 보면 일부에서 관절염에 걸렸던 흔적이 보이지만, 구루병이나 비타민결핍증의 흔적은 보이지 않는다. 두개골에 있는 골수 공간이 지나치게 넓다는 사실을 통해서 우리는 조사 대상이 된 어른들 중 약 40퍼센트가 빈혈로 고통받았음을 알 수 있는데, 아마도 말라리아가 유행했기 때문이었던 것으로 보인다. 그곳의 인구는 기원전 약 6500년에 50명 정도에서 시작해서 기원전 약 5800년에는 거의 6,000명으로 늘어난 것으로 추정되지만, 어디까지나 추정 수치에 불과하다.

차탈회윅에서 발견된 물건들을 보면 꽤 높은 수준의 창조적인 활동이 있었음을 알 수 있다. 그러나 나중에 도시에서 발견되는 것과 같은 전문화가 이루어지기에는 인구가 너무 적었기 때문에, 지배계급이나 중앙집권화된 정치 구조는 존재하지 않았다. 부장품을 보면 사회적 평등이 유지되고 있었음을 알 수 있다. 모든 사람이 창조적·예술적 활동에 참여하고 있었는데, 그런 활동들은 여전히 사냥이나 채집이 중심이 되기는 했지만 가축의 사육과 농업, 그리고 무역이 함께 이루어지던 정착 생활에 의해 가능해진 것이었다.

차탈회윅 사람들은 진흙을 길게 말아 붙인 토기를 만들던 수준에 있었으며, 돌림판을 사용해 다양한 종류의 토기를 만들지는 못했다. 그들은 광주리를 만들었고, 양털이나 아마로 천을 짜기도 했다. 돌을 쪼아 정교한 칼과 창을 만들었으며, 돌과 뼈에 조각을 하기도 했다. 또 가죽과 나무를 가공하고 보석과 화장품을 만들었다. 자연 상태에서 거의 순수한 형태로 발견되는 구리와 납을 이용해 만든 물건들도 발견되는데, 장식품과 제례용품으로 쓰였던 것으로 보인다.

차탈회윅에서 발견되는 그림들을 보면 그곳 사람들이 여전히 동물 사냥에 치중하고 있었음을 알 수 있다. 회칠한 벽에는 표범 가죽을 걸친 남자와 여자들이 사냥하는 모습이 그려져 있다. 또 다른 벽에는 독수리가 인간의 것으로 보이는 뼈를 발라 먹는 모습이 그려져 있다. 남자들이 죽으면 농기구가 아닌 무기를 함께 묻었다.

여자들은 고고학자들이 '사당'이라고 여기는 특별한 방에 묻혔다. 그런 방이 40개 발굴됐는데, 차탈회윅에 있던 두 집 중 하나에 사당이 있었던 셈이다. 사당 안에서는 야생 황소 머리의 조상, 황소와 숫양의 부조,

여자의 가슴과 여신과 표범과 손바닥 자국 등을 그린 그림 등이 발견된다. 남성의 그림보다는 살찌고 풍만한 여성의 그림이 훨씬 더 많이 발견되기 때문에, 전문가들은 차탈회윅 사람들이 여신을 최고의 숭배 대상으로 삼았다고 보고 있다. 또 여자들만이 그런 방에 묻혔기 때문에, 어쩌면 그런 여성들이 특별한 의식을 만들어냈고 여사제의 역할을 했었는지도 모른다는 추측을 낳고 있다. 어떤 그림은 여성이 황소를 낳는 모습을 나타낸 것도 있다. 몇몇 조각은 여성이 자신의 양팔을 표범에 기대고 쉬는 모습을 보여주고 있는데, 그녀의 다리 사이로는 아이의 머리가 보인다. 혹시 죽음을 의미하던 표범을 통해 죽음이 생명과 불가분의 관계가 있음을 보여주려고 했던 것은 아닐까? 아니면 표범이 여성을 받치고 있는 것을 통해 자연에 대한 여신의 힘을 보여주려고 한 것은 아니었을까? 안타깝게도 그에 대한 답은 아무도 정확히 모르고 있다.

차탈회윅 사람들이 죽음에 대해 어떻게 생각했는지는 알려져 있지 않다. 다만 뼈와 함께 공물로 바쳐진 음식물이 발견되는데, 그것을 통해 그들이 사후 세계를 믿었음을 알 수 있다. 벽화를 보면 차탈회윅 사람들은 죽은 사람을 독수리의 먹이로 주었던 것 같다. 독수리가 살을 다 발라내고 나면, 남은 뼈는 사당에 묻거나 죽은 사람들이 생전에 살던 집의 마루 밑에 묻었다.

알려지지 않은 이유로 차탈회윅은 기원전 4500년 무렵에 버려졌다.

정착 생활은 어떤 결과를 낳았나

식물을 재배하고 가축을 돌보기 위해 마을과 읍에 사람들이 정착하면서 인간의 생활에 예상치 못했던 변화가 생겼다. 현대인들도 여전히 그 변화 속에 살고 있기는 하지만, 그런 변화는 대단히 복잡하기 때문에 직접적으로 분석하기는 어렵다. 다만 그런 변화를 통해 만들어진 사회생활의 특정한 양상들을 묘사하고 그런 변화가 지구에 미친 영향을 묘사함으로써만 간접적으로 이해될 수 있다.

단위면적당 보다 많은 식량을 생산하는 농업의 장점은 인간에게 남는 식량을 저장하고 보존하는 법을 알아내야 하는 문제를 안겨줬다. 또한 자신의 마을을 거대한 동물들과 다른 인간들로부터 지켜야 했다. 왜냐하면 단순히 짐을 챙겨 떠나기에는 잃을 것이 너무 많았기 때문이다. 따라서 그들에게는 토기, 광주리, 저장고 등과 같은 저장 기구를 만드는 전문가가 필요했고, 마을을 지키는 전문가도 필요했다. 그리고 남는 식량을 이용해 이런 전문화된 사람들을 부양할 수 있었다. 또한 남는 식량으로 아기들에게 이유식을 먹일 수 있게 됨에 따라 아기들이 젖을 일찍 떼게 되면서, 여자들은 터울이 지지 않게 좀 더 많은 아이를 낳을 수 있었다.

그러나 농업은 사람들이 전보다 일을 더 많이 해야 한다는 것을 의미했다. 그들은 잠을 자거나 다른 사람들과 노는 대신에 더 긴 시간을 일하고, 봄에 파종을 하기 위해 길고 긴 겨울밤에도 가장 좋은 종자를 먹지 않는 등 스스로를 억제하는 법을 배워야 했다. 사람들은 긴 시간 동안 씨앗을 빻고 천을 짜는 것과 같은 별로 좋아하지 않는 일을 해야만 했다. 동식물을 길들인 결과 인간도 마찬가지로 길들여지게 된 것이다.

일단 마을에 정착하면 인간은 30명이나 50명이 아닌 수백에서 수천 명의 다른 인간들과 교류해야만 했다. 최근의 연구에 따르면 한 사람이 개인적 차원에서 다룰 수 있는 집단의 한계는 150명 정도라고 한다. 그 선을 넘어서면 규칙과 지침, 그리고 정책이 필요해진다. 큰 집단 속에서 인간은 분쟁을 해결하기 위한 기제를 만들어내야 하고, 그에 따라 최초의 법관과 변호사가 생겨난다. 의식이 생기고 그것을 주관하는 사람들은 권위를 갖게 된다. 일정한 시점이 되면 사유재산이라는 개념도 생긴다.

집이나 특정한 땅, 동물이 누군가에게 귀속되는 것이다. 그에 따라 소유권과 땅의 사용권에 대한 새로운 규칙들도 필요해진다. 가족은 좀 더 엄격하게 규정되고, 누가 누구와 살아야 하는지도 결정된다. 가지고 다닐 수 있는 것 이상의 물건을 소유할 수 없다는 한계를 벗어나게 되자, 인간은 점점 더 많은 물건을 갖게 되었다. 또 쓰레기와 인간의 배설물도 문제가 되기 시작했다.[10]

직물은 썩기 때문에 도기처럼 잘 보존되지 않는다. 1993년에 오늘날 차외뉘라고 불리는 터키 남쪽의 한 마을에서 인류 역사상 가장 오래된 직물이 발견됐다. 그것은 한 변이 약 4센티미터이고 다른 한 변은 약 8센티미터쯤 되는 하얀 헝겊으로, 사슴뿔로 만들어진 도구의 손잡이에 둘려 있었다. 사슴뿔에 남아 있던 칼슘 때문에 반쯤 화석화된 그 직물은 아마 섬유로 만들어진 리넨 천 조각으로 보였다. 방사성동위원소 측정 결과 그것은 기원전 약 7000년의 것으로 밝혀졌다.[11]

전문가들은 사람들이 마을에 정착할 때쯤 광주리를 엮던 기술을 발전시켜 거친 섬유로 직물을 짠 것으로 보고 있다. 직물을 짜는 일은 도기를 만들고 식량을 얻는 것을 합친 것만큼이나 많은 시간을 필요로 하는 노동이었다. 직물은 옷과 장식품이 사회적 지위를 표현하게 되면서 인간 사회에 반드시 필요한 물건이 되었다.

인간이 마을에 정착해 야생 고기를 먹는 양이 줄어들면서, 인간에게는 소금의 공급이 필요해졌다. 어른의 몸은 서너 개 정도의 식탁용 소금 그릇 분량에 해당하는 소금을 포함하고 있다. 몸은 땀을 통해 소금을 배출하며, 그렇게 배출된 소금은 몸 안에서 생성되지 않기 때문에 생존하기 위해서는 배출된 양만큼의 소금을 반드시 대체해야만 한다. 야생동물의 고기만 먹는다면 충분한 양의 소금이 대체되지만, 농사로 얻은 곡물이 식단에 포함되면 소금이 부족해지고 어디에선가 소금을 찾아내 먹어야만 한다. 또한 인간이 돌보는 동물도 소금을 필요로 하는데, 소의 경우 인간보다 열 배는 많은 소금이 필요하다. 작은 마을의 사람들은 야생동물의 흔적을 따라가 소금이 있는 곳을 찾아낼 수 있었을지도 모르지만, 보다 큰 마을에 살던 사람들이나 후에 도시에 살게 된 사람들은 더 큰 문제에 당면하게 된다. 결국 소금은 최초의 국제적인 무역상품이 되었으며, 기원전 221년에는 중국에서 최초의 국가 독점 상품이 되었다.[12]

식물을 재배하고 동물을 길들이던 인류의 초창기에, 사람들은 모든 종의 암컷이 새로운 생명을 만들어내는 것을 보았다. 그렇다면 그들은 자손을 만드는 데 남성은 무슨 역할을 한다고 생각했을까?

남성이 번식에서 차지하는 역할에 대해 인간이 인식하고 있었다고 해도 역사가 기록되기 전에는 글로 남겨질 수 없었다. 놀랍게도 현재 남아 있는 극소수의 수렵·채집자들은 남자가 인간의 번식에 필요하다는 사실을 인식하지 못하는 것으로 보인다. 그러나 고고학자들은 대부분의 인간 집단들이 가축을 돌보면서 남성과 자손 생산의 관계에 대해 충분히 관찰했을 것으로 믿고 있다.[13]

인간이 동물의 일상생활에 개입하게 되면서 인간은 동물의 질병에 노출됐다. 식물의 해충은 인간에게 옮겨질 수 없지만 동물의 병은 상당수가 인간에게 옮겨진다. 어떤 결핵은 젖소와 염소의 젖을 통해 인간에게 옮겨진다. 홍역과 천연두는 소로부터 감염된다. 특정한 형태의 말라리아는 조류로부터 전염되고, 독감은 돼지와 오리로부터 전파된다. 이런 질병들은 인간의 역사에서 매우 결정적인 역할을 한다.

마을과 읍의 생활은 사냥과 채집을 할 때와는 다른 방식으로 점점 더 불안해졌다. 질병의 가능성이 불안감의 원인이었다. 기후의 변덕이 일상의 관심사가 되었다. 때맞춰 비가 내릴 것인가? 기온이 식물에 너무 높거나 낮지는 않을까? 우박이 곡물을 망칠 수도 있고, 해충이나 균도 그럴 수 있었다. 사냥감이 갑자기 줄어들거나 사라질 수도 있었다. 갑작스러운 홍수가 마을에 밀어닥칠 수도 있었다. 인간의 삶은 언제나 위태로웠다.

정착해 살던 인간들은 자신이 지구의 변덕에 놀아나고 있다고 느꼈을 것이다. 그들의 관심사는 야생동물을 달래는 것에서 생명의 근원을 숭배하고 그 근원에게 도움을 요청하는 것으로 바뀌었다. 고고학자들은 사냥에서 농업으로 변화되는 시기의 유적지에서 커다란 가슴과 엉덩이를 가진 풍만한 여성상을 많이 발견했다. 사냥에서 농업으로의 변화가 일어난 기원전 8000년에서 기원전 3500년 사이의 것으로 보이는 그런 여성상들이 중동과 유럽 중부에서 많이 발견된다.

앞서 4장에서 언급했듯이, 그것을 만들어낸 사람들에게 그 여성상들이 무엇을 의미했는지 정확하게 알기는 어렵다. 하지만 그 여성상들이 다산에 대한 존경을 보여주고 있다는 사실을 무시할 수는 없다. 어떤 사람들은 지구 전체를 다산의 여신으로 보았음이 분명하다. 그런 생각은 기록의 시대로까지 전해져 내려와 그리스의 여신 가이아로 정착됐다. 여성은 새로운 생명을 낳는 존재이기 때문에 사람들은 자신의 소원을 비는 대상으로 다산의 여신상을 만든 것으로 보인다. 에게 해에서 인도네시아 사이의 지역에서는 초기 농업사회와 연결된 여신상으로 비슈누의 딸인 데위스리라는 '쌀의 여신'이 숭배된다.

농업으로 인해 잉여 식량이 생기면서 일부 사람들은 제사 의식을 만들어내고 그것과 관련한 기술을 만들어내는 전문가가 되었다. 차탈회윅에서 그랬던 것처럼 이 최초의 전문가들, 즉 사제들은 여성이었던 것으로 보인다.

지난 40여 년간 여성학자들은 여성이 정치권력을 행사하던 사회에 대한 흔적을 찾으려고 노력해왔다. 하지만 아직까지 그들은 그런 사회에 대한 증거를 찾지 못하고 있다. 인구밀도가 중앙집권화된 정치권력을 필요로 할 정도로 높아지면서 여성들은 늘어나는 아이들 때문에 활동에 한계를 갖게 되었고, 남성은 농부나 군인이나 사제가 되어 정치권력을 통제하게 되었다.[14]

그리고 실제로 아이들의 숫자가 증가했다. 정착 생활이 최초로 실험될 때 전 세계의 인구는 약 600만에서 1,000만쯤이었던 것으로 추정되는데, 그것은 현재 멕시코시티 인구의 절반 정도에 불과하다. 그러나 기원전 약 4000년이 되면 인구 증가율이 급속하게 높아진다. 기원전 약 1000년에 지구 인구는 5,000만에서 1억 정도가 된다. 인간은 그때부터 엄청난 인구밀도와 복잡한 사회로의 거대한 모험을 시작하게 된 것이다.

정착 생활로 전환하면서 인간은 많은 비용을 치러야 했다. 그중 일부는 그런 변화를 직접 겪고 있던 사람들도 분명히 느꼈을 것이다. 그들은 전보다 더 열심히 일해야 했으며, 기후에 더욱더 의존하게 됐다. 더 많은 질병에 노출됐고, 일상생활도 단조로워졌다. 그들은 아마도 자기 조상들의 수렵·채집 시절에 대한 향수에 찬 이야기들을 들었을 것이다.

그들에게는 숨겨져 있던 다른 비용도 있었다. 그것은 나중에서야 분명히 드러났다. 그것은 환경에 대한 비용이었고, 지구의 생산력에 대한 비용이었다. 환경에 대한 비용 중 일부는 산림의 황폐화였다. 산림은 풀을 뜯어 먹는 동물들을 모아기를 목초지를 만들려고 나무가 있는 지역을 불로 태우면서 황폐해졌다. 물론 그런 일은 동식물을 기르기 이전에도 일어났었다. 하지만 인간은 농사지을 땅을 만들기 위해 더 많은 나무를 불태웠다. 쇠도끼가 만들어지기 전까지는 다른 대안도 없었다. 나무는 요리를 하고 난방을 하기 위해서도 벌목됐다. 처음에는 무시해도 될 정도였지만, 이런 파괴는 인구가 서서히 증가하면서 더 심해졌다.[15]

산림의 파괴는 가뭄이 들던 기간에 행해지곤 했던 이른바 '집약 목축'

에서도 일어났다. 그런 기간 동안에 염소들은 나뭇잎과 작은 묘목까지 모조리 먹어버렸다. 그 결과 염소가 주기적으로 풀을 뜯은 곳에서는 숲이 다시 살아날 수 없었다. 양 역시 산림 파괴를 일으켰다. 양은 풀을 뿌리째 먹어버리고 토양을 분쇄하기 때문이다.

가장 단순한 종류의 농업도 토양을 감소시킨다. 토양의 구조가 흔들리는 순간, 심지어 땅에 나뭇가지만 꽂아도 흙은 바람에 날아가버리거나 물에 쓸려가기 쉬워진다. 그런 결과는 처음에는 무시할 만한 것이지만, 인구가 늘어나면서 재앙이 될 수 있다. 왜냐하면 토양은 줄어들고 강에는 침적토가 쌓이기 때문이다.

농업으로 인해 지구가 얼마나 파괴되는지에 대해서는, 아메리카 대륙 원주민의 지도자였던 스모할라가 1872년에 자신의 종족인 북동부 고원 인디언들의 생활을 사냥에서 농업으로 바꾸려는 제안에 반대하면서 한 말을 들어보면 된다. "당신들은 내게 땅에 쟁기질을 하라고 말한다. 칼을 들어 내 어머니의 가슴을 찢으란 말인가?"[16]

수렵·채집과 유목 생활을 유지하다

스모할라의 말에서도 알 수 있듯 기원전 8000년에서 기원전 3000년 사이에 모든 인간이 정착 생활로 삶의 방식을 바꾼 것은 아니다. 지구상의 많은 지역이 경작에 적합하지 않았다. 너무 딱딱하거나 비옥하지 않은 땅도 있었고, 적당한 곡물을 찾을 수 없었던 곳도 있었고, 강우량과 기온이 곡식이 익기에 적당치 않은 곳도 많았다. 또 어떤 지역에서는 자연 산물이 너무 풍부해서 농사를 지을 필요가 없었다. 그런 지역에서 인간은 수렵·채집 생활을 계속하거나, 아니면 수렵·채집 생활과 유목 생활을 함께 하면서 살아갔다.

기원전 9000년에서 기원전 7000년 사이에 유라시아 대륙의 차가운 툰드라 지역에서는 순록을 길들여 수레를 끌게 했다. 나일 강 상류 지역과 아프리카 동부·남부의 지구대와 평원 지대에서는 소를 유목하는 문화가 발달했다.

유목문화에서 가장 중요한 동물은 말이었다. 따뜻한 농업 지역의 북쪽에는 거대한 초원 지대가 유럽 중부에서 아시아의 동부까지 펼쳐져 있었다. 그 지역은 농사를 짓기에는 너무 추웠다. 그 초원 지대에 살던 사람들은 계속해서 수렵과 채집 생활을 했는데, 말을 제외한 거의 모든 대형 포유류가 사라질 때까지 계속됐다. 말은 처음 북아메리카 대륙에서 진화한 동물이었지만 그곳에서는 멸종되었다. 기원전 4000년에서 기원전 3500년 사이에 우크라이나 남부의 초원 지대에 살던 사람들은 말을 길러서 아기들을 위한 젖을 얻고 말똥을 말려 연료로 사용했다. 또 식량이 부족한 겨울철에는 말고기를 먹었다. 이렇게 해서 사람들이 많이 거주하지 않던 초원 지대에 인간과 말의 수가 함께 늘어났다. 나중에 철기가 발전하고 기원전 약 500년 중앙아시아에서 등자鐙子가 발명되면서, 중앙아시아의 말 유목민들은 나중에 보게 될 것처럼 정착민들과 교역을 하거나 정착민들을 약탈하고 살며 인간의 역사에서 대단히 중요한 역할을 하게 된다.

북아메리카 대륙의 초원 지대에 살던 사람들은 말을 길들이지 않았다. 말은 결국 그것이 처음 진화한 곳에서는 기후변화와 인간의 사냥으로 인해 멸종되고 만다. 북아메리카 대륙의 초원 지대 사람들은 기원후 1500년경에 유럽인들이 다시 말을 들여오기 전까지는 계속해서 수렵과 채집 생활을 했으며, 거기에 더해 멕시코에서 처음 재배되기 시작한 일부 곡물들을 기르며 살았다. 남아메리카 대륙에서도 대부분의 사람들이 수렵과 채집 생활을 계속했고, 안데스산맥의 페루 쪽과 일부 열대 지역

에서는 농업이 함께 이루어지기도 했다.[17]

농사를 지으며 정착해서 살겠다는 결정을 하는 것은 결코 쉬운 일이 아니었다. 정착해서 살면서 자신을 위한 충분한 식량을 생산할 수 있다고 해도, 그들은 보관하고 있는 곡물이나 기르는 동물을 빼앗으려는 유목민들이나 수렵·채집자들의 공격에 여전히 직면해야 했다. 그런 집단 사이의 갈등은 점점 더 빈번해졌고 위험한 것이 되었다.

세상에서 가장 오래된 문학작품에는 수렵·채집자들과 유목민들과 농업을 하는 사람들 사이의 갈등과, 정착 생활을 선택하는 과정에서 일어나는 개인의 갈등이 묘사되어 있다. 그런 작품들 중 가장 오래된 〈길가메시 서사시〉는 기원전 약 2100년에 수메르인들이 쓴 것이다. 최초의 도시 국가였던 수메르는 현재의 이라크에 있는 유프라테스 강 입구에 자리 잡고 있었다. 〈길가메시 서사시〉는 기원전 약 6000년 이전부터 구전으로 전승된 것으로 보이는데, 그때는 인간이 동식물을 기르기 시작한 때이며 인간 역시 농업 생활에 길들여지기 시작할 때였다.

〈길가메시 서사시〉는 역사적 인물인 길가메시의 일생을 다루고 있는데, 그는 기원전 2750년경에 우루크를 다스리던 사람이었다. 〈길가메시 서사시〉가 우리에게 알려진 것은 우루크 북쪽에 있던 아시리아의 고대 수도 니네베(현재는 이라크의 영토 안에 있다)에서 발견된 점토판의 쐐기문자가 해독된 직후의 일로, 겨우 130년밖에 되지 않았다. 현재는 전체 이야기의 약 3분의 2만이 연결된 형태로 남아 있고, 다른 많은 부분들은 누락되어 있다.[18]

〈길가메시 서사시〉에 등장하는 길가메시는 3분의 1만 인간이고 3분의 2는 신인 무척 멋지고 강인한 초능력자로 그려지고 있다. 창조의 신인 아루루는 길가메시만큼이나 강하고 멋진 야생의 인간 엔키두도 만들어 냈다. 엔키두는 자연 속에 살면서 동물 가죽을 입고 가젤과 함께 물을 마셨다고 한다.

길가메시는 여신 이시타르에게 제사를 지내는 여사제이자 동시에 고급 창녀인 샴바트를 엔키두에게 보내, 그를 유혹해 도시로 데려온다. 샴바트는 엔키두에게 옷을 입게 하고, 머리를 단정히 하도록 하고, 포도주를 마시게 해 문명화된 인간으로 만든다. 엔키두는 길가메시에게 레슬링 시합으로 도전하지만, 그에게 지고 만다.

엔키두가 도시 생활에 적응한 후에 길가메시와 엔키두는 함께 모험을 떠난다. 처음 여행에서 그들은 삼나무 숲을 지키는 '공포의 훔바바'라는 괴물을 죽이고 신성한 삼나무들을 베어낸다. 그들이 도시로 돌아온 후 여신 이시타르는 길가메시에게 청혼한다. 길가메시가 이시타르의 청혼을 거절하자 이시타르는 '하늘의 황소'를 보내 길가메시의 도시를 쑥대밭으로 만든다. 엔키두와 길가메시는 힘을 합쳐 황소를 죽인다. 그러나 그들은 꿈속에서, 그리고 친척들의 말을 통해, 신성한 삼나무를 자르지 말고 황소를 죽이지 말라는 경고를 받았었다. 신들은 엔키두와 길가메시의 행동에 화가 났고 엔키두는 길가메시가 보는 앞에서 고통스러운 죽음을 맞이하게 된다.

〈길가메시 서사시〉에 나오는 이런 이야기들은 인간이 농사를 짓기 위해 나무를 잘라내고 또 야생의 황소를 길들이면서 느꼈던 모호한 감정을 보여주는 듯하다. 에덴동산의 아담과 이브에 대한 이야기를 하는 히브리 신화에도 비슷한 갈등이 나타난다. 아담과 이브의 이야기는 기원전 약 1000년 이전에는 기록되지 않았지만, 그 이야기는 그보다 훨씬 전부터 수메르문명에서 시작해, 이후에 그것을 계승한 현재 이라크의 티그리스 강과 유프라테스 강 입구에 자리 잡고 있던 바빌로니아로 전해져 내려온 것이었다.

아담과 이브 이야기에서 인간은 자연 상태에서 수렵과 채집 생활을 하는 최초의 모습으로 그려지고 있다. 그들은 먹을 것이 풍성해서 채집만 하면 되는 에덴동산에 살고 있었다. '동산'이라는 비유는 인간이 만든 과수원을 말하는 것이 아니라, 농업을 하기 이전에 존재하던 신이 만든 자연적인 정원을 말하는 것이었다.[19]

그 이야기에서 이브는 선과 악에 대한 지식을 상징하는 나무에서 딴 사과를 아담에게 준다. 신은 인간이 그 과일을 먹지 못하도록 특별히 금지했었다. 아담이 사과를 먹자 신은 아담과 이브에게 자연의 풍족함을 누리지 못하게 하고, 양식을 얻기 위해 땀 흘려 일해야 하는 벌을 주었다.

수렵과 채집의 생활로부터 유목과 농업으로의 전환을 말하는 이 이야기에서, 사과나무는 한때 채집의 대상이었으나 이제 주로 여성에 의해 경작되는 식물을 대표한다. 사과나무는 상징적인 의미뿐만 아니라 구체적인 의미도 갖고 있었다. 사과는 카자흐스탄 산악 지역에서 발생해 캅카스산맥 지역을 건너 퍼진 것으로 보이기 때문이다.[20]

사과나무는 선악에 대한 지식을 표현하는 것으로 그려지고 있는데, 사람들이 농경 생활에 정착하면서 어떤 행동이 좋고(도움이 되고) 어떤 행동이 나쁜지(도움이 되지 않는지)를 구분할 필요가 생겼다는 것을 의미한다. 잉여 식량을 가진 거대한 정착 집단은 처음으로 인간의 행동에 대한 규칙과 지침을 만들어내야 했을 것이다. 그 이전에 살던 조그만 집단에서는 인간의 어떠한 행동도 대부분 받아들여졌다. 설령 받아들여지지 않는다 해도 그저 다른 집단으로 옮기거나 새로운 집단을 시작하면 그만이었다. 자연히 개개인의 행동에 대한 세밀한 규칙은 필요하지 않았다.

아담과 이브의 이야기에서 신은 인간이 식물을 재배하는 법을 배우는 것에 대해 탐탁해하지 않는다. 신은 인간을 자신의 정원에서 내쫓아 노동을 해야만 먹을 것을 얻도록 만든다. 아담과 이브 이야기의 화자는 정착 생활로 인한 비용, 즉 늘어난 노동과 행동에 대한 제약을 잘 알고 있었던 것으로 보인다.

아담과 이브의 이야기는 그들의 자식인 카인과 아벨로 이어진다. 장남이었던 카인은 땅을 가는 사람이었고 아벨은 양을 돌보았다. 카인과 아벨이 자신의 노동의 산물을 신에게 바치자, 신은 카인이 바친 것은 받지 않고 그 대신에 아벨이 바친 양을 받았다. 카인은 질투심에서 아벨을 죽였는데, 그로 인해 땅으로부터 저주받아 유목 생활로 돌아가야 했다. 이 이야기에서 히브리의 신은 농부나 농업으로의 전환을 달가워하지 않았음을 알 수 있다. 히브리인들은 여신을 숭배하며 농사를 짓던 가나안 사람들을 점령할 때까지 계속해서 유목민으로 생활했다. 그러나 히브리 사람들도 결국 농업 생활에 정착해야 했다.

길가메시 이야기나 아담과 이브 이야기에 등장하는 비유를 통해 우리는 더 이상 수렵이나 채집을 하지 않는 인간들이 한탄하는 소리를 들을 수 있고, 새로운 생활 방식에 대해 갈등하고 자신이 저지른 일에 대한 회의로 괴로워하는 인간의 모습을 볼 수 있다. 그러나 그러면서도 인간은 지구에서 자신과 함께 살고 있는 동물과 식물, 대지, 물, 태양 등의 풍요로움으로부터 얻을 수 있는 것을 최대한 얻는 생활로 전진했다. 기원전 3500년이 되면 바야흐로 우리가 문명이라고 부르는 것이 시작된다.

남아 있는 의문점들

1. 아메리카 대륙과 아시아 대륙은 인간이 아시아에서 아메리카로 건너간 이후에도 계속 접촉했을까?

이 문제는 여전히 논쟁거리다. 왜냐하면 그들 사이에 접촉이 유지됐다는 증거는 있지만 결정적일 만큼 충분치는 않기 때문이다. 검은색 뼈와 검은색 고기가 특징인 오골계는 아메리카 대륙에도 존재한다. 아메리카 대륙에서 오골계는 중국에서처럼 식용으로 쓰인 것이 아니라 희생 동물로 쓰였다. 아주 소수의 학자들은 마야인들이 사용하던 달력이 오늘날의 파키스탄에 있던 탁실라에서 왔고, 그 달력에서 날짜를 부르던 스무 개의 이름 중 네 개는 힌두 신의 이름을 딴 것이라고 주장한다. 일부 증거를 보면 땅콩은 아메리카 대륙에서 중국의 해안 지방으로 전파됐으며, 아메리카의 목화는 인도까지 전파됐다. 아마도 이 문제에 대한 보다 많은 증거가 앞으로 수십 년 안에 더 많이 발견될 것이다.

2. 《성경》에 등장하는 에덴동산의 위치와 대홍수가 있었던 지역을 확정할 수 있을까?

학자들은 에덴동산이 티그리스 강과 유프라테스 강이 페르시아 만으로 흘러 들어가는 이라크의 해안가에 있었다고 믿고 있다. 그 해안가는 수렵·채집자들에게 풍부한 식량을 공급했을 것이다. 하지만 해수면이 높아지면서 그곳 사람들은 보다 건조한, 이미 다른 사람들이 차지하고 있던 내륙으로 들어가야 했다. 그중 일부는 어쩌면 나중에 흑해가 되는 작은 호숫가에 자리 잡았을 수도 있다. 빙하가 녹은 물은 드네스트르 강이나 드네프르 강, 돈 강, 볼가 강 등으로 흘러들지 않았다. 왜냐하면 빙하의 무게로 인해 부드러운 땅에 생긴 움푹 들어간 지형을 따라 빙하가 녹은 물이 서쪽으로 흘러갔기 때문이다. 기원전 약 5600년쯤에 지중해의 수면이 높아져 북동부 지역에 홍수가 일어났고, 그 후 약 2년에 걸쳐 지금의 흑해가 만들어졌다. 그에 따라 생긴 난민들은 현재의 이라크를 포함해 주변의 다양한 지역으로 흩어졌다. 이것이 《성경》에 나오는 대홍수였는지는 확실치 않다. 하지만 《구약성경》에 기록되기 전까지 구전을 통해 전승되던 대홍수 이야기의 시간과 시기적으로 일치한다.[21]

6

초기 도시들이 생겨나다

BC 3500년 ~ BC 800년

인간이 잉여 식품을 저장할 정도로 식량 생산이 늘어나게 되면서 인구는 더욱 빨리 늘어났다. 기원전 8000년에서 기원전 3000년 사이에 인구는 600만 명에서 무려 5000만 명으로 증가했다. 그중 일부는 1만 명에서 5만 명 정도가 사는 도시에 거주하기 시작했다. 사람들은 도시에서 서구의 역사학자들이 문명civilization(이 말은 라틴어로 '도시'를 뜻하는 civitas에서 왔다)이라고 부르는 일련의 새로운 생각과 구조물들을 만들어내기 시작했다. 문명의 특징으로 흔히 거론되고 있는 것들에는 식량의 저장, 신전 건축물의 건설, 중앙집권화된 정치, 농사를 짓지 않는 전문가, 사회계층, 무역의 증가, 문자의 발명, 외곽에 사는 농민들에게서 강제로 거둬들인 공물, 군대와 상비군의 발전, 거대한 공공건물, 성 불평등의 확산 등이 포함된다.[1]

역사학자들은 문명의 다양한 의미에 대해 논쟁을 거듭해왔지만, 지금은 가능하다면 그 용어를 쓰지 않으려고 노력하고 있다. 특히 최근의 식민지시대 동안 식민지 모국의 역사학자들이 식민화된 지역 사람들을 '비문명화'된 사람들로 지칭하던 잘못을 저지른 이후에는 그런 경향이 더 분명해지고 있다. 그에 더해 문명에 대한 인식도 바뀌고 있다. 한때는 문명의 등장을 인간의 야만적 본성을 이겨낸 성공적인 작품으로 여겼었다. 하지만 이제 많은 사람들이 문명화된 삶이라는 것이 보여주는 사회적 불평등이나 끊임없이 계속되는 전쟁을 보면서, 문명이 수렵·채집 생활보다 더 야만적인 것은 아니라고 해도 그와 비슷하게 야만적이지 않은가 하는 의심을 하고 있다.

현재 일부 역사학자들은 문명이라는 용어 대신 '복합사회complex society'라는 용어를 사용하고 있다. 나는 거의 비슷한 시기에 유라시아 대륙 전체에서 발생한 초기의 복합사회들을 지칭하기 위해 '도시city'나 '도시 생활urban life'이라는 용어를 사용하려고 한다. 그리고 앞에서 언급한 도시 생활의 다양한 특성들을 지칭하기 위해 '문명'이나 '복합사회'라는 말을 사용하기도 하겠지만 거기에는 긍정적이건 부정적이건 어떤 가치 판단도 들어 있지 않다는 점을 분명히 하고 싶다. 또 나는 데이비드 크리스천이 제안한 것처럼 초기 문명의 단계를 '농업문명'이라고 부르는 것이 좋은 생각이라고 보는데 그 이유는 그것이 식량과 공물의 보급을 위해 농촌의 배후지에 의존하고 있었다는 사실을 잊지 않기 위해서다.[2]

최초의 도시들은 인간이 최초로 정착했던 대륙인 아프리카와 유라시아 대륙의 네 지역에 있는 강 유역에서 기원전 약 3500년에 거의 동시에 발생했다. 그 최초의 도시들은 이라크 남부의 티그리스 강과 유프라테스 강 유역, 이집트의 나일 강 유역, 파키스탄과 인도의 인더스 강 유역, 그리고 그보다 조금 늦게 중국의 황하 유역에서 나타났다. 아메리카 대륙에서는 도시화된 지역이 그보다 더 늦게 나타났는데, 기원전 약 1300년에 멕시코에서 올멕 문명이 시작됐고, 기원전 약 900년에 안데스산맥에서 도시 문명이 시작됐다. 아프로유라시아 대륙에서보다 아메리카 대륙에서 도시가 늦게 생겨났다는 사실은 대단히 중요한 결과를 낳게 되는데, 그 자세한 내용은 10장에서 설명하기로 한다. 이 장에서는 먼저 티그리스 강과 유프라테스 강 유역에 있던 최초의 도시들을 자세히 설명한 후, 아프로유라시아 대륙의 다른 세 지역 도시들의 생활에 대해 보다 일반적으로 설명하겠다.[3]

수메르인들, 도시를 건설하다

앞 장에서 본 것처럼, 밀과 보리를 재배하고 양과 염소를 길들인 일은 터키와 이라크, 그리고 시리아의 고원지대에서 처음 시작됐다. 그리고 그런 곡물과 동물들이 나중에 티그리스 강과 유프라테스 강 유역의 비옥한 지역으로 옮겨졌다. 그런데 티그리스 강과 유프라테스 강 유역에서는 건기에 대비해 밀과 보리를 위한 관개시설이 필요했다. 기원전 5000년 이전에 강 유역에 살던 사람들은 이미 상당한 수준의 관개시설을 만들어냈다.

기원전 약 3500년에 그렇게 농사를 짓던 사람들로부터 투르크어와 흡사한 수메르어라는 말을 사용하는 도시인들이 나타났다. 그리고 셈어(히브리어, 아람어, 아랍어와 같은 계통의 언어이다)를 사용하는 또 다른 무리의 사람들이 수메르 바로 북쪽의 아카드 지역에 살고 있었다. 때때로 아카드 지역의 사람들이 수메르 도시로 이주해 들어와 살았기 때문에 수메르는 다중언어 사회였다. 하지만 처음 수천 년 동안은 수메르어를 사용하는 사람들이 대부분이었다. 우리가 이런 사실을 알고 있는 이유는, 수메르인들이 최초로 문자를 발명하고 우리가 해독할 수 있는 기록을 남겼기 때문이다. '수메르'는 바그다드에서 페르시아 만에 걸치는 지역에서 수메르어를 사용하던 사람들이 모여 살던 도시 지역들을 말하는데, 기원전 약 3500년부터 시작해 기원전 2004년에 엘람인들(현재의 이란 사람들)에 의해 수메르의 중요한 도시였던 우르가 멸망될 때까지 존재했었다. 수메르의 영토를 북동쪽으로 조금만 더 넓히면 그리스어로 '강 사이에 있는 지역'이라는 뜻을 가진 메소포타미아 지역과 일치한다(그림 5.1).[4]

기원전 약 3800년에 계절풍의 방향이 바뀌었고, 비가 남쪽에 더 많이 내리기 시작했다. 결국 수메르인들은 곡식을 더 잘 기르기 위해 더 많은 관개시설을 갖추어야만 했다. 그들은 도시로 이주해 살면서 그 주변의 땅을 관개하는 방법으로 문제를 해결했다.

최초의 수메르 도시는 우루크였는데, 오늘날 이라크의 와르카가 있는 곳으로 《성경》에서는 에렉이라고 불렀다. 그곳은 바그다드에서 남쪽으로 250킬로미터 정도 떨어져 있고 유프라테스 강으로부터 20킬로미터쯤 떨어져 있다. 기원전 약 3400년이 되면 우루크는 그때까지 지구상에 존재했던 것 중 가장 큰 영구 거주지가 된다. 우루크에는 하늘의 신인 안과 사랑과 생산의 여신인 인안나를 모시는 두 개의 거대한 신전이 있었다.

수메르인들은 우주 전체가 보이지 않는 살아 있는 존재, 즉 신들에 의해 지배된다고 믿었다. 모두 일곱의 중요한 남신과 여신이 있으며, 그들은 인간에게 일어날 일을 결정하기 위해 일종의 위원회를 구성하고 있다고 믿었다. 네 남자 신은 안(하늘의 신), 엔릴(공기의 신), 엔키(물과 지혜의 신), 우투(태양의 신)였고, 세 여신은 키(땅의 여신), 난나르(달의 여신), 인안나(사랑과 생산의 여신이며 저녁과 아침의 귀부인이자 하늘의 여왕)였다. 수메르인들은 그 신들이 인간에게 메me라고 불리는 보편적이고 영원한 법과 규율을 정해 주었으며, 신들을 즐겁게 하기 위해서는 그것을 반드시 지켜야 한다고 믿었다.

도시 생활을 하면서 인간 사이에 계층화된 위계질서가 나타나자 수메르인들은 신들에게도 위계를 부여했고, 그에 따라 지배적인 신들이 나타나기 시작했다. 사회학자였던 에밀 뒤르캠Émile Durkheim이 말했듯이 우주가 어떻게 움직이는지에 대한 우리의 생각은 종종 우리 사회의 움직임을 반영하곤 한다.[5]

각각의 중요한 도시에는 한 명 혹은 그 이상의 신이 신전에 거주하고 있었다. 신전에는 보이지 않는 신들을 드러내기 위해 신상이 만들어졌고, 신전에서 일하는 사람들은 신이나 여신이 원하는 것을 제공하기 위해 최선을 다했다. 그렇게 함으로써 그 신들이 거기 계속 머무르면서 사람들을 도울 수 있게 하기 위해서였다. 신전에서 일하는 사람들은 신전에 부족한 것이 없도록 하기 위해 식량과 공물 생산을 위한 넓은 땅을 소유하고 있었다. 각 도시의 중요한 신전은 지구라트라고 부르는 계단 모양의 탑으로 쌓아 올려진 기반 위의 높은 곳에 위치하고 있었다. 수메르인들의 지구라트는 아직까지도 인간이 만든 가장 중요한 종교 건축물 중 하나로 여겨지고 있다.

시간이 흐르면서 수메르는 개별적인 신전이 지배하던 다원화된 도시 연합체에서, 하나의 도시와 그 지배자가 서기書記와 사제로 이루어진 관료 조직의 도움을 받으며 다른 도시들을 지배하는 중앙집권화된 국가로 변화해간다. 도시들 사이의 전쟁이 흔해지면서, 신전은 군대의 영향력 아래 놓이게 됐다. 기원전 2350년경부터 약 50여 년간을 지배하던 아카드의 사르곤은 수메르의 왕들 중 가장 유명하다. 그의 손자였던 나람신(기원전 2291년에서 기원전 2255년까지 재위)은 자기 스스로 '신성한 존재'라고 선포한 최초의 왕이었다. 사르곤은 국가 형태에 있어 한 국가가 다른 몇 개의 국가를 다스리는 새로운 단계의 발전을 이루어냈다. 사르곤은 다른 국가를 정복하고, 그들의 성벽을 무너뜨리고, 자기 아들들을 지배자로 임명하면서 그런 발전을 거두었다.

수메르에는 식량을 생산하던 세 종류의 땅이 있었다. 도시 안에 있던 뜰, 강과 나란히 자리 잡은 관개시설을 갖춘 들판, 그리고 건조한 목초지가 그것들이다. 관개시설이 있는 땅에서 재배되던 중요한 곡물들은 대추야자, 보리, 밀, 렌즈콩, 강낭콩, 완두 등이었다. 아마를 재배해 짠 아마포로 옷을 만들기도 했다. 대규모로 양과 염소를 길렀고, 우유와 고기를 얻기 위해 소규모로 소도 길렀다. 또 짐을 옮기기 위해 당나귀와 수소를 길렀다. 물고기도 중요한 보완 식량이었다. 가난한 사람들은 주로 보리와 물고기, 그리고 대추야자 열매를 먹고 살았다. 토끼와 새를 사냥하기도 했으며, 개는 아주 흔히 볼 수 있었다.

관개를 위한 활동이 많은 사람들의 생활에서 큰 비중을 차지했다. 봄에는 강물의 범람을 막아야 했고, 계절의 변화에 따라 천천히 물을 흘려보내야 했다. 그러기 위해서는 둑과 운하의 지속적인 보수와 재시공이 필요했다. 민물에도 약간의 소금기가 섞여 있었기 때문에 수증기에 섞여 있던 염분이 땅에 소금 결정체를 만들어서, 수백 년 후에도 농사에 영향을 주곤 했다.

곡식을 수확하고 아직 새로운 곡식을 심기 전인 추분 절기에, 수메르인들은 신전에서 새해를 축하하는 행사를 벌였다. 거기서 왕은 대중들 앞에서 다가올 해의 풍년을 기원하기 위해 인안나 여신을 상징하는 여사제와 성교를 하기도 했다. 물을 뜻하는 수메르어는 아a이며, 그 단어는 정자와 번식력을 의미하기도 했다. 수메르인들은 남성의 정자가 없이는 생명이 태어날 수 없다는 사실을 알고 있었던 것이다.[6]

지금까지 발견된 것 중 가장 오래된 기록 문자는 우루크에 있던 인안나 신전에서 나온 것이다. 그것은 점토판에 쐐기 모양으로 기록돼 있는데, 어떤 상인이 상거래의 내역을 기록하기 위해 거래한 물건을, 작은 표지를 찍어 나타낸 것으로 보인다. 나중에 관리들은 한쪽은 뾰족하고 다른 한쪽은 둥그런 모양을 가진 철필로 점토판에 기록을 했다. 그리고 누군가 철필의 한쪽에 쐐기 모양을 집어넣는 개량을 한 후부터는 쐐기 모양으로 기록을 남기게 됐다. 그렇게 해서 약 3,000개 정도의 음절을 표현하는 쐐기문자가 등장하게 됐는데, 쐐기문자cuneiform라는 말은 쐐기를 뜻하는 라틴어의 'cunens'에서 왔다. 쐐기문자는 3300년이 넘도록 수메르와 인근 지역에서 사용됐다.[7]

지금까지 약 5,000개에서 6,000개의 수메르 점토판이 발견됐으며, 현재 전 세계의 박물관에 흩어져 있다. 1889년에서 1900년 사이에 미국의 한 발굴단이 수메르의 종교 중심지였던 니푸르에서 상당량의 점토판을 찾아냈는데, 그것들은 현재 이스탄불의 고대오리엔트박물관과 펜실베이니아대학의 유니버시티박물관에 나뉘어 있다. 19세기 후반부터 시작된 그 점토판들에 대한 언어학적 분석은 학자들의 협업이 이뤄낸 거대한 성과라고 불러도 좋을 정도다. 그 결과 현재는 새로운 수메르의 문서를 꽤 믿을 만한 수준으로 번역하는 것이 가능해졌다. 물론 많은 기록물이 완전하지 않은 상태이고 상황이 허락한다면 현재의 이라크 지역에서 더 많은 수메르 점토판이 발견될 수도 있다. 수메르인들이 만들어낸 대부분의 문학 작품들은 지난 30여 년 사이에 이미 출판이 되었고, 그 안에는 207개의 신화와 앞 장에서 살펴본 〈길가메시 서사시〉를 포함한 9개의 서사시, 그리고 나중에 보게 될 인안나에게 바치는 찬송을 포함한 수백 개의 찬송, 비가, 애도가 등이 포함돼 있다. 현재 지구상에서 약 300명 정도의 사람들이 수메르의 쐐기문자를 해독할 수 있다. 존스홉킨스대학은 '디지털 함무라비'라는 프로젝트를 진행 중인데, 그 프로젝트의 목적은 지금까지 알려진 모든 수메르 점토판을 3D 이미지로 제공해서 전 세계의 모든 학자들이 그것을 보고 번역할 수 있도록 만드는 것이다.[8]

수메르에는 목재나 돌, 금속이 귀했기 때문에 수메르인들은 당나귀나 배를 이용해 터키, 이란, 시리아, 인더스 강 유역과(그리고 어쩌면 이집트와도) 많은 무역을 했다. 그런 무역망을 통해 유럽의 중심부와 아시아 그리고 아프리카 북부를 잇는 거대한 인적 연결망이 동시에 형성됐다.

수메르에서 도시 생활이 시작되었을 때, 수메르인들은 무역을 통해 구리를 구할 수 있다면 그것을 사용하곤 했다. 그런데 기원전 약 2500년에 아시아의 서쪽 어느 지역에 있던 사람들이 주석과 구리를 1대 9로 합쳐 만든 보다 강한 금속인 청동을 만들어내기 시작했다. 그러나 주석은 영국의 콘월 지방과 아프가니스탄, 그리고 이집트 동쪽의 사막 지역에서만 나기 때문에, 청동은 그다지 오래 사용되지 않았다. 하지만 청동은 다른 지역인 아시아 동쪽에서는 기원전 2000년까지, 그리고 아프리카의 북동부 지역에서는 기원전 1500년까지 사용됐다.

인간은 도시 생활에 적응하기 위해 다양한 창조적 실험을 했다. 그 과정에서 오늘날까지도 남아 있는 다양한 도시 생활의 특징들이 나타나기 시작했다. 수메르인들은 앞서 언급한 메라는 이름의 법률과 규칙을 만들었고, 그것을 통해 갈등을 해결했다. 가장 효과적인 군대, 관료제, 그리고 그것을 지탱하는 사회구조를 만들어낸 지도자가 다른 도시 국가들을 점령할 수 있었다. 부유한 가문은 사유재산을 소유하기 시작했고, 외국과 사치품을 거래했다. 약 90퍼센트 정도의 사람들은 여전히 농사를 지으면서 통치자에게 보호의 대가로 공물을 바치고, 필요하다면 강제로 노동도 해야 했다. 분명한 사회계층이 등장했는데, 실패한 농사꾼은 노예가 됐고, 유목민도 있었고, 전쟁 포로도 있었다. 수메르인들은 상형문자, 문학, 원통형 인장, 운하와 둑, 물을 길어 올리기 위한 도르래, 회계 규칙, 관료제, 은으로 만든 주화 등을 만들어내고 사용했다. 그중 일부는 다른 지역에서도 발명되었지만, 그것들을 모두 만들어내고 사용한 것은 수메르인들뿐이었다.

그러다가 지금으로부터 약 4000년 전인 기원전 2004년에 수메르 전체를 지배하던 우르가 이란 지역에서 온 엘람인들에 의해 파괴됐고, 우르의 왕은 망명을 떠나 다시 돌아오지 못했다. 그 결과 수메르어는 사라졌다. 하지만 쐐기문자는 살아남아 서기 1세기까지도 국제 외교 무대에서 사용됐다.

최근 들어 수메르의 갑작스러운 몰락에 대한 이유를 관개시설의 붕괴에서 찾으려는 시도가 늘어나고 있다. 계속된 염분화로 인해 농업 생산량이 줄어들었고 그에 따라 흉년이 이어졌다는 것이다. 수메르의 기후에 대한 최근 연구 결과, 수메르 북쪽 지역에서 기원전 2200년에 일어난 거대한 화산 폭발로 인해 화산재가 상당 기간 동안 햇빛을 가렸다는 사실이 드러났다. 또 같은 시기에 무려 278년 동안 이어진 건기가 시작됐다. 최초 도시들에서의 생활도 환경의 변화에는 속수무책이었던 것이다.[9]

수메르인들의 삶은 앞에서 언급한 큰 틀에서뿐만 아니라 아주 사소한 부분에서도 현대의 생활과 비슷한 점이 많다. 그들은 10진법이 아니라 12진법에 기초한 셈법을 사용했다. 우리는 이런 셈법을 60초, 60분, 24시간, 12달, 360도 등의 형태로 아직도 사용하고 있다. 또한 우리는 숫자 13이 불길하다는 수메르인들의 믿음을 여전히 공유하고 있으며, 비록 우리가 그 수를 하나로 줄이기는 했지만 보이지 않는 지배적인 신들에 대한 믿음을 갖고 있다.[10]

이제 수메르인들이 사랑의 여신 인안나를 상징하던 저녁별인 금성을 찬양하는 노래를 들어보자.

> 하루의 끝에 하늘을 밝게 비추는 밝은 별, 위대한 빛,
> 밤의 귀부인이 하늘에 나타난다.

모든 땅의 사람들이 눈을 들어 그녀를 본다.
남자들은 자신을 정화하고 여자들도 자신을 깨끗하게 한다.
멍에 쓴 수소도 그녀에게 몸을 낮춘다.
양들도 무리의 먼지를 떨어낸다.
초원의 모든 살아 있는 것들을
높은 초원의 네발 달린 모든 것들을
싱싱한 정원과 과수원, 푸른 갈대와 나무를
깊은 물속의 물고기와 하늘의 새들을
나의 귀부인이 모두 잠들게 한다.
수메르의 모든 사람과 살아 있는 모든 것들이 그녀 앞에 무릎 꿇는다.
귀부인에게 선택된 자들이 그녀를 위해 큰 접시에 음식을 담아 준비한다.
귀부인은 우리의 땅에서 휴식을 취한다.
수메르에는 기쁨이 넘친다.
청년이 연인과 사랑을 나눈다.
나의 귀부인은 하늘에서 점잖게 놀라며 바라본다.
수메르인들은 신성한 인안나 앞에서 행진한다.
저녁의 귀부인인 인안나는 밝게 빛난다.
나는 신성한 인안나 당신을 위해 찬송한다.
저녁의 귀부인은 수평선에서 밝게 빛난다.[11]

우르가 멸망한 후 메소포타미아에서는 약탈과 침략이 일상적인 일이 되었다. 사막에 살던 사람들이 이주해왔고, 권력은 바빌론의 함무라비(기원전 약 1792년~기원전 1750년)에게 넘어갔다. 바빌로니아인은 북쪽의 아시리아인들과 서로 영토를 뺏고 빼앗기는 싸움을 계속했다. 기원전 604년에서 기원전 562년 사이에 왕위에 있었던 네부카드네자르 2세는 예루살렘을 점령하고 그곳의 신전을 파괴한 후에 유대인들을 바빌론으로 데려온 이른바 '바빌론유수'로 지금까지도 기억되고 있다.

수메르인들은 배와 카라반을 통해 이집트 나일 강 유역과 파키스탄의 인더스 강 유역에 있던 다른 초기 도시 지역들과 무역을 했다. 네 번째 도시 지역은 중국에 자리 잡고 있었는데, 중국은 꽤 오랜 시간이 지나서야 유라시아 대륙의 중심부와 관계를 맺게 된다.

도시 문화들이 들어서다

인더스 강 유역에 사람들이 살기 시작한 것은 기원전 약 7000년의 일이고, 기원전 3000년경부터 강변에 살기 시작했다. 그들은 혹이 달린 소와 목화를 인간이 사용할 수 있는 자원에 포함시켰다. 인더스 강 유역에 있던 도시들 중 모헨조다로와 하라파가 발굴됐다. 기원전 약 2600년경에 생긴 이 도시들은 지금까지 알려진 것 중 최초의 상하수도 체계를 통해 먹는 물과 하수 물을 분리했을 정도로 기술적으로 물을 관리했다. 아직까지 학자들이 인더스문명의 문자를 해독하지 못하고 있기 때문에 그들의 종교나 정치에 대해 알려진 것은 대단히 적다. 극소수의 원통형 인장에 새겨진 그림을 통해 일부 힌두교 신들이 인더스문명의 신들로부터 유래했음을 알 수 있다. 기원전 약 2000년에 이 지역의 도시들이 소멸됐다. 왜 그렇게 되었는지에 대해서는 서서히 진행된 산림의 황폐화, 지나친 관개로 인한 염분화, 북쪽으로부터의 이민족 침입, 혹은 강줄기의 변화 등이 가장 가능성 있는 설명으로 제시되고 있다. 지진이나 심한 홍수 같은 급격한 자연 변화도 인더스문명의 붕괴를 재촉했을 수 있다. 기원전 1500년경이 되면 인더스 강변의 도시 생활은 완전히 사라지고 마는데, 식량을 얻기 위해 농업으로 전환한다고 해서 그 자체가 지속적인 생산을 보장하지는 않는다는 사실을 보여준다.

이집트 사회에 대해서는 인더스문명보다 훨씬 더 많은 것이 알려져 있는데, 이집트 상형문자를 해독했기 때문이다. 아주 느리게 발전했던 것으로 보이는 수메르 문자와는 달리, 이집트문자는 기원전 약 3300년에서 3200년 사이에 완전하게 발전된 체계로 갑자기 등장한다. 이것은 이집트 상형문자가 수메르 문자를 모방했을 가능성을 암시한다. 나폴레옹 군대가 이집트에서 발견한 로제타석Rosetta Stone을 1824년에 장 프랑수아 샹폴리옹이 해석해내면서 이집트 상형문자가 해독됐다. 기원전 2세기경에 만들어진 로제타석에는 같은 내용이 세 가지 서로 다른 문자로 적혀 있다. 그 세 가지 문자는 이집트 상형문자, 단순화된 이집트 상형문자인 민용문자民用文字, 그리고 그리스문자다. 대부분의 이집트 기록은 건조한 곳에서 보관이 잘 되는 파피루스에 씌어 있다. 이집트에서 발견된 파피루스 두루마리들은 기원전 약 2500년부터 만들어졌다. 파피루스 기록에 따르면, 나일 강 유역의 도시 정착지들은 기원전 약 3100년에 하나의 복합사회로 합쳐져 델타 지역에 있던 도시인 멤피스의 지배를 받았다. 파라오라고 불리던 통치자는 스스로를 고대로부터 이어온 신들의 후손이라고 주장했는데, 이것 역시 수메르로부터 전해진 개념일 수 있다.

길이가 6,700킬로미터에 이르는 세계에서 손꼽힐 만큼 긴 강이며, 다른 어떤 강보다 예측 가능한 주기적 범람을 하는 나일 강은 다른 어떤 곳에서도 찾기 어려운 이점이 있었다. 나일 강은 북쪽으로 흐르지만 바람은 남쪽으로 분다. 따라서 나일 강의 남북 양쪽으로 모두 배를 타고 이동하는 것이 가능하기 때문에, 파라오는 자신의 왕국에서 해운과 물자의 분배를 장악할 수 있었다. 나일 강은 매년 범람했고, 사람들은 범람한 강물을 둑 뒤에 담아 비옥한 토양을 얻었고, 식물에 물을 댔고, 동시에 수메르에서 문제가 되었던 물의 증발로 인한 토양의 염분화를 막을 수 있었다. 따라서 나일 강은 이집트가 높은 수준의 안정성을 유지할 수 있는 기초를 제공했다. 또한 나일 강 주변의 사막은 자연적인 방어선 역할을 했다.[12]

나일 강 유역의 기본적인 곡물은 밀, 보리, 대추야자, 무화과, 올리브, 그리고 포도였다. 이집트 사람들은 오리, 거위, 메추리, 비둘기, 펠리컨 같은 작은 가금류들을 가축화했고 물고기를 많이 잡았다. 그들은 물과 소금에 올리브를 절여 먹는 방법을 알고 있었다. 그들은 빵과 맥주를 만들었고, 물고기를 소금에 절였다. 기원전 2800년쯤이 되면 이집트인들은 소금에 절인 물고기를 페니키아인들이 생산하는 삼나무, 유리, 뿔소라 껍질로 만든 자주색 염료 등과 교환했다. 그들은 사람의 시체를 70일 동안 소금에 담가 보존하는 방법도 알고 있었다.[13]

이집트인들의 종교적 관념은 충분한 증거가 없기 때문에 체계적으로 묘사하기 어렵다. 하지만 그들이 갖고 있던 몇 가지 종교적인 기본 전제는 분명하다. 이집트인들은 자신이 다른 사람들보다 더 우월하다는 자부심을 갖고 있었고 그것을 자랑스러워했다. 물론 이는 인간의 보편적인 특징이기도 하다. 이집트인들은 셈족에서 검은 피부색을 가진 누비아인들까지 다양한 집단들로 이루어져 있었다. 그리고 그들의 신도 다양한 지역 신들의 집합체였다. 그들이 창조신으로 받들던 아툼은 두 개의 성性을 동시에 갖고 있었는데, 후에 태양신인 라Ra와 동일시된다. 이집트인들은 심장이 지적인 사유를 하는 곳이라고 믿었으며, 이승에서 사려 깊고 도덕적인 행동을 하면 좋은 사후 세계가 보장된다는 신념을 갖고 있었다. 죽었다가 부활한 오시리스는 죽은 자들의 신으로서 죽은 자들의 판결을 담당했다. 그는 죽은 사람의 심장을 저울 위에 올려놓고 달아서, 그가 죽음의 사신에 의해 끌려갈 것인지 아니면 이승보다 더 나은 또 다른 삶을 살 것인지를 결정했다. 오시리스의 아내였던 이시스는 이집트

밖에서도 널리 숭배됐고, 특히 로마제국 초기에 그녀에 대한 숭배가 유행했다.

이집트인들은 5000년 동안 관개시설을 유지했다. 그것은 수메르인들이나 인더스 강 유역의 하라파 문명보다 훨씬 더 긴 기간이었다. 그러나 현재의 이집트는 토양 훼손과 물 부족 문제로 고민하고 있다. 또 그런 문제를 해결하기 위해 적용된 20세기의 기술들이 문제를 오히려 더 심각하게 만들었다. 예를 들면 아스완댐의 건설은 매년 일어나던 나일 강의 범람을 차단해 비옥한 토양이 쌓이는 것을 막았고, 댐에 갇힌 물은 지하로 스며들어서 고대의 무덤들로 흘러들어 가고 있다.[14]

내부에서 많은 전쟁을 겪지 않은 이집트인들은 결국 팔레스타인 지방의 가나안 사람들로 보이는, 힉소스라고 불리던 사람들로부터 침략을 받게 된다. 기원전 1678년에 힉소스 사람들은 그들이 새롭게 완성한 말이 끄는 마차를 타고 시나이사막을 건너 이집트로 쳐들어왔다. 그 후 이집트 전체가 기원전 2350년부터 기원전 331년까지 계속된 중동지역의 전쟁에 말려들게 된다. 중동 지역의 모든 통치자들은 제국을 건설하고 관료제를 통해 그것을 유지하는 데 능숙해졌다. 기원전 1550년이 되면 이집트는 남쪽으로는 상누비아와 팔레스타인의 해안 지대, 그리고 시리아에 이르는 지역을, 북쪽으로는 유프라테스 강에 이르는 지역을 통치하게 된다. 그로부터 800년 후에 아시리아는 메소포타미아를 지배하게 되고 그 뒤 200년 후에 페르시아제국이 하下이집트와 터키 전체, 흑해와 카스피 해에 이르는 메소포타미아 지방, 그리고 동쪽으로 인더스 강 유역에까지 이르는 지역을 지배한다. 이런 군사적 승리는 터키 동부 쿠라(키루스) 강 지역에서 기원전 약 1200년에 개발된 말이 끄는 마차와 값싼 무기를 만들어낼 수 있는 철 제련술 등의 전쟁 기술 발전에 힘입은 것이다(그림 6.1).

이집트 문화는 그리스 해안에 있는 크레타 섬에서 발생한 미노아문명에 지대한 영향을 미쳤다. 미노아 문명은 기원전 3000년부터 기원전 1450년까지 지속된 유럽 최초의 복합사회였다. 미노아문명은 초기 형태의 문자를 사용하고 있었고, 식민지와 무역 제국을 건설하기 위해 배를 사용했다. 크레타 섬이 그리스와 아프리카 해안 사이의 지중해에 위치해 있었기 때문에, 이집트는 미노아의 프레스코 벽화와 미노아문명의 다른 많은 부분에 강한 영향을 미칠 수 있었다. 이집트는 미노아를 통해 그리스 문화에도 영향을 미쳤으며 이집트 신들과 그리스 신들의 유사성은 그에 기인하는 것으로 보인다. 미노아문명은 알려지지 않은 이유로 갑자기 끝이 났는데, 아마도 기원전 1645년에 근처의 테라 섬(현재의 산토리니 섬)

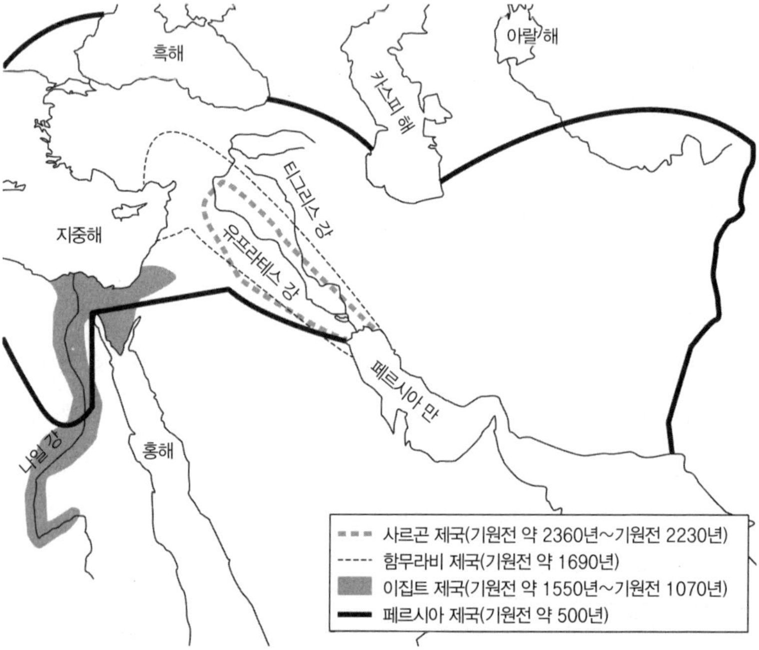

그림6.1 서남아시아와 이집트의 고대 제국들

에서 있었던 참혹한 화산 폭발도 그 원인 중 하나였던 것으로 보인다. 폭발로 인해 그 후 오랫동안 화산재가 공기 중으로 퍼져나가 일조량이 줄어들었다.[15]

유라시아 대륙의 동쪽 끝에 있는 중국에서는 네 번째의 농업문명이 인간 문화의 또 다른 독자적인 유형을 만들어내며 발생했다. 초기 중국의 도시들은 거대한 황하와 그 지류 주변에서 생산된 잉여 농산물에 기초해 발달했다. 남쪽보다 강우량이 적은 중국 북쪽에서는 자생종인 기장과 중동에서 들어온 밀을 주식으로 삼았다. 후에 강우량이 북쪽보다 많은 남쪽에서는 쌀이 주식이 되었다.

도시가 농업 중심지와 맞닿아 건설되었던 메소포타미아나 이집트에서와는 달리, 중국에서는 황하 주변의 하안단구 위에 이미 잘 발달되었던 마을로부터 도시가 시작됐다. 기원전 3000년이 되면 중국 북쪽에는 성벽으로 둘러싸인 촌락들이 나타나며, 그런 촌락에서는 중국 문자의 시초로 보이는 표지가 새겨진 도자기가 들어 있는, 훌륭하게 장식된 무덤들이 발견된다. 지배적인 가문들은 영혼들과의 관계를 잘 유지하려고 노력했는데, 중국인들은 조상을 통해 그런 영혼들과 접촉할 수 있다고 믿었고, 조상들이 영혼들을 잘 설득해 후손에게 복을 준다고 믿었다. 조상의 영혼과 소통하기 위해 중국인들은 청동 그릇에 술을 담아 바치는 제사를 지냈다. '조상'을 의미하는 중국문자는 초기에는 '남근'을 의미했고, 그보다 이전에는 '땅'을 의미했다. 이것은 오직 아들만이 아버지의 영혼을 자유롭게 해서 조상들과 합쳐지게 만드는 제사를 주관할 수 있다고 믿는 새로운 문화로의 전환을 암시한다.[16]

메소포타미아에서는 사제와 군인이 분리돼 있었지만, 중국에서는 영혼과의 접촉을 주관하던 가문들이 군대도 조직했다. 기원전 1523년이 되면 상商 가문이 중동으로부터 나무와 뼈, 그리고 동물의 힘줄을 하나로 합쳐 만든 활, 청동 갑옷, 말이 끄는 수레 등 값비싼 무기를 수입해 군사력을 장악하고 권력을 잡는다. 상 가문은 약 500년간 통치했다. 현재의 허난 성河南省 안양安陽에 있던 그들의 수도는 밭에서 글자가 새겨진 동물 뼈가 계속 발견된 것을 계기로 발굴됐다. 그 뼈들에 새겨진 글자들은 점을 치기 위한 것이었는데 그 글자들이 이후 중국에서 사용된 문자들과 대단히 유사했기 때문에 해독하는 데 큰 어려움은 없었다.

상 가문이 지배할 당시, 중국의 지배계급들은 대단히 높은 수준의 청동기 제조 기술을 갖고 있었다. 특히 제사용 그릇과 요리용 그릇을 만들기 위해 청동을 많이 사용했다. 또 청동으로 수레바퀴를 만들기도 했다. 하지만 도구나 기구를 만드는 데는 청동을 거의 사용하지 않았다. 그들은 죽간으로 책을 만들었고, 글을 쓰기 위해 붓을 사용하기 시작했다. 또한 인신 공양의 풍속을 갖고 있었으며, 노예를 부렸다. 그리고 고둥 껍데기를 화폐로 썼는데, 아무도 그들이 어디서 고둥 껍데기를 얻었는지 모르고 있다.[17]

도시 생활로 변화하다

유라시아와 아프리카의 나일 강 유역 초기 도시들이 발전하면서, 인간 생활에 현재까지도 영향을 미치고 있는 많은 변화가 나타났다. 사회가 더 복잡해지면서 사회가 유지되기 위해서는 특정한 구조들이 반드시 필요해졌다. 그런 필수적인 구조들은 문자의 사용, 전파하기 쉬운 종교, 정교한 관료제, 가부장제 같은 것들이었다.

초기의 문자는 종교 활동, 무역, 공물의 기록 등에 무척 유용하게 사용됐다. 그러나 복잡한 쐐기문자나 그림문자는 장기적으로는 널리 보급되기 어려웠기 때문에 보다 사용하기 쉬운 문자가 만들어졌다.

이집트에서는 단순한 상형문자에 대한 요구에 맞춰 이른바 '민용문자'가 만들어졌는데, 말 그대로 보통 사람들의 문자였다. 그러나 각각의 문자가 소리를 나타내는 알파벳문자 체계는 현재의 레바논에 해당하는 지중해 동쪽 끝에서 해상무역을 하던 셈족 페니키아인들의 발명품이었다. 그들은 이집트와 메소포타미아를 연결하면서 에스파냐 남부의 카디스를 건설했고, 기원전 약 600년에 그곳으로부터 아프리카의 서쪽 해안으로 항해했다. 그것은 포르투갈인들보다 2000년이나 앞선 것이었다. 아마도 폭넓은 무역 활동을 하면서 보다 단순한 문자 체계를 만들어낼 이유가 생겼던 것으로 보인다.[18]

알파벳 문자 체계에서는 각각의 기호가 한 음절을 나타내는 것이 아니라 하나의 문자를 나타낸다. 대부분 언어의 모든 소리들은 25개에서 30개 정도의 기호로 표현될 수 있다. 페니키아 알파벳은 기원전 1400년

그림 6.2 페니키아 알파벳

에서 1000년 사이에 발전했는데, 22개의 기호와 이집트 상형문자에서 차용한 문자들로 이루어져 있었으며 오직 자음만이 있었다. 이것이 가능했던 이유는 셈어에 모음의 수가 한정돼 있었기 때문이다. 페니키아인들은 글씨를 왼쪽에서 오른쪽으로 읽었다. 그러나 그보다 약간 늦게 지중해 동쪽에서 발달한 아람어와 히브리어는 오른쪽에서 왼쪽으로 읽었다.

영어의 알파벳 M을 보면 그것이 어떻게 다른 알파벳의 영향을 받았는지 알 수 있다. 고대 이집트인들은 물을 상징하기 위해 물결 모양의 선을 그렸다. 이 상징은 히브리문자와 페니키아문자 '멤Mem'으로 유지됐으며 계속해서 물을 뜻했는데, 후에 라틴문자 M이 되었다.[19]

말을 음성학적으로 분석해 알파벳을 만들어내는 일은 대단히 어렵다. 증거에 따르면 그런 일은 아프로유라시아 대륙에서 딱 한 번 있었으며 아메리카 대륙에서는 한 번도 없었다. 대부분의 알파벳은 이전 것을 차용하거나 다른 지역의 알파벳에서 영감을 얻어 만들어졌다.

기원전 800년경이 되자 페니키아 알파벳은 그리스로까지 퍼져나갔는데, 그곳 사람들은 모음이 많은 구어를 사용하고 있었다. 모음 소리를 위한 문자가 필요했던 그리스인들은 A(알파), E(엡실론), O(오미크론), Y(입실론) 등 네 개의 문자를 모음으로 사용하기 시작했고, 거기에 모음인 I(요타)를 추가했다. 로마인들은 그리스 알파벳을 차용했고, 로마인들의 알파벳은 지금도 라틴 계통과 독일어 계통의 언어에 여전히 사용되고 있다.[20]

아라비아문자 역시 페니키아 알파벳에서 나온 것인데, 서력이 시작되던 무렵에 페니키아어로부터 떨어져 나가 6세기경에 독립된 아라비아문자가 됐다. 《코란》은 650년에 아라비아문자로 쓰였는데, 이슬람교가 전 세계로 빠르게 퍼져나가면서 아라비아문자도 함께 널리 퍼지게 됐다.

중국 문자는 상형문자와 음절문자를 모두 갖고 있다. 중국 문자 체계는 기원전 2000년에서 기원전 1500년 정도에 만들어져서 기원전 200년에서 기원후 200년 사이에 단순화되었으며, 그 후에는 현재까지 거의 변하지 않고 있다. 중국 문자는 약 214개의 부수자가 있고, 그것이 전체 글자를 나타내는 다른 상징들과 연결되어 사용된다.

알파벳을 사용하는 문자는 읽기와 쓰기를 단순하게 만들고 보다 많은 사람들이 사용하기 쉽기 때문에 사회적 변화를 이끌어낸다. 그것은 무엇보다 종교적인 기록들을 보통 사람들에게 가깝게 만든다. 오랫동안 지역 신들과 연관돼 있던 종교적 교리들은 사람들이 이주하거나 포로로 잡혀갈 때 교리를 적은 문서를 들고 돌아다닐 수 있게 되면서 함께 이동하게 됐다. 그에 따라 지역 신들이 보편적인 신으로 바뀌고 더 이상 특정 지역에 얽매이지 않게 됐다.

유대 지역의 유대인들, 즉 이스라엘 사람들은 이런 과정의 가장 두드러진 예를 보여준다. 원래 메소포타미아의 우르 출신인 아브라함은 기원전 약 20세기경에 가족을 이끌고 남서쪽에 있는 현재의 이스라엘 땅으로 들어간다. 기원전 586년에 바빌로니아의 왕이었던 네부카드네자르가 예루살렘을 점령하고, 신전을 파괴하고 사제들을 학살했다. 그 과정에서 포로가 된 이스라엘 사람들은 바빌론으로 끌려갔다. 거기서 그들은 자신의 성스러운 문서들을 모아 새로운 종류의 종교를 만들어냈다. 그들은 매주 모여 랍비라고 알려진 선생이 설명하는 책의 내용을 들었다. 내용을 명상함으로써 그들은 외국에 잡혀온 사람들로서 해야 할 행동 원칙들을 만들어냈으며, 하느님은 보편적인 존재라고 믿게 된다. 즉 하느님은 자신의 백성이 어디에 있건 존재하며 특정한 장소에만 있는 존재가 아니라고 믿게 된 것이다. 유대교는 그 후 2500년 동안 지속되면서 그들이 어디에 살건, 어떤 고통을 겪건 관계없이 그것을 믿는 사람들을 이끌었다. 알파벳문자 체계는 아시아의 남서 지역에서 끝없이 이어지는 전쟁이 만들어낸 제국들을 유지하는 데 필요한 정교한 관료 구조도 가능하게 만들었다. 물론 관료제는 알파벳이 만들어지기 전에도 있었다. 그것은 함무라비 왕 시절에 굳게 자리 잡았는데, 그는 기원전 1792년에서 기원전 1750년 사이에 바빌론을 지배했었다. 관료제는 통치자에 의해 임명된 개인들이 공물을 거두고 법을 강제하는 권위를 갖는 것을 의미했고, 일반인들은 자신에 대한 군사적 보호 대신에 그 권위를 받아들여야만 했다. 알파벳문자는 통치자에 의해 엄명된 관료들의 효율성을 극대화시켰다. 그것은 또한 무역을 증진시켰는데, 사람들이 자신의 상거래 내역과 계약 내용을 기록할 수 있게 되었기 때문이다.

도시의 발전은 가부장제의 발전 혹은 여성에 대한 사회·정치적 억압과 일치한다. 그리고 그 결과 인간 사회의 위계질서가 복잡하게 발달하게 된다. 이것은 다른 복잡한 사회현상들과 마찬가지로 하나의 요인으로만 설명될 수는 없고, 초기의 도시 사회를 특징짓는 결과들을 만들어낸, 서로 상호작용하면서 원인을 제공하는 복잡한 요소들의 연결망에 의해서만 설명된다.

농업 생활로 변화하는 동안 여성의 역할은 더욱 집을 중심으로 이루어졌다. 남성이 사냥을 덜 하게 되면서, 남성은 여성이 다루기에는 무거운 쟁기를 사용해 농경지의 면적을 넓혔다(하지만 아메리카 대륙에서는 쟁기 없이 가부장제가 발달했다). 늘어난 식량 덕분에 아기를 더 자주 가질 수 있었고, 그로 인해 여성은 집에서 더욱 바빠졌다. 사유재산의 발달로 인해, 남성들은 자신의 재산이 후계자에게만 전달되도록 여성을 더 통제하게 됐다. 외부로부터의 침략은 방어를 필수불가결한 것으로 만들었고, 남성은 자신의 재산과 가족을 보호하기 위해 군대를 조직해야 했다. 아마 가장 단순한 이유는 남성이 여성에 비해서 사회의 가장 근본적인 단위인 가정으로부터 쉽게 분리돼 다른 기술을 특화할 수 있었기 때문인지도 모른다.[21]

도시가 발달하고 도시 인구가 더 이상 농사를 짓지 않게 되면서, 초기 농업시대에 숭배되던 '위대한 어머니 여신'은 그 의미를 잃게 되었다. 그녀의 추락은 수많은 신화에서 찾아볼 수 있다. 예를 들어 바빌로니아인들은 신왕인 마르둑이 모든 것의 어머니인 티아마트에게 전쟁을 선포했다고 말한다. 마르둑은 그녀의 몸을 도끼로 찍어 그 조각들로부터 세상을 새로 만들어냈다. 이스라엘 사람들은 여신의 이미지를 완전히 거부했다. 그들의 적이었던 가나안 사람들은 농사를 지으면서 아스타르테로 알려진 풍요의 여신을 숭배하고 있었는데, 《구약성경》에서는 그녀를 '혐오스러운 것'이라고 불렀다.[22]

그리스와 로마 문화에서는 남성의 권력이라는 주제가 더 분명하게 드러난다. 제우스는 자신의 머리에서 아테나를 낳았는데, 이것은 위대한 여신 신화의 역전을 보여준다. 초기 그리스 문학작품의 대부분은 여성의 권력이 줄어든다는 이야기를 반복하고 있다. 〈에우메니데스Eumenides〉에서 아이스킬로스는 태양신인 아폴론으로 하여금 다음과 같이 선언하게 한다. "어머니란 그 자식들이 부모라고 부르는 것이 아니다. 단지 혼자서 자라고 있는, 새롭게 심은 씨앗의 보모일 뿐이다. 부모란 여자를 올라타고 있는 남자를 말할 뿐이다."[23] 헤르메스 신의 이름을 따 헤르마herma라고 불린 경계표지는 나무나 대리석 기둥에 남자의 머리를 둥글게 새긴 모양이었는데, 그 앞에는 흔히 남성의 성기 두 개가 함께 세워졌다. 그런 경계표지는 기원전 6세기경까지 그리스 문화에서 발견된다. 로마인들은 남성의 성기가 사악한 영향을 다른 곳으로 돌려 극복하게 하는 힘을 갖고 있다고 믿었다. 남근 상은 방어적 부적으로 사용되곤 했다. 가부장제가 완벽하게 자리 잡고 있었던 것이다.[24]

이 장에서 다루고 있는 기원전 3000년에서 기원전 1000년 사이에, 세계 인구는 약 5,000만 명에서 1억 2,000만 명으로 늘어났다. 각 나라의 인구 증가율은 약 4.3퍼센트에서 4.5퍼센트 정도였는데, 폭발적이라기보다는 완만한 수준이었다. 역사학자들은 이런 장기적인 인구 증가 추세 안에도 인구가 증가했다가 감소하는 인구의 순환 주기가 존재했다고 보고 있다.[25]

어떤 물건이 만들어진 곳으로부터 멀리 떨어진 곳에서 발견되는 것에서 알 수 있듯이, 초기 도시들 사이에서도 약간의 무역이 있었다. 기원전 1100년에서 기원전 800년 정도가 되면 페니키아인들이 지중해 무역을 독점하게 되는데, 그들은 주석을 얻기 위해 영국과 아프리카의 서쪽 해안까지 내려갔었다. 기원전 1500년 무렵에는 누군지 알 수 없는(어쩌면 캅카스 지방의 어딘가 살던) 제련 기술자들이 구리를 녹일 때 필요한 온도보다 무려 400도 더 용광로의 온도를 높여 철광석을 녹이는 방법을 알게 된다. 기원전 900년쯤에는 지중해 동쪽에서 철제 도구가 흔히 사용되며, 기원전 최초 1000년 사이에는 아프로유라시아 대륙의 많은 지역으로 퍼져나간다.[26]

기원전 3500년에서 기원전 약 800년까지 아프로유라시아 연결망의 중심에 있던 사람들은 안정된 도시와 거대한 규모의 제국을 유지할 만한 사회구조와 체계를 만들어냈다. 지역적 차이에도 불구하고 아프로유라시아 대륙의 네 개 지역에서 나타난 밀집된 생활을 유지하기 위한 해결책들은 서로 대단히 흡사했다. 그리고 그것은 아메리카 대륙에서 독립적으로 발전한 농경문화와도 매우 흡사했다(10장을 보라). 어떤 관찰자들은 그런 해결책들이 흰개미나 다른 사회적 곤충들이 발견한 해결책과 비슷하다는 사실을 발견했다. 어쩌면 밀집된 생활에는, 그것이 인간이건 곤충이건 간에, 그 자체의 특징이 있는지도 모른다.

다음 장에서 우리는 기원전 약 800년에서 기원후 200년 사이에 어떻게 초기 농경문화의 구조와 체계가 우리가 현재 알고 있는 세계종교와 문화를 만들어냈는지를 살펴보게 될 것이다. 그 기간 동안에 도시에 기초한 제국 문명이 아프로유라시아 대륙에서 그 정점에 이르렀다.

남아 있는 의문점들

1. 문명은 한 곳에서 시작해서 다른 곳으로 퍼져나간 것일까?

이런 생각을 문명전파설이라고 하는데, 이는 50년 전까지만 해도 널리 받아들여졌다. 그러나 다양한 문화가 여러 지역에서 각각 일어나 서로 다른 경로를 통해 문명에 이르렀다는 견해가 오늘날은 더 널리 받아들여지고 있다.[27]

2. 이집트인들은 다른 지중해 거주자들과 얼마나 많이 교류했으며, 이집트인들의 풍습은 다른 문화에 얼마나 영향을 미쳤을까?

최근 들어 아프리카 사람들이 세계 역사에 공헌한 자신들의 기여를 주장하면서, 특히 1987년에 마틴 버날Martin Bernal의 《블랙 아테나: 서양 고전 문명의 아프로아시아적 기원Black Athena: The Afroasiatic Roots of Classical Civilization》이 출판되면서, 이 문제가 많이 논의되고 있다.[28]

버날은 자기 책의 핵심 주제가, 그리스 사회 형성에 있어서 이집트와 페니키아의 영향이 매우 강했으며 그 영향이 인종적인, 그리고 반유대적인 편견 때문에 과소평가됐다는 것이라고 말한다. 많은 역사학자들은 버날이 지난 200년 동안 이집트와 페니키아의 영향이 어떻게 과소평가됐는지에 대해 많은 예를 제시하고 있다고 인정하지만, 그렇다고 해서 그리스 문화가 검은아프리카나 페니키아에 기원을 두고 있다고 보지는 않는다.

이집트가 그리스와 로마 문화에 얼마나 영향을 미쳤는지의 문제와는 별개로, 이집트인들의 피부색이 얼마나 검었느냐에 대한 문제가 남아 있다. 이집트인들은 대부분 흑인이었는가, 아니면 셈족이었는가, 혹은 그 둘이 섞여 있었는가? 이집트인들은 자신의 그림에서 색채를 상징적으로 사용했기 때문에, 검게 칠해진 사람들이라고 해도 반드시 흑인이었다고 볼 수는 없다. 아마도 다양한 지역에 다양한 피부색을 지닌 사람들이 살았었음이 분명하지만, 아무도 분명한 사실을 알지는 못한다.

7

아프로유라시아 네트워크를 만들다

BC 800년 ~ AD 200년

지구 최초의 도시와 문명은 앞에서 살펴본 것처럼 아프로유라시아 대륙에 있는 네 개의 거대한 강 유역에서 일어났다. 그런 도시들은 서로 연결돼 도시 생활을 하는 사람들의 연결망을 만들어냈고, 사람들은 그 연결망 안에서 물건과 생각을 주고받았다. 그런 도시 사회들은 기원전 800년에서 기원후 200년 사이에 독자적인 관료제와 종교 제도를 정교하게 만들어냈으며, 그것들은 현재까지도 독특한 문화 전통으로 이어져 내려오고 있다.

핵심적인 도시들에 살던 사람들이 무엇을 창조해냈는지 살펴보기 전에, 도시 주변이나 도시 바깥에 살던 사람들은 여전히 농업, 목축, 수렵·채집 생활과 같은 다양한 도시화 이전의 생활을 계속하고 있었다는 사실을 명심할 필요가 있다. 사하라사막 남쪽 아프리카 사람들은 사하라사막으로 인해 국제무역에서 단절됐다. 아메리카 대륙의 사람들은 수렵·채집 생활을 계속했다. 도시 문명이 활발하게 발달하던 아프로유라시아 대륙의 북쪽에는 유럽의 켈트족과 아시아 중부의 기마 유목민들이 살고 있었다. 그들은 주기적으로 농업 지역이나 도시 지역을 침략했다. 인도아대륙의 초기 도시 생활이 기원전 약 1500년에 붕괴된 후 그들은 그 지역의 발전에 결정적인 역할을 했기 때문에, 이 장에서는 간단히 언급하고 다음 두 장에서 자세히 살펴보겠다.

켈트족은 로마에 의해 정복된 후 세계사에서 그들 문화의 역할이 흔히 무시되곤 하기 때문에 좀 더 특별한 관심이 필요하다. 켈트족은 기원전 약 1000년경에 라인 강과 도나우 강이 시작되는 독일 서쪽과 프랑스 동쪽 지역에서 처음 나타난 후, 전성기에 이르렀던 기원전 300년경에는 아일랜드에서 흑해, 벨기에에서 에스파냐와 이탈리아에 이르기까지 유럽의 전 지역에 걸쳐 살았었다.

로마인들은 켈트족을 그리스어인 '할hal'이라는 말에서 유래한 '갈리아Galia, Gaul'라는 명칭으로 불렀는데, 그리스어로 '할'은 소금을 의미했다. 그런 명칭이 붙은 이유는 켈트족의 경제가 주로 소금과 철에 의존하고 있었기 때문이다. 기원전 900년이 되면 철제 도구와 무기가 지중해 동부와 유럽에서 널리 사용된다. 켈트족은 자신들이 이름 붙인 유럽의 강들, 즉 라인 강, 마인 강, 네카르 강, 루르 강, 이자르 강을 오르내리며 철제 도구와 무기를 거래했다.[1]

켈트족은 공동체 생활을 하는 복잡한 농업문화를 만들어냈다. 그들은 투표를 통해 선출되는 관료제를 갖고 있었고, 여성에게 남성과 동등한 권리를 주었다. 또한 떡갈나무로 길을 만들었고, 석조 건물을 세웠으며, 정교한 금속 장신구와 도구를 만들었다. 그리고 로마력보다 훨씬 더 정확한 월력을 사용했다. 그들은 드루이드라고 불리던 사제를 통해 수많은 남성 신과 여성 신을 숭배했다. 또 상거래를 위해 그리스문자를 사용하기는 했지만, 기억력을 유지하기 위해서 역사 계보, 혹은 종교적 내용을 문자로 기록하지는 않았다. 켈트족은 또 뛰어난 전사들로, 맨손으로 싸우는 것을 선호했으며 때로는 벌거벗고 싸우기도 했다. 그들은 로마 원로원이 로마 공화국을 세운 때로부터 약 100년쯤 후인 기원전 390년에 7개월 동안 로마를 약탈하기도 했다. 그러나 앞으로 보게 될 것처럼 로마제국이 켈트족에게 반격을 가해, 켈트족이 현대에 이르기까지 자신의 3000년 된 문화를 유지해온 아일랜드, 웨일스, 스코틀랜드, 그리고 프랑스 북부 해안의 브르타뉴 지역을 제외한 모든 켈트족 영토를 점령해버린다.[2]

인도, 피부색에 따라 위계질서를 만들다

이제 아프로유라시아 대륙의 도시화된 지역으로 눈을 돌려, 북쪽으로 히말라야산맥과 맞닿아 있는 인도를 살펴보자. 히말라야산맥은 인도가 독립된 대륙으로 떠돌아다니다가 아시아 대륙과 부딪혔을 때 솟아오른 것이다. 이 거대한 산맥을 통과하는 길은 단 하나만이 존재했는데, 그것이 카이버고개다. 기원전 약 1500년에 인도유럽어를 사용하던 기마 유목민들이 카이버고개를 통해 북쪽으로부터 인도로 들어왔다. 그들이 인도를 공격해서 점령했는지 아니면 조용히 동화했는지에 대해서는 아직까지도 정확히 모르고 있다.

그러나 그들이 인도에 온 것은 사실이며, 그들은 인도 토착민인 드라비다족보다 더 흰 얼굴을 갖고 있었고 흔히 아리아족이라고 불린다. 아리아족과 드라비다족은 합쳐져 피부색에 따른 위계질서인 바르나(색깔), 즉 카스트제도를 만들어냈다. 피부가 흰 아리아족이 높은 카스트를 차지했고, 드라비다족은 낮은 카스트를 차지했다. 사제와 학자들이 가장 높은 브라만 계층을 차지했고, 무사와 통치자가 그다음 단계인 크샤트리아 계층을 차지했다. 그리고 다른 모든 아리아족들이 그 아래 계층을 차지했고, 아리아족이 아닌 다른 모든 사람들이 마지막 계층에 속했다. 카스트제도는 인도 문화의 독특한 특징이 되었으며, 같은 카스트 계층끼리만 결혼하도록 엄격히 규제함으로써 지속됐다. 오늘날 카스트제도는 공식적으로 폐지됐지만 여전히 2만 5,000개의 하위 카스트 집단이 3,000개의 카스트로 분류돼 있으며, 이는 다시 고대의 네 개 바르나로 나뉘어 있다.

카스트제도는 발전하면서 환생에 대한 믿음과 연결되었다. 사제는 사람들에게 모든 살아 있는 생물이 아트만, 즉 영혼을 갖고 있으며, 죽을 때 육체로부터 분리돼 살아 있을 때의 행동, 즉 '카르마業'에 따라 다른 육체를 얻어 돌아온다고 가르쳤다. 만약 영혼과 육체가 자신에게 주어진 카스트를 받아들이고 의무를 충실하게 이행하면, 영혼은 다음 생에서 보다 높은 카스트로 돌아와 보답을 받게 된다. 그러나 그렇게 하지 않은 경우, 영혼은 더 낮은 카스트로 태어나 벌을 받게 된다. 이런 신념 체계는 사회적·경제적으로 유동성이 전혀 없는 카스트 제도를 사람들이 쉽게 받아들이도록 만들었다.

인도 사람들은 정치적으로 거의 통합되지 못했다. 그 이유는 각 지역의 통치자들이 다양한 카스트제도에 속해 있는 사람들의 협조를 얻어 이웃 지역을 점령하기 어려웠고, 또 북쪽 지역으로부터 계속해서 유목민들이 침략해 들어오거나 유입되었기 때문이다. 인도의 기후에서는 말이 잘 자랄 수 없었기 때문에, 인도인들은 북쪽에서 쳐들어오는 기마 유목민들을 당해내기 어려웠다.

인도 종교는 관용적이어서 다양한 지역 신들이 별 저항 없이 추가되었다. 결국 인도 종교는 수없이 다양한 남성 신과 여성 신의 거대한 혼합물이 되었는데, 어떤 지역에서는 무려 3억 3,000만 종류의 신을 믿기도 했다. 그러나 그런 다양함 속에는 모든 남성 신과 여성 신을 우주 전체를 통치하는 하나의 신성한 힘이 표현된 것으로 보는 통일성이 있었다. 오늘날 인도 종교의 이름으로 알려져 있는 힌두교라는 명칭은 11세기에 이슬람 침략자들이 인도인의 종교를 '인도인들이 하는 일Hinduism'이라고 부른 데서 비롯됐다.[3]

그러다가 브라만 사제들의 권위와 끝없는 환생이라는 생각에 도전하는 다양한 믿음과 종교적 행위들이 발전하게 된다. 요가도 그중 하나였는데, 요가는 개인도 정신적·육체적 단련을 통해 자유로워지는 통찰을 얻을 수 있다는 사상에 기초하고 있다. 그러나 힌두교에 대한 가장 강력한 도전은 나중에 '부처' 혹은 '깨달은 자'로 알려지게 되는 싯다르타(기원전 563년~기원전 483년)라는 개인으로부터 시작됐다.[4]

부처는 현재의 네팔에 있던 조그만 왕국의 왕자로, 크샤트리아 카스트에 속했다. 29년 동안 왕족의 교육을 받고 자라 사치스러운 생활을 하던 그는 어느 날 자신의 특권을 버리고 방랑하며 고행을 시작한다. 6년이 지난 후에 그는 금욕주의도 사치스러운 생활만큼이나 통찰을 얻는 데 도움이 되지 않는다는 것을 깨달았고, 그 중간 길을 택한다. 그는 현재 인도 북동부의 파트나 남쪽에 있던 보리수나무 아래 앉아 명상을 하다가 어느 순간에 심오한 통찰을 얻게 되었고, 그것에 기초해서 사람들을 가르쳤다. 그는 욕망과 고통을 최소화하기 위해 검소하게 살 것을 강조했고, 자율과 명상을 통해 자기 자신을 돌아볼 것을 강조했다. 그는 신의 존재를 믿지 않았으며, 죽은 후에 영혼이나 자아가 존재한다고 믿지도 않았다. 그의 목적은 '열반涅槃(니르바나)'이었는데, 그 말은 문자 그대로 풀이하자면 '불어서 꺼진 상태'이며 환생의 고리에서 벗어난다는 뜻이다. 그는 자신이 깨달은 것을 가르치기 위해 인도 전역을 여행하며 지도자로서의 삶을 살았다.

부처의 가르침은 수많은 제자들을 만들어냈는데, 그들은 독신주의와 비폭력, 그리고 청빈을 맹세했다. 부처의 가르침이 퍼지면서 그의 가르침을 원래 그대로 간직했던 상좌부 불교와, 부처를 신으로 숭배하고 해탈을 얻었으면서도 환생을 택해 지상에 머물면서 다른 사람을 돕는 보살을 경배하는 새로운 내용을 더한 대중부 불교로 나뉘게 된다.

인도아대륙은 기원전 326년 파키스탄 북부의 펀자브까지 이르렀던 마케도니아 출신의 알렉산드로스대왕이 죽은 후에 정치적으로 통일된다. 인도의 통치자였던 찬드라굽타 마우리아가 알렉산드로스가 죽은 후에 자신의 영토를 확장할 수 있었기 때문이다. 기원전 269년에서 기원전 232년 사이에 아소카 대왕은 정복을 통해 왕국의 영토를 더 확장했다. 그러나 자신의 정복 활동을 후회하게 된 아소카 대왕은 불교를 받아들여 비폭력과 도덕적인 삶, 그리고 관용과 중용을 실천하며 살았다. 그는 동물 회생을 금지해 자신의 주방에서 동물을 죽이는 것을 막았으며, 왕실의 사냥 여행도 중지시켰다. 아소카 대왕이 받아들인 불교의 법륜法輪은 오늘날에도 인도의 국기에 남아 있다. 아소카 대왕의 이런 노력으로 불교는 세계적인 종교가 되었다.

아소카 대왕의 사후에 인도 북부의 정부는 북쪽으로부터의 침입에 의해 붕괴되었는데, 그 후 500년이 지날 때까지 다시 인도에 흡수되지 않았다. 그러나 다양한 왕국들 간의 전쟁으로 점철됐던 기원전 3세기에서 기원후 3세기 사이의 기간은 동시에 고전 인도 문학과 예술이 꽃피운 황금기이기도 했다.

중국, 지중해 지역까지 연결망을 만들다

중국에서는 초기 도시 사회가 무너지지 않았으며, 조상들에게 도움을 청하는 독특한 문화가 지속됐다. 상 왕조 이후 기원전 1030년에서 기원전

221년 사이에 중국에서는 권력을 얻으려는 25개 이상의 봉건국가들이 서로 싸우는 내분 기간이 지속된다. 황하의 모든 범람원에서 경작이 가능하도록 만들기 위해 둑과 운하가 건설됐다. 동물이 끄는 쟁기, 가죽으로 만든 마구馬具, 격발식 활, 그리고 화폐경제 등 새로운 많은 발명품들이 중국 문화에 포함됐다. 청동은 중국에서 기원전 1500년 무렵에 나타났고, 철 생산은 기원전 약 500년부터 시작됐다. 중국인들은 중앙아시아의 옥玉이 필요했으며, 지중해 쪽 사람들은 아프가니스탄과 이란에서 나는 청금석青金石을 원했다. 그래서 이 기간 동안에도 지중해와 중국을 잇는 단순한 무역로가 이미 존재했다.

기원전 4세기경부터 중국에서 사용됐던 가죽으로 만든 마구는 말의 목을 묶는 대신에 말의 쇄골 아래 가슴 쪽으로 가죽 끈을 느슨하게 매서 사용하는 것이었다. 말의 목을 묶으면 말이 숨 쉬는 것을 어렵게 만들어서 효율성을 떨어뜨린다. 유럽인들은 가죽으로 만든 마구를 발명하지 못했었다. 서기 6세기경이 되어서야 중앙아시아 사람들이 그것을 헝가리로 전파한 것으로 보인다. 그때까지는 중국의 말들이 유럽의 말들보다 더 무거운 짐을 나를 수 있었다.

중국인들은 유목민들로부터 자신을 방어하기 위해 거대한 무기 생산, 특히 두 겹의 철갑을 뚫을 수 있는 격발식 활의 생산을 발전시켰다. 격발식 활은 두 개의 축 위에 달려 있는 세 개의 움직이는 부품들로 활을 쏘는 무기였는데, 청동으로 만들어진 각각의 부품들은 대단히 정교한 것이었다. 그리스인들도 기원전 4세기경에 격발식 활을 사용했다. 하지만 그것이 중국의 활을 모방해 만든 것인지, 아니면 중국에서 몰래 빼내 온 것인지에 대해서는 아무도 모르고 있다. 격발식 활은 서기 400년에서 900년 사이에 유럽에서 잠시 사라졌다가 다시 등장해, 코르테스가 중앙아메리카 지역을 정복할 때 가장 중요한 무기로 쓰였다.[5]

정치적 불안정에도 불구하고 중국에서는 그 시기에 중요한 지적 발전이 이루어졌다. 수백 개 학파의 철학자들이 전국을 돌아다니며 군주들에게 조언을 했고 자신의 학교를 세웠다. 봉건제도는 경찰과 여권을 갖춘 관료제로 대치됐다. 값이 새겨진 주화는 기원전 1세기 중반부터 나타나기 시작했다.

초원 지대의 유목민들은 북쪽과 북서쪽에서 끊임없이 중국을 공격했는데, 중국인들은 그들로부터 전차를 이용해 싸우는 법과 안장 및 등자의 사용법을 배웠다. 기원전 350년경이 되면 중국인들은 기병대를 이용한 전투 방법을 배우게 된다. 하지만 초원이 없는 곳에서 말을 사육하는 것은 돈이 많이 드는 일이었다. 왜냐하면 한 마리의 말은 사람 열두 명이 먹을 양의 곡물을 먹어치우기 때문이다.[6]

기원전 221년에 진秦나라가 중국 전체를 하나의 제국으로 통일한다. 최초의 황제였던 진의 시황제는 지칠 줄 모르는 사람으로, 나무와 죽간에 쓰인 기록을 한 달에 무게로 따져 1톤 이상 읽었다고 한다. 그는 지방의 땅들을 점령해 정부가 직접 관리하도록 했고, 도량형을 통일하고 전차와 수레의 크기를 규격화했으며, 만리장성의 길이를 연장했다. 그러나 불과 15년 후에 진나라의 권력은 한漢나라로 넘겨졌으며, 한나라는 기원전 206년부터 기원후 220년까지 중국을 다스렸다.

중국 제국은 운하 체계에 의해 생산되는 잉여 곡물에 일정 부분 의존하고 있었는데, 운하는 또 세금을 거두어들이는 교통수단으로도 활용됐다. 연간 생산되는 곡물의 일정량이 세금으로 걷혀서 황실로 전달됐다. 남자들은 2년 동안 의무적으로 군대에 복무해야 했으며, 1년에 한 달 동안 국가를 위해 노동을 해야 했다. 기원전 202년에서 기원후 8년까지 중국의 수도였던 장안長安에서는 그곳에서 최초의 인구조사가 실시됐던 기원후 2년에 약 24만 6,000명이 살고 있었다. 중국 전체로 보면 약 6,000만 명이 살고 있었는데, 그중 약 10~30퍼센트는 도시에 살았다. 그에 비해 유럽에서는 약 10퍼센트 정도의 사람들만이 도시에 살고 있었다.

한나라의 정신적 토대는 기원전 551년에서 기원전 479년까지 살았던 공자孔子의 가르침이었다. 공자는 제대로 사는 방법에 대해 가르쳤다. 그는 사회의 위계질서가 자연적 현상이며, 군자는 혼자 있을 때나 여럿이 있을 때를 막론하고 바른 행동을 함으로써 조상과의 관계를 잘 유지해야 한다고 주장했다. 한나라의 통치 기간 동안 공자의 책을 공부하는 것은 교육받은 사람이라는 표시이자 과거 시험을 통해 관료로 진출하기 위한 자격이었다.

기원전 480년에서 기원전 221년 사이에 중국의 많은 보통 사람들이 노자老子의 사상을 따르게 됐다. 노자는 공자보다 50년 정도 이전의 사람이었다고 하는데, 노자의 생에 대해서는 분명하게 알려진 것이 거의 없다. 노자는 세속적인 욕망을 버리고 자기 개발에 집중해 올바른 행동을 할 수 있는 자기 자신만의 길道을 찾으라고 충고했다. 그의 추종자들은 사회적으로 출세하거나 관료가 되거나 정부의 명령을 듣기보다는 노자의 충고에 따르는 생활을 더 가치 있는 것으로 여겼다. 노자의 가르침은 후에 도교道敎로 알려지게 된다.

기원전 약 101년에 한 무제武帝가 현재의 우즈베키스탄에 있는 페르가나 계곡에서 자라는 특별한 종자의 큰 말들을 가져오기 위해 특사를 파견하면서, 중국에서 출발해 중앙아시아를 거쳐 지중해 지역으로 이어지는 교역로를 통한 무역 활동이 새로운 단계로 접어들게 된다. 한 무제의 특사로 파견됐던 장건張騫은 모두 18차례에 걸쳐 여행을 했는데, 최초의 여행은 그가 중간에 포로로 잡혔었기 때문에 오가는 데 무려 13년이 걸렸다. 그가 개척한 길은 후에 중국의 주요 수출품의 이름을 따서 '실크로드(비단길)'라고 불리게 됐다. 중국인들은 6세기까지 뽕나무 잎을 먹고 자

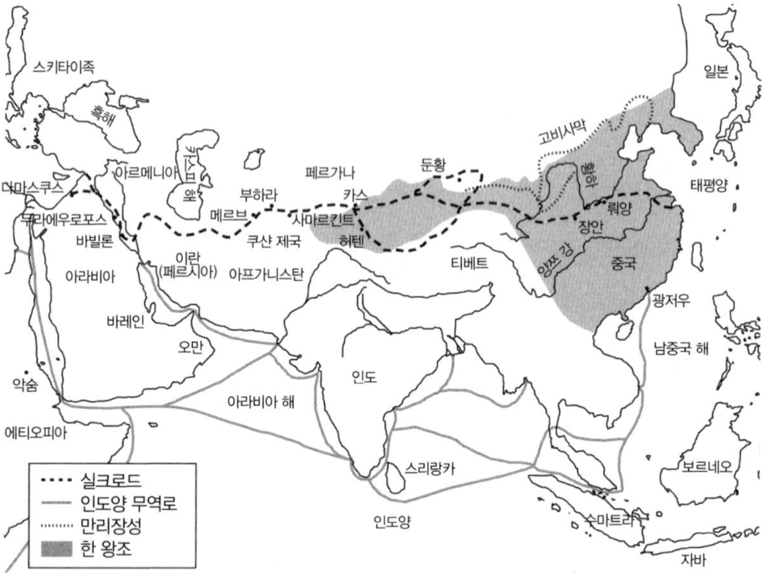

그림 7.1 실크로드와 한 왕조

라는 누에의 고치에서 비단을 만드는 방법을 비밀로 간직했다. 비단은 화폐처럼 통용되었으며, 중앙아시아에서 가장 중요한 물건이 되었다. 그리스인과 로마인들도 비단을 애용했고, 불교에서도 깃발을 만들기 위해 엄청나게 많은 양의 비단을 사용했다. 실크로드를 통해 종자와 곡물도 거래됐는데, 포도와 자주개자리(알팔파)가 중국으로 건너갔으며 복숭아와 살구는 중국에서 지중해로 건너갔다(그림 7.1).[7]

한나라가 통치하는 동안 중국에서는, 그보다 1~2세기 전에 그리스에서 그랬듯이 비판적이고 합리적인 사유 방식이 발전하기 시작했다. 활발한 지적 활동이 계속됐고, 종이도 발명되어 퍼져나갔다. 제국의 관리들은 토지와 가구를 기록해 국가가 거둘 세금과 노역을 파악했다. 중국의 직조 기술은 이란과 유럽의 기술보다 수백 년 정도 앞서 있었다. 철을 만드는 연료로 석탄이 사용되기도 했다.[8]

그러나 실크로드를 통해 오가던 짐 속에는 보이지 않는 여행자들도 있었다. 그것은 동물에게서 유래한 병균들이었다. 그중 일부는 지금도 우리가 아이들의 병으로 알고 있는 천연두, 이하선염, 백일해, 홍역 등이다. 이런 질병들은 사람들이 30만 명이나 그 이상 밀집해 살기 전까지는 동물로부터 사람에게 퍼지지 않았던 것들이다. 왜냐하면 바이러스의 첫 번째 숙주가 죽은 다음에도 계속해서 숙주를 찾을 수 있을 정도로 충분한 수의 숙주가 있어야 하기 때문이다.[9]

이런 질병들이 실크로드를 통해 실크로드의 양쪽 끝에 있는 도시사람들에게 퍼져나갔다. 서기 165년에서 180년 사이에 로마제국과 중국에서 전염병이 돌아 전체 인구의 약 25퍼센트 정도의 사람들이 목숨을 잃었다. 그것은 220년에 한 왕조가 무너진 하나의 요인이 되기도 했다.

한 왕조는 지배 계층 사이의 음모, 부패와 무능, 절망한 농민들의 봉기, 도둑떼의 확산, 지역 토호의 봉기 등으로 골치를 썩었다. 그러나 중국이 결코 극복해내지 못한 가장 중요한 불안정 요인은 초원 지대 유목민의 계속되는 습격이었다. 한 왕조가 멸망한 후 중국은 6세기 후반까지 계속되는 정치적 혼란과 분열의 시대를 겪게 된다.

실크로드를 통한 무역은 아프로유라시아 지역 안에 있던 도시와 농업 문명들 사이의 연결망을 더욱 강화시켰다. 실크로드를 통해 중국, 인도, 그리스, 로마 사이에 새로운 생각과 물건이 아주 활발하게 교류되었고, 그것을 통해 우리가 다음 장에서 보게 될 세계사의 새로운 시기가 열리게 되었다. 중국과 지중해 지역의 이런 연결망은, 콜럼버스가 유럽과 미국을 연결해 현대 세계에 미친 영향보다 결코 적지 않은 영향을 기원후 첫 1000년 동안의 세계에 미치게 된다. 실크로드가 연 새로운 시기로 넘어가기 전에 지중해 주변의 생활과 문화에 대해 살펴보자.

그리스, 폴리스가 발전하다

우리는 초기 메소포타미아나 중국, 혹은 인도보다 그리스에 대해 더 많이 알고 있다. 왜냐하면 보존된 기록과 발굴 등을 통해 그리스에 대해 더 많은 증거를 갖고 있기 때문이다. 그리스는 밀집된 도시 생활로 갑작스레 발전하지 않았기 때문에 극단적인 사회계층이 존재하지 않았다. 그리스반도의 아래쪽에 있는 바위투성이의 언덕에서 나오는 보리, 올리브, 포도, 양, 염소 등은 대규모의 도시 인구를 지탱할 수 없었다. 그리스 북쪽은 말과 소를 기를 정도의 충분한 비가 내렸다. 하지만 테라에서 기원전 1650년에 있었던 화산 폭발로 생긴 화산재로 인해, 그 후 상당 기간 동안 기후가 좋지 않았다. 그리스인들은 기원전 800년이 되기 전에는 폴리스라고 부르던 도시 형태를 갖추지 못했다. 그리스의 폴리스는 세계 최초의 도시 형태였는데, 그리스인들이 부족 생활을 할 때 배웠던 평등주의에 기초한 것으로, 메소포타미아나 인도, 중국의 도시 형태와는 전혀 다른 것이었다.

폴리스는 주로 언덕 위에 위치하면서 주변의 농촌 지역을 아우르고 있었다. 폴리스는 시민들의 결합체로, 대개는 1년을 임기로 선출된 행정관이 다스렸다. 시민권은 남자들에게만 허용됐는데, 남자들만이 폴리스를 위해 싸울 의무가 있었기 때문이다. 여자나 아이, 노예, 외국인에게는 시민권이 주어지지 않았다. 현명한 행정관이었던 솔론은 기원전 594년에 빈곤층과 부유층의 격차가 더 이상 커지지 않도록 하기 위해 빚을 탕감해주고 소유권과 투표권을 재정비했다.

기원전 700년 무렵에 알파벳문자가 페니키아로부터 그리스에 들어와 호메로스가 쓴 것으로 알려져 있는 서사시들이 기록됐다. 그리스의 식민지 개척자들은 그리스의 인구가 기원전 8세기경에 5~7배 정도로 늘어나자 그리스, 이탈리아, 터키, 그리고 흑해 연안 지역 등에 수백 개의 새로운 도시를 건설했다. 식민지 개척자들은 그리스인들에게 개인주의의 이상형으로 대단한 존경을 받았다. 그리스인들은 자신을 헬레네스Hellenes(그리스어를 하는 사람)라고 불렀으며 다른 사람들을 바르바로이Barbaroi(그리스어가 아닌 말을 하는 사람)라고 불렀다. 현재 터키의 동부에 있는 리디아에 살던 사람들은 표면에 값을 적어 정부가 그 가치를 거기에 포함된 금이나 은, 동의 무게와 순도로 보장해주는 주화를 발명했다. 그리스인들도 곧 주화를 받아들였고, 그 결과 무역이 활발해졌다.

〈일리아드Iliad〉를 보면 그리스의 시인이었던 호메로스가 전쟁터에서 개인의 용기를 높이 평가하고 있음을 알 수 있다. 하지만 그리스인들은 기원전 7세기 중반부터 군인들이 한 줄로 서서 방패를 이용해 바로 옆에 있는 사람을 보호하는 방진方陣을 지상전에서 사용하기 시작한다. 그 결과 영광과 명예는 개인적인 관심사에서 폴리스 전체의 관심사로 바뀌게 된다. 기원전 480년, 20개의 그리스 폴리스 연합이 페르시아제국의 군대를 바다에서 물리치는 놀라운 성과를 거둔다. 그리고 1년 후에 그리스 연합은 다시 육지에서도 페르시아제국을 물리친다. 그리하여 그 후 약 150년 동안 그리스 폴리스 중 가장 큰 아테네를 중심으로 그리스의 문화 활동이 최고조에 이르는 황금기를 맞게 된다.

이 기간 동안 아테네에는 약 30만 명이 살고 있었으며, 그중 약 3만 명에서 4만 명 정도의 남자가 아테네의 시민이었다. 그들은 아고라에 모여 정치적 토론을 하고, 나체로 운동경기를 하고, 술을 마시며 철학적인 토론을 하는 등 독특한 상류 계층의 생활양식을 발전시켰다. 그것은 왕이나 사제가 정한 어떤 제약에도 구속받지 않고 합리적으로 사고하는 정신과 개인의 권력을 발전시킨 결과였다. 시민들은 시민 전체에 부여된 입법권과 2년 임기로 제한된 오백인위원회라는 행정 기구를 통해 직접민주주의를 실천했다. 매년 10명의 장군을 임명할 수 있었고, 임기에는 제한이 없었다. 페리클레스의 경우 그리스 민주주의의 전성기였던 기원전 461년에서 기원전 429년 사이 내내 장군으로 일했다.[10]

그리스인들에게는 종교적 제의를 주관하는 사제에 대한 충성보다는 폴리스에 대한 충성이 가장 중요한 일이었다. 그리스 상류 계층은 여러 신을 숭배했다. 그 우두머리는 하늘의 신인 제우스와 전쟁의 신인 아레스였는데, 그 신들은 죽지 않는다는 것을 제외하고는 인간과 똑같이 행동했다. 그에 비해 대부분의 농민들은 아스타르테와 같은 여성 신을 숭배하는 다산 신앙을 갖고 있었다.

소피스트라고 불리던 사람들은 상류 계층 남자들에게 논리학과 대중연설을 가르쳤다. 권위를 가진 사제 계급이 없는 상황에서, 그리스 사상가들은 언어를 통한 사유의 힘을 생활의 모든 부분에 적용했다. 연극, 시, 역사, 철학, 그리고 과학이 발전해 플라톤(기원전 347년 사망)과 아리스토텔레스(기원전 322년 사망)의 시기에 정점에 이르렀다.

아테네 여성들은 완전한 가부장제 아래 살았던 것처럼 보이지만, 도시마다 약간씩 차이가 있었다. 따라서 가부장제라는 표현은 역사적 사실에 대한 정확한 묘사라기보다는 남성들의 이상을 나타낸 것에 더 가까웠다고 볼 수 있다. 스파르타의 귀족 여성의 경우에는 남편이 전쟁터에 나가 있는 동안 재산을 관리하고 자율적으로 행동했다. 하지만 아리스토텔레스를 포함한 일부 아테네 남성들은 그런 스파르타 여인들을 방탕하고 탐욕스럽다고 보았고, 그로 인해 스파르타가 몰락하게 되었다고 생각했다.[11]

그리스의 황금기에 아티카(그리스 남부) 지방에 살던 사람들의 약 3분의 1은 노예였다. 대부분의 노예들은 외국인이었지만, 일부는 채무로 인해 노예가 된 그리스인들이었다. 노예는 주인이 명령하는 어떤 일이라도 해야 했고, 때로는 성행위도 강요당했다. 그러나 극단적인 학대는 없었던 것으로 보인다. 노예였던 에픽테토스는 철학자가 되었고, 그의 글은 지금도 읽히고 있다. 그리스의 학자들은 바르바로이들이 그리스인들만큼 이성적이지 못하기 때문에 자신들이 돌봐주는 것이 더 낫다는 논리로 노예제도를 합리화했다.

아테네는 어떻게, 일정한 기간이기는 했지만 그토록 큰 성공을 거둘 수 있었을까? 다른 무엇보다도 아테네의 영토 안에 있던 은광으로부터 엄청난 부를 얻을 수 있었기 때문이다. 또한 아테네는 조그만 제국으로 기능하면서, 페르시아 해군을 물리칠 때 만들어진 제국의 다른 도시들로부터 공물을 받았다. 아테네는 다른 그리스의 도시국가들과 함께 펠로폰네소스전쟁(기원전 431년~기원전 404년)을 일으킨다. 그러나 아테네와 그 연합군은 이 전쟁에서 스파르타와 그 연합군에게 패배한다. 그 이후 그리스 도시국가들은 지속되는 전쟁에 시달리게 된다. 결국 아테네는 스파르타의 확장을 막고 자유를 되찾아 약 50년간 다시 황금기를 누리게 된다.[12]

아리스토텔레스가 죽기 16년 전인 기원전 338년에 마케도니아(그리스 반도의 바로 북쪽 지방)의 필리포스 왕은 아테네와 그리스의 다른 도시국가들을 정복한다. 그런데 2년 후에 필리포스 왕은 아마도 이혼한 아내의 사주로 보이는 음모에 의해 암살당한다. 그리고 아리스토텔레스로부터 배운 필리포스 왕의 아들 알렉산드로스대왕이 스무 살의 나이로 그 뒤를 잇게 된다. 그 후 15년 사이에 알렉산드로스대왕은 페르시아제국을 점령해, 그때까지 사람들에게 알려진 것 중 가장 큰 제국을 건설한다. 그는 이집트와 아프리카 북부 해안 지방까지 영토를 넓힌다. 그리스인들이 알렉산드로스가 제국을 운영하는 것을 도왔기 때문에, 그리스의 사상과 생활양식은 알렉산드로스 제국 전체로 퍼져나갔다. 이집트가 그리스와 로마의 초기 문화에 어떤 영향을 미쳤건 간에, 이제는 이집트가 그리스의 영향을 받고 다시 로마의 영향을 받으면서 그 영향의 방향이 역전된다.

전성기를 누리던 동안 그리스 도시들은, 기원전 600년경에 50퍼센트에 달했던 그리스의 삼림 면적을 기원전 200년경에 10퍼센트로 줄어들게 만든다. 그들은 나무를 이용해 난방과 요리를 하고, 도자기를 굽고, 철과 청동을 제련하고, 배를 만들었다. 그들은 전체 국토의 약 5분의 4를 양과 염소의 목초지로 사용했는데, 결국 목초지가 심각하게 황폐해졌다.[13] 기원전 215년부터 기원전 146년 사이에 로마인들에게 점령당한 그리스인들은, 다른 도시화된 세계에 보다 일반화되어 있던 제국주의적이고 관료적인 통치 제도에 흡수되고 만다.

로마, 일곱 개의 언덕 위 마을에서 시작되다

지중해 북쪽 지역에 있던 이탈리아반도는 또 다른 문명의 발상지였다. 그곳의 지형은 그리스보다는 좀 더 나았다. 이탈리아반도는 보다 비옥해서 더 많은 인구를 지탱할 수 있었다. 로마가 힘을 얻기 전인 기원전 7세기에서 6세기 사이에는, 피사와 피렌체를 지나는 아르노 강과 로마를 지나는 테베레 강 사이에 있는 이탈리아 동부의 에트루리아 지역에서 온 에트루리아 사람들이 이탈리아반도를 지배했다.

기원전 600년 무렵에, 이탈리아 중앙 지대의 서부 해안에 있던 일곱 개 언덕 위의 마을들이 모여 로마가 된다. 그리고 기원전 507년에 원로원 계급이 독재자를 물리치고 로마공화국을 세워 기원전 31년까지 계속된다. 공화국 내에서는 모든 남성 시민이 투표를 할 수 있었지만, 가난한 사람들의 표보다 부자들의 표에 가중치가 붙었다. 시간이 지나면서 로마의 불평등이 제도화되고, 결국 원로원 계급이 대물림을 해가면서 로마를 통치한다. 집안에서 가장 나이가 많은 남자를 파테르파밀리아스(가부장)라고 불렀는데, 집안의 모든 구성원에 대해 절대적인 권력을 갖고 있었다.

공화국 시대에 로마는 이탈리아반도 전체를 통치했고 시칠리아, 사르데냐, 에스파냐 등지에 해외 식민지를 건설했다. 로마의 가장 위대한 장군이었던 카이사르는 기원전 59년에서 기원전 51년 사이에 현재의 프랑스에 해당하는 갈리아(골) 지방에 살던 켈트족을 정복한다. 매년 다른 원로원 의원이 각 지역을 다스렸는데, 시간이 지나 로마제국이 확장되면서 이는 적절치 못한 방식임이 드러났다. 로마제국은 라인 강 유역, 빈, 부다페스트, 베오그라드 등 도나우 강 유역에서 흑해에 이르는 유럽 지역, 터키의 일부, 근동, 아프리카 북부에까지 걸쳐 있었다. 기원후 47년에 로마는 잉글랜드 남부를 점령했지만 아일랜드와 스코틀랜드, 그리고 웨일스 지방은 점령하지 못했고, 그곳에서는 켈트족이 명맥을 이어갔다.

로마에 의해 점령된 지역 사람들은 대규모로 로마에 노예로 팔려나갔다. 카이사르가 갈리아 지방에서 싸우던 9년 동안 50만 명이 노예로 팔렸다. 로마에 얼마나 많은 노예가 있었는지 추측할 믿을 만한 자료는 없지만, 로마의 황제들은 약 2만 명의 노예를 두고 있었고 로마의 부유한 집안에는 많으면 4,000명까지 노예가 있었다고 한다.

기원전 31년에 카이사르의 종손인 옥타비아누스가 강력한 독재적 황제인 아우구스투스(존엄한 자)가 되면서 로마공화국은 끝이 난다. 아우구스투스는 로마제국에 관료제를 정착시켜, 상당한 수준의 청렴함과 일관성을 갖고 제국을 통치할 수 있는 역량을 가진 관료들을 길러냈다.

기원전 27년에서 기원후 180년 사이의 기간은 흔히 팍스로마나Pax Romana(로마의 평화)로 알려져 있는데 서유럽에서 큰 전쟁이 없었기 때문에 붙여진 이름이다. 로마제국 통치의 전성기는 기원후 2세기였다.

기원후 최초 3세기 동안 로마 시의 인구는 약 100만 명 정도였다. 로마 시민들은 시칠리아와 아프리카 북부에서 들어오는 식량에 의존해 주식을 해결했다. 로마의 문화는 다양한 지중해 지역의 영향을 받았다. 로마의 신들은 그리스의 신들을 받아들인 것이었는데, 주피터는 그리스의 제우스였고, 마르스는 그리스의 아레스였다. 로마의 도로는 스코틀랜드에서 팔레스타인까지 약 8,000킬로미터에 이르렀으며, 그 길로 말을 타고 하루 평균 150킬로미터 정도를 여행할 수 있었다.

소금은 로마의 성공에 필수불가결한 요소였다. 로마제국 전체에 걸쳐 약 60개 이상의 소금 산지가 있었다. 군대는 사병과 말을 유지하기 위해 소금을 필요로 했다. 사병들은 흔히 소금을 봉급으로 받기도 했다. 그래서 소금salt은 '봉급salary'이라는 말의 어원이 되었으며, '봉급 값을 하다worth his salt'라는 표현이 지금까지도 사용된다. 물고기는 가장 중요한 식품이었으며, 소금에 절인 물고기는 로마인들의 주요 교역 물품의 하나였다.[14]

로마제국의 위성국 중 하나였던 유대는 지중해 동쪽 끝에 있는 유대인들의 국가였다. 유대인들이 세운 나라인 유대의 전성기는 다윗 왕과 솔로몬 왕이 통치하던 기원전 10세기였으며, 기원전 933년에 이스라엘과 유다로 나뉘었다. 이스라엘은 기원전 722년에 아시리아에 의해 점령당했고, 유다는 기원전 586년에 바빌로니아에 의해 멸망한다. 바빌로니아는 예루살렘과 그 신전을 파괴하고 최소한 1만 명 이상의 유대인들을 바빌론으로 데려간다. 기원전 5세기에 예루살렘은 다시 복원됐지만, 유다는 그 후에도 계속해서 페르시아, 그리스, 그리고 기원전 68년 이후에는 로마제국의 위성국으로 남게 된다.

현재 이스라엘의 영토와 거의 비슷한 지역이었던 유대인들의 땅은 서기 6년부터 로마의 직접 통치 아래 들어가게 된다. 로마의 집정관들은 유일신을 믿는 유대인들의 종교에 대해 로마제국의 권위를 인정하는 범위에서만 허용했고, 또 그들에게 과도한 세금을 매겼다. 그런 일들은 유대인들의 저항을 일으켰다. 많은 유대인들이 '기름 부음을 받은 사람'이라는 뜻의 메시아가 나타나 로마인들을 몰아낼 것이라고 기대하고 그의 도착을 기다렸다.

이스라엘 북부의 갈릴리에서 온 젊은 목수인 예수가 이런 상황에서 등장했다. 그는 유대인들의 종교적 지도자들이었던 사두가이(사두개)파와 바리사이(바리새)파를 모두 비판했다. 이유는 그들이 돈과 권력에 너무 집착한다는 것이었다. 예수는 개인적인 믿음과 영성靈性으로 돌아갈 것을 강조했기 때문에, 로마제국과 타협하던 다른 유대 지도자들로부터 정치적 선동자이며 잠재적인 혁명가로 낙인찍혔다. 예수는 로마총독이었던 폰티우스 필라투스(본디오 빌라도)에게 넘겨졌으며, 필라투스는 예수를 잡범들에게 처해지던 형벌인 십자가형에 처했다.

예수의 제자들은 그가 십자가에 못 박혀 죽은 후 다시 살아났다고 믿으며, 하느님의 사랑이라는 그의 가르침을 전파하기 시작했다. 아나톨리아(현재의 터키)에 있던 그리스 도시 타르소스 출신의 유대인이었던 파울로스(바울로/바울)는 예수의 가르침을 받아들였다. 파울로스는 서기 45년부터 58년까지 그리스, 시리아, 팔레스타인, 아나톨리아 등에서 교도들을 모았다. 그는 로마제국이 만들어놓은 길을 여행하면서, 그리고 크리스천christian(그리스어로 기름 부음 받은 사람을 뜻하는 christos에서 나온 말이다)이라는 표현을 사용하면서, 지중해의 동쪽 끝 지역에 그리스도교 공동체를 건설해나갔다.

예루살렘에서는 상황이 별로 좋지 않았다. 필라투스는 서기 36년에 교체됐지만 유대는 로마제국의 관료들에 의해 계속 지배되고 있었다. 가난한 자와 부자들, 도시와 시골 간의 갈등이 갈수록 심화됐다. 헤로데스(헤로데/헤롯) 대왕의 통치 시절에 시작된 예루살렘 성전의 재건 공사가 서기 60년대 초에 끝이 나자, 소유한 토지가 없는 1만 8,000명의 남자들이 한꺼번에 일자리를 잃었다. 지방정부에서는 사회적 평화를 유지하기 위해 그들에게 하루에 한 시간씩이나마 일자리를 마련해주었다. 예수가 죽은 후 한 세대가 지난 66년에 유대인들은 로마의 통치자에 맞서 마지막 봉기를 일으켰다. 그들의 봉기는 70년에 예루살렘 성전이 파괴되면서 끝이 났고, 그와 함께 예루살렘에 있던 그리스도교 공동체도 붕괴됐다. 이 사건을 통해 그리스도교인들은 자신의 유대인적 기원에서 벗어나 더욱더 헬레니즘화되었고, 로마 정부의 박해에도 불구하고(아니 어쩌면 그것 때문에 더욱) 로마제국에서 소수이지만 무시할 수 없는 집단이 된다. 그러나 그 사건으로 인해 유대인들은 1948년에 현재의 이스라엘을 건국할 때까지 자신들의 정부 없이 살아야 했다.[15]

그리스도교는 로마제국에서 억압받고 가난한 사람들을 위한 정체성과 공동체를 제공했으며, 특히 로마제국이 분열되는 과정에서 더욱 그런 역할을 했다. 로마제국의 분열은 165년에서 180년 사이에 시작됐는데, 앞에서 언급했던 전염병이 로마제국 인구의 약 4분의 1을 사라지게 하면서 일어났다. 그리스도교인들은 로마 사회의 다른 어떤 집단보다 그 전염병에 더 잘 적응했던 것으로 보인다. 그리스도교인들은 병든 사람을 돌보는 것을 종교적 의무라고 보았으나, 그리스도교도가 아닌 사람들은 도망을 치며 아픈 사람들에게 음식이나 물을 주지 않았다. 아픈 사람들 중 일부는 만약 누군가 돌보아주었다면 살아남을 수도 있었을 것이다. 그 결과 상대적으로 더 많은 그리스도교인들이 생존했으며, 살아남은 사람들은 그리스도교 공동체에 감사의 마음을 갖게 됐다. 그리스도교의 가르침은 갑작스러운 죽음에 직면해서도 인생에 의미를 부여하게 했고, 또 죽은 친구와 친척들도 천국에 살고 있을 것이라는 기대를 하게 해주었다.[16]

3세기경에 로마제국은 심각한 인플레이션을 겪게 된다. 식료품 값이 급등했다. 금과 은이 줄어들면서 정부는 새로 주조한 돈에 금과 은을 덜 섞었다. 그로 인해 사람들은 주화에 대한 신뢰를 잃었고, 경제는 물물교환과 실물 과세에 의존하게 됐다.[17] 사회적 긴장 상태의 징표인 약탈 행위도 늘어났다. 사람들은 강력한 영주의 영지에서 보호를 받기위해 도시에서 농촌으로 다시 돌아갔다. 콘스탄티누스대제는 아주 짧은 기간 동안(306년~337년)이기는 하지만 로마를 중심으로 제국을 다시 통합했고, 스스로 그리스도교로 개종했다. 그러나 324년에 그는 수도를 로마에서 비잔티움으로 옮기고 콘스탄티노플이라 칭했다. 410년에 로마는 중앙아시아 초원 지대에 살던 훈족의 침입을 받는다. 제국은 콘스탄티노플을 중심으로 유지되었지만, 이탈리아와 나머지 유럽 지역의 권력 구조는 지역에 기초한 권력 구조로 재편된다.

로마의 분열은 여러 세대에 걸쳐 일어났으며, 메소포타미아와 미노아에 있던 제국들처럼 갑자기 붕괴하지 않았다. 로마제국의 분열을 가져온 요소들은 무척 복잡해서 분석하기가 쉽지 않다. 역사학자들은 도덕적 타락, 기후변화, 군사적 준비의 부족, 노예제의 남용, 자연 자원의 훼손과 저급화 등을 원인으로 꼽고 있다. 침식작용과 과도한 방목으로 인한 식량 생산의 감소도 원인이 되었음이 분명하다. 이탈리아 도시인들의 생활방식과 식량은 멀리 떨어져 있는 식민지에 의존하고 있었는데, 중앙 권력이 식민지들을 더 이상 통치하지 못하게 된 것도 로마가 무너진 원인이었다.

그리스와 로마의 상류 계층 사람들이 누리던 자유와 시민권은 불과 몇 세기 동안만 유지됐다. 하지만 그들의 생각은 구전을 통해, 그리고 도서관에 기록으로 남아 전해졌다. 시간이 오래 지난 후에 이탈리아에서 여러 조건들이 무르익자 그런 그리스와 로마의 사상들이 다시 부활해 유럽 전체에 르네상스를 불러일으키게 된다.

도시의 발달로 인구, 환경, 종교의 변화를 겪다

세계 최초의 인구조사는 중국의 한나라와 로마제국에서 관료주의적 통치 수단의 하나로 실시됐다. 그래서 아무도 그 이전 시대나 제국의 바깥에 얼마나 많은 사람들이 살았는지 모른다. 역사학자들은 농사가 시작될 무렵 전 세계에 약 600만 명 정도의 사람들이 살았을 것으로 추산한다. 전 세계 인구는 기원전 1000년경에 1억 명 정도였다가 기원후 1년에는 약 2억 5,000만 명 정도로 늘어났다. 농업은 인구 증가를 가로막는 근본적인 한계를 제거했다. 잉여 식량을 통해 인간은 보다 많은 어린아이들을 성인이 될 때까지 돌볼 수 있었기 때문이다. 기술의 혁신도 인구 증가를 가져왔는데, 그 결과 부양 능력을 초과해 늘어난 인구가 다시 줄어들기도 했다. 100년경에는 3만 명에서 45만 명 사이의 인구를 가진 도시가 75개쯤 있었고, 대도시에 사는 인구가 약 500만 명 정도에 이르렀다.[18]

농업의 성공으로 늘어난 인구는 자연과 인간에게 희생을 요구했다. 자연이 겪은 희생은 인간이 환경에 미친 피해였는데, 주로 벌목과 그로 인한 토양 침식, 그리고 관개시설로 인한 토양의 염분화였다. 염소와 양을 방목하고, 난방과 요리를 하고, 도자기를 굽고 제련을 하기 위해 숯을 만들면서 일어난 삼림의 황폐화는 인간 사회 발전의 이면에 숨겨진 대단히 중요한 일이다.

이런 환경 피해는 200년이 되면 아프로유라시아 대륙에서 아주 분명하게 드러난다. 수메르의 초원은 완전히 불모지가 되었다. 인더스 강 유역에서 시작됐던 복합사회는 산림 개간과 토양의 염분화로 인해 단지 500년밖에 유지되지 못했다. 중국에서는 벌목이 황하의 범람을 일으켰는데, 황하라는 이름도 그 강이 나르고 있는 황토의 색에서 유래한 것이다. 높고 곧바르게 자라는 것으로 유명했던 레바논의 삼나무들은 페니키아의 주요한 교역 상품이었다. 하지만 오늘날에는 작은 숲만이 남아 있다. 지중해 연안에서는 토착 식물이었던 떡갈나무, 너도밤나무, 소나무, 삼나무 등이 사라졌다. 이 지역에서는 단지 올리브나무만이 심하게 침식된 언덕에서 여전히 자라고 있는데, 올리브나무는 석회암을 뚫을 정도로 뿌리가 튼튼하기 때문이다. 아프리카 북부에 있던 로마의 속지들은 거대한 사막으로 변했다. 그 지역은 기원전 800년부터 기원후 200년 사이의 환경 피해로부터 지금까지도 회복되지 못하고 있는 것이다. 이집트인들만이 약 7000년 동안에 걸쳐 지속 가능한 균형을 유지해 왔는데, 매년 강 상류에서 침식된 토양으로 하류의 토양을 자연적으로 새로 보충해주는 나일 강이 있었기 때문이었다. 그러나 이집트에서는 20세기에 들어와 관개시설과 댐을 건설해 그런 홍수를 막음으로써 자연 순환을 파괴해버렸다.[19]

인구밀도가 높아짐에 따라 인간에게도 희생이 따랐다. 도시에서의 생활이나 공물을 바쳐야 하는 도시 외곽에서의 생활은 결코 쉽지 않았고 위험하기까지 한 것이었다. 많은 적응이 필요했고 고통을 감수해야 했다. 서기 200년이 되었을 때 대부분의 인간은 여전히 촌락에 살고 있었지만, 그들 중 많은 수는 도시에 있는 통치자들에게 공물이나 세금을 바쳐야 했다. 도시에서는 토지를 소유한 사람들과 생활을 유지하기 위해 노동을 제공해야 했던 사람들 사이에 현격한 사회계층이 생겨났다. 단지 극소수의 지배 계층만이 문명의 열매를 향유할 수 있었다. 저장한 잉여 농산물을 지키고 그것에 대한 통제를 넓히기 위해, 전쟁은 생활의 일부가 되었다. 실크로드를 통한 무역과 여행 때문에 아프로유라시아 대륙의 거의 모든 밀집된 인구들이 연결되었고, 그에 따라 도시에 사는 사람들은 인구 밀집 지역에서만 전파될 수 있는 동물바이러스나 박테리아가 일으키는 전염병에 시달려야 했다.

기원전 800년에서 기원후 200년에 이르는 1000년 사이에 아프로유라시아 대륙에서는 창의적인 종교 사상들이 폭발적으로 발전하게 된다. 만약 그리스도교와 이슬람교가 히브리의 선지자들로부터 공통적으로 비롯되었다고 본다면 오늘날 존재하는 모든 주요 종교는 이 시기에 발달했다고 말할 수 있다. 유라시아 대륙의 위대한 성자들이 모두 이 시기에 나타났다. 페르시아의 조로아스터[20]와 마니, 중국의 노자와 공자, 인도의 베다 선지자들과 부처, 지중해 지역의 그리스 철학자들과 유대 예언자들 및 예수, 그리고 나중에 나타난 무함마드(마호메트) 등이 그들이다. 그러나 아메리카 대륙과 북유럽, 그리고 사하라사막 아래의 아프리카 지역 등 도시화된 지역 밖에 사는 사람들은 여전히 예전의 종교를 유지하며 살고 있었다.

도시 지역에서 발생한 새로운 종교들은 그 이전의 것들과는 본질적으로 달랐다. 수렵·채집을 하던 사람들은 모든 살아 있는 것들과 함께 존재하는 눈에 보이지 않는 영적 존재를 숭배하다가, 나중에는 영원히 살면서 인간처럼 행동하는 남성 신과 여성 신을 숭배했다. 그런 종교에는 즐거운 축제 의식에서 볼 수 있듯이 인생을 긍정하는 측면도 있고 신에게 기도할 때 보이듯이 신을 두려워하는 측면도 있지만, 근본적으로는 인간이 살고 있는 주어진 자연 세계의 가치를 존중하는 데 강조점을 두고 있었다. 도시화 이전의 사람들이나 도시에 살지 않던 사람들은 살면서 많은 변화를 경험하지 못한다. 그래서 그들은 원초적인 시간이나 있는 그대로의 생활과 같은 삶의 지속적이고 반복되는 가치들을 중요하게 생각했다.

그러나 기원전 800년에서 기원후 200년 사이에 생긴 새로운 종교들은 더 이상 만족스럽지 않은 세상을 긍정하는 태도에서 멀어지게 된다. 그리고 그 대신에 보다 나은 다른 세계를 그리게 된다. 새로운 예언자들과 성자들은 어떻게 구원과 해탈을 얻을 수 있는지를 강조했고, 다음 생에서 어떻게 더 나은 삶을 얻을 것인지, 아니면 어떻게 해야 더 나은 모습으로 환생할 수 있는지를 강조했다. 그들은 밀집된 도시에서 살아가는데 필요한 행동 양식에 사람들이 쉽게 적응할 수 있는 윤리 체계를 만들어가고 있었던 것일 수도 있다.

또 예언자들과 성자들은 도시 생활에서 너무도 많은 사람들이 경험하던 개인적인 스트레스에 대한 해독제를 제공하고 있었다. 그들이 제공한 사상은 도시에 사는 사람들이 경험하던, 그리고 도시 주변에 살면서 도시의 지배계급에게 공물을 바쳐야 했던 촌락에 살던 사람들이 경험하던, 불행과 불확실성에 대한 심리적 보상이었다. 도시에서 종교적 공동체에 속함으로써, 사람들은 조그만 집단의 수렵·채집 사회와 도시화 이전의 촌락 생활의 특징이었던 작고 서로 보살피는 집단에 다시 속할 수 있는 기회를 갖게 됐다.

도시에 사는 것은 토지를 소유한 지배 계층에게는 여러 가지 이점을 준다. 그러나 도시 생활은 언제나 비도시 지역의 생활 관습과 배치되곤 한다. 그것은 사람들에게 더 나은 생활을 추구하고 문명화된 도시의 생활 방식을 모방하면서 촌락의 관습과 원시생활을 거부할 것인가 아니면 문명화된 삶을 거부하고 전통적인 관습을 강화할 것인가를 늘 선택하도록 강요한다. 지구의 모든 지역에서 도시화를 향한 요구가 점점 거세지는 오늘날에도 많은 사람들은 이런 비슷한 선택에 직면해있다.

남아 있는 의문점들

1. 역사학자들과 철학자들은 기원전 800년에서 기원후 200년 사이의 특정한 시기에 세계의 중요한 종교들이 나타났다는 점에 의견의 일치를 보이고 있다. 독일의 실존철학자인 카를 야스퍼스 Karl Jaspers**는 1949년에 처음 출판된 《역사의 기원과 목표**The Origin and Goal of History**》라는 책에서 이 시기를 '축의 시대**Axial Age**'라고 불렀다. 그렇다면 도대체 왜 전 세계의 종교가 이렇게 거의 비슷한 시기에 등장했을까?**

이 문제에 대해서는 아직까지 일치된 답변을 찾기 어렵다. 어쩌면 사후 세계를 강조하는 새로운 종교들은 밀집된 도시 생활의 어려움을 반영했던 것일 수도 있다. 개인적인 사상가들이 공동체로부터 처음으로 자신을 분리시켜 자기 스스로의 답을 찾을 수 있었던 것도 한 원인으로 보인다. 그런 일들도 도시에서 서로 다른 생각을 가진 사람들과 접촉하면서 생긴 결과일 수 있다. 개인적인 사고와 반성의 결과물을 조직하고 퍼뜨리는 알파벳문자의 존재도 분명히 중요한 역할을 했을 것이다. 유대인들과 그리스도교도들, 그리고 이슬람교도들은 특별히 책의 내용을 믿었다. 또 수많은 교역로로 인해서 늘어난 여행과 무역을 통해 다양한 사상이 전파되고 모였다. '축의 시대'의 본질과 원인, 결과에 대한 많은 연구와 설명이 존재한다. '축의 시대'에 이러한 종교들이 발생한 원인이 무엇이든 간에, 많은 사람들은 현재 우리가 알고 있는 지식이나 우리가 살고 있는 상황과 연결된 새로운 종교보다는 지금으로부터 2000년 전에 만들어진 그런 종교들을 지금도 믿고 있다.[21]

2. 로마제국은 '붕괴'됐는가?

오랫동안 유럽과 미국에서는 로마가 정치적으로, 그리고 군사적으로 분열되면서 그 문명이 끝났다고 믿었다. 그리고 로마의 붕괴 이후 유럽이 물질적으로나 지적으로 가난한 암흑시대로 접어들었다고 보았다. 그러나 1970년대부터 서양의 역사학자들은 '쇠퇴'나 '붕괴' 혹은 '위기' 같은 단어들보다는 '변형'이나 '변화', 혹은 '이행' 같은 단어들을 사용하기 시작했다. 1980년대에 독일의 학자인 데만트A. Demandt는《로마의 붕괴Der Fall Roms》라는 책에서 로마제국의 '붕괴'를 설명하기 위해 지난 수세기 동안 제시된 210가지의 이유들을 열거한 바 있다. 또 미국의 학자인 올던 롤린스Alden Rollins는 로마의 '붕괴'에 대해 수세기 동안 출판된 다양한 책들을 검토한 책을 썼다. 두 책 모두 학자들이 어떻게 로마의 '붕괴'에 상상할 수 있는 거의 모든 이유를 대고 있는지를 보여준다. '붕괴'라는 말은 언제나 특정한 속도감을 내포하고 있지만, 복잡한 변화의 과정은 대개 아주 느리게 진행되기 마련이다. 이런 의미에서 나는 로마제국의 '붕괴'라는 말보다는 '해체'라는 말을 더 선호한다.[22]

8

아프로유라시아 네트워크가 확장되다

200년 ~ 1000년

서력기원이 시작될 무렵, 인간은 도시화된 환경 속에서 상당히 안정된 생활 방식을 만들어냈다. 강력한 지도자들이 나타나 자신이 통치하는 사람들에게 안정성을 제공하는 수단으로 제국주의적이고 관료주의적인 통치 체제를 발전시켰다. 로마제국, 중국의 한 왕조, 메소포타미아의 제국주의적 국가들, 이란, 그리고 인도는 도시 생활을 만들어낸 농업으로의 전환에 인간이 어떻게 적응했는지를 극적으로 보여준다.

그러나 이런 전환 과정에서 심각한 불평등이 생겨났으며, 침략과 약탈, 전쟁이 일상사가 되었다. 그것은 어쩌면 인구가 빠르게 증가하는 데서 생긴 자연스러운 결과였는지도 모른다. 결국 안정은 오래가지 못했다. 교통과 무역이 더욱 발전하면서 제국주의적 명령 체계가 흔들리기 시작했고, 다음 단계로의 인간 발전이 나타나기 시작했다. 무역의 증가가 가져온 강력한 상업적 연결망의 발전이 그것이었다.[1]

강력한 상업적 연결망이 발전하다(200~600년)

유럽인들과 미국인들은 로마제국 소멸 이후의 시기를 '암흑시대'라고 부르는 것에 익숙해 있다. 그런 관점은 그리스도교에 결합된 라틴 문화가 흐릿해진 것이 바로 빛이 사라진 것과 같다고 보는 것이다. 그러나 다른 한편으로 로마제국의 소멸은 앵글족, 색슨족, 고트족, 반달족, 프랑크족, 그리고 유럽의 다른 집단들에게는 빛이 들어온 것을 의미했다. 그리고 유라시아 대륙의 중앙에 있었던 제국들에서는 빛이 꺼진 적도 없었다. 아프로유라시아 대륙 전체로 확대된 의사소통의 연결망에서 보자면, 대륙의 양쪽 끝에 있었던 로마와 한나라의 몰락으로 인해 제국주의적 권력의 핵심이 이란과 인도로 옮겨 갔다고 말할 수 있다. 그 과정에서 유럽은 중국보다 더 심각한 타격을 입었으며, 회복하는 데도 더 시간이 걸렸다.

로마 황제인 콘스탄티누스가 324년에 수도를 비잔티움으로 옮기고 그곳을 콘스탄티노플이라고 명명하면서 시작된 유럽의 권력 누수는 유럽 사회를 해체시키기 시작했다. 유럽의 인구는 200년에서 600년 사이에 절반 정도가 줄어들었고, 유럽은 이주와 전쟁과 도시의 붕괴가 계속되는 '암흑시대'를 경험했다.

콘스탄티노플을 통해 그리스·로마 문명의 잔재가 비잔틴제국(동로마 제국)으로 편입돼 들어갔다. 392년에 모든 이교도적 행사가 금지됐고, 고대의 이교도 사원들이 파괴됐다. 완전한 정치적·종교적 권위를 가진 그리스도교 지도자들은 다른 종교를 허용하지 않았다. 결국 1054년 로마에 있는 라틴교회Latin Church와 콘스탄티노플에 있던 정교회Orthodox Church가 공식적으로 분열됐다. 비잔틴제국은 1453년까지 유지됐지만 서서히 힘을 잃어, 12세기 말경에는 과거 비잔틴제국에서 그리스도교를 믿었던 사람 중 약 3분의 2가 이슬람교도가 되었다.

비잔틴제국이 유지되던 동안에, 비잔틴제국은 키예프루시(키예프대공국)의 탄생에 결정적인 역할을 했다. 러시아에서 바랑족으로 알려진 바이킹은 우크라이나의 드네프르 강과 러시아의 볼가 강을 지배하고 있었다. 바랑족의 지배계급은 드네프르 강 연안의 키예프와 볼가 강 유역의 노브고로드 같은 도시에 살고 있었고, 토착 슬라브족들은 그들을 위해 농사를 지었다. 989년에 키예프루시의 통치자였던 블라디미르 1세가 이슬람교가 아닌 그리스정교를 국교로 선택했다. 그 이유는 블라디미르 1세가 콘스탄티노플과 그곳에 있던 성당들의 웅장함에 감동을 받았고, 또 러시아인들이 보드카 없이는 살 수 없다고 믿었기 때문이라고 한다.[2]

더 동쪽으로 이라크와 이란에서는 기원전 247년에서 기원후 224년 사이에 파르티아인이 지배하다가 사산제국(224년~651년)이 들어서게 된다. 이 지역의 군대는 커다란 말을 이용해 싸웠는데, 그 말들은 알팔파로 만든 건초를 먹어야만 크기를 유지할 수 있었기 때문에 관개시설을 통해 많은 양의 물을 조달해야 했다. 이 기간 동안에 메소포타미아의 도시들은 상당한 물질적 풍요와 문화적 창조를 이뤄냈다. 사산제국의 농부들은 인도와 중국으로부터 목화, 사탕수수, 쌀, 감귤류, 가지와 같은 농작물을 들여왔다. 또 사산제국의 통치자들은, 콘스탄티누스대제가 그리스도교를 국교로 택했듯이, 조로아스터교를 국교로 정립했다. 양쪽 통치자들 모두 특정 종교를 정치의 도구로 이용하면서 다른 종교를 허용하지 않았다.

인도에서는 굽타왕국이 350년에서 535년 사이에 정치적 안정을 이루어 인도 문화의 고전기라고 불리는 시기를 만들었다. 굽타왕국의 번영은 집약농업, 특히 아시아 남동부로부터 인도의 서쪽으로 들어온 쌀농사에 기초하고 있었는데, 쌀농사를 짓기 위해서는 산림을 개간할 필요가 있었다. 계피, 후추, 목화로 만든 직물 등이 중국으로 향하는 육상 무역로와 인도양과 지중해 연안을 통해 폭넓게 거래됐다. 목화는 인도의 자생 식물이었던 것으로 보인다. 그것은 인도의 환경에 잘 맞았고, 인도인들은 목화를 직물로 만드는 모든 과정에 훌륭한 기술을 갖고 있었다.

불교와 힌두교 성자들은 인도 안에 있는, 그리고 중앙아시아를 건너 중국까지 이어져 있는 교역로들을 따라 이동하면서 수백만의 사람들에게 구원의 희망을 전달했다. 이 시기 동안에 힌두교는 교리를 정립했으며, 불교의 승려들과 일반 신자들은 각자 자신의 역할에 맞는 의식을 만들어냈다. 불교 사원들은 신념이 깊은 신자들의 도움으로 유지되었는데, 유대교와 그리스도교, 그리고 이슬람교의 작은 모임들과 마찬가지로 불교에서 대단히 중요한 제도가 되었다. 이런 모든 종교들은 수백만의 일반인들이 제국과 무역의 연결망에 쉽게 편입되는 것을 도왔다.

바로 앞 장에서 말한 것처럼 유라시아 대륙을 가로지르는 무역로를 흔히 실크로드라고 부른다. 하지만 실크로드는 하나의 길이 아니라 여러 개의 가지 길과 다양한 토막길들을 합쳐 부르는 말로, 시대에 따라 각 길들의 중요도도 달랐다. 실크로드가 가장 많이 사용된 때는 서기1세기부터 11세기까지였는데, 11세기가 되면 해상 교역로가 확장되고 육지의 무역로보다 더 중요해진다. 이 시기에는 중국의 장안에서 출발한 무역상이, 당시에 소그디아나(현재의 우즈베키스탄과 타지키스탄)로 불렸던 지역의 사마르칸트와 부하라에 이르는 데 약 4개월이 걸렸다. 그것은 산맥과 초원 지대, 그리고 사람이 살지 않는 사막을 건너는 총 4,000킬로미터에 이르던 여행이었다(그림 7.1).

중국의 중요한 수출품이었던 비단은 아주 오랫동안 그리스와 로마사람들에게 신비의 직물이었다. 그들은 비단이 나무껍질로 만들어진다는 식의 설명을 듣고 있었다. 6세기 중반이 되어서야 비잔틴제국의 황제가 두 명의 중국 승려를 통해 비단이 뽕나무 잎을 먹고 자라는 누에에서 만들어진다는 사실을 알게 된다.[3]

서기 1세기가 되면 비단옷은 로마에서는 부유한 시민들 사이에서 흔한 것이 된다. 실크로드 양쪽 끝 지역에서 비단은 종교 활동을 위해 가장 많이 사용됐다. 그리스도교 사제들은 금실로 수를 놓은 자주색 비단으로 예복을 만들어 입었다. 왕, 사제, 그리고 성자들이 죽으면 비단으로 만든 수의를 사용했으며, 심지어 오래전에 장례를 치른 사람까지도 다시 파내 비단옷을 입혔다. 불교를 믿던 지역에서는 깃발을 만들기 위해 많은 양의 비단을 사용했으며, 어떤 경우에는 한 절에서 수십 킬로미터의 비단을 쓰기도 했다. 일반 불교 신자들은 승려의 도움에 대한 대가로, 그리고 다음 생에서 덕을 보기 위해 절에 비단을 바쳤다. 승려들은 그런 비단을 필수품과 바꿨고, 스투파(사리탑)를 장식하기 위한 '칠보七寶', 즉 금, 은, 유리, 산호, 수정, 진주, 마노와 교환했다. 그 결과 절은 풍요로운 시절에는 중요한 경제 주체로 등장하게 된다.[4]

중국에서 생산된 비단에 더해 다른 상품들도 실크로드를 따라 거래됐다. 그런 물건들 중에는 중앙아시아에서 나는 큰 말과 모피와 양털카펫, 인도의 면직물과 진주와 수정, 지중해의 산호, 로마와 인도의 유리 제품, 인도와 아라비아반도, 그리고 아프리카에서 나던 향수와 향신료 등이 포함돼 있었다.

당시에 실크로드를 여행하는 일이 어떤 것이었는지를 말해주는 두 개의 여행기가 존재한다. 둘 다 중국의 불교 순례자들이 중국에서 출발해 인도로 가며 쓴 것들이다. 한 사람은 418년에서 423년 사이에 죽은 법현法顯이었고, 다른 한 사람은 664년에 죽은 현장玄奘이었다. 두 사람 모두 실크로드에 있는 불교 공동체와 절에서 묵으며 여행을 했다.

이슬람교가 널리 퍼지고, 중국이 다시 일어서다(600년~1000년)

6세기 이후에 이슬람은 엄청난 발전을 했다. 630년에 아라비아반도에서 시작된 이슬람교는 750년에는 피레네산맥에서 인더스 강 유역에 이르는 아프로유라시아 대륙의 중앙 핵심부의 다른 지역들로 퍼져나갔다. 당시 아라비아반도의 사람들은 아라비아 해의 예멘에 있는 해안 도시들에서 낙타에 물건을 싣고 팔레스타인, 요르단, 시리아에 있는 농촌지역으로 실어 나르는 상인들이었다. 그 지역의 토착 신앙은 여전히 다신교였으며, 사람들은 자연의 힘과 천체의 움직임에 관심을 갖고 있었다. 그런데 여행자들이 그리스도교와 유대교의 사상을 전파했고, 그 결과 아라비아반도에 그런 종교가 잘 알려졌다. 유대인들의 행동과 사상에 영향을 받은 단일신적인 종교가 존재하기도 했다는 증거가 발견되기도 했다.[5]

이슬람의 선지자인 무함마드는 예멘과 시리아의 중간에 있는 홍해 근처의 무역 도시 메카에서 570년에 태어났다. 고아였던 무함마드는 삼촌에 의해 길러졌으며, 상인이 되어 무역을 하다가 하디자라는 돈 많은 과부의 카라반을 성공적으로 관리한 후에 그녀와 결혼을 한다. 610년경에 무함마드는 메카 근처의 산속에서 명상을 시작한다. '권능의 밤'이라고 알려진 밤에 철야 기도를 하던 무함마드에게, 그가 지브릴(가브리엘)이라고 생각했던 천사가 말을 건넨다. 이런 천사의 현현은 그가 죽을 때까지 계속된다. 그는 천사로부터 들은 말을 대중들에게 운율시의 형태로 말했지만, 한 번도 기록하지는 않았다.

초기에 무함마드는 사람들에게 우주와 그 안에 있는 모든 것을 창조한 유일신 알라에게 복종하라고 요구했다. 그는 사람이 죽으면 심판을 받게 되며, 죄가 없는 사람은 천국으로 가서 육신의 행복을 누리게 되겠지만 죄가 있는 사람은 지옥 불을 경험하게 될 것이라고 말했다. 무함마드는 자신이 유대 선지자들과 예수의 전통을 잇는 알라의 마지막 사자使者라고 주장하면서, 모든 사람은 모슬렘(이슬람교도)이 되어 알라의 뜻에 복종Islam(이슬람교는 이 말에서 나왔다)해야 한다고 했다. 모슬렘이 된 사람은 움마(공동체)를 구성하는데, 움마 안에서 모든 모슬렘들은 사회적 평등을 누리게 된다.

메카의 종교 지도자들은 무함마드를 진정한 유일신의 사자로 인정하지 않았고, 무함마드의 가장 약한 추종자들을 처형했다. 그래서 무함마드와 그의 추종자들은 622년 메카에서 북쪽으로 340킬로미터쯤 떨어져 있는 메디나로 도피한다. 거기서 무함마드는 커다란 공동체를 만들어 메카와 산발적인 전투를 벌였다. 그러다가 630년에 메카가 무함마드에게 항복한다. 모슬렘들은 메디나로 피신한 해를 '헤지라'로 기념하면서 기원 원년으로 생각하는데, 로마력으로 622년이 모슬렘들에게는 기원 1년이 된다.

632년에 무함마드는 병으로 죽었는데, 그는 자신의 후계를 결정하지 못했다. 결국 그의 여러 부인 중 한 사람의 아버지였던 아부 바크르가 모슬렘의 정신적·정치적 지도자인 칼리프(할리파)가 된다. 그는 《코란》을 쓰기 시작해 650년에 최종적인 형태로 완성한다. 656년과 680년 두 번에 걸쳐 칼리프의 자리를 놓고 갈등이 일어났는데, 결국 모슬렘은 시아파와 수니파로 영원히 갈리게 된다.

무함마드가 죽기 전에 모슬렘들은 그의 지도하에 아라비아반도의 남쪽과 서쪽 대부분의 지역을 통합했다. 무함마드 사후 모슬렘들은 아라비아반도 전체를 통일했고, 634년부터 651년 사이에 페르시아(현재의 이란)의 사산제국과 비잔틴제국에 결정적인 승리를 거두었다. 이런 승리의 유일한 물질적 기반은 낙타였다. 모슬렘들은 낙타를 이용해 사막을 건너 군대에 보급품을 댈 수 있었던 것이다. 어쩌면 알라가 자기편에 있다는 확신이야말로 그들이 여러 전투에서 승리할 수 있었던 가장 중요한 이유였는지도 모른다. 이슬람의 빠른 확장에 대한 또 다른 가능한 설명은 아라비아반도의 과잉인구일지도 모른다. 그곳 사람들은 아주 일찍부터 다른 곳에 이주하기 시작했기 때문이다.

모슬렘들은 광범위한 지역에 걸쳐 영구적인 군사 기지들을 구축했는데, 이라크에 두 개, 이집트에 하나, 튀니지에 하나를 건설했다. 그들은 661년에 수도를 다마스쿠스로 옮겼다. 그들은 콘스탄티노플을 정복하는 데 두 번씩이나 실패했지만, 아프리카 북부를 횡단했으며, 710년에는 지브롤터해협을 건너 에스파냐에 들어가는 데 성공했다. 그들은 에스파냐를 가로질러 피레네산맥을 넘어 프랑스로 들어가서, 영국해협에서 240킬로미터 떨어진 투르에서 732년 프랑스 귀족들에게 패할 때까지 약탈을 계속했다. 물론 프랑스가 모슬렘들에 의해 실제로 점령당했을 가능성은 적었지만, 그들이 두려운 존재라는 인식을 유럽의 중심부에 확실하게 심었다.

그리스도교 문명에 가장 결정적인 전투는 717년에서 718년 사이에 콘스탄티노플에서 벌어졌다. 만약 비잔틴제국이 엄청난 손실에도 불구하고 승리하지 못했다면 유럽 인구 전부가 모슬렘이 되었을지도 모른다. 하지만 7세기에서 9세기에 걸친 모슬렘의 정복은 유럽에 문화적으로 중대한 영향을 미쳤다. 그리스도교인들은 최종적으로 지중해의 섬들과 에스파냐를 되찾는 것에 그쳤다. 무함마드가 죽은 지 한 세기가 조금 더 지난 후에, 메카에 살던 한 상인의 신념에서 출발한 이슬람은 에스파냐 북쪽의 피레네산맥에서부터 힌두쿠시산맥까지 펼쳐진 거대한 제국의 종교가 되었다. 역사상 유례없는 엄청난 확장이었다. 모슬렘은 종교적 개종을 요구하지 않았으며, 그들이 확장해나간 곳은 이집트를 제외하고는 인구가 많지는 않았다.

724년이 되면 모슬렘은 중국의 서쪽 국경 지대까지 퍼져나간다. 그들은 종교적인 글이 아랍어로 적혀 있는 디나르와 디르함이라는 금화와 은화를 도입했는데, 모로코에서 중국의 접경지대에 걸쳐 단일한 통화로 사용됐다. 또한 법과 계약의 일관된 체계도 정립돼 무역을 촉진시켰다.

747년에 아바스 가문이 칼리프가 되어 수도를 다마스쿠스에서 바그다드로 옮겼다. 거기서 그들은 1258년 몽골족에 의해 가문이 멸망할 때까지 500년가량을 통치했다. 2세기에 걸친 바그다드의 영광이 아바스 가문과 함께 시작됐다. 그 궁정의 화려함은 〈아라비안나이트〉에 실려 있는 이야기 속에 잘 그려져 있다. 〈아라비안나이트〉는 776년부터 809년 사이에 통치했던 시를 사랑한 칼리프 하룬알라시드의 시기에 쓰였다. 또 그리스, 이란, 중앙아시아 그리고 아프리카로부터의 문화적 조류들이 바그다드로 들어와 다양한 문학작품을 만들어냈다. 바그다드 도시가 건설되던 760년경에 중국으로부터 제지법이 들어온 것도 도움을 주었다.

책을 좋아하던 모슬렘들은 자신의 문화 발전기에 그 이전의 어떤 문화보다 더 많은 문화를 만들어냈다. 파피루스가 거의 멸종될 정도로 수확됐고, 2세기 중반에는 현재까지 알려지지 않은 사람들에 의해 책의 새로운 형태인 코텍스가 만들어졌다. 코텍스는 양가죽이나 파피루스, 그리고 후에는 종이를 접어서 현재의 책과 같이 표지 사이를 묶어 만든 것이다. 이슬람들은 중국의 전쟁 포로들로부터 제지법을 배웠는데, 10세기가 되면 이슬람 세계에서는 종이가 파피루스를 거의 대체한다. 중국에서는 종이를 만들기 위해 뽕나무 껍질을 사용했지만, 이슬람 세계에는 뽕나무가 없었기 때문에 그 대신 아마포를 두드려 펄프로 만드는 방법을 도입했다.[6]

모슬렘들은 이베리아에 있는 자신의 영토를 알안달루스al-Andalus라고 불렀다(이베리아는 에스파냐와 포르투갈 반도를 부르는 고대 라틴 이름이다). 그들은 그곳에 유럽에서 가장 세련된 농업경제를 도입했다. 그곳에는 감귤과 사탕수수 등 새로운 곡물이 도입됐고, 새로운 관개시설도 만들어졌다. 코르도바, 세비야, 톨레도 등은 유럽의 다른 도시들보다 더 크게 발전했다. 코르도바와 그라나다는 11세기와 12세기에 서유럽에서 일어난 지적 혁명의 토대가 된 학문의 중심지가 되었다(그림 8.1).

아프로유라시아 대륙의 동쪽에서는 한나라가 붕괴된 후 중국인들이 300년 이상의 무질서와 불안정을 경험한다. 이 기간 동안 불교와 도교가 급속하게 퍼져나가 중국의 일부 지역에서 지배적인 종교가 되었다.[7]

6세기 말이 되면 수隋나라(589년~618년)가 다시 중국을 통일해 5만 명의 감시원들과 550만 명의 사람들을 동원해 새로운 운하를 만든다. 그 뒤를 이은 당唐나라 시대(618년~907년) 동안 중국은 세계에서 가장 발달한 사회

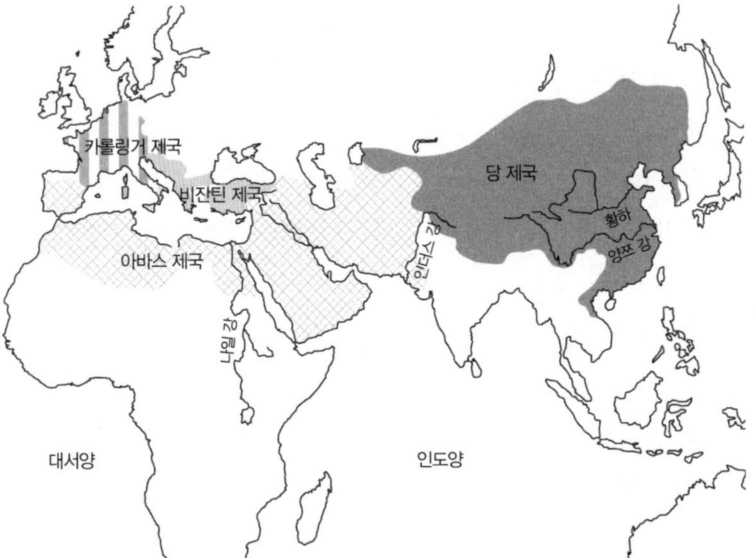

그림 8.1 9세기의 아프로유라시아

가 된다. 이슬람 제국이 힌두쿠시 서쪽에서 안정성을 제공하고 위구르족을 중심으로 한 투르크계 사람들이 초원 지대를 지배하면서 교역과 여행의 위험성이 줄어들어, 다시 한 번 동서 간의 교역이 발전하게 된다.[8]

당나라 시대에 중국은 남쪽의 해안 지역을 합병해 인도양으로 접근할 수 있는 통로를 만들었다. 중국의 항해자들은 대양을 항해할 수 있는 큰 배를 만드는 훌륭한 기술을 갖고 있었다. 그들의 배는 콘스탄티노플이나 바그다드에서 만들어진 배보다 두 배 이상의 짐을 실을 수 있었다. 중국의 주요 수출품은 품질이 뛰어난 비단과 당 시대에 발전한 특별한 종류의 진흙으로 만들어진 도자기였다. 한 일화에 따르면, 중국 배들이 다른 나라 배들보다 100배는 더 많았고, 각각의 배는 두 배 정도 더 많은 짐을 싣고 다녔다고 한다.[9]

외국에서 수입한 물건들이 중국을 변화시켰다. 남자들은 길고 품이 넓은 겉옷보다 중앙아시아의 말을 타는 투르크족이 좋아하던 바지를 입게 되었다. 중국인들이 목화를 생산하면서 목화로 삼을 대체해, 면은 가장 흔히 쓰이는 직물이 됐다. 포도주, 차, 설탕, 향신료가 중국인들의 음식을 바꾸었다. 이런 모든 무역이 중앙은행 없이 움직였다. 당나라는 거대한 부가 축적되는 것에 늘 주의를 기울였고, 지주나 학자들은 이자를 받고 돈을 빌려주기도 했다.

당나라의 수도였던 장안은 당시 세계에서 가장 큰 도시로 200만 명에 이르는 사람들이 살았고, 80제곱킬로미터의 성안에만 약 100만 명이 살았다. 중국에는 50만 명이 넘는 인구를 가진 도시가 26개나 있었다. 중국 인구의 20퍼센트 정도는 도시에 살고 있었고, 중국은 당시에 가장 도시화된 국가였다.

당나라 시대에 중국은 외국의 문화와 사상을 환영했다. 중국의 많은 도시에는 사업을 하기 위해 중국에 살러 온 외국 무역상들을 위한 특별한 장소가 있었다. 당시 중국의 많은 유명 인사들이 외국 출신이었다. 예를 들면 안녹산安祿山은 소그드 사람이었고, 이백李白은 아프가니스탄에서 태어났다.[10]

당나라는 관료제를 유지하기 위해 종이에 의존하고 있었다. 궁정 환관이었던 채윤蔡倫이 2세기 초반에 제지법을 발명했고, 인쇄 기술은 6세기경부터 실험되기 시작했다. 당나라 치하에서 문자 해독률은 15퍼센트에서 20퍼센트에 이르렀는데, 같은 시기 유럽에서는 기껏해야 10퍼센트 정도였다. 지폐 또한 11세기 혹은 12세기에 최초로 발행됐다. 종이는 창을 가리는 데도 사용됐는데, 중국의 형편에서는 유리를 만드는 데 너무 많은 나무 연료가 필요했기 때문이었다.[11]

약 850년경에 불로불사의 약을 찾던 중국의 연금술사가 초석과 황, 탄소를 섞어 화약을 발명하게 된다. 화약이 서구인들의 관심을 끌게 되는 12세기 후반이 되면, 중국에서는 그것을 여러 단계 더 발전시켜 대포와 총신이 달린 완벽한 총을 만들어낸다.[12]

오랜 세기 동안 당나라는 대부분의 중앙아시아 지역을 통제했다. 당나라의 서역 확장은 751년에 탈라스 강에서의 중요한 전투로 끝이 난다. 그 전투는 현재 카자흐스탄이 있는 타슈켄트와 발하슈 호 지역에서 일어났는데, 아랍, 투르크, 티베트 사람들이 연합해 당나라 군대를 물리쳤다. 이후 당나라의 힘이 약해지기 시작했지만, 그 전투로 인해 이슬람의 동쪽으로의 확산도 끝이 났다.

탈라스 전투 이후, 종이를 만드는 기술이 중국인 전쟁 포로들에 의해 아랍인들에게 전파된다. 모슬렘들은 바그다드에 제지 공장을 세웠다. 1000년이 되면 이집트에서 종이가 광범위하게 사용되고, 모슬렘이 다스리던 에스파냐 지역에서 프랑스 쪽 피레네 지방까지 종이가 퍼져나가 1157년에 그곳에 유럽 최초의 제지 공장이 세워진다.[13]

탈라스 전투가 있은 지 4년 후, 비대한 몸집에 당뇨병 환자였던 안녹산이 범양范陽에서 장안에 있는 황제를 상대로 반란을 일으킨다. 황제의 군대가 난을 평정했지만, 그 후에는 난을 평정한 군대가 권력을 잡는다. 이어서 초원 지대의 지도자들에게 엄청난 공물이 바쳐졌다. 그러나 800년대 중반이 되면 당나라는 정치적·군사적으로 쇠퇴하게 되고 외국과의 무역도 퇴조를 겪게 된다.

제국의 번영이 쇠퇴하면서 문화도 뒷걸음질 쳤다. 공자를 따르던 사람들은 황제에게, 중국의 문제가 외국의 영향 때문이며 특히 불교도들의 금욕 생활이 중국의 가족 제도와 세금 제도를 무너뜨리고 있다고 주장했다(절은 세금을 내지 않았다). 845년에 중국 정부는 절을 파괴하고 26만 명의 승려들을 속세로 돌려보내 중국 내에서 불교 사상을 없애버리려고 했다. 그렇지만 불교 사상은 살아남았는데, 불교의 많은 개념들이 이미 유교에 흡수되었기 때문이다. 후에 절은 다시 합법화됐지만 당나라의 세계주의는 그런 독단주의의 영향으로 붕괴됐으며, 여러 세기가 지나도록 다시 살아나지 못했다. 907년 이후에 중국에서는 당나라를 이어 작은 국가들이 나타났다.[14]

서유럽, 아프로유라시아 연결망의 주변부에 머물다

지금까지 우리는 아프로유라시아 대륙의 연결망을 잇는 중심 지역의 도시 생활과 무역에 대해 살펴봤다. 이제 도시화와 원거리 무역, 그리고 보편적 종교 등을 새롭고도 혼란스러운 경험으로 느꼈을 그 주변 지역에 살던 사람들의 생활을 살펴보자.

도시에 사는 사람들은 도시 외곽의 농촌 지역에서 들어오는 식량에 대부분 의존하고 있었다. 그러나 유라시아 대륙의 많은 지역에는 또 다른 형태의 사회가 존재하고 있었다. 유랑 목축이 그것이었는데, 사람들이 특정한 동물에 의존해 동물들이 신선한 목초를 찾아 새로운 초지로 이동하면 그 동물을 따라 이동하며 살아가는 생활을 말한다. 유라시아 대륙 북부의 중심 지역에서는 사람들이 말에 의존해 살고 있었다. 말은 현재의 우크라이나 남부에서 기원전 약 4000년에 처음으로 길들여졌다. 기원전 1500년이 되면 초원 지대 사람들은 말을 타고 생활하는 것에 기반을 둔 문화를 만들어낸다.[15]

유목민들은 계속 움직여야 했기 때문에 스스로 생산해낼 수 있는 것에 한계가 있었고, 그에 따라 자연히 무역이 중요했다. 물론 유목민들은 자신이 기르는 동물만으로도 생존할 수 있었지만, 그에 더해 곡식, 직물, 금속 등이 절실하게 필요했다. 그들이 그런 물건들을 얻는 방법은 무역이나 약탈을 통해서였다. 뛰어난 전사였던 그들은 마치 중국의 통치자들과 군주들이 그랬듯이 지역 농민들을 보호해주고 그 대신에 대가를 받았을 수도 있다. 386년에서 534년 사이에 유목민들인 탁발부拓拔部가 중국 북부의 문명화된 지역을 다스리기까지 했었다.

200년에서 1000년 사이에 초원 지대의 서쪽인 동유럽 지역으로 새로운 초원 민족들이 계속해서 들어왔다. 그들도 보다 더 동쪽에 살던 다른 유목민들에 의해 서쪽으로 밀려난 처지였다. 그 시기에 동유럽으로 들어온 초원 민족들은 훈족, 아바르족, 불가르족, 하자르족, 페체네그족, 동東고트족, 마자르족 등이었다. 훈족은 374년에서 453년 사이에 헝가리 초원 지대에 기반을 두고 갈리아와 라인 지방까지 넘나들며 약탈했으며, 이탈리아를 침략했다가 교황 레오 1세(440년~461년)의 요청에 따라 물러나기도 했다. 훈족은 지도자인 아틸라가 453년에 죽고 페스트가 창궐하면서 흩어졌다.

훈족은 비잔틴제국을 정복하지는 못했다. 도나우 강에서 저지당했기 때문이다. 그러나 훈족을 피해 이주한 게르만족이 갈리아 지방 영국제도, 이베리아반도, 그리고 아프리카 북부를 점령했고, 그로 인해 유럽 서부에 남아 있던 로마의 흔적이 거의 사라지게 된다. 그 후 600여 년간 서유럽에서는 로마와 그리스도교 전통과 게르만족 및 그 뒤를 이은 침략자들의 전통 사이에 일종의 문화전쟁이 벌어졌다. 568년에서 650년 사이에 서유럽에 대한 또 한 차례의 게르만족 침입이 있었고, 그 뒤에는 바이킹족, 헝가리의 마자르족, 그리고 에스파냐로부터 모슬렘의 침입이 있었다. 이 기간 동안 서유럽은 아프로유라시아 연결망의 주변부로 밀려났으며, 중앙정부나 안정된 무역로를 갖지 못했다.

언어적인 측면에서 보면 로마에서 비롯된 속俗라틴어가 빠른 속도로 라틴계 언어들(포르투갈어, 에스파냐어, 프랑스어, 이탈리아어)로 발전해, 새로운 침략자들의 언어에 대항해 자신의 언어를 지켜내는 역할을 했다. 그러나 북쪽에서는 라틴어가 게르만어와 스칸디나비아어에 자리를 내주었다. 게르만족의 일부인 앵글족과 색슨족은 410년과 442년 사이에 잉글랜드를 점령해 게르만어에 기초한 새로운 언어를 만들어냈고, 잉글랜드에 최초의 문명을 도입했다.

이탈리아에서는 신앙심이 강한 수도사였던 누르시아의 베네딕트(베네딕투스)가 수도원장을 중심으로 하는 여러 개의 수도원을 조직했다. 베네딕트는 가난과 금욕과 수도원에 대한 복종을 강조하는 〈베네딕트 회칙〉이라는 수도원 생활의 지침서를 썼다. 그 뒤를 이은 여러 세기 동안에 걸친 수도사들의 작업이 없었다면, 남아 있던 대부분의 라틴 저서들까지도 사라졌을 것이다. 에우리피데스의 희곡은 9개 가운데 단 하나의 작품만이 보존됐다. 또한 타키투스의 작품과 〈베어울프Beowulf〉의 경우 각 한 권씩의 복사본만이 암흑시대에 살아남았다.[16]

남쪽에서는 모슬렘들이 711년에 서西고트족으로부터 에스파냐를 빼앗고 앞에서 언급한 것처럼 갈리아 지방을 정복하려고 했다. 그러나 유럽의 가장 큰 위협은 유럽인들이 '노르드인'이라고 불렀고 러시아와 우크라이나인들이 '바랑족'이라고 불렀던 노르웨이, 덴마크, 스웨덴의 바이킹들이었다. 바이킹은 노예와 자유농민 그리고 전사의 세 계급으로 사회가 이루어졌다. 1000년까지 무거운 쟁기를 사용하지 않았던 바이킹들은 주로 귀리와 밀, 양과 염소, 소와 물고기 등을 먹고 살았다. 그들은 먼 지역과도 무역을 했는데, 드네프르 강과 볼가 강에서 흑해까지, 그리고 더 멀리 티그리스 강에 있는 바그다드에 이르기까지 배로 무역을 했다. 그들은 영국제도와 슬라보니아 지역에서 노예를 잡아 유럽인들과 모슬렘들에게 팔아넘겼다. 그들의 또 다른 주요 교역품은 곰, 담비, 다람쥐 등의 모피였다. 또한 목재, 순록 가죽, 소금, 유리, 말, 소, 백곰, 매, 해마의 상아, 바다표범 기름, 꿀, 밀랍, 양모, 호박 등도 거래했다(그림 8.2).

바이킹들은 운명의 나무인 '위그드라실Yggdrasill'이 신성한 세상의 중심에 있으며, 신들이 그 나무 아래 앉아 매일 회의를 한다고 믿었다. 운

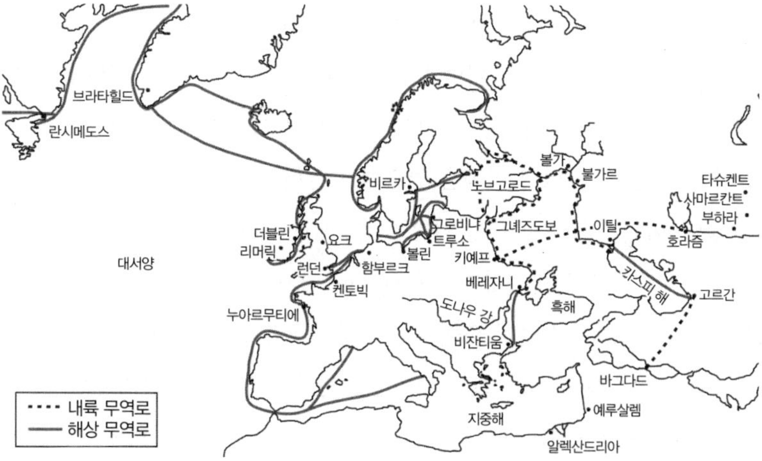

그림 8.2 바이킹 무역로

명의 나무에는 세 개의 뿌리가 있는데, 하나는 죽은 자들의 세계인 헬Hel에, 다른 하나는 얼어붙은 거인들의 세계에, 마지막 하나는 사람들의 세계에 닿아 있다. 그들은 위그드라실이 우주를 받치고 있으며, 수도 웁살라에 있는 특별한 나무는 위그드라실의 세속적인 모사품이라고 여겼다. 바이킹들은 9년에 한 번씩 웁살라에 있는 신전에 모여 신들에게 9일 동안 매일 한 사람의 남자를 포함한 아홉 생물을 신전 근처의 나무에 매달아 희생물로 바쳤다.

바이킹들이 무엇을 믿었는지 알 수 있는 이유는 그들이 룬문자라는 알파벳문자를 남겼기 때문인데, 룬문자로 된 기록은 2세기 말 혹은 3세기 초부터 나타나기 시작한다. 룬문자는 나무나 돌에 새기기 적당하도록 짧은 선들로 이루어져 있다. 바이킹들은 라틴어와 켈트어 알파벳에서 약 3분의 2를 차용했고 나머지는 자신들이 발명해서 보충했다. 아이슬란드로의 여행을 기록하고 있는 바이킹의 서사시를 통해 그들의 인생관을 엿볼 수 있다.

바이킹이 팽창하던 짧은 시기는 800년 바로 직전에 시작해서 1070년에 끝난다. 바이킹이 주변 지역으로 침략해 들어간 가장 큰 원인으로 인구과잉이 지목되곤 한다. 바이킹 사회 내부에 인구가 넘쳐나면서, 바이킹 남자들이 지역 주민들을 방어할 만한 중앙 제국이 없는 주변 지역을 침입해 땅과 부, 그리고 명예를 얻으려고 했다는 것이다. 또 다른 가능성도 있다. 바이킹은 프랑스 왕 샤를마뉴대제가 색슨족을 점령하면서 덴마크 접경지대까지 쳐들어왔기 때문에 다른 곳으로 이주했는지도 모른다. 배 만드는 기술의 발달이 바이킹의 팽창에 도움을 주었다. 바이킹은 떡갈나무를 이용해 길이가 21미터에 이르면서도 약 1미터 정도밖에 물에 잠기지 않는, 30명에서 100명 이상의 사람을 태울 수 있는 배를 만드는 법을 알고 있었다. 그들은 소나무로 돛대를 만들었고, 양모로 돛을 만들었다. 바이킹의 배는 인간이 만들어낸 가장 아름다운 작품 중 하나다.

820년에 바이킹은 노브고로드에 정착한다. 839년에 그들은 아일랜드를 침략하고, 866년에서 878년 사이에는 잉글랜드로 쳐들어가 동부 다섯 지역을 빼앗아 다스린다. 그들은 841년에서 884년 사이에 노르망디 해안을 공격해 파리를 침략하지 않는 조건으로 센 강 유역의 땅을 받는다. 나중에 그들은 프랑스 남쪽으로 배를 타고 더 내려가 에스파냐 해안을 지나 바르셀로나와 마르세유, 그리고 이탈리아 해안에까지 이른다. 그들은 서쪽으로 항해해 아이슬란드(875년), 그린란드(982년)에 식민지를 세우고, 1000년이 조금 지나서는 아주 짧은 기간 동안 뉴펀들랜드에도 식민지를 세운다. 1962년에 뉴펀들랜드의 란시메도스L'Anse-aux-Meadows에서 바이킹들의 거주지 유적이 발견됐고, 그로 인해 바이킹들이 그곳에 거주했다는 사실이 확실해졌다.

965년경에 덴마크의 왕이었던 청치왕靑齒王 하랄(940년~985년)이 그리스도교로 개종하면서, 게르만 연합의 신성로마제국 황제였던 오토 1세를 자신의 대군주로 받아들인다. 노르웨이 사람들은 995년 무렵에 강제로 그리스도교로 개종했으나, 웁살라에 있던 신전은 12세기까지도 건재했다. 비록 짧기는 했지만 바이킹의 영향은 서유럽 문화의 형성에 대단한 기여를 했다.**17**

로마의 중앙집권적 정부가 붕괴한 후, 서유럽에 살던 농민들은 곳곳에서 유목민들의 침략을 받았다. 결국 그들은 피난처를 찾아 자신을 보호해줄 만한 힘을 가진 강력한 지역 지주들에게 의지하게 된다. 자족적인 농업공동체인 게르만족의 장원莊園 전통이 확산됐다. '농노農奴'라고 불리는 농업노동자는 장원에 속해 그곳을 떠날 수 없게 되었고, 그에 대한 반대급부로 지주의 보호를 받게 됐다. 지주들은 전쟁이 거의 지속적으로 일어나는 상황에서, 귀족계급인 기사가 되었다. 로마 경제의 근간을 이루었던 직접적인 노예제도는 사라졌다. 도시 인구는 줄어들었고, 도로는 보수되지 않은 채 방치됐으며, 무역은 감소했고, 문맹률은 높아졌다. 따라서 유럽인들이 이 시기를 중세 암흑시대라고 부르는 것은 놀라운 일이 아니다. 왜냐하면 그 시기가 위대한 그리스·로마 문명과 14세기의 르네상스 사이에 있었기 때문이다.

언뜻 놀랍게 생각될 수도 있지만, 이 시기 동안의 농업 생산량은 쟁기의 개선으로 인해 증가했다. 북유럽의 토양은 끈적끈적한 진흙 토양이었기 때문에 다른 지역에서보다 쟁기질을 하기가 더 어려웠다. 그 결과 보다 무거운 쟁기가 개발됐으며, 결국 여섯 마리에서 여덟 마리 정도의 황소가 끄는 무거운 쟁기가 나타났고, 파낸 흙을 뒤집는 역할을 하는 보습도 등장했다. 1000년이 되면 북유럽에 밀, 보리, 호밀 등을 기르는 드넓은 곡물 평야가 나타난다. 그 지역의 기본적인 먹을거리는 맥주, 돼지기름이나 버터, 밀로 만든 빵, 보리나 호밀, 도토리를 먹고 사는 멧돼지 고기, 야생 조류 등이었다. 그에 비해 남유럽 사람들은 주로 밀과 포도주, 그리고 올리브 오일을 먹고 살았다.

서유럽 전체에 걸쳐 게르만 국가들이 로마의 통치를 대체하면서, 그리스도교는 자칫했으면 중요한 문화적 원동력으로서의 자리를 잃을 수도 있었다. 하지만 그것은 살아남아 유럽 문명을 지배해왔다. 어떻게 그럴 수 있었을까?[18]

가장 큰 이유는 로마교황청이 붕괴하지 않았기 때문이다. 그것은 강력한 조직과 권위와 통합의 원천이 되었다. 특히 6세기 초에 교황들은 일찍이 그리스도교로 개종한 게르만 통치자들과 연합했으며, 게르만 전통의 상당 부분을 받아들여 다신교를 믿는 사람들에게도 그리스도교를 받아들일 만한 것으로 만들었다. 결국 그리스도교 내부에는 이교도적 잔재들이 뿌리 깊게 자리 잡게 되었다. 실제로 서유럽 일부 지역의 사제들은

11세기까지도 그리스도교도들이 나무나 강 혹은 산을 숭배하는 것을 금지해야 했다.

그리스도교가 지배적인 종교가 되는 사건들은 주로 영국제도와 프랑스에서 일어났다. 아일랜드의 켈트족은 로마에 의해 직접 점령당하지는 않았지만, 그리스도교도였던 성聖패트릭(파트리치오)에 의해 5세기 전반에 기독교로 개종했다. 색슨족과 앵글족이 잉글랜드를 점령한 후에 그리스도교는 아일랜드에서만 살아남았다. 그곳의 수도원에서는 잉글랜드에 '켈트 그리스도교'를 이식하기 위해 수도승과 학자들을 선교사로 보내곤 했다. 그에 맞서 교황 그레고리오 1세(재위 590년~604년)도 로마에서 잉글랜드로 선교사들을 보냈다. 664년에 잉글랜드의 그리스도교도들이 모여 켈트교회가 아닌 로마교회를 선택하기로 결정했다. 8세기에서 10세기 사이에 잉글랜드의 색슨족들은 바이킹 침략자들을 맞아 싸웠지만, 바이킹들은 앞서 언급한 것처럼 잉글랜드 동부의 넓은 지역을 점령한다. 덴마크의 크누트 왕이 1017년에서 1035년까지 잉글랜드를 지배했고, 노르망디에 정착했던 바이킹의 후손인 노르만족 정복자 윌리엄이 1066년 그 뒤를 이어받았다. 윌리엄은 로마교회에 통상적인 지급금을 지불하기는 했으나, 교황의 권위를 자신보다 높은 것으로 인정하지 않았다. 잉글랜드 교회는 새로운 교황을 인정하지도 않았으며, 왕의 동의가 없는 교황의 명령을 받아들이지도 않았다. 결국 잉글랜드 왕은 그리스도교를 받아들이기는 했지만, 자신이 인정하는 범위 안에서만 그렇게 했던 것이다.

현재 프랑스령인 라인 강 서안 지역에서 프랑크족으로 알려진 게르만 집단이 나타났다. 그들 중 일부는 이미 로마제국에 살면서 그리스도교를 받아들이고 있었다. 로마제국이 와해된 후에 프랑크족은 자신들의 왕국을 현재의 프랑스에 이르는 남쪽까지로 확대했다. 그들 최초의 위대한 지도자였던 클로비스는 481년에서 511년까지 통치하면서, 508년에 로마 그리스도교로 개종했다. 그 과정에서 이미 그리스도교를 믿던 그의 부인 클로틸드가 큰 역할을 했다. 프랑스의 왕들은 교황과 동맹을 맺고 롬바르디아인들로부터 빼앗은 땅을 교황에게 헌납하기도 했다. 샤를마뉴대제(재위 768년~814년)는 동쪽으로 엘바 강과 빈 아래의 도나우 강까지 색슨 영토 안으로 밀고 들어갔다. 772년에 샤를마뉴 대제와 그의 군대는 색슨족들이 신성하게 여기는 나무숲을 파괴했는데, 색슨족의 종교는 바이킹의 종교와 대단히 흡사했다.

색슨족이 자신의 종교적 전통을 버리기를 강하게 거부했기 때문에 샤를마뉴는 그들에게 그리스도교 세례를 강제했다. 사순절 단식을 지키지 않거나, 사제나 주교를 죽이거나, 색슨족의 방식으로 화장을 하거나, 세례를 거부하거나, 그리스도교에 대항하거나, 프랑스 왕에 저항하면 사형으로 다스렸다. 색슨족은 샤를마뉴와 그리스도교에 30년간 저항했지만, 프랑크족의 군사적 승리와 함께 따라 들어온 수도승과 사제들이 그리스도교로 개종된 게르만 지역에서 상당 기간 기반을 굳힐 수 있었다.[19]

현재의 독일에 해당하는 유럽 동쪽 지역에 자리 잡고 있던 샤를마뉴의 제국은 오토 1세라는 강력한 군주가 출현할 때까지 작은 지역 공국들로 나뉘어 있었다. 오토 1세는 962년에 신성로마제국의 황제로 교황의 승인을 받는다. 신성로마제국은 게르만 왕족들의 느슨한 연합체로 지속되었고, 왕족 중 한 명이 황제가 됐다.

1000년이 되면 유럽의 거대한 지주들이 무기를 들고 기사가 되어, 자신의 장원을 지키고 지역의 왕들과 연합한다. 지역 왕들은 로마의 지배가 사라진 이후 수세기에 걸쳐 그리스도교도가 되었다. 이미 그리스도교는 예수가 로마의 변방에서 소수의 사람들에게 가르쳤던 평화적 종교에서, 유럽인들을 지키고 비잔틴제국을 지키는 전투적 종교로 바뀐 상

태였다.[20]

서유럽이 이주와 전쟁의 어두운 시간을 지나는 동안 아프리카는 이슬람 세계에서 비롯된 안정과 교역의 연결망 안으로 깊숙하게 편입된다. 아프리카 북부는 앞에서 본 것처럼 이슬람교로 개종됐으나, 아프리카의 사하라 남쪽 지역은 다른 대부분의 유라시아 지역보다 더 오랫동안 주류 세계로부터 고립돼 있었다(그림 8.3).

짐을 싣는 동물로 낙타를 이용하는 방법은 서기가 시작되기 전에 아

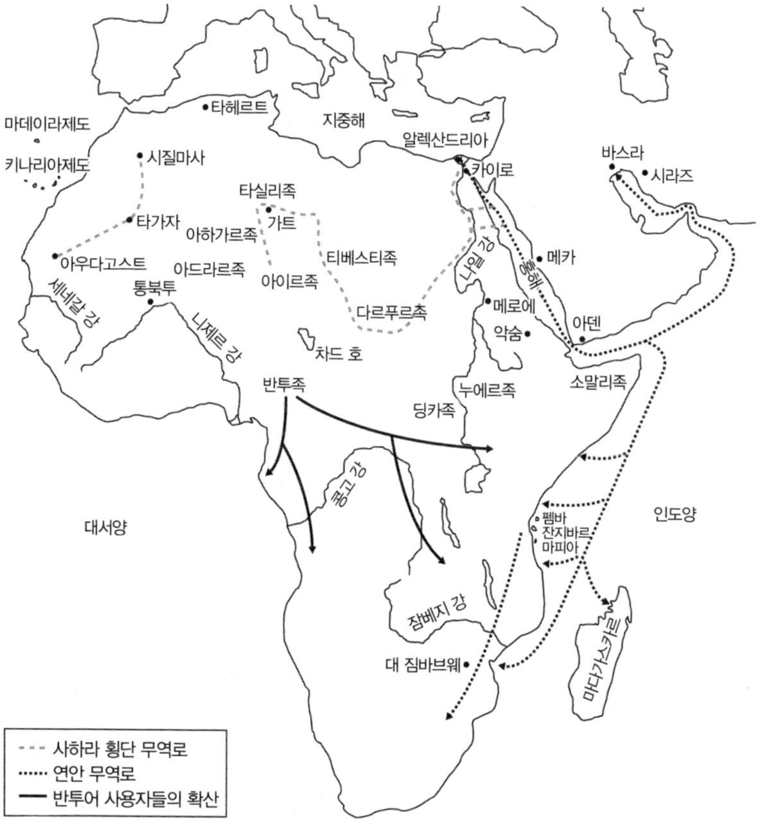

그림 8.3 1000년경의 아프리카 무역로

라비아에서 아프리카로 전파됐는데, 카라반들이 낙타를 타고 사하라사막을 건너기 시작한 300년경에는 차드 호湖 지역에서도 낙타를 이용하기 시작했다. 낙타는 물과 식량을 덜 먹고도 다른 동물에 비해 더 많은 짐을 나를 수 있었기 때문에 낙타로 인해 사하라 지역은 값싼 교통수단의 중심지가 되었다. 이집트와 아프리카 북부는 636년에서 711년 사이에 모슬렘의 통제 하에 들어갔고, 그 이후로 그 지역과 다른 지역 사이의 교역은 주로 모슬렘들을 통해 이뤄졌다. 모슬렘과 교역하던 초기에 아프리카 서부의 통치자들은 이슬람교나 이슬람을 통한 외부 세계와의 접촉을 받아들이기를 거부했다. 왜냐하면 이슬람은 왕에게 세속적인 권력을 부여하던 아프리카 지역의 종교적 전통과 어긋났기 때문이다. 985년이 되어서야 이슬람으로 개종한 최초의 아프리카 왕이 나타났다.[21]

현재의 인도네시아에 해당하는 지역에서 온 항해자들이 아프리카 동부 해안을 따라 500년경에 마다가스카르에 도착했다. 그들은 바나나, 마, 타로 토란을 가져왔는데, 토착 반투족이 그것을 경작하면서 삼림지역 안으로 정착지를 넓혀나갔다. 이슬람교는 해안을 따라 퍼져나갔다. 그 결과 그런 지역에서는 아프리카 문법과 어휘에 기초해 있으면서 거기에 아랍어와 페르시아어 단어들이 합쳐져 풍부해진 공통의 언어와 문화가 발전하기 시작했다. 시간이 지나면서 그런 지역의 사람들과 언어는 '스와힐리Swahili'라고 알려지게 되는데, 이 말은 아랍어인 '흑인들의 해안sawahil al sudan'이라는 말에서 나온 것이다. 모슬렘 상인들은 아프리카 내륙으로는 들어가지 않았고, 내륙 지역에서는 반투어를 구사하는 아프리카 사람들이 그 후 수세기 동안 자신의 종교를 지키며 살았다.

낙타는 사하라사막을 건널 정도로 강인한 동물이었지만, 사하라 남쪽의 습기 찬 기후에서는 체체파리와 그것이 옮기는 수면병을 일으키는 트리파노소마(편모충) 때문에 무용지물이었다. 사하라 남쪽의 말라리아와 황열병도 그런 질병에 익숙하지 않은 사람들에게는 치명적인 것이었다. 지리적 조건도 사하라 남부 지역을 다른 지역으로부터 고립시켰다. 니제르 강과 콩고 강은 하류 쪽의 급류와 폭포 때문에 바다에서 배를 타고 올라오는 것이 불가능했다. 또한 갖가지 기생충들이 사하라 남부 지역의 인구 증가를 막았다. 그런 이유들로 아프리카 내륙은 19세기까지 세계의 다른 지역으로부터 고립돼 있었으며, 인구도 많지 않아 도시 사회가 발전할 수 없었다. 그리고 약 2,000개 정도의 언어를 사용하는 다양한 지역 전통들이 사하라 남부 지역의 특징으로 여전히 남아 있다.[22]

아프리카인들은 기원후 어느 땐가부터 철 제련술을 발전시켰다. 어쩌면 아프리카인들이 철 제련술을 독자적으로 개발했을 수도 있고, 아니면 기술이나 개념을 외부로부터 도입했는지도 모른다. 반투족은 오늘날의 나이지리아와 카메룬의 접경에 가까운 열대림 지역 근처의 초기 철 제련 유적지를 중심으로 거주하고 있었는데, 800년경에 남쪽으로 이동하면서 철 제련술을 아프리카 남부로 전파했다.

사하라 남부의 덥고 습한 열대 삼림 지역과 눅눅한 사바나 지역에서는, 교환되는 모든 물건을 사람의 머리 위에 이고 날라야 했다. 짐을 실을 수 있는 어떤 동물도 그곳에서는 생존이 불가능했다. 그런 이유들 때문에 가장 가볍고 가치 있는 상품인 금이 중요해졌다. 서기 1000년이 되기 전에 금 무역에 기초한 두 개의 왕국인 서아프리카의 가나와 동아프리카의 짐바브웨가 탄생했다.

8세기 후반의 아랍 기록을 보면 가나가 '금의 땅'으로 묘사돼 있다. 현재의 말리, 세네갈, 모리타니 지역을 포함하던 가나는 소닌케족에 의해 세워졌다. 그들은 북부 해안가에 살던 베르베르족에게 금가루를 주고 구리와 다른 제품들을 얻었다. 가나의 고대 수도는 서기 1000년 이전에는 두 개의 지역으로 나뉘어 있었는데, 한 지역은 모든 지역에서 온 상인들

을 위한 것이었고 다른 지역은 군사·정치 지도자들과 그들의 추종자들을 위한 것이었다.[23]

잠베지 강의 남쪽 고원 위에서는 또 다른 강력한 국가가 탄생했는데, 지역에서 나는 금을 해안가로 옮기며 번창했다. 현재는 대大짐바브웨로 불리는 그 나라의 수도에는 1400년경의 최고 발전기에 약 1만 8,000명이 살고 있었다. 역사학자들은 그곳에 살던 사람들이 근처의 나무들을 땔감으로 써버리고 소들이 근처의 초지를 모두 먹어버려, 결국 15세기에 급작스럽게 몰락했다고 보고 있다. 전체적으로 보자면 1000년 이전에는 아프리카의 해안가가 아프리카 대륙과 아프로유라시아 연결망의 경계였으며, 아프리카의 내륙은 그 이후로도 오랫동안 사람의 발길이 닿지 않는 곳으로 남아 있었다.

다른 경계 지역에서는 바이킹들이, 앞에서 본 것처럼 아이슬란드와 그린란드, 그리고 뉴펀들랜드에 정착했다. 인도양과 태평양에서도 해양 활동이 활발했지만, 아이슬란드의 서사시처럼 자세한 내용을 전해줄 문자로 된 기록이 남아 있지 않다. 폴리네시아인들은 400년경에 이스터제도와 하와이에 정착했으며, 1300년경에는 뉴질랜드에 정착했다. 하지만 그들은 세상의 다른 지역과 어떤 접촉도 하지 않았다. 400년 무렵이 되면 태평양 서부와 인도양이 거대한 하나의 바다로 연결된다. 먼 거리를 항해할 수 있는 배들은 굳이 해안에 가깝게 항해할 필요도 없었고 지역 세금을 낼 필요도 없었다. 많은 상품들이 먼 곳까지 전해졌다. 인도의 후추와 목화, 중국의 비단과 도자기, 인도네시아의 육두구肉豆蔻와 정향丁香, 그리고 아프리카의 금과 상아가 서로 거래됐다. 복잡한 상호작용의 속도가 800년 동안에 엄청나게 빨라졌다.

요약하자면, 200년에서 1000년 사이의 800년간 아프로유라시아 대륙의 연결망은 급격하게 확장되고 심화됐다. 배와 카라반이 무역과 의사소통을 강화하고 확대했다. 서기 200년 이전에는 연결망의 중심 지역에 농경문화가 간간이 존재하고 있었다. 그러나 서기 1000년이 되면 아프리카의 일부 지역, 아시아의 남동부 전체, 남태평양제도, 한국, 일본, 북유럽, 그리고 초원 지대가 연결망에 포함되고, 전 세계 인구 약 2억 5,300만 명 중 약 2억 명이 그 안에 포함된다. 구원을 말하는 종교들은 이 시기에 지역 신이나 자연 정령을 믿던 사람들이 사는 지역으로까지 퍼져나갔다. 이슬람은 특정한 인종과 지역주의에 기초한 신앙에서 보편적 종교로 변화됐다. 모슬렘들은 다신교를 믿던 북부 아프리카 사람들과 유라시아 서부 초원 지대의 투르크족들을 대량으로 귀의시켰다. 그리스도교는 켈트족, 게르만족, 그리고 슬라브족 사이에 퍼졌다. 바이킹들은 1000년까지도 그리스도교에 저항했다. 하지만 그때 이미 유럽 전체가 그리스도교를 받아들였고, 거기서 제외된 것은 발트 해 남부 연안에 살던 일부 사람들뿐이었다. 그들도 1387년에 그리스도교를 받아들였다.

불교는 중앙아시아, 중국, 아시아 남동부 지역으로 퍼져나갔다. 구원의 종교들은 하나같이 인간에게 외부에 있는 초월적 세계를 욕망하게 만든다는 특징을 갖고 있다. 그런 초월적 세계는 천국, 낙원, 열반, 시바와 크리슈나의 합일 등으로 표현된다. 그런 종교들은 도시 생활의 현실에서 고통 받는 사람들에게 미래의 보상이라는 희망을 주었다. 도시는 가장 풍요로운 때에도 불안정하고 불평등하기 마련이며, 어려울 때는 분열되기 쉽다. 새로운 종교들은 인간이 희망을 간직할 수 있도록 해주었고, 도시 조직에 필요한 사회적 불평등을 유지할 수 있도록 도와주었다. 그 결과 도시 사회가 증가하면서 구원의 종교들도 융성하게 됐다. 도시의 발달과 구원을 말하는 종교의 발전이 200년에서 1000년 사이에 아프로유라시아 대륙에서의 인간 생활에 나타난 공통된 모습이었다. 물론 도시화되지 않은 지역들도 많이 남아 있었다.

복잡한 사회의 등장으로 사회비용을 치르다

사회가 복잡해지면서 자연스레 희생이 따랐다. 복잡한 사회를 유지하기 위해 인간은 더 많은 지구의 자원을 자신의 필요에 맞춰 사용했다. 그중 하나가 나무를 자르는 일이었다.

만약 누군가 서기 200년과 서기 1000년에 각각 우주선을 타고 유라시아 대륙을 비행했다면, 가장 눈에 띄는 차이는 사라진 삼림지대였을 것이다. 중국 전역에서, 그리고 중국에서 인도까지 전 세계에서 가장 큰 열대림 지역이 사라졌는데 더 많은 사람을 먹일 농토를 만들기 위해 나무를 잘랐기 때문이다. 유럽에서는 무거운 쟁기를 만들기 위해 처녀림의 나무가 벌목됐다. 숲을 숭배하던 사람들은 다른 생에서의 구원을 약속하는 다른 종교로 개종하거나 개종됐고, 그에 대한 반대급부로 이승에서의 생존과 복잡한 생활을 얻었다.

그렇게 많은 나무가 사라졌지만, 전체 나무의 약 75퍼센트가 살아남았다. 현재의 추산에 따르면, 1700년까지는 1985년까지 남아 있던 나무의 25퍼센트 정도만이 잘려나갔고, 1850년에는 50퍼센트, 그리고 1915년에는 75퍼센트가 벌목됐다. 1000년이 되면 이미 삼림의 황폐화가 뚜렷하게 나타나지만, 그것은 지난 300년간의 급속한 삼림 황폐화에는 미치지 못했다.[25]

인간과 다른 모든 동물 종들 사이의 권력 균형의 이동도 계속 진행됐다. 인간은 다른 모든 포유류들에 대한 지배를 강화했다. 사냥을 통해 그 수를 줄였고, 그중 일부를 필요한 대로 길들여 식량으로 먹거나 짐을 싣는 동물로 만들었다.

200년에서 1000년 사이에 지구상의 인구수는 2억 5,700만 명에서 2억 5,300만 명으로 조금 줄어든다. 1000년에 러시아를 제외한 유럽에는 약

3,000만 명 정도가 살고 있었는데, 200년보다 1,400만 명 정도가 줄어든 숫자였다. 중국에는 전 세계 인구의 약 22퍼센트인 5,600만 명이 살고 있었으며, 아프리카에는 15퍼센트, 그리고 아메리카 대륙에는 7퍼센트 정도가 살고 있었다.[26]

서기 1000년이 되면 아프로유라시아 대륙 전체에서 인류의 역사에 공통되는 다섯 가지 양상이 발견된다. 물론 현재 시점에서 볼 때 그렇다는 말이다. 인구가 서서히, 그러나 지속적으로 늘어난다. 전체 인구가 늘어나면서 그들이 살고 있는 장소에서의 밀집도도 높아진다. 또 인구가 밀집되면서 더 복잡한 계층이 생겨나고, 복잡한 조직이 만들어지고, 기술과 지식의 전문화가 증가한다. 지난 1만 년 동안 한 해도 거르지 않고 이런 인간 생활의 다섯 가지 양상이 그 이전보다 더 대규모로 더 심각하게 나타났다. 물론 그런 추세가 일정하게 안정적으로 나타난 것은 아니고 우여곡절을 겪었다. 하지만 1000년이라는 시간을 놓고 전체적으로 보면, 그런 양상은 복잡성의 증가와 함께 항상 존재했다.[27]

앞의 3개 장에서는 아프리카와 유라시아 대륙에서의 인간 생활에 대해 살펴봤다. 이제 지구본을 돌려, 아프로유라시아 대륙과 항상 접촉하고 있지는 않았지만 최소한 1만 3,000년 동안 인간이 살고 있었고 어쩌면 3만 년 이상 인간이 살고 있었는지도 모르는 아메리카 대륙으로 눈을 돌려볼 차례다. 그곳에서는 복합사회를 향한 새로운 실험이 이루어지고 있었다.

남아 있는 의문점들

1. 1492년 이전에 아프리카와 아메리카 대륙 사이에 접촉이 있었을까?

흥미로운 증거들이 그런 가능성이 있었음을 암시하고 있다. 아프리카에서는 카보베르데제도와 세네감비아 해안 두 곳에서 대서양의 조류가 남아메리카 대륙과 카리브제도의 북동쪽 해안으로 흘러간다. 1969년에 노르웨이의 탐험가인 토르 헤위에르달은 아프리카인들이 고대부터 배를 만들던 방법에 따라 파피루스 갈대로 만든 배를 타고 모로코의 사피에서 카리브 해 바베이도스제도까지 항해하는 데 성공했다. 다른 사람들도 그 실험을 그대로 따라 해 성공했다. 포르투갈의 페드루 알바르스 카브랄은 1500년에 배를 타고 아프리카를 일주하다가 브라질 해안으로 밀려가면서 이 해류를 발견하기도 했다.

아프리카 사람들이 아메리카 대륙으로 가려고 했던 증거는 아랍의 지리학자가 쓴 책에도 나타난다. 알우마리(1301년~1349년)라는 아랍의 지리학자는 카이로에 살고 있었는데, 그가 카이로에 거주하기 전인 1324년에 말리의 황제였던 만사 칸칸 무사가 카이로를 방문한 적이 있었다. 그런데 만사 무사 왕을 영접했던 한 남자가 알우마리에게, 자신이 만사 무사 왕으로부터 들었다는 이야기를 전해주었다. 그 안에는 만사 무사가 어떻게 왕이 되었는지, 그 과정에 대한 내용도 포함돼 있었다. 만사 무사 왕에 따르면, 그의 전임자였던 만사 무함메드 왕은 대서양의 끝에 가는 것이 가능하다고 믿었다고 한다. 만사 무함메드는 200척의 배를 준비해 당시의 말리에 속해 있던 세네감비아 해안에서 배들을 출발시켰다. 마침내 배 한 척이 돌아와 다른 배들은 대양에서 강한 조류를 만났다고 보고한다. 다른 배들은 모두 거기 휩쓸려 들어가 다시 나오지 못했고, 한 척만이 돌아왔다는 것이다. 그래서 만사 무함메드는 더 큰 탐험대를 조직한 후에 만사 무사를 왕으로 임명하고 1311년에 자신이 직접 떠났지만, 다시 돌아오지 못했다. 이 이야기에 등장하는 조류가 아마존 강 입구의 조류였을 수도 있으며, 그들은 그 조류를 타고 중앙아메리카 지역에 도착했던 것인지도 모른다.

러트거스대학 아프리카연구소의 교수인 가이아나 출신의 인류학자 이반 밴 세르티마Ivan van Sertima는 아프리카 사람들이 1492년 이전에 아메리카 대륙에 도착했을 수도 있다는 가설을 주장하고 있다. 그는 그 주제에 대해 《그들이 콜럼버스 이전에 왔다They Came Before Columbus》와 《다시 보는 초기 아메리카Early America Revisited》라는 책을 썼지만, 주류 역사학자들 대부분은 그의 주장을 받아들이지 않고 있다.

9

아메리카 대륙에 문명이 등장하다

200년 ~ 1450년

아메리카 대륙은 지구상에서 호모사피엔스가 정착한 마지막 대륙이다. 인간은 약 4만 년 전에 오스트레일리아에 도착했지만, 현재 알래스카로 알려진 곳에 도착한 것은 빨라야 3만 5000년 전 혹은 늦게는 1만 3000년 전이었다.

그사이에 아메리카 대륙의 동식물은 인간의 사냥을 피해 좀 더 긴 시간 동안 발전할 수 있었다. 1만 년 전부터 7만 5000년 전 사이에 있었던 대빙하기에, 동물들은 아시아와 알래스카 사이에 있던 육교를 통해 쉽게 건너다닐 수 있었다. 예를 들어 아메리카 대륙에서 발생한 말은 아시아로 건너갔고, 인간 다음으로 전 세계에 널리 퍼진 포유류인 사자는 아시아에서 아메리카 대륙으로 건너갔다. 이 수만 년의 기간 동안 북아메리카 대륙에는 지금보다 다섯 배는 더 많은 동물 종들이 살고 있었다. 키가 6미터에 달하고 무게가 3톤 정도인 네 종류의 자이언트 나무늘보, 대형 설치류, 세 종류의 낙타, 털이 많은 매머드, 마스토돈, 긴 뿔 들소, 글립토돈, 거대한 사자와 맥, 치타, 검치호랑이, 코끼리, 늑대, 거대한 불독곰, 말 등 아메리카 대륙에 살고 있던 포유류들의 다양성은 놀라울 정도였다.

그런데 1만 6000년 전에서 1만 년 전 사이에 이런 동물들 대다수가 멸종했다. 왜 그렇게 짧은 시간 동안에 그런 일이 일어났을까? 확실치는 않지만 전문가들은 기후 온난화와 인간의 유입으로 인한 복잡한 상호작용의 결과였던 것으로 보고 있다. 수많은 동물들이 죽었다는 것은 그것들이 빠르게 변하는 환경에 적응하지 못했거나 아니면 호모사피엔스가 쉽게 그들을 죽일 수 있었거나, 둘 중 하나로 설명될 수 있다. 아니면 그 두 가지 이유가 복합되어 일어난 일일 수도 있다.[1]

인간이 들어오다

지금까지는 분명하게 밝혀지지 않은 이유로 인해, 기원전 1만 4000년에서 기원전 1만 년 사이에 거대한 빙하가 녹기 시작했다. 빙하가 녹으면서 흙더미와 암석 부스러기가 남겨지고 곳곳에 호수가 생겨 환경이 완전히 변해버렸다. 복잡하게 얽혀 있던 생명체들의 체계는 절단되고 흩어졌다. 식물은 더 북쪽으로 옮겨 가기 시작했고, 그와 함께 동물도 옮겨갔다.

상승하는 바닷물이 베링기아를 삼켜 육로를 막기 바로 직전에, 이런 아메리카 대륙의 풍경 속으로 사냥꾼인 인간이 들어왔다. 오늘날의 베링 해협은 알래스카와 시베리아 사이의 70킬로미터가 넘는 차가운 바닷물이다. 소규모의 사람들이 기원전 1만 4000년쯤 알래스카로 들어왔고, 그들이 그 후 약 2000년 사이에 빙하 위에 생긴 길을 따라 현재의 캐나다 에드먼턴 근처에 남아 있는 유적지를 통해 대평원 지역으로 나왔던 것으로 추측할 수 있다. 아시아 동쪽의 서로 다른 지역에 살던 사람들은 최소한 두 번 혹은 세 번 정도 이동해 남아메리카와 북아메리카로 빠르게 퍼져나갔고, 그 과정에서 인구도 늘어났다. 기원전 9500년에서 기원전 9000년 사이에는 캐나다 대평원 지대에서 멕시코 중부지역까지 퍼져나갔다. 100명쯤이었던 최초의 집단은 약 300년 사이에 100만 명 정도로 늘어났다. 인간은 기원전 8500년쯤 남아메리카의 남쪽 끝인 티에라델푸에고에 도착한다. 그들은 약 1000년 동안 거의 1만 3,000킬로미터를 여행한 것이다.[2]

시베리아에서 생활했던 사람들에게 아메리카 대륙은 에덴동산처럼 여겨졌을 것이다. 아메리카 대륙은 사냥할 수 있는 거대한 동물과 온갖 새들이 있는 원시적이고 화려하고 따뜻한, 야생 상태 그대로였다. 인간이 정착한 후 최초의 2000년 동안 5,000만에서 1억 마리 정도의 동물이 사라졌는데, 그중에는 길들일 수 있었던 큰 동물들도 포함돼 있었다.

베링육교를 건넌 사람들은 도자기를 갖고 있지 않았으며, 개를 제외하고는 길들인 동물도 데리고 있지 않았다. 그들은 기원전 6000년경까지는 수렵·채집 생활을 계속했고, 그 이후에는 아메리카 대륙의 서로 다른 네 개 지역에서 식물을 기르기 시작했다. 그 지역은 멕시코, 북아메리카 대륙의 동쪽 삼림 지역, 남아메리카 대륙의 열대지방, 그리고 안데스산맥의 고원 분지 등이었다. 식물의 재배는 그 네 개 지역에서 거의 동시에, 그러나 독립적으로 일어났는데, 그 사실로 보아 식물을 기르기 쉽도록 그 지역들의 기후가 동시에 변했던 것으로 보인다. 네 개 지역 전체에서 아메리카 대륙 주민들은 100종류 이상의 식물을 길렀다. 그 안에는 나중에 전 세계인이 즐겨 먹게 되는 옥수수, 감자, 고추, 토마토, 땅콩, 담배, 카카오, 코카 등이 포함돼 있다. 그러나 농사를 짓기 시작한 후에도 그곳 사람들은 여전히 수렵·채집 생활을 계속했다. 그 후 4500년 정도가 지나서야 멕시코와 안데스산맥 지역에서 영구적인 주거지가 나타나기 시작한다.

중앙아메리카의 고추, 삼림 지역의 해바라기, 미국 뉴멕시코의 호박, 그리고 그 세 지역에서 공통적으로 발견되는 아마란스, 또 안데스 지방의 땅콩 등이 아메리카 대륙에서 최초로 재배된 식물들이다. 최근에 발견된 증거를 보면, 기원전 2000년쯤에는 브라질의 아마존 강 유역과 볼리비아에서 대규모의 열대 원예농업이 시작된 것으로 보인다. 그런 사실을 통해 볼 때 원예농업으로 주로 길러지는 카사바는 옥수수만큼이나 오래된 식물이라고 할 수 있다.[3]

아메리카 대륙에는 재배할 만한 야생 밀이나 보리, 귀리, 혹은 쌀이 없었다. 앞에서 언급한 것처럼 나중에 아메리카 대륙의 문명을 먹여 살리게 되는 옥수수는 최초에는 크기가 엄지손가락 정도밖에 되지 않는 야생풀이었다. 오랜 기간의 유전자 선택을 통해, 기원전 5000년에서 기원전 4000년 사이에 재배할 수 있는 옥수수가 등장했다. 옥수수는 쌀이나 밀이나 보리 등에 비해 면적당 더 높은 칼로리를 생산해낸다. 하지만 옥수수가 계절에 맞춰 열매를 맺기 위해서는 서로 다른 기후대의 일조 시간에 유전적으로 적응해야만 한다. 유라시아 대륙이 동서로 퍼져 있는 것과는 달리 아메리카 대륙은 남북으로 뻗어 있었기 때문에, 곡물은 비슷한 위도로 퍼져나가는 대신에 서로 다른 위도상의 다른 기후 환경에 적응해야 했다.

기원전 3000년이 되면 멕시코에서는 옥수수, 콩, 호박을 기반으로 하는 독특한 음식 문화가 나타난다. 칠면조와 개를 제외하면 길들일만한 동물이 없었기 때문에 중앙아메리카 지역 사람들은 옥수수와 콩에 의존해 단백질을 섭취해야 했다. 멕시코의 곡물들은 기원전 1200년경이 되면 미국의 남서부 지방으로 서서히 퍼져나가며, 서기 1000년경에는 미국 동부의 삼림지대까지 퍼져나간다.

남아메리카 대륙에서는 두 개의 기후대가 전혀 다른 먹을거리를 만들어냈다. 열대성 저지대에서는 기원전 4000년 이전에 이미 카사바와 고구마가 재배됐다. 고구마는 아마도 아메리카 대륙에서 폴리네시아의 섬들로 전해진 것으로 보이는데, 그 사실로 보아 유럽인들보다 먼저 바다를 항해한 사람들이 있었음을 알 수 있다. 400년경에 이스터 섬에 도착한 폴리네시아인들은 어쩌면 아메리카 대륙에까지 항해했을 수도 있으며, 그 과정에서 고구마를 자기네 땅으로 가져갔을 수도 있다. 하지만 그런 항해들에 대한 어떤 기록도 남아 있지 않기 때문에 어떻게 고구마가 폴리네시아에 전해졌는지는 여전히 의문이다.[4]

더 남쪽의 안데스산맥 고원지대에서는 또 다른 문화와 음식이 발달했다. 단백질 함량이 높으면서도 무게가 가벼운 곡물인 감자와 키노아가 그들이 주로 탄수화물을 얻은 통로였다. 감자는 요즘 북아메리카의 시장에서 볼 수 있는 것처럼, 자줏빛을 띤 작은 것부터 흰색을 띤 큰 것까지 무려 3,000여 종류가 있었다. 안데스산맥 지역에서는 가축화가 가능했던 야마와 알파카, 그리고 길들여지지 않은 비쿠냐를 통해 동물 단백질을 얻었다. 야마와 알파카는 주로 짐을 싣는 동물로 사용했고, 젖을 짜거나 쟁기를 끄는 데 사용하지는 않았다. 안데스인들은 냉동 건조시킨 감자(추냐)와 건조시킨 동물 고기(차르키)를 먹곤 했는데, 그 말은 영어로 육포를 말하는 '저키jerky'의 어원이 되었다.[5]

아메리카 대륙에서 농업은 아주 서서히 발전했다. 쟁기질을 하거나 배설물로 토지를 비옥하게 할, 풀을 뜯어 먹는 큰 가축이 없는 상황에서 식량 공급을 늘리려면 새로운 토지에 노동집약적인 관개시설을 해야 했기 때문이다. 또 대륙이 남북으로 퍼져 있었기 때문에 재배하게 된 곡물도 빠르게 퍼지지 않았다. 그런 이유로 기원전 1500년 이전까지는 안데스산맥과 라틴아메리카 지역에 영구 정착지가 세워지지 않았다. 극히 일부의 공동체에서만 인구가 빠르게 늘어나 사회계층과 조직화된 전쟁, 그리고 거대한 건축물이 등장하는데, 그런 공동체에서 농경문화가 태동하고 있었다는 증거로 볼 수 있다.

중앙아메리카의 핵심 도시들

기원전 1000년경에 나타난 아메리카 대륙의 도시문화는 올멕족에 의해, 현재 멕시코의 타바스코 주와 베라크루스 주에 해당하는 멕시코 만의 해안 지방을 중심으로 건설됐다. 올멕인들은 약 35만 명 정도의 전체 인구가 조그만 도시들에 흩어져 살면서 세 개의 제의 중심지를 만들어놓고 때때로 모였던 것으로 보인다. 그들은 말을 표현할 문자 체계를 발전시키지 않았고, 특정한 신이나 개념들을 기억하기 위해 상형문자를 사용했다.

문자 기록이 남아 있지 않은 상태에서 올멕인들이 무슨 생각을 했는지에 대해서는 그들이 남긴 유물을 단서로 추측해보는 수밖에 없다. 그들은 거대한 현무암으로 만든 두상들을 남겼는데, 각각의 두상에는 독특한 얼굴이 새겨져 있다. 그중 어떤 것들은 80킬로미터 이상 떨어진 곳에서 배를 이용하거나 육로를 이용해 옮겨진 돌로 만들어졌으며, 높이가 3.4미터에 무게는 20톤에 이른다. 그들이 믿던 신은 남녀 양성을 동시에 갖고 있었다. 올멕인들은 옥玉을 좋아해서, 옥을 이용해 표범이나 표범으로 변하고 있는 남자의 모습을 조각하곤 했다.

올멕인들은 최초로 '구기球技' 경기를 했는데, 자신들이 사용하던 나우아틀 말로 '틀라치틀리'라고 불렀다. 틀라치틀리 경기를 하기 위해 I자 모양의 한쪽으로 경사가 진 가로 30미터, 세로 60미터 크기의 돌로 된 경기장을 이용했다. 경기에 참가하는 사람들은 장갑과 허리띠, 그리고 사슴 가죽으로 만든 엉덩이 보호대를 착용했다. 그것은 고무로 만든 공을 손이나 발이 아닌 무릎이나 엉덩이로 때려서 경기장 양쪽 끝에 있는 작은 문에 넣는 경기였다. 일부 남아 있는 조각 작품을 보면 경기에 진 팀의 주장으로 보이는 사람의 목을 자르는 장면이 묘사돼 있다. 혹은 정반대로, 올멕 사회에서는 희생을 명예로운 일로 생각해 이긴 팀 주장의 목을 자르는 장면이 묘사된 것일 수도 있다.

올멕인들은 흔히 '원반달력'이라고 불리는 것을 만들었는데, 그것은 두 가지의 서로 다른 일력 체계를 합친 52년 주기의 대단히 복잡한 달력이었다. 그중 하나인 제례용 달력은 260일을 20일씩 13달로 나눈 것이었다. 다른 하나는 태양력으로, 365일을 20일씩 18달로 나누고 불길하게 간주되는 남는 5일을 몇 개 달의 끝에 집어넣은 것이다. 특정한 날은 이렇게 서로 다른 두 개의 달력 체계에서 52년마다 한 번씩 만나게 된다.

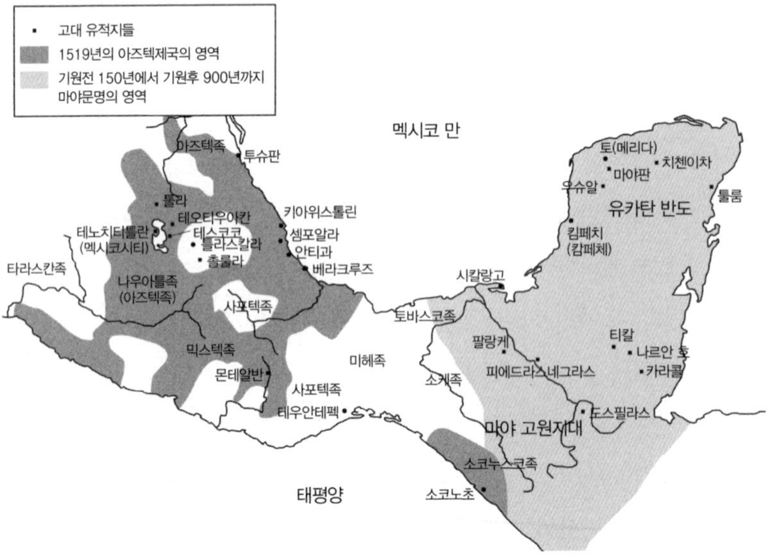

그림 9.1 마야와 아즈텍제국

올멕인들은 이런 달력에 기초해 역사가 순환한다고 보았으며, 특히 왕조의 흥망이나 군사적 침입과 같은 중요한 일들은 반복해서 일어난다고 생각했다. 또한 그들은 20진법에 기초해 날짜를 세는 '롱카운트long count'라는 방법을 만들기도 했는데, 기원전 3114년 8월 13일까지 거슬러 올라간다. '롱카운트'를 위해 그들은 막대 모양으로 5를 표시했고, 점으로 1을, 그리고 조개 모양의 그림을 이용해 숫자 0을 표시했다.

올멕 문화는 기원전 400년 초부터 국가 체계가 붕괴하면서 쇠퇴하기 시작했다. 붕괴의 원인이 내부 반란이었는지, 흉작이었는지, 혹은 외부의 침입이었는지에 대해서는 누구도 정확히 알지 못하고 있다.

올멕인들이 쇠퇴하기 전인 기원전 600년경에 유카탄 반도에서 마야인들이 농촌 지역에 기반을 둔 지역 권력을 만들어냈다(그림 9.1). 그곳은 기후와 환경이 상당히 험한 지역으로, 기온이 높아 잡초를 제거하기 어려웠고 넓게 분포돼 있는 석회암 퇴적물로 인해 토양의 양분도 부족했다. 화전 경작만으로는 밀집된 인구를 부양하기 어려웠기 때문에, 그 지역 사람들은 농사를 짓기 위해 관개시설을 만들고 인공적으로 흙을 쌓아 올려 경작지를 만들어야 했다.

인공적으로 흙을 쌓아 올려 만든 경작지는 습지에 흙을 부어 섬 모양으로 만든 땅으로, 그 사이사이로 물이 지나갈 수 있는 길이 있었다. 모든 중앙아메리카 문명에서 발견되는 이런 식의 경작지는 그래서 마치 물에 떠 있는 것처럼 보인다. 그런 경작지를 가꾸기 위해서는 많은 노동이 필요했지만, 배를 타고 추수할 수 있다는 장점도 있었다. 짐을 나르는 동물이 없던 상황에서 그것은 아주 다행스러운 일이었다.

마야인들은 중앙집권화된 제국을 만들지 않았으며, 문명이 최고조에 달했던 600년에서 800년 사이에도 문화와 이념을 함께하는 약 60개의 조그만 촌락국가들이 하나의 집단으로 뭉치는 데 그쳤다. 마야 인구는 최소한 300만 명에서 500만 명 사이였던 것으로 보이는데, 그런 숫자는 마야문명이 붕괴한 뒤 600년이 지나 에스파냐 사람들이 반도에 도착했을 당시의 거의 두 배가 넘는 것이었다. 마야인들의 주요 식품은 옥수수, 콩, 호박, 토마토, 고추였다. 그들은 정교한 상수도 체계를 만들었지만 가뭄에는 취약했다. 통치자들은 선인장 가시로 자기 몸을 찔러 피를 흘리거나 자신을 희생함으로써 조상들이나 신들과 소통했다. 마야 왕국을 다스렸던 통치자들 중에는 두 명의 여성도 있었던 것으로 알려져 있다.

서반구에서는 유일하게 마야 사람들만이 말을 표현할 수 있는 완벽한 문자 체계를 발전시켰다. 그들의 문자는 약간의 상형문자와 음절을 표현하기 위한 표음문자가 합쳐진 것이었다. 모든 말을 표음문자로 기록하지 않았던 이유는, 상형문자가 특정한 권위를 갖고 있었고 정치적·종교적 의미를 담고 있었던 때문으로 보인다. 마야인들은 나무껍질에 석고 가루를 씌운 뒤 접어서 책을 만들었다. 그러나 에스파냐 사람들이 마야문명을 너무도 철저하게 파괴했기 때문에, 900년 이전에 만들어진 마야의 책은 단 한 권도 남아 있지 않고 그 이후에 만들어진 것도 네 권만이 남아 있다. 마야인들은 돌로 된 기념물, 벽, 부장된 항아리 등에도 문자를 남겼는데, 1980년대에야 그 문자가 해독됐다.

마야의 국가 구조는 상당히 짧은 기간 사이에 무너졌다. 마야는 900년경 불과 몇 세대 동안에 광범위한 기아로 인해 인구의 절반을 잃었다. 정확한 붕괴 이유가 알려지지는 않았지만, 최근의 연구를 통해 몇 가지 원인을 짐작해볼 수 있다. 그들이 제례를 지내던 장소들이 갑자기 버려졌고, 심지어 그곳의 몇몇 조각들은 미완성인 채로 남아 있다. 곳곳에서 많은 전쟁이 일어났고 사람들은 성을 버렸다. 통치자들과 사제들이 평민들에 의해 제거됐다. 살아남은 사람들은 화전 농업으로 돌아가 지역 정부조차 없는 촌락에서 살았다. 52년 주기의 마지막 해였던 889년에는 단지 세 곳에서만 제례가 행해졌다. 이런 정치적 불안정과 750년경에 시작된 길고 집중적인 가뭄에 의해 생긴 극심한 식량 감소가 겹치면서, 약 900년 이후 마야 저지대의 국가 붕괴로 이어진 것으로 보인다. 그 결과 열대의 밀림이 다시 마야 신전들을 덮어버렸고, 마야문명의 수수께끼만이 남게 되었다.[6]

마야인들보다 조금 늦게 또 다른 멕시코 문명이 현재의 멕시코시티에서 동쪽으로 약 50킬로미터쯤 떨어진 테오티우아칸에서 시작됐다. 테오티우아칸의 통치자들은 기원전 200년경부터 서기 약 750년까지 9세기가 넘는 기간 동안, 멕시코의 남부 중앙에 있는 고지와 분지 지역들을 지배했다. 최고 전성기였던 1세기 중반에 테오티우아칸에는 20여 제곱킬로미터에 달하는 지역에 10만 명에서 20만 명에 이르는 주민이 살고 있었다. 흑요석黑曜石이 그 도시의 부를 지탱해주었다.

테오티우아칸의 문화는 달력과 상형문자를 계속 사용하면서 올멕 문화의 전통을 이어갔다. 다르게 불리기는 했지만, 테오티우아칸의 신들도 올멕의 신들과 비슷한 특징을 갖고 있었다. 가장 두드러진 신들로는, 희생물로 바쳐진 인간의 껍질을 뒤집어쓰고 있는 것으로 형상화되던 '껍질 벗겨진 신', '태양신', '달의 신', '비의 신(틀랄록)', 그리고 깃털 달린 뱀의 형상을 한 케찰코아틀 등이 있었다. 표범은 땅의 풍요로움을 상징했고, 뱀은 바다의 풍요로움을 의미했다. 8세기에 북쪽에서 내려온 사막 사람들이 테오티우아칸을 침공했고, 그곳 사람들은 주변의 작은 공동체로 흩어졌다.

테오티우아칸의 붕괴와 그로부터 약 100년 후에 있었던 마야 왕국의 붕괴는, 그 시기에 멕시코 중부 전역에 일종의 환경 재앙이 일어나 농업 생산이 줄어들었던 것은 아닐까 추측하게 한다. 마야 붕괴 후 재건을 주도했던 사람들은 툴라라는 도시를 건설한 톨텍족이었다. 톨텍족은 단지

200년 정도만 이 지역을 지배했다. 그러나 제련술을 도입해 구리로 도구와 장식품을 만들었고, 사냥을 위한 활을 만들었으며, 신을 즐겁게 하기 위해 인간까지 일상적으로 희생물로 바치는 억압적이고 군사적인 문화를 도입해, 그 후에 나타나는 문화에 지대한 영향을 미쳤다. 그들의 대사제였던 토필친 케찰코아틀은 자신을 일컬어 문화와 문명의 신이었던 케찰코아틀이 인간으로 환생한 존재라고 주장했다고 한다. 그러나 전설에 따르면 토필친은 어둠과 전쟁의 신을 받드는 사람들에 의해 쫓겨나, 언젠가 반드시 돌아올 것이라고 약속하면서 배를 타고 바다를 건너갔다고 한다. 톨텍인들은 몇 차례의 가뭄이 이어진 뒤 북쪽 사막으로부터 쳐들어온 수렵·채집자들에 의해 1100년대 초에 멸망했다.[7]

하지만 톨텍 문화는 메히카족이라는 잘 알려지지 않은 집단에 의해 명맥을 이어갔다. 전설에 따르면, 메히카족은 약 200년간 지방을 떠돌면서 다른 집단들을 위해 일을 하던 사람들이었다. 후에 아즈텍족으로 알려지게 된 메히카족은 1325년경에 텍스코코 호湖의 한가운데 있는 섬에 정착한다. 텍스코코 호는 해발 2,100여 미터에 있는 멕시코 중앙 고원지대 위에 약 1,600제곱킬로미터 정도의 넓이로 퍼져 있는 낮은 호수들 중 하나다. 텍스코코 호는 산으로 둘러싸여 있으며 산에서 내려오는 물이 만들어낸 수심이 낮은 호수다. 근방에는 흑요석이 풍부했으며, 강우량은 지역에 따라 편차가 크고 예측하기 어려웠다. 이런 환경에서 200만 명에서 300만 명에 이르는 메히카족 사람들이 수도였던 테노치티틀란과 그 주변 지역에서 모여 살았는데, 그것은 에스파냐 사람들이 아메리카 대륙에 들어오기 전까지는 가장 많은 인구였다.

아즈텍 사람들은 깊이가 1미터에서 2미터쯤밖에 되지 않아 물웅덩이나 다름없는 호수 위에 흙을 쌓아 올려 치남파라고 하는 배수가 가능한 경작지를 만들어 농사를 지었다. 그들은 섬에 살며 경작지 주변의 뱃길로 카누를 타고 다니면서 농사를 지었다. 아즈텍 사람들은 계곡 밑의 평지와 경사면에도 정교한 테라스와 관개시설을 만들었다. 아즈텍 사람들 이전 시대에는 고도가 높은 지대에서 나무 열매와 야생 조류를 얻을 수 있었지만, 아즈텍 사람들이 살던 때에는 야생에서 얻을 수 있는 고기가 거의 없었다. 또한 가축화된 동물도 개와 칠면조뿐이었다. 그들은 옥수수가 주식이었으며, 그에 더해 콩, 호박, 토마토, 고추, 아마란스, 그리고 발효시켜 오치틀리와 풀키라는 술을 만드는 두 종류의 선인장등을 함께 먹었다.

아즈텍 사람들은 호수 위의 습지대에 수도 테노치티틀란을 건설했는데, 현재는 멕시코시티의 땅 아래 깊이 묻혀 있다. 테노치티틀란은 12~15제곱킬로미터 정도의 넓이였으며, 성벽으로 둘러싸여 있었고, 그 한가운데 있는 광장은 약 418제곱미터의 넓이로 8,600명의 남자들이 둥글게 춤을 출 수 있을 정도의 크기였다. 아즈텍 시대에 가장 큰 시장이 있었던 틀라텔롤코는 테노치티틀란의 쌍둥이 도시였는데, 로마와 콘스탄티노플에 있던 시장과 견줄 수 있을 정도였다. 아즈텍에는 바퀴달린 수레나 짐을 나를 수 있는 가축이 없었기 때문에, 교역은 주로 금, 보석, 깃털, 카카오 열매, 그리고 짐승 가죽 같은 가벼운 물건들을 중심으로 이루어졌다.

최초의 정착지가 지어진 지 약 100년 후인 1428년에, 아즈텍 사람들은 그 이전까지 자신을 지배하던 아츠카포찰코를 물리치고 이웃의 두 도시와 연합해 제국을 건설하기 시작했다. 1519년이 되면 그들은 38개의 독립적인 지역을 지배하게 된다. 지역 주민들은 테노치티틀란에 매년 7,000톤의 옥수수, 4,000톤의 콩, 4,000톤의 아마란스, 200만 벌의 무명옷, 엄청난 양의 카카오 열매, 갑옷, 방패, 깃털 머리 장식, 호박 등을 공물로 바쳤다. 그것들은 모두 중앙 창고에 보관되었다가 관료들에 의해

다시 분배됐다. 카카오 열매는 중앙아메리카 지역에서 보편적인 화폐로 사용되었다.[8]

곡물을 안정적으로 얻는 것이 어려웠기 때문에 아즈텍 통치자들은 주변에서 더 많은 공물을 얻어내기 위해 침략을 일삼았다. 1450년대 초기에 아즈텍은 메뚜기 떼의 습격과 홍수로 인해 곡물 생산이 줄어들어 심각한 기아를 겪게 된다. 부모들은 자기 자식을 옥수수와 바꾸어 먹었고, 사람들은 살아남기 위해 노예가 됐다. 1440년에서 1468년 사이에 아즈텍을 통치했던 목테수마 1세(모테쿠소마 일뤼카미나)는 안정적인 식량 공급을 위해 전쟁을 최우선적인 일로 선포하기도 했다.

메히카족 사람들은 1325년에 처음 등장했을 때만 해도 친족 중심의 부족사회를 이루며 살았다. 그러나 테노치티틀란을 건설하면서 평민(농부, 장인, 어부), 농노, 노예, 포로들이 극소수의 귀족과 사제들을 위해 봉사하는, 고도로 계층화된 도시 문명 속에 살게 되었다. 귀족들은 여러 명의 처를 얻을 수 있었지만 다른 계급들은 일부일처제를 지켰다. 의복은 신분과 지위를 나타내는 역할을 했다. 귀족들만이 열대 저지대에서 교역을 통해 들어오는 무명옷을 입었으며, 다른 사람들은 용설란이나 다른 선인장의 섬유로 만든 옷을 입었다. 카파(망토)는 신분과 가장 관련이 깊은 옷이어서, 카파의 길이와 옷감, 장식을 보면 그것을 입은 사람의 가문과 지위를 정확하게 알 수 있었다. 전쟁 영웅들은 깃털로 정교하게 장식된 겉옷(튜닉)을 입었고, 다양한 모양과 색으로 코요테, 표범, 저승사자 등을 상징하는 머리 장식을 착용했다.

모든 아즈텍 사람들은 공통의 조상을 갖는 부계 혈통으로 이어지는 가족인 칼풀리(대가족)에 속했다. 칼풀리에 따라 이웃도 정해졌는데, 그런 이웃의 범위에는 많으면 수천 명까지 속해 있었다. 각각의 칼풀리는 독자적으로 공물을 바치고 군인을 양성했으며, 그들만의 신전과 학교를 갖고 있었고, 공동 경작지를 소유했다. 가족과 칼풀리가 맺고 있는 단단한 유대는 태어나서 죽을 때까지 한 사람의 인생에서 준거 틀이 되었다.

아즈텍 사람들은 978년에 시작된 자신의 시기를 '다섯 번째 태양'이라고 불렀다. 그들은 신들이 자신의 시기 이전에 이미 세상을 네 번이나 파괴했으며, 자신의 시기도 52년 주기 중 하나가 지나고 나면 지진으로 파괴될 것이라고 믿었다(아즈텍 사람들이 사용하던 이중 달력은 올멕과 마야, 그리고 톨텍 문화를 이어오면서 발전한 것이었다). 그들은 신들을 달래기 위해 인간을 희생물로 바쳐야만 종말을 지연시킬 수 있고, 신이 인간의 심장을 매일 먹어야 한다고 믿었다. 그 문화는 대규모로 인간을 제물로 바친다는 점에서 다른 문화와 확실하게 차별되었는데, 인간 희생은 올멕 사람들이 신들에게 자신의 피를 바친 것에서 시작됐다. 그러나 아즈텍 사람들은 인간의 희생을 그런 단순한 제사 의식에서 신념 체계의 핵심 부분으로 변화시켰는데, 자신이 우주의 종말을 막아야 하는 짐을 지고 있다고 생각했기 때문이다.

그 과정에서 아즈텍 사람들은 '위칠로포치틀리(왼쪽에 있는 벌새)'라고 불리던 전쟁의 신을 농사와 예술의 신이었던 케찰코아틀보다 더 높은 위치에 놓게 된다. 위칠로포치틀리는 원래 수많은 신들 중 하나였던 미약한 신이었는데, 아즈텍 사람들이(그리고 어쩌면 그 이전의 톨텍족들부터) 그를 태양신의 자리에 올려놓았다. 아즈텍 사람들은 위칠로포치틀리가 자신을 선택했다고 믿었으며, 매일 아침마다 해가 뜰 때 신전에서 메추리를 태워 그 향을 그에게 바쳤다.

열두 살에서 열다섯 살까지의 모든 아즈텍 아이들은 신전에 부속된 '찬양의 집'에서 노래와 춤, 그리고 음악을 배웠다. 거기에 더해 남자아이들은 전투법을 배웠다. 귀족과 평민 소년들은 서로 다른 학교에서 군사훈련을 받았다. 귀족 소년들은 머리를 길러 뒤로 길게 늘어뜨렸다가 전쟁터에서 자신의 첫 번째 포로를 잡아야 자를 수 있었다. 포로를 잡으면 태양신인 위칠로포치틀리에게 희생물로 바칠 수 있었기 때문에 아즈텍 전사들은 적을 죽이는 대신에 사로잡으려고 했다. 그들은 창과 흑요석 파편을 붙인 나무 방망이를 무기로 사용했으며, 나뭇가지에 짐승 가죽을 덮고 깃털로 장식한 방패를 들고 다녔다. 추수를 마칠 때쯤이면 매년 전쟁이 시작됐다. 전쟁을 통해 공물로 받는 식량을 늘리고 태양신에게 인간의 피와 심장을 바치기 위해서였다.

인간을 제물로 바치는 의식은 태양이 뜰 때나 질 때 행해졌다. 사제는 희생자들의 몸에 붉은색과 흰색의 줄을 치고, 입을 붉게 칠하고, 입주변에는 검은색으로 원을 그린 다음에 이마에 흰색 접착제를 발랐다. 피라미드의 계단을 따라 희생자들을 인도해 올라간 사제는 그들을 희생 제단 위에 눕히고 손과 발을 묶은 다음에 흑요석이나 옥수玉髓로 만든 칼로 그들의 가슴을 찢었다. 그리고 가슴 속으로 손을 집어넣어 여전히 뛰고 있는 심장을 꺼내 높이 추켜올렸다가 특별히 준비된 그릇에 던져 넣었다. 그 후 사제는 시체를 계단 아래로 굴려 떨어뜨렸다. 어쩌면 희생자를 포로로 잡은 사람이 계단 아래서 기다리고 있다가 그 시체를 집으로 가져갔을지도 모른다.

얼마나 많은 사람이 이런 식으로 희생되었을까? 믿을 만한 숫자가 남아 있지는 않다. 정복자였던 에스파냐의 에르난 코르테스는 각각의 신전에서 연간 50명씩 희생됐다고 추측했는데, 만약 그렇다면 아즈텍 영토 전체에서 연간 약 2만 명이 희생됐다는 말이 된다. 그러나 에스파냐 사람들이 인간의 희생 의식을 알고 경악했으며 그것을 중대한 죄악이라고 생각했던 나머지 그 숫자를 과장했을 수도 있다.

아즈텍 사람들은 전쟁터에서 죽은 전사나 아이를 낳다가 죽은 여자가 다음 세상에서 영광된 삶을 얻는다고 믿었다. 그들은 죽은 전사가 태양과 함께 4년 동안 여행을 한 후에 벌새가 되어 지구로 돌아온다고 믿었다. 또한 아이를 낳다가 죽은 여자도 태양과 함께 4년 동안 여행을 한 후에 여신이 되어 지구로 돌아온다고 믿었다. 다른 사람들은 죽은 후에 4년 동안 선조들이 살고 있는 죽은 자들의 장소로 여행을 하게 된다. 그 여행은 죽은 사람이 이승에서 규칙을 얼마나 잘 지켰는지, 그리고 재산이 얼마나 많았는지에 따라서 쉬울 수도 있고 무척 고통스러울 수도 있다고 믿었다.

아즈텍 사람들은 사물을 있는 그대로 나타내는 그림문자와 단어나 생각을 표현하는 상형문자(갈대 묶음으로 52년 주기를 나타내거나, 꽃과 함께 두루마리를 그려 시나 노래를 나타내는 것과 같은)를 함께 사용하는 문자 형태를 발전시켰다. 아즈텍 문자는 기록을 남기거나 연설을 하는 사람이 보고 읽을 수 있도록 하기 위해 고안됐다. 따라서 그것은 인간의 말 자체를 그대로 나타내는 세밀한 것이 아니라, 어떤 주제나 생각의 개요를 전달하는 수준이었다. 그들은 무화과나무의 속껍질을 물에 적셔 두드려 만든 기다란 줄을 아코디언같이 생긴 책 모양으로 접은 종이 위에 그림문자를 그렸다. 서기들은 그 책의 양면에 빨강, 노랑, 파랑, 초록 등의 색을 사용해 그림을 그렸다. 정교한 암호와 같은 그림의 크기와 색, 그리고 장식 등을 통해 정보가 전달됐다. 이름이나 지명을 나타내기 위해서는 표음문자가 일부 사용됐다. 16세기에 들어온 에스파냐의 탁발수사들은 그런 소중한 책들을 (수천 권이 아닐지는 몰라도) 수백 권이나 태워버렸다.

그렇다면 우리는 어떻게 아즈텍 사람들의 생활에 대해 조금이라도 알게 되었을까? 1519년 11월에 도착한 에스파냐 정복자들이 쓴 두 개의 개인적 기록이 남아 있다. 코르테스가 1519년에서 1526년 사이에 황제에게 보낸 다섯 통의 편지와, 베르날 디아스델카스티요가 거의 50년 후에 남긴 기록이 그것이다. 가톨릭 신부였던 바르톨로메 데 라스카사스

(1474년~1566년)는 1542년에 에스파냐의 잔인한 행동에 대한 저항의 표시로 그들이 아즈텍 문명을 어떻게 파괴했는지에 대한 기록을 남겼다. 아즈텍 사람들의 생활을 알려주는 가장 중요한 문자로 된 자료는 탁발 수사였던 베르나르디노 데 사하군이 남긴 12권짜리 기록이다. 그는 1529년에 멕시코에 도착해 나우아틀어를 배운 뒤에 아즈텍 노인들을 상대로 인터뷰를 했다. 그는 노인들에게 숨겨진 자료들을 보여줘 아즈텍의 문화와 역사를 기억해내도록 한 후에 그들이 말하는 내용을 기록했다. 그는 1547년에서 1569년 사이에 책을 쓰기는 했지만, 유럽의 종교 지도자들이 그의 기록을 너무 비판적이라고 여겼기 때문에 대부분은 19세기까지 출판되지 못했다. 그 후 많은 학자들이 아즈텍 문명에 대해 더 많은 사실을 밝혀냈으며, 1978년 이후 시작된 멕시코시티 지하의 거대한 신전 유적지에 대한 발굴에서도 새로운 사실이 많이 밝혀졌다.[9]

남아메리카의 핵심 도시들

산악 지대가 밀집되어 있는 남아메리카 서부의 자연환경은 다른 곳에 비해 대단히 독특하다. 지난 4000만 년 동안 태평양의 바닥에 있던 나스카 지각판이 동쪽으로 움직여 남아메리카 지각판의 아래쪽으로 들어가면서, 해안 가까이에는 높은 산맥을 만들어냈고 해안가의 바다 밑에는 깊은 해구를 만들어냈다. 두 개의 평행한 산맥은 안데스 지역을 압도한다. 그 산맥들은 해안으로부터 급하게 솟아올라 있기 때문에 대륙 분수령이라마 인근 해안선에서 동쪽으로 불과 100킬로미터밖에 떨어져 있지 않다. 해안가에서 대륙 분수령 사이의 좁은 지역 안에는 몇 년씩 비가 내리지 않는 사막과 서반구에서 가장 높은 산봉우리들, 열대 밀림이 몰려 있다. 그리고 그런 모든 것들이 모여, 걸어서 한 시간 거리 안에 아주 다양한 국지 기후들과 생태계들을 만들어낸다. 인간이 그런 환경에 성공적으로 정착하기 위해서는 다양한 지형과 그 안에 사는 생명체들에 대한 깊은 지식이 있어야만 했다.[10]

남아메리카의 열대 지역에서는 도시 인구를 먹여 살릴 만큼 저장이 가능한 식량을 생산할 수 없었다. 따라서 남아메리카에서 도시는 현재 페루의 서쪽 해안 지대와 그곳에서 가까운 안데스산맥 지역에서만 발전할 수 있었다. 하지만 그런 지역에 있던 사회들에 대해 우리가 알고 있는 것은 아즈텍 문화에 대한 것보다 훨씬 적은데, 그 이유는 그런 사회들이 문자를(심지어는 기억을 돕기 위한 그림문자조차) 남기지 않았기 때문이다.

그러한 남아메리카 사회들에 대해 현재 알려진 내용은 에스파냐 사람들과 잉카의 원주민 후예들이 적어놓은 기록과, 많은 약탈이 일어난 후인 1970년대부터 본격적으로 시작된 발굴에 기초한 것이다. 17세기 초반이 되어서야 잉카의 과거를 자랑스럽게 회고하는 두 개의 글을 에스파냐와 잉카족의 혼혈인들이 썼는데, 글쓴이 중 한 명은 잉카의 공주와 에스파냐 통치자 사이에 불륜으로 태어난 아들이었다.[11]

기원전 4550년 무렵이 되면 사람들은 안데스산맥의 계곡에 감자와 키노아를 재배하기 시작한다. 안데스산맥에 살던 사람들은 짐을 나르게 하고 단백질을 얻기 위해 야마와 알파카를 길들였다. 야마 한 마리는 약 32킬로그램의 짐을 나를 수 있었는데, 한 사람이 10마리에서 30마리까지의 야마를 돌볼 수 있었다. 해안 지대 사람들은 산악 지대 사람들과 거의 접촉이 없었으며, 물고기를 주식으로 삼았다. 해안 지대 사람들은 기원전 3000년쯤이 되면 면으로 직물을 짜고, 기원전 1800년에서 기원전 1500년 무렵에는 도자기를 만든다. 원시적인 형태의 옥수수가 기원전 3000년경에 중앙아메리카 지역으로부터 안데스산맥과 해안지역에 들어온다.

해안 지대와 고원지대에 독특하고 활기찬 문화를 가진 작은 마을들이 생겨났다. 400년경이 되면 와리와 티티카카 호 근처의 티와나쿠라는 두 개의 조그만 도시가 번창하기 시작한다. 그 도시들은 1000년경에 알 수 없는 이유로 사람들이 시골의 촌락으로 돌아가면서 쇠퇴했다.

와리와 티와나쿠가 쇠퇴한 후에, 페루 남부의 작은 종족 집단이었던 잉카족이 전쟁과 정략결혼을 통해 세력을 넓혀간다. 1400년경에 잉카는 그 지역의 지배 집단으로 성장하고, 그 후 수십 년 사이에 약 10만 명에

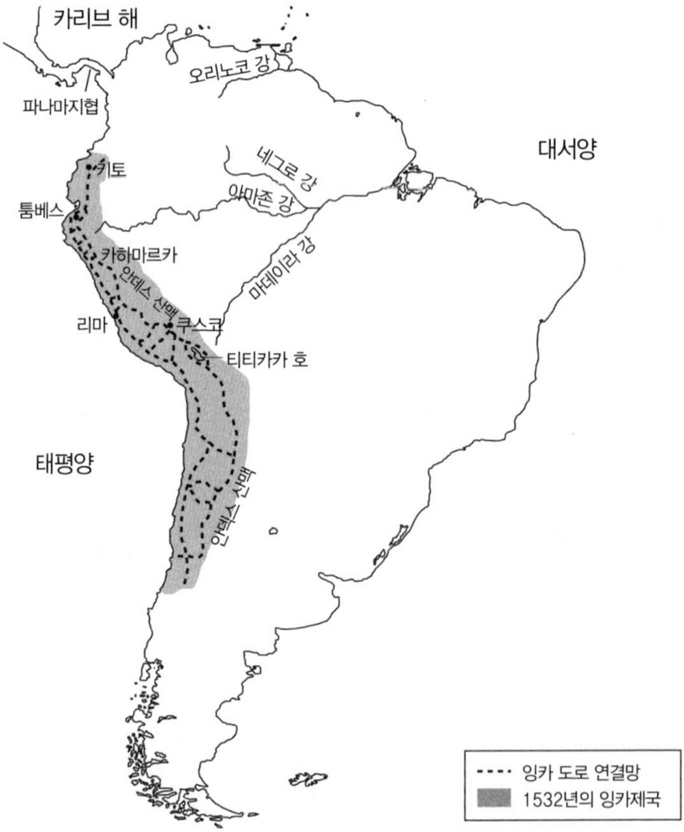

그림 9.2 1532년의 잉카제국

불과한 잉카족이 약 700만 명에서 1,200만 명에 이르는 다른 종족들을 지배하게 되는데, 그것은 알렉산드로스대왕의 업적과 비교할 정도로 놀라운 것이었다. 그런 확장을 하는 수십 년 동안에 잉카족은 고원지대의 계곡에 쿠스코를 건설해 제국의 신성한 중심지로 만든다.

1438년에 잉카족은 이웃 부족의 공격을 물리친다. 그 전투를 이끈 것은 당시 왕의 아들이었다. 그 아들은 왕이 되자 자기 이름을 파차쿠티라고 바꾸는데, 잉카 말로 '지구를 움직이는 자' 혹은 '세상을 변화시키는 자'라는 뜻이다. 파차쿠티는 잉카제국을 만들기 위해 자기 아버지 및 형과의 인연을 끊었으며, 잉카제국의 건설은 그의 아들인 토파잉카에게로 이어졌다. 그들 둘은 40년이라는 짧은 기간 동안, 남북으로 4,000킬로미터나 떨어진 사람들과 서쪽 해안에서 동쪽 정글까지 수백 킬로미터 떨어진 사람들을 복속시켰다(그림 9.2).

제국은 어떤 형태로든 물건을 운반할 체계가 있어야 한다. 잉카제국은 세계 최고의 토목공사의 하나로 꼽힐 만큼 훌륭한 도로망을 만들었다. 산악 지대에서 나는 돌로 만들어진 잉카제국의 도로는 약 2만 5,000킬로미터의 길이로 뻗어 있었고, 그 위로 제국의 전령들과 군대, 그리고 짐을 실은 야마 떼들이 다녔다.

잉카제국은 공물을 받는 대신에 제국에 편입된 사람들의 노동에 기초해 유지됐다. 제국에 편입된 사람들은 농사를 짓고, 가축을 돌보고, 옷을 만들고, 길과 다리와 도시를 건설했다. 개인의 토지 소유권은 존재하지 않았다. 그 대신에 각각의 씨족(아일라)들이 토지를 공동으로 소유하면서 경작해 먹을거리를 얻었고, 제국에는 매년 자신들에게 정해진 노동을 제공했다. 잉카제국은 거대한 부를 장악하고 있었으며, 노동자들에게 음식과 음료수(주로 옥수수로 만든 맥주)와 음악을 제공했고, 관리와 군대와 제국에 새롭게 편입된 사람들에게는 선물을 주었다. 돈이나 사유재산은 없었지만, 계급 구분은 매우 분명했던 것으로 보인다.

잉카 농부들은 목화, 감자, 키노아를 포함해 10여 가지 식물을 재배했다. 그들은 중앙아메리카에서 들어온 원시적 옥수수를 개량해 맥주를 만드는 데 사용했다. 잉카인들은 길들인 야마와 알파카 그리고 야마와 비슷한 야생동물인 비쿠냐의 고기를 먹었다. 그들은 코카나무도 길렀는데, 코카나무 잎을 씹어 소량의 코카인을 섭취하는 것은 오직 지배계급에게만 허용됐다.

잉카인들은 직물을 짜는 데 훌륭한 솜씨를 가지고 있었다. 직물은 제물로 태워질 정도로 중요하게 여겨졌다. 각 지역과 국가의 사람들은 서로 다른 휘장과 문장으로 구분됐다. 망토에는 지위가 새겨져 있었고, 머리 장식은 종족과 계급을 나타냈다. 결혼식과 장례식에는 특별한 직물이 사용됐고, 외교와 행정 절차에서도 직물이 필수적으로 사용됐다. 판초 한 벌을 짓는 데는 500시간 이상의 노동이 들어간다. 국가는 결혼하지 않은 마마쿠나라는 특별한 계층의 여성들을 관리하고 있었으며, 그들은 국가가 필요로 하는 직물을 짜는 일에만 종사했다. 그들은 야마, 알파카, 비쿠냐의 털과 흰색에서 짙은 갈색까지의 다섯 가지 색조로 재배한 면에서 섬유를 얻었다. 그들은 또 특정한 나무를 이용해 질긴 실을 만들어냈고, 깃털과 금, 그리고 다른 금속으로 직물을 장식하기도 했다.

잉카의 법은 황제와 귀족들만이 사치품과 귀금속을 사용할 수 있도록 했으며, 그들이 금속의 채광과 생산을 통제했다. 주석과 청동이 가장 흔했다. 금과 은도 사용했지만 에스파냐 사람들이 금과 은으로 만든 대부분의 물건들을 가져다가 녹여버렸기 때문에, 그것이 잉카 문화에서 어떤 역할을 했는지 알기는 어렵다.

문자가 없던 유일한 주요 농경 문명이었던 잉카제국은 정보를 기록하고 전달할 다른 수단을 발전시켰다. 가장 잘 알려진 것 중 하나가 퀴푸,

즉 매듭이 달린 줄을 이용한 결승문자結繩文字였다. 그들은 정보를 전달하는 다른 수단으로 색을 칠한 막대기나 나무판에 그린 그림, 직물 위에 그린 문양 등도 사용했다.

퀴푸는 잉카제국이 생기기 거의 1000년 전까지 거슬러 올라가는 전통적인 방식이었다. 현재 약 400개 정도의 퀴푸만이 남아 있는데, 에스파냐 사람들이 그들이 발견한 퀴푸들을 모두 파괴했기 때문이다. 퀴푸는 일반적으로는 면이었지만 때로는 양모로 만든 긴 줄에 일련의 매듭을 묶었다. 매듭 모양에 따라 다른 숫자를 의미했으며, 주산의 원리와 같이 위치에 따라 숫자의 단위가 달라졌다. 또한 매듭을 수백 가지 색으로 염색해 다른 의미를 나타냈다.

퀴푸의 완전한 의미는 아직도 충분히 해석되지 않고 있다. 각각의 퀴푸는 매듭을 묶은 사람의 기억에 따라 구전으로 전승되었으며, 그들은 잉카제국에서 특별한 지위를 갖고 있었다. 퀴푸는 인구나 동물의 수, 세금의 액수, 창고의 내용물 등에 대한 숫자 정보를 기록하는 데 사용되었다. 또 퀴푸는 시詩를 기억하거나 가계家系를 기록하는 도구로도 사용되었던 것으로 보인다. 보통 사람들은 공동체의 가축 수를 세기 위해 퀴푸를 사용했는데, 그런 전통은 오늘날까지도 이어지고 있다.

잉카인들의 믿음은 물활론物活論적이어서, 모든 장소와 자연물에 영혼이 있고 신성하다고 믿었다. 높은 지위를 가진 사제는 거의 없었고, 거대한 규모로 갖춰진 제례 장소도 많지 않았다. 많은 종류의 신들을 숭배했으며, 특히 창조신, 태양신. 천둥신을 하나의 신으로 합쳐 숭배했다. 공식적인 종교는 인티라는 태양신을 숭배하는 것이었다. 태양을 숭배하는 역할을 맡은 최고 사제는 통치자의 가까운 친척이 주로 맡았다. 달(마마킬야)을 태양의 아내로 여겼고, 금을 태양의 땀, 은을 달의 눈물로 여겼다.

잉카인들도 때로 인간을 희생물로 쓰기도 했는데, 황제의 즉위나 죽음, 혹은 지진이나 전염병, 일식이 일어났을 때와 같은 특별한 경우에만 그렇게 했다. 희생물로 바쳐지는 인간은 전쟁 포로였던 경우도 있었지만, 주로 미美를 기준으로 뽑힌 열 살 먹은 남자아이와 여자아이들이었다. 각 마을에서는 한 쌍 혹은 두 쌍의 아이들을 쿠스코로 보내야 했으며, 그 아이들은 쿠스코의 중앙 광장에서 목이 졸리거나 잘려 죽었다. 잉카인들이 왜 그런 일을 했는지는 분명치 않지만, 연대기의 기록자들에 따르자면 최고의 인간을 신과 합류시키고 통치자의 죽음에 동반하게 하려는 의도였다고 한다.

잉카족들은 죽은 다음에도 영혼이 지상에 살아 머물고 있으며, 옥수수나 다른 곡물을 발효시켜 만든 맥주인 치치를 마셔야 한다고 믿었다. 통치자가 죽으면 잉카인들은 시신을 미라로 만들어 마치 죽은 자의 영혼이 떠나지 않은 것처럼 시종들이 도와 옮긴다. 통치자들의 미라는 생전에 살던 장소에 보관된다. 잉카인들은 그들이 먹고, 마시고, 소변을 보고, 서로 방문하고, 친척과 함께 회의에 참석한다고 믿었다. 시체는 내장과 중요한 근육, 그리고 때로는 뇌를 들어낸 후에 미라로 만들었다. 시체의 빈 공간에는 재와 석탄을 넣고 말렸다. 관절은 묶고 척추는 옥수숫대로 보강했으며, 깃털, 유리, 조개껍데기, 흙 등을 집어넣었다.

전 세계에서 가장 웅장한 고고학적 유산 중 하나는 마추픽추에 있는 잉카 유적지다. 페루의 쿠스코에서 75킬로미터쯤 떨어져 있는 '오래된 언덕'이라는 뜻을 가진 마추픽추는 우루밤바 강의 하구에 자리 잡고 있는데, 에스파냐 정복자들은 그곳을 발견하지 못했다. 1911년에 그 지역 농부들이 하이럼 빙엄Hiram Bingham이라는 사람을 그곳에 안내했고, 그다음 해인 1912년에 세계에 알려졌다. 빙엄은 예일대학과 미국지리학회의 후원을 받아 마추픽추에 대한 고고학 탐사를 했으며, 그 결과를 1913년과 1930년에 발표했다. 밀림 속의 높은 언덕에 위치한 마추픽추는 커다란 중앙 광장이 있고, 그 주변을 복잡한 테라스와 우아한 건축물들이 둘러싼 모양을 하고 있다. 마추픽추의 건축물에는 엄청난 양의 돌이 사용됐다. 마추픽추는 종교적 장소가 아니라 제국을 건설한 파차쿠티의 휴양지였던 것으로 보인다. 그러나 그가 세운 제국은 바다를 건너온 사람들(에스파냐 사람들)이 침공할 때까지 채 100년을 넘기지 못했다.[12]

아메리카의 나머지 지역

멕시코와 안데스 지역에서 농경문화가 발전하는 동안, 북아메리카와 남아메리카의 다른 지역 사람들은 반쯤 정착한 수렵·농업인이나 유목하는 수렵·채집자들로 남아 있었다. 많은 지역에서는 환경 때문에 보다 집약적인 농업을 하기 어려웠고, 인구도 사냥과 한정된 농업을 통해 유지할 수 있을 정도의 수준에 머물렀다.

단지 아주 몇몇 곳에서만 소박한 수준의 제의 중심지들이 생겨났는데, 주로 북아메리카에 있는 강가의 비옥한 저지대들에서 발전했다. 그런 제의 중심지는 기원전 1000년경에 현재의 미국 루이지애나에 처음 생겼고, 기원전 500년경부터는 오하이오 강 유역에도 생겨났다. 오하이오 강 유역의 문화는 그 지역에서 최초로 유물이 발견된 농장의 이름을 따 호프웰 문화라고 불린다. 오하이오 강 유역의 계곡에서 살던 사람들은 곡물을 재배했고, 거대한 흙 보루를 만들었다. 마을에는 추장이 이끄는 위계질서가 존재하고 있었으며, 최대 수천 명까지 사람들이 살았다. 그들은 맥주를 만들기 위해 옥수수를 길렀고, 강을 이용해 무역을 했다. 그들은 현재의 와이오밍 지역에서 흑요석을, 슈피리어 호 지방에서 구리를, 노스캐롤라이나에서 운모를, 그리고 로키산맥 지역에서 회색곰의 이빨을 들여왔다. 호프웰 유적지는 400년에서 500년 사이에 버려졌는데, 북쪽으로부터 온 활로 무장한 침략자들 때문이었다. 활은 그보다 3~4세기 전에 이누이트족이 북아메리카로 들여온 것이었다.[13]

호프웰 문화는 700년에서 1500년 사이에 존재하던 이른바 미시시피안 문화로 이어졌다. 미시시피 강 유역에 살던 사람들은 중앙아메리카로부터 들어온 옥수수와 호박을 길렀다. 그들은 현재의 이스트세인트 루이스 근처에 카호키아라는 도시를 건설했다. 그곳은 오하이오 강이 미시시피 강과 만나는 곳으로, 현재 약 30미터 높이의 북아메리카에서 가장 높은 흙무더기가 남아 있고 그 안에 지배계급의 집들과 신전이 들어 있다. 카호키아는 1200년경에 약 3만 명까지 인구가 늘어났다가 그로부터 약 50년쯤 뒤에 알려지지 않은 이유로 버려졌다. 그 지역의 한 주요 매장지에서는 50명이 넘는 젊은 여성들과 시종들의 뼈가 발견됐다.[14]

기원전 300년경에 현재 미국의 남서부 지역에 있는 사막 지역으로, 그보다 더 남쪽에서 이주해 온 사람들이 관개농업을 들여왔다. 그로 인해 인구가 증가했고, 정착된 촌락 생활이 시작됐다. 솔트 강과 힐라 강 유역의 호호캄 사람들은 멕시코의 영향을 강하게 받았고, 심지어 멕시코식 구기 경기장도 만들었다. 그보다 더 북쪽으로 현재의 애리조나 주, 뉴멕시코 주, 콜로라도 주, 유타 주가 만나는 이른바 '포코너스Four Corners' 지역에서는 450년 이후부터 아나사지족이 큰 마을을 이루고 살면서 옥수수, 콩, 호박 등을 길렀고 900년 이후에는 커다란 주거와 종교의 중심지를 건설했다. 그러나 12세기에 가뭄 때문에 큰 촌락들이 버려지고 사람들은 계곡 위의 후미진 동굴로 들어가 살게 되었는데, 경작지가 한정된 곳에서 인구가 늘어나면서 전쟁이 빈번해졌던 것으로 추측된다.

아메리카 대륙 전체에 걸쳐 수없이 많은 작은 집단의 사람들이 농사나 채집 생활을 하면서 다양한 문화와 예술을 만들어냈고, 강을 이용하거나 혹은 사람이 직접 짐을 나르면서 물물교환을 했다. 평원 지대의 들소 사냥꾼들, 알래스카의 이누이트족, 카리브 해의 타이노족, 그리고 아마존 일대의 사람들은 모두 환경과 풍토에 적응하면서 매우 다채롭고 아름다운 사회를 일구었다. 이런 반쯤 정착한 사회들에는 제국으로 성장할 수 있는 여건이 갖추어지지 않았다. 식량 기반은 엄청난 잉여 농산물을 쌓을 만큼은 충분치 않았고, 추장이 다스리기는 했지만 합의에 의한 정치를 했다. 또 추장이라고 해도 다른 사람들에게 공물이나 노동을 요구할 수 없었다. 다섯 부족이 모였던 이로쿼이연맹 같은 집단 간의 연합이 발전하기도 했지만, 정치나 군사적인 활동을 함께하기 위한 것이 아닌 평화적인 연합체에 불과했다.[15]

그럼에도 많은 지역이 사람들을 건강하고 영양이 좋은 상태로 유지시킬 정도로 충분한 식량 기반을 갖고 있었다. 북아메리카 전역에 걸쳐 사람들은 '페미컨'이라고 불리는 간편식을 만들어냈는데, 거의 완전한 영양을 공급하는 식품이었다. 페미컨은 곰이나 소의 고기를 말리고 훈제한 후에 두드려 길쭉하게 만든 다음, 동물 기름과 야생 딸기를 넣어 막대 모양으로 만든 것이다. 청교도들이 처음 도착했을 때 그들은 자신보다 훨씬 키가 큰 북아메리카 원주민들을 발견했다.[16]

아프로유라시아 대륙과 평행적인 역사 발전을 이루다

아메리카 대륙은 아프리카나 유라시아 대륙과 완전히 떨어져서 인간 사회가 발전할 수 있었던 장소였다. 하지만 양쪽의 발전을 비교해보면 놀라운 유사성을 발견하게 된다. 결국 우리는 인간이 두 개의 서로 떨어진 반구에서 서로 전혀 접촉하지 않았거나 거의 접촉하지 않았음에도 불구하고, 아주 흡사한 평행적인 역사 발전을 이루어냈다고 생각할 수밖에 없다.

아프로유라시아 대륙의 사람들이 먼저 시작하기는 했지만, 아프로유라시아 대륙과 아메리카 대륙의 사람들은 농업 생활로 전환하면서 발전을 위해 무엇보다 먼저 사제의 도움이 필요했고, 그 후에는 전사들의 도움이 필요했다. 사제들은 사람들에게 언제 곡식을 심고 다음 번 모종을 위해 종자를 어떻게 보관할지를 가르쳤다. 그들은 씨를 뿌리는 시간을 결정하기 위해 하늘을 관찰했고, 1년 내내 축제와 금식, 그리고 희생을 통해 소비를 조절했다. 사제는 신에게 바치기 위해 식량을 저장했는데, 그것을 통해 보다 많은 종교적 제의를 유지하고 기근이 날 때 사람들을 구제할 수 있었다. 사제들이 이끄는 농업공동체는 재난이 일어났을 때 더 잘 대처할 수 있었기 때문에 그들은 자연히 권력을 얻게 됐다.

그러나 잉여 식량을 노리는 조직화된 약탈 행위가 일어났고, 그에 따라 직업적인 전사들이 필요해졌다. 자연히 군사적인 힘을 조직하고 보호해준 대가를 거둘 수 있는 사람들에게 권력이 주어졌다. 그리하여 잉여 식량이 늘어나면서 지배 계층이 생겼다. 군사적 지배계급들은 자신보다는 평민들과 가까웠던 사제들과 연합했다. 이것은 모든 인간 사회 발전에서 공통적으로 나타나는 양상으로 보인다.[17]

이는 1400년대에 중앙집권화된 제국이 등장하면서 아메리카 문화에서도 나타난다. 아메리카 대륙의 농경문화는 아프로유라시아 대륙보다는 늦게 발전했는데, 염소, 양, 소, 말, 밀, 보리, 귀리, 올리브와 같이 잉여 식량을 제공할 만한 동식물이 없었기 때문이다. 불과 500년에서 600년 전 사이에 있었던 아메리카 대륙의 농경문화 발전에 대한 연구는 아프리카와 유라시아 대륙에서 촌락이 어떻게 제국으로 발전했는지를 이해하는 데 도움을 준다. 왜냐하면 아메리카 대륙보다 3000년에서 4000년 전에 일어났던 아프리카와 유라시아 대륙에서의 농경문화의 발전에 대한 자료는 무척 적기 때문이다.

아프로유라시아 대륙에는 짐 싣는 동물이나 빠른 이동 수단으로 말을 길들이기 수천 년 전부터 다양한 상호작용과 지식 교류의 연결망이 존재하고 있었다. 그런 연결망 안에서 사람들은 쉽게 여행할 수 있었고, 물건과 지식, 최고의 생활양식, 그리고 질병 등이 교류되었다. 그런 수많은 교류로 인해 더 많은 부가 쌓였고, 문화적 차이가 줄어들었으며, 보다 강력하고 계층화된 사회들이 나타났다. 아메리카 대륙에도 그런 연결망이 나타났지만 아프로유라시아 대륙에서 발견되는 것처럼 조밀하고 복잡한 단계에 이르지는 못했다. 그런 연결망을 집중적으로 연구했던 세계사학자 제이 알 맥닐과 윌리엄 맥닐은 다음과 같이 말한다.

> 그러나 세계적 연결망은 평등하지 않았다. 가장 크고 조밀한 것은 구세계(아프로유라시아) 연결망이었다. 그 연결망을 구성하는 사회들은 군사기술과 운송 기술이라는 측면에서, 특정한 시간과 장소에 정치력을 집중시킬 수 있는 능력이라는 측면에서, 그리고 질병에 대한 저항력이라는 측면에서, 지구상에서 가장 강력했다. 물론 아동 사망률이나 사회적 평등 같은 것을 지표로 삼는다면 그런 사회들이 세계에서 가장 살기 좋은 곳은 아니었을 수도 있지만, 그들은 분명히 가장 강한 사회였다.[18]

15세기 후반에 아메리카 대륙에는 약 4,000만 명에서 6,500만 명 정도의 사람들이 살고 있었다. 물론 예측 범위는 500만 명에서 1억 명 정도까지로 다양하지만, 대개 중간 정도 숫자였던 것으로 보인다. 이런 인구 밀도는 옥수수를 재배하고 거기에 더해 콩과 호박을 기른 결과다. 게다가 동물이나 아프로유라시아 대륙의 사람들과 거의 접촉이 없었기 때문에 질병이 대규모로 확산될 일이 없었다.

아메리카 대륙에서는 대부분의 사람들이 멕시코 중부 지역에 살았는데, 약 2,500만 명쯤 됐던 것으로 보인다. 15세기 말경에 아즈텍 사람들이 테노치티틀란을 중심으로 그 지역을 지배했다. 그러나 1428년에 시작된 그들의 제국은 단지 3세대밖에 지속되지 못했다. 안데스산맥 지역에는 잉카 사람들이 지배하던 약 1,200만 명에서 1,500만 명 사이의 사람들이 살고 있었는데, 채 100년을 넘기지 못했다. 하지만 이들 두 문명은 유럽인들이 도착했을 때만 해도 모두 태동기에 있었고 역동적이었다. 두 문명은 모두 식량 공급이 줄어들면 인구가 줄어들던 아메리카 대륙의 초기 도시문화에 기초해 있었다. 두 문명 지역을 제외한 북아메리카와 안데스 지역 이외의 남아메리카 지역, 카리브 해, 아즈텍 영토 이외의 중앙아메리카 지역 등 아메리카 대륙의 그 밖의 지역 사람들은 관료제와 법으로 다스려지던 국가의 바깥에 계속해서 살고 있었다. 그러나 그런 지역에서도 인간은 새로운 생각, 예술, 이야기, 철학, 종교, 통치술 등을 만들었다.

이제 우리는 15세기 말경의 아메리카 대륙을 떠나, 다음 장에서는 아프로유라시아 대륙으로 돌아가 1000년에서 1490년까지 그곳에서 있었던 이야기를 할 것이다. 또 다음 장에서는 어떻게 아메리카 대륙 사람들이 지구 전체를 연결하는 항해를 했던 에스파냐와 포르투갈의 항해자들과 운명적으로 만나게 됐는지도 살펴볼 것이다.

남아 있는 의문점들

1. 아메리카 대륙에 언제 최초로 인간이 들어갔을까?

미국의 고고학자들에게 아메리카 대륙에 언제 처음으로 인간이 도착했는지보다 더 중요한 문제는 없다. 지금으로부터 7만 5000년 전에서 1만 2000년 전 사이에 낮은 바다의 바닥이 드러난 이후에는, 시베리아 사냥꾼들이 언제라도 바다를 건너갈 수 있었을 것이다. 그러나 고고학자들은 시베리아의 북동쪽에는 지금으로부터 3만 년이나 4만 년 전까지 사람이 살지 않았을 것으로 보고 있다. 그때까지는 툰드라의 환경이 인간이 생존하기에 적합하지 않았을 것으로 추측되기 때문이다. 그렇게 보면 아메리카 대륙으로 인간이 처음 들어간 것은 지금으로부터 3만 년 전에서 1만 2000년 전 사이였을 것이다.

1950년에 방사성탄소의 붕괴를 측정함으로써 고고학적 유물의 시대를 알아내는 방법이 알려지면서, 언제 아메리카 대륙에 사람이 정착했는지에 대한 문제가 해결될 것이라는 기대가 높아졌다. 그러나 그 이후로도 분명한 답은 나오지 않고 있다. 1만 년이 넘는 고고학적 유적지가 매우 드물고, 신뢰할 만한 연대측정도 어렵기 때문이다. 1만 1500년 이전의 것으로 가장 신뢰할 만한 유물을 보여주는 유적지들이 아르헨티나, 칠레, 베네수엘라 등에서 발견되고 있다. 또 미국 펜실베이니아 주 남서부 오하이오 강 유역의 크로스크릭 근처에 있는 메도크로프트에서는 돌로 된 거주지가 발견됐고, 그곳의 가장 오래된 지층은 1만 9600년 전의 것으로 측정됐지만 일부 학자들은 그 자료를 신뢰하지 않고 있다. 그 결과 새로운 증거가 나타날 때마다 논쟁이 계속되고 있다. 만약 인간이 기원전 9500년경에 아메리카 대륙에 도착했다면, 그 이전까지는 아메리카 대륙으로 인간이 들어올 수 있는 여건이 마련되지 않았음을 보여주는 것이다.[19]

2. 아즈텍 사람들 사이에 인육을 먹는 관습이 존재했었나?

많은 고고학자들은 아즈텍 사람들이 인간의 고기를 종교적인 목적으로 먹었을 것이라고 믿고 있다. 그러나 순전히 상징적인 행동으로 그렇게 했는지, 아니면 정말 음식으로 먹었는지에 대해서는 의견의 일치를 보지 못하고 있다. 뉴욕 시에 있는 신사회조사연구소New School for Social Research의 마이클 하너Michael Harner 교수는 인육이 특별한 육류 공급 없이 살던 사람들에게 단백질의 공급원이 되었다고 보고 있다. 그러나 인류학자인 윌리엄 아렌스William Ahrens는 아즈텍 사람들은 절대로 식인종이 아니었다고 말한다. 그는 아즈텍 사람들이 식인종이었다는 정복자들이나 탁발 수사들의 기록은 편견에 기초한 것이고, 아즈텍 사람들에 대한 살육을 정당화하기 위해 쓴 것이라고 본다.

초기 탁발 수사였던 디에고 두란은 희생자를 잡은 사람들이 그의 허벅지를 잘라 가는 것을 보았고, 아마도 그것을 먹은 것 같다고 적었다. 고고학적인 증거로 도살된 뼈가 나와야 아즈텍 사람들의 식인 습관을 입증할 수 있지만, 그런 일이 일어났을 가능성이 가장 높은 아즈텍 사람들의 주거지에서 그런 증거를 발견한 사람은 아직까지 없다.[20]

인구가 증가하면서 전쟁과 인간 희생이 늘어났다. 인간 희생의 표면적인 이유는 신이 파괴하려고 하는 저주받은 세계의 종말을 늦춘다는 것이었다. 어쩌면 통치자들은 인간 희생을 정치적 책략이나 인구 조절, 혹은 저항을 막기 위한 도구로 사용했는지도 모른다. 전체 주민들이 인간 희생을 다섯 번째 태양의 시간을 연장하려는 노력으로 받아들이고 있었기 때문에, 어떤 이유에서였건 인간 희생은 정당화될 수 있었다.

3. 나스카의 그림들은 무엇일까?

남아메리카 대륙의 수수께끼 중 하나는 페루의 나스카에 그려져 있는 그림들이다. 사막 위에 그려진 나스카 그림들은 거대한 동물 그림, 직선, 기하학적 형상들이다. 어떤 것들은 2000년이 넘었지만, 비가 거의 오지 않기 때문에 지워지지 않고 있다. 사람들은 땅을 덮고 있는 맨 위의 지층을 걷어내서 그런 그림들을 만들었다. 그 지역에 있는 짙은 색깔의 맨 위의 지층은 호기성好氣性 미생물에 의해 수천 년에 걸쳐 만들어진 망가니즈와 산화철로 이루어져 있는데, 그것을 벗겨내면 아래에 옅은 색 땅이 드러난다. 가장 큰 그림은 폭이 몇 킬로미터에 이른다. 또 폭이 100미터나 되는 원숭이 그림과 폭이 300미터나 되는 새 그림도 볼 수 있다.

그 그림들이 그것을 만든 사람들에게 어떤 의미였는지는 아무도 모른다. 기하학적인 그림들은 물의 흐름을 나타내거나 아니면 물을 얻기 위한 제의와 연결된 것일 수도 있다. 거미, 새, 식물은 어쩌면 풍요를 바라는 상징이었는지도 모른다. 그것들이 관개시설을 만들기 위한 설계도였다거나, 거대한 천체 달력이라거나, 우주선의 착륙 장소였다는 다른 다양한 해석들도 있다.[21]

10

아프로유라시아, 하나로 연결되다

1000년 ~ 1500년

서기 1000년의 세계를 전체로 놓고 보면, 농업문명은 현대 국가들에 의해 통치되고 있는 땅의 15퍼센트도 채 되지 않는 땅을 지배하고 있었다. 대부분의 역사책은 농경문화에 초점을 맞추고 있지만, 지구상의 거의 대부분은 도시의 지배계급들이 이른바 '야만인'이라고 부르던 사람들이 통제하고 있었다. 야만인이란 약탈자, 유목민, 원예농업을 하던 사람, 그리고 소규모 농업을 하던 사람 등을 통칭하던 말인데, 그들은 아마존 강 부근, 북아메리카 대륙, 아프리카의 동부와 중부, 유라시아 대륙 중앙의 초원 지대, 아시아의 남동부, 멜라네시아에 살면서 문화적·경제적으로 이질적인 세상을 구성하고 있었다.[1]

이 장에서 우리의 이야기는 몽골족과 함께 시작된다. 몽골족은 현재의 몽골에 해당하는 중앙아시아의 고원지대와 초원 지대에 살던 유목민이었다. 도시를 중심으로 한 제국들의 외곽에서 온 몽골족은 1210년에

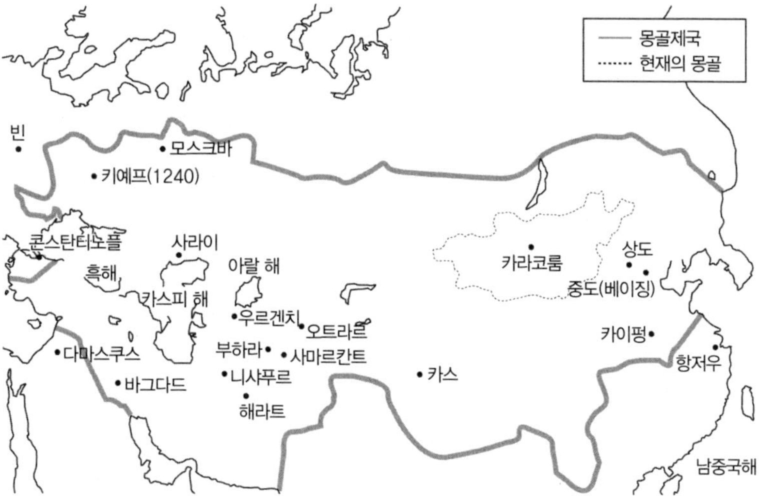

그림 10.1 1260년의 몽골제국

서 1350년 사이에 제국을 만들어 인도를 제외한, 고려에서 헝가리에 이르는 아시아 대륙 전체를 통치했다. 몽골족은 농업이나 도시 생활에 기반을 두지 않은 채 인간 역사에서 가장 거대한 영토의 제국을 건설해 200년을 이어갔다(그림 10.1).

몽골제국의 영토 크기를 짐작해보기 위해, 다양한 국가와 제국들에 의해 통치되었던 영토를 10만 제곱킬로미터를 나타내는 1메가미터라는 단위를 사용해 비교해보면 도움이 된다. 중국의 한漢 왕조는 약 6메가미터의 육지를 다스렸고, 로마의 카이사르는 4메가미터가 조금 넘는 육지를 다스렸다. 7세기와 8세기의 초기 이슬람 제국들은 10메가미터 정도를 다스렸으며, 잉카와 아즈텍 문명은 각각 약 2메가미터의 육지를 다스렸다. 그에 비해 몽골제국의 통치자였던 칸들은 무려 25메가미터가 넘는 엄청난 크기의 땅덩어리를 다스렸다.[2]

칭기즈칸, 제국을 건설하다

유럽인의 시각에서 보면 몽골인은 말을 탄 약탈 집단으로, 도시의 정착지를 침입해 무자비하게 살해하고 강탈하는 사람들이었다. 유럽인들은 그들을 타르타르Tartar, 타타르Tatar, 무갈Mughal, 모굴Moghul, 모알Moal, 몽골Mongol 등으로 불렀으며, 그들의 악명은 수세기에 걸쳐 드높았다. 19세기 유럽의 의사들은 월등한 백인종이 어떻게 정신지체아를 낳을 수 있는지를 설명하면서, 그들의 얼굴 모양을 볼 때 분명히 그들 조상 중에 누군가가 몽골족 전사에 의해 강간당했기 때문이라고 말할 정도였다. 그런 이유로 다운증후군을 '몽골증Mongolism'이라고 부르게 된 것이다.[3]

그러나 서구 역사학자들의 관점은 새로운 증거를 통해 드러난 몽골족의 입장이 반영되면서 급격하게 변화했다. 변화된 관점에서 보면 몽골족은, 특히 몽골족 최초의 지도자였던 칭기즈칸은 종교적 관용, 외교적 면책권, 자유무역, 국제적인 지폐 등 수많은 새로운 이념과 가치를 거대한 제국 안으로 통합시켜 현대 사회를 미리 보여준 선각자였다.[4]

몽골족의 생활과 역사를 기록한 원천 자료는 매우 드물다. 유목민들은 나중 세대가 발굴할 만한 물건을 남기는 일이 거의 없기 때문에 몽골 역사의 근거가 될 만한 고고학적 유적지도 없다. 심지어 칭기즈칸이 어디에 묻혔는지조차도 알려지지 않고 있다. 몽골족은 칭기즈칸의 시체가 남의 손을 타지 않고 현재의 몽골과 시베리아의 접경지대 근처인 그가 태어난 장소에서 원초적 야생 상태 속에 쉴 수 있도록 모든 노력을 기울였던 것으로 보인다.

유일하게 존재하는 원천 자료는《몽골족의 알려지지 않은 역사》라는 책인데, 이름이 알려지지 않은 어느 작가가 1228년이나 1240년에, 즉 칭기즈칸이 죽은 직후나 그로부터 12년 후에 쓴 책이다. 작가는 칭기즈칸에 의해 몽골제국의 공식 문자로 채택된 투르크 문자의 위구르계 변형 문자를 사용했다. 칭기즈칸이 공식 문자를 채택하기 이전에 몽골족은 문자를 갖고 있지 않았다. 《몽골족의 알려지지 않은 역사》는 14세기에 몽골족의 소리를 차용한 중국어 문자를 통해 번역되었으며, 그것이 현재 유일하게 남아 있는 판본이다. 1980년대까지는 영어로 번역된 책이 없었고, 1990년대에 들어와서야 몽골 연구자들이 그 책을 번역하고 주석을 달아 거기에 묘사된 지명들을 분명하게 밝혀냈다.[5]

아시아 초원 지대에서의 생활은 다양한 동물들을 먹이는 일을 중심으로 이루어졌다. 사람들은 고기를 얻기 위해 양과 염소를 길렀고, 이동 수단으로 사용하기 위해 말과 소, 낙타를 길렀다. 말은 흑해 주변의 초원 지대에서 빠르면 기원전 5세기 무렵에, 아무리 늦어도 서기 3세기경에는 가축화되었다. 동물들의 혼합 비율은 반드시 지켜져야 했으며, 동물이 번식능력을 잃으면 잡아먹었다. 인구수는 철저하게 가축의 수에 의해 결정됐다. 한 가족에 최소한 50에서 60마리의 가축이 필요했는데, 1인당 15마리에서 20마리의 비율이었다. 동물을 잃으면 곧바로 사람이 죽어야 했던 냉혹한 삶이었다.

몽골인들의 생활은 그들이 '다섯 개의 코'라고 부르던 중요한 가축에 의존하고 있었다. 야크, 말, 염소, 양, 그리고 낙타가 그 다섯 가지 동물이었다. 몽골인들은 그런 동물들로부터 먹을 것(고기와 젖)과 입을 것(가죽과 털) 그리고 주거지를 얻었다. 몽골인의 주거지는 둥근 모양의 틀 위에 양털로 짠 직물을 덮은 것으로, 러시아어와 영어에서는 유르트라고 부르고 몽골어로는 게르라고 부른다. 그러나 몽골인들은 굴레, 등자, 마차, 무기를 만들기 위해 철이 필요했고, 목재, 면화, 비단, 채소, 그리고 곡물도 필요했기 때문에 널리 무역을 하기도 했다.

초원 지대의 유목민들은 정착 사회와 1000년 이상 관계를 맺으며 살았다. 그들의 생활 방식은 정착 생활을 하는 사람들로부터 자신의 생활에 필수적인 물건, 예를 들어 등자와 안장을 만들기 위한 철과 같은 것들을 얻지 못한다면 유지될 수 없었다. 유목민들은 무역을 하거나 약탈을 할 수 있었는데, 그들은 상황에 따라 둘 중 한 가지 수단을 택했다. 몽골 제국의 시작은 이렇게 1000년 이상 계속된 유목민과 정착민 사이의 대결의 결과였다.

칭기즈칸의 개인적인 이야기는 인간의 역사에서 가장 경이로운 이야기 중 하나다. 무척 가난한 어린 시절을 보낸, 글도 모르는 칭기즈칸은 어른이 되어 모든 몽골 종족들을 통합하고, 역사상 다른 어떤 인물들과 견주어, 영토로 따지건 나라 수로 따지건 사람의 수로 따지건 두 배가 넘는 정복 활동을 한다. 칭기즈칸은 자신이 점령한 지역에 평화를 가져왔고, 몽골문자를 전파했고, 종교적 자유를 부여했다. 그리고 거의 70세가 되어서 사랑하는 가족과 충성스러운 부하들이 지켜보는 가운데 숨을 거두었다.

어릴 적 칭기즈칸은 테무친이라 불렸는데, 테무친의 아버지는 조그만 집단의 우두머리로 그가 아홉 살쯤 되었을 때 죽었다. 테무친의 아버지는 두 명의 아내와 일곱 아이를 남겼으며, 테무친의 어머니였던 호엘룬은 두 번째 부인이었다. 아버지가 죽은 후 그들은 사냥을 하거나 가족을 돌볼 남자가 없다는 이유로 부족들에게 버림받았다. 그러나 테무친의 가족들은 숲 근처에 살면서 조그만 동물들을 사냥하고 물고기를 잡고 산딸기를 따는, 거의 야생에 가까운 생활을 하면서 살아남았다.

성인이 되면서, 테무친은 아버지의 첫 번째 부인의 아들인 이복형이 자기 어머니와 결혼할 것이고 집단의 대표가 될 것이라는 사실을 알게 된다. 결국 테무친과 동생들은 이복형을 화살로 잔인하게 살해한다. 그로 인해 그들은 범법자가 되었고, 이후에는 납치와 살인, 그리고 종족 전쟁을 겪으며 공식적인 교육이라고는 전혀 받지 못한다. 테무친은 자신의 아내였던 뵈르테가 납치되자 싸워서 그녀를 되찾았으며, 그녀와 함께 숲에서 나와 고원지대로 거처를 옮긴다. 거기서 그는 군대를 조직해 몽골의 다른 집단들과 맞서 싸웠고, 끝없이 계속되던 전쟁을 끝냈다. 그는 젊은 전사들을 자신의 기준에 맞춰 훈련시켰고, 다양한 동맹을 맺었으며, 마침내 20년 만에 다른 모든 경쟁자들을 물리쳤다. 몽골족을 통합하기 위해 테무친은 친척들을 무력화시키고, 귀족의 자손들과 다른 모든 칸(군주)들을 죽이고, 오래된 부족들을 모두 해체한 후에 다시 조직했다. 그리고 몽골 내에서 가장 강력한 무당도 살해했다.

테무친이 44세가 되던 해인 1206년에, 그는 모든 투르크와 몽골족들의 최고 칸이 되어 칭기즈칸이라는 이름을 갖게 된다. 그는 자신을 따르는 사람들을 어떤 종족의 명칭으로 부르는 대신 '천막집 사람들'이라고 불렀다. 몽골의 위대한 '칸'으로서 칭기즈칸은 현재의 서유럽에 맞먹는 땅과 100만 명의 사람들, 그리고 1,500만에서 2,000만 마리에 이르는 가축들을 다스렸다.

몽골 사람들은 지구의 오래된 혼령들을 믿었는데, 그중 가장 높은 자리는 '텡그리(영원한 하늘 또는 푸른 하늘)'가 차지하고 있었다. 칭기즈칸은 텡그리의 '영원한 하늘'이 자신에게 세계를 정복할 수 있도록 해주었다고 믿고 있었다. 몽골족들은 텡그리의 하늘 아래에는 수없이 많은 혼령들이 살고 있으며 주술사들을 통해 그런 혼령들과 소통할 수 있다고 믿었다. 몽골제국이 팽창하는 과정에서 몽골의 통치자들은 다른 종교를 존중했고, 새롭게 마주치는 종교의 사상을 자신의 종교와 비교하는 것을 즐겼으며, 심지어는 가족이 다른 종교를 믿는 것에도 관용을 베풀었다.

칭기즈칸은 열 명의 남자를 한 단위로 구성해 형제처럼 살게 하는 자기 문화의 풍습에 따라 군대를 조직했다. 60세 이하의 모든 남자는 병역의 의무가 있었다. 1만 명이 한 단위의 전투부대를 구성했으며, 각각의 군인들에게는 종족에 대한 충성보다는 군에 대한 충성이 더 강조됐다. 지휘관은 출신 성분이나 사회적 지위가 아닌 능력에 따라서만 선발됐다. 모든 군인은 다양한 여분의 말들을 갖고 있었는데, 여분의 말을 다섯 마리 정도 갖고 있는 것도 흔한 일이었다. 군인들은 불을 피우지 않고도 열흘씩이나 말을 탈 수 있었다. 그들은 건조시킨 우유에 물을 섞어 마시거나, 안장 밑에 깔고 앉아 부드러워진 날고기를 먹었다. 군인들은 처음에는 약탈한 물건들로 수당을 받았지만 나중에는 봉급과 곡식을 받았다. 죽은 군인의 가족들도 약탈한 물건들을 가질 수 있었기 때문에 군인들의 충성심은 자연히 높았다. 칭기즈칸이 죽을 당시 그가 거느리던 군인의 수는 무려 12만 9,000명에 달했다. 칭기즈칸이 싸웠던 60년간 단 한 명의 장군도 그를 버리지 않았는데, 아마 세계사에 유례없는 기록일 것이다.

몽골족을 통합한 후에 칭기즈칸은 중국의 북동쪽으로 쳐들어갔는데, 그곳에서는 여진족이 약 100년 전부터 중국의 최대 도시 중 하나인 카이펑開封을 점령하고 있는 상태였다. 하지만 칭기즈칸은 4년 만에 여진족을 정벌한다. 그 후 15년 동안 칭기즈칸은 중국 동부의 탕구트족, 중앙아시아의 위구르족과 거란족을 정벌해 실크로드를 확보하고, 파키스탄 중앙부의 호라즘왕국 사람들을 정벌한다. 칭기즈칸은 다른 도시들의 항복을 받아내기 위해 몽골 전사들이 얼마나 두려운 존재인가를 알리는 이야기를 널리 퍼뜨렸다. 다른 정복자들과 달리 그는 적의 귀족들을 모두 죽여 훗날 자신에게 대항하지 못하도록 했다. 그는 자신에게 저항한 도시들을 점령하면 모든 건물을 초석까지 없애고 아무도 살려두지 않는 등 완전히 파괴해버렸다.[6]

1227년 칭기즈칸이 죽은 뒤에 몽골족은 그의 셋째 아들인 오고타이를 후계자로 뽑았다. 칭기즈칸의 가족은 새로 건설된 수도인 카라코룸으로 들어오는 공물의 양을 늘리기 위해 서쪽으로는 유럽을, 남동쪽으로는 중국을, 그리고 남서쪽으로는 중동 지역을 공격하기로 결정한다. 칭기즈칸의 손자인 바투는 유럽으로의 공격을 지휘해 키예프와 모스크바를 점령하고, 1241년에는 빈 외곽까지 이른다. 하지만 그해 12월에 칭기즈칸의 네 아들 중 마지막으로 살아 있던 오고타이가 죽었기 때문에, 바투는 가족의 근거지로 돌아와 칭기즈칸의 손자들 중에서 오고타이의 후계자를 정하는 일에 참여해야 했다. 그런데 오고타이의 후계자를 정하는 과정이 10년이나 걸렸기 때문에, 유럽은 몽골족의 침입으로 인한 더 이상의 피해를 모면할 수 있었다.

몽골족의 통치자들이 전쟁터에 나가 있는 동안에는 그들의 부인들이 제국을 통치했다. 유목민 여성들은 흔히 전쟁과 통치에 관여하곤 했다. 오고타이가 술에 자주 취하자 제국의 통제권은 그의 부인이었던 퇴레게네에게 넘어갔고, 그녀는 오고타이가 죽은 후에도 무려 10년 동안 섭정을 했다. 오고타이의 후계자를 정하는 일은 갈수록 치열하고 참혹해졌다. 칭기즈칸의 손자 중 하나는 모슬렘 지역을 점령해 그들의 정신적 지도자인 바그다드의 칼리프를 죽였다. 하지만 몽골제국은 1260년에 이집트의 술탄이 이끄는 노예 군대에 의해 현재의 이스라엘에 있는 갈릴리해 근처에서 패하면서 팽창의 한계에 이르게 된다.

1265년부터 몽골제국은 하나로 유지되지 못하고 분열됐다. 1265년에 손자인 쿠빌라이가 칸으로 정해졌다. 하지만 일부 가족들이 그를 인정하기를 거부하면서 제국은 네 개로 나뉘어, 각기 다른 몽골족 통치자들에 의해 다스려진다. 하지만 그들 사이의 접촉은 끊어지지 않았다. 그때까지만 해도 인도는 몽골족에 의해 점령되지 않았었지만, 14세기 후반과 15~16세기 사이에는 인도도 몽골족의 통치를 받게 된다.

몽골제국의 전성기 동안 중국과 이슬람 세계와 유럽을 잇는 무역 및 사상의 교류가 통틀어 실크로드라고 알려진 다양한 교역로를 통해 활발해진다. 몽골족은 현재의 여권의 시초가 된 몽골어가 적힌 금이나 은으로 만든 패를 만들었고, 그것을 가진 공인된 여행자가 사용할 수 있는 말과 사료를 보관하고 있는 주둔지를 매 40킬로미터에서 50킬로미터마다 만들었다. 아프로유라시아 대륙 내에 중국, 아시아 남동부, 인도 대륙, 이슬람 세계, 중앙아시아, 사하라 남부 일부 지역, 지중해, 유럽을 잇는 단일한 상업적 연결망을 가진 하나의 소세계가 생겨난 것이다.

몽골의 수도였던 카라코룸과 그 주변 지역에는 공물을 실은 카라반들이 수없이 몰려들었다. 낙타와 소가 끄는 수레들이 너무나 많은 비단을 들여와 비단이 다른 물건을 포장하는 데 쓰일 정도였다. 비단은 자수가 박힌 옷, 깔개, 베개, 담요, 그리고 몽골어로는 표현조차 할 수 없는 다양한 색의 천 등 수많은 형태로 들어왔다. 초원 지대를 건너 몽골로 들어온 다른 물건들에는 옻칠을 한 가구, 도자기, 청동 칼, 쇠 주전자, 조각된 말안장, 향수, 화장품, 보석, 포도주, 꿀, 홍차, 향, 의약품, 강장제 등이 있었다.

칭기즈칸이 중국 북부의 여진족을 정벌한 후 그곳에서 엄청나게 많은 공물이 들어왔기 때문에 칭기즈칸은 카라코룸 근처의 아바르가 강가에 그것들을 보관할 수 있는 건물을 짓게 한다(보통 몽골족은 털요 천막만을 친다). 1229년에 오고타이가 대大칸이 되었을 때 그것을 축하하기 위해 그 건물에 보관했던 물건을 풀었는데, 모든 사람들이 새로운 비단옷을 가질 수 있을 정도였다고 한다. 비단이 넘쳐흘러서 궁정의 신하들은 모두 같은 색의 비단 옷을 입되 매일 다른 색으로 바꿔 입었다고 한다.

당시에 얼마나 무역이 쉬웠는지를 묘사한 중국 장시 성江西省 출신의 왕력王力(1314년~1389년)의 글을 보자.

> 쿠빌라이 칸의 시대가 되면 사해四海 안의 모든 땅이 한 가족의 영토처럼 된다. 문명은 모든 곳에 퍼졌으며 어떤 장벽도 존재하지 않았다. 남과 북에서 부와 명예를 찾는 사람들에게 천 리 길은 단지 옆집에 다니러 가는 것 같았으며, 만 리 길도 이웃 동네로 놀러 가는 것과 같았다. (……) 사람들 사이의 형제애는 새로운 지평에 들어섰다.[7]

그러나 자유롭게 거래되던 물건들 안에는 무역을 하는 사람들에게는 감춰져 있던 문제가 담겨 있었다. 최초로 그 문제가 겉으로 드러난 것은 1331년의 일이었다. 쿠빌라이 칸이 수도를 세웠던 중국 북부의 허베이성河北省에서 인구의 90퍼센트 정도가 갑자기 알 수 없는 질병으로 목숨을 잃었다. 그로부터 채 1년도 지나지 않아 현재 베이징北京의 북서쪽에 있던 고비사막에 가까운 몽골 왕족의 여름 주거지에까지 그 병이 들이닥쳤다. 그 후 20년 동안 중국 전체 인구의 약 3분의 1에서 절반 정도가 그 병으로 사망했다. 중국의 인구는 1200년에 1억 2,400만 명이었던 것이 1400년에 7,000만 명 정도로 줄어들었다.

그리고 그 병은 중국 밖으로 무서운 속도로 퍼져나갔다. 그것은 1338년에 키르기스스탄에 있는 톈산산맥까지 퍼졌고, 1347년에는 실크로드를 통해 흑해까지 이르렀다. 1348년에는 배를 통해 제노바에 도착해 이집트, 유럽, 터키의 도시들을 덮쳤다. 1350년에는 북대서양을 건너 아이슬란드와 그린란드에 이르렀다. 1300년부터 1400년 사이에 유럽은 전체 인구의 최소한 4분의 1을 그 병으로 인해 잃었다.

그 무시무시한 질병의 정체는 무엇이었을까? 그것은 나중에 흑사병黑死病으로 알려지게 되는데, 처음에 희생자들의 피부밑으로 피가 새어나왔고 나중에 피가 마르면서 검은 색으로 보였기 때문이다. 림프샘에 골프공만 한 종양이 생겼다가 나중에 터지기 때문에, 의학 용어로는 그리스어로 '샅'을 뜻하는 '부본boubôn'이라는 말에서 나온 '선腺페스트bubonic plague'라고 부른다. 희생자들은 며칠 동안 심한 고통을 겪은 후에 대개 죽게 된다. 때로 질병이 림프샘이 아닌 폐를 공격하기도 했는데, 그렇게 되면 희생자는 피거품을 품고 기침을 하거나 재채기를 통해 주변 사람들에게 병을 퍼뜨렸다.

무엇이 이런 재앙을 일으켰는지 아무도 정확히 모르지만, 그 병이 무역로를 통해 돌아다닌 것만은 분명해 보인다. 유럽에서는 그리스도교도들이 유대인들에게 책임을 돌렸는데, 유대인들이 주로 무역에 종사하고 또 흑사병이 유래한 동쪽에서 왔기 때문이다. 1348년에 교황 클레멘스 6세는 그리스도교도들이 유대인들을 화형시키는 것을 금지하는 칙령을 발표했다. 이 당시 기회가 있었던 유대인들은 그들을 박해하지 않는 폴란드로 이주했다.

흑사병의 전파는 몽골제국의 끝을 의미했다. 몽골제국의 생명선이었던 무역이 줄어들었기 때문이다. 사람과 물건, 그리고 정보의 끊임없는 이동 없이 복잡한 사회 체계가 유지될 수 없었다. 몽골제국의 지배 가문들은 서로 간의 교류 없이 자신만을 지켜야 했다. 러시아에서는 '칸의 궁정'이라는 뜻의 몽골어에서 따온 '황금 군단'이라는 이름으로 불리던 몽골 지배계급이 작은 집단으로 나뉘었고, 그 후 4세기에 걸쳐 서서히 권력을 잃었다. 페르시아를 지배하던 몽골제국의 분파는 '일한국'이라고 불렸는데 1335년에 멸망했고, 중국에서는 몽골족이 패배해 1368년에 명明나라가 세워졌다. 모굴리스탄이라고 불리던 몽골 본토와 중앙아시아에서만 몽골족의 지배가 계속됐다. 14세기 말이 되면 '절름발이 티무르'가 나타나 인도에서 지중해에 이르는 몽골족의 예전 영토들을 회복하는데, 그의 후손들이 인도 무굴족의 기원이 된다. 칭기즈칸의 마지막 후예는 부하라의 토후였던 무함마드 알림 칸이었으며, 그는 1920년에 소련

혁명에 의해 쫓겨날 때까지 우즈베키스탄을 통치했다.

1894년이 될 때까지 과학자들은 흑사병의 원인과 그 전염 방식을 이해하지 못했다. 흑사병을 일으킨 박테리아는 고비사막에서 발생했던 것으로 보이며, 쥐에 기생하는 벼룩 안에 살고 있었다. 흑사병은 아마도 식량을 실어 나르는 짐과 함께 옮겨진 쥐에 의해 전파되었을 것이다. 박테리아는 곧 인구가 밀집된 도시와 배에서 좋은 환경을 찾아냈다. 쥐들은 인간과 함께 아주 오랫동안 가까이 살아왔기 때문에 아무도 쥐가 병의 원인일 것으로 의심하지 않았다. 오늘날에도 일부 쥐들은 흑사병의 원인 바이러스를 가진 벼룩을 옮기고 있지만 항생제가 흑사병의 확산을 막고 있다.[8]

중국, 몽골족이 물러나고 명나라가 들어서다

앞에서 본 것처럼 칭기즈칸이 1206년 몽골을 통일한 후 최초로 정복한 곳은 중국의 북부 지역이었다. 그의 뒤를 이은 몽골족들은 더 많은 중국 영토를 점령했고, 1260년에 칭기즈칸의 손자인 쿠빌라이는 중국 남부의 송宋나라를 무너뜨림으로써 중국 전체를 통일했다. 쿠빌라이는 1294년까지 통치했는데, 그 사이에 원元나라를 세웠고 원나라는 1368년까지 이어졌다.

대부분의 중국인들은 동물의 피를 마시고 날고기를 먹고, 텐트에서 잠을 자고, 동물 가죽을 입는 몽골족들의 비문명적인 행동 때문에 그들을 증오했다. 그러나 쿠빌라이는 중국을 효율적으로 통치할 수 있을 정도로 중국의 문화에 자신을 적응시켰다. 그는 나중에 베이징으로 알려지게 되는 장소에 새로운 수도를 세웠다. 중국인들은 그곳을 대도大都라고 불렀고, 몽골인들은 '칸발릭(칸의 도시)'이라고 불렀다. 쿠빌라이는 모슬렘 건축가에게 자금성紫禁城을 설계하게 하고 그 안에 작은 초원을 만들어, 유르트에서 잠을 자고 말을 타고 사냥을 하면서 몽골인처럼 살려고 했다. 그는 서양의 국가들보다 500년이나 앞서 공립학교를 만들어 의무교육을 실시했다. 또 국가 인쇄소를 만들어, 나무에 손으로 새겨 만든 활자판을 이용해 대량 인쇄를 가능하게 했다. 그는 한 번에 몇 주씩 이어지는 연극 상연도 장려했다. 또한 과거제도를 폐지했고, 상인들을 정부 관리 바로 아래의 지위로 끌어올렸으며, 유생儒生들은 거지보다는 높지만 창녀보다 낮은 계층으로 떨어뜨렸다. 그는 티베트의 불교 승려인 파스파에게 전 세계의 모든 언어를 쓸 수 있는 알파벳문자를 만들도록 했고, 파스파는 41개의 음소로 된 파스파문자를 실제로 만들어냈다. 쿠빌라이가 통치하던 13세기와 14세기 사이에, 지구상의 다른 어떤 지역보다 월등했던 중국의 회화, 인쇄, 나침반 항해, 화약, 고온 용광로, 선박 건조 등의 많은 기술들이 여행과 교역을 통해 다른 나라로 수출됐다.

그러나 중국의 농민들은 몽골족의 지배 하에서 감당할 수 없을 정도로 높은 세금에 시달렸다. 1360년대에 중국 농민들의 반란이 일어났고 마침 몽골족 안에서도 내분이 있었기 때문에, 중국인들은 자신의 나라를 되찾고 명나라를 세울 수 있었다. 그러나 몽골족의 유산은 계속해서 보존됐는데, 명나라에 의해 다시 통일된 중국의 영토는 중국어를 사용하는 사람들이 살고 있는 지역보다 무려 다섯 배나 더 큰 것이었다.

새로운 명나라의 최초 통치자였던 주원장朱元璋은 수도를 몽골 지역에서 떨어진 난징南京으로 옮기고, 몽골족이나 외국의 영향을 받은 모든 것을 거부했다. 이슬람교, 그리스도교, 유대교를 믿는 상인들은 모두 추방됐다. 몽골식 이름과 복식이 금지됐다. 불교는 억압됐고 지폐도 사라졌다. 또 명나라는 과거제도를 부활시켜 유학자들을 다시 등용했으며, 이름난 무역상들의 활동을 억압했다. 단지 몽골어만이 외교 언어로 살아남왔다.

주원장의 후계자였던 영락제永樂帝(재위 1402년~1424년)는 수도를 베이징으로 옮기고 자금성을 중국풍으로 재건했다. 1400년대 중반에 농업 생산량이 늘어나면서 인구가 증가하기 시작했다. 베이징으로 쌀을 운반하기 위해 대운하를 더 깊이 팠고, 몽골 유목민들을 막기 위해 거대한 병력이 북쪽 지방을 경계했다.

1405년에서 1433년 사이에, 중국의 황실은 대규모의 해군 탐사대를 일곱 차례나 인도양으로 보냈다. 환관이었던 정화鄭和가 그중 여섯 번을 통솔했다. 탐사대는 해외의 중국 상인들을 방문해 황제의 권위를 확인했지만, 정부 재정에는 심각한 타격을 주었다. 정화의 가장 큰 탐사대는 무려 60여 척의 배와 2만 5,000명에서 4만 명 정도의 선원들로 이루어져 있었는데, 콜럼버스의 가장 큰 탐사대가 1,500명의 선원과 17척의 배로 이루어졌던 것을 생각해보면 그 규모를 짐작할 수 있다. 정화가 사용했던 가장 큰 배는 아홉 개의 돛대와 500명의 선원을 싣고 있었으며, 후에 콜럼버스가 사용했던 배보다 무려 다섯 배가 더 컸다. 중국 탐사대는 한 번 항해하는 데 보통 2년이 걸렸고, 최소한 13개 나라를 방문했다. 중국의 탁월했던 해양 항해술을 보여주는 한 예라고 할 수 있다.[9]

그러나 중국인들은 자신의 월등한 해양 항해술을 이용해 아프리카의 희망봉을 돌거나 태평양을 건너 미지의 대륙으로 나아가지는 못했다. 명나라가 가지고 있던 자원을 내부적인 발전과 초원 지대와의 국경을 방어하는 데 주로 사용했기 때문이다. 명나라는 현재의 베트남인 안남安南 지역으로 영토를 확장하는 것을 포기했으며, 함대를 돌보지 않았고, 개인적인 해외무역도 금지했다. 명나라의 지배 계층은 밖으로의 확장보다는 내부적인 안정을 선호했다. 그 결과 몽골족의 통치 아래서 잃은 것들을 회복할 수 있었다. 일부 학자들은 중국이 몽골족에 의해 보호되던 무역 체계가 붕괴된 이후 커다란 경제적 어려움을 겪었고, 그 결과 바다에서 물러나 농경 기반과 내부 생산구조를 재건하는데 집중할 수밖에 없었다고 주장한다.[10] 1400년에서 1700년 사이에 중국의 인구는 같은 시기에 인도가 그랬던 것처럼 두 배로 늘어난다.

몽골족, 이슬람 세계의 확장과 팽창에 기여하다

일부 역사학자들은 1000년에서 1500년 사이에 중국이 아닌 이슬람이 세계에서 가장 창조적이고 역동적인 문명이었으며 그것을 여러 사회로 전파했기 때문에, 1500년에 살았던 공정한 관찰자라면 이슬람이 곧 세계의 지배적인 종교가 될 것으로 예측했으리라고 주장한다.[11]

이런 주장은 세 가지 기본적 사실에 근거하고 있다. 먼저 1000년에서 1500년 사이에 이슬람 세계의 크기는 거의 두 배가 되었고, 이슬람은 인도(티무르와 인도의 다른 몽골 후계자들은 모두 이슬람에 귀의했다), 발칸반도, 북아프리카, 이베리아반도, 아시아의 동남부로 퍼져나갔다. 두 번째로, 이 기간 동안에 이슬람의 핵심 지역(이란, 이라크, 아제르바이잔)에서 몽골과 페르시아의 영향을 받은 터키의 궁정 문화에 기초한 도시 지배 계층 문화가 크게 발전했다. 세 번째로, 이슬람 지역은 중국, 인도, 아프리카, 지중해, 그리고 유럽을 잇는 무역 체계의 중심 역할을 하고 있었다(그림 10.2).

이 기간 동안 이슬람 문명은 아름다운 공공 건축물, 타지마할, 그림이 곁들여진 진귀한 책들, 그리고 오마르 하이얌(1131년 사망)과 루미(1273년 사망)와 하페즈(1389년 사망) 같은 위대한 시인들을 만들어냈다. 또한 현재 이란의 북서쪽에 있는 타브리즈와 가까운 마라게에 천문대를 지었고, 수학자였던 투시는 그 천문대를 이용해 큰 원 안에 작은 원이 돌고 있다는 천문학적 개념을 만들어냈다. 행성들이 태양을 돌고 있다는 코페르니쿠

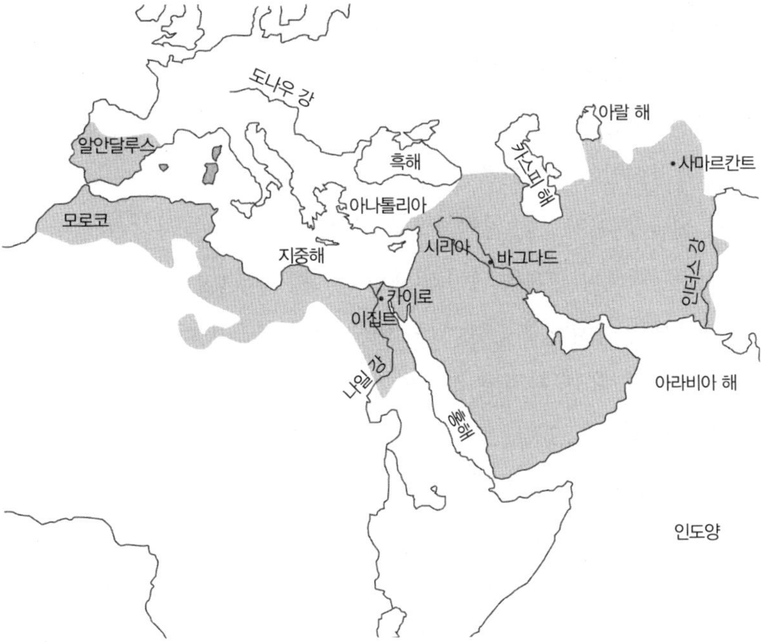

그림 10.2 약 1000년경의 이슬람의 핵심부

스의 통찰은 투시의 개념에 기초한 것이었다. 투시는 또한 복잡한 대수학과 삼각법의 기초를 만들기도 했다. 이미 7세기경에 모슬렘들은 0의 개념을 도입했던 인도의 수 체계를 알고 있었다. 그들은 0이라는 숫자를 자신의 영토 전체에서 사용했고, 그 안에는 에스파냐가 들어 있었다. 에스파냐에서는 나중에 교황 실베스테르 2세가 되는 프랑스 수도승이 그것을 배우게 되었고, 그는 교황이 된 후에 0이라는 개념을 유럽 전역에 전파했다.

동반구와 서반구가 만나기 이전까지 농산물의 교역은 이슬람 세계 안에서 가장 활발하게 이루어졌다. 아랍인들은 인도에서 밀, 쌀, 사탕수수, 바나나, 오렌지, 레몬, 라임, 망고, 수박, 코코야자, 시금치, 아티초크, 가

지, 면화 등을 수입했다. 그리고 망고와 코코야자만 빼고는 그것들 모두가 에스파냐로 전파됐다.[12]

그러나 이슬람 세계의 농업은 결국 쇠퇴한다. 1037년 이후에 투르크계 유목민이었던 셀주크족이 일어나, 초원 지대를 건너 이란과 터키 동부의 이슬람 지역으로 침입해 들어왔다. 그 후 35년 사이에 셀주크족은 비잔틴제국의 경계를 넘어 현재의 터키에 해당하는 아나톨리아 지방의 대부분을 차지하게 된다. 그런 이유 이외에도 이슬람 세계의 농업은 950년에서 1250년 사이에 유럽이 경험했던 따뜻하고 건조한 기후 때문에 쇠퇴했을 수도 있다. 그런 기후는 유럽에서는 농업 생산량을 증가시켰지만, 이슬람 세계에서는 너무 무덥고 건조했을 것이기 때문이다.[13]

1258년 몽골족이 이슬람 세계의 중심지인 바그다드를 약탈하면서 이슬람 문명 전체를 위협하는 것처럼 보였다. 그러나 몽골족에게는 지식문화가 없었기 때문에, 몽골의 칸들은 거꾸로 페르시아의 궁정 문화에 적응하게 되었고 1295년에는 이슬람으로 귀의하게 된다. 몽골족은 1353년까지 이슬람 세계를 지배하면서 오히려 그 확장과 팽창에 기여했다.

이슬람으로 귀의한 칸이었던 가잔(재위 1271년~1304년)을 설득한 사람은 라시드웃딘이었는데, 그는 페르시아 출신의 유대인으로 이슬람 시아파였다. 라시드웃딘은 가잔의 수상 자격으로 폭넓게 여행하면서 중앙아시아와 중국의 여러 몽골지도자들을 만나 이란, 러시아, 중국에서 거의 동시에 태동하고 있던 화폐의 개혁을 주장하기도 했다. 라시드웃딘은 현재까지 알려져 있는 세계 최초의 세계사를 썼는데, 그 안에는 유럽에 대한 최초의 역사가 포함되어 있다. 라시드웃딘은 유럽의 수도승들로부터 자료를 얻었다고 한다. 그는 자신의 책에 유럽과 중국의 미술 작품들도 포함시켰는데, 그렇게 해서 중국의 수묵화와 초상화 기법이 이슬람 세계에 알려졌다.

1353년 이슬람의 쇠퇴 이후 페르시아에서는 군사 지도자들을 중심으로 여러 정권들이 형성되는데, 그중 가장 성공적이었던 사람은 1369년부터 1405년까지 통치했던 '절름발이 티무르'였다. 또 그리스도교도들과의 접경지대에 살던 유목민들로부터 이슬람을 믿는 오스만제국이 시작된다. 오스만제국은 아나톨리아의 북동부 지역과 발칸반도의 대부분을 점령했다. 육상 교역이 불안정해지면서 이슬람 상인들은 인도양 쪽으로 해상 교역로를 확장했고, 말레이어를 사용하는 아시아 남동부 지역까지 침투해 들어갔다.

이슬람 세계의 생활은 모로코의 법률가였던 이븐바투타의 여행기를 통해 널리 알려졌다. 법률가 집안의 아들이었던 이븐바투타는 모로코의 탕헤르에서 자랐다. 법학을 공부한 그는 스물한 살이던 1325년에 외국에서 법률가가 되기 위해 여행을 떠나 메카와 다른 유명한 도시들을 방문한다. 그는 중국의 남부까지 여행을 하고 24년이 지난 후에 고향으로 돌아왔고, 그다음에 말리로 2년간의 여행을 더 갔다가 모로코로 다시 돌아와 기록에 의존하지 않고 기억을 통해서만 자신의 회고록인 《여행기 Rihla》를 썼다. 그는 모두 11만 8,000킬로미터를 여행했으며 44개국을 방문했다. 그는 여러 다른 지역에서 판사로 일했는데, 그것은 모든 이슬람 국가들이 신성하게 여기는 법인 '샤리아'를 공통으로 사용하고 있었기 때문에 가능한 일이었다. 이븐바투타는 자신이 가는 곳마다 법률과 신비주의, 그리고 이슬람 세계의 현실에 대해 상인들과 왕자들, 학자들과 아랍어로 토론을 했다. 그의 활동을 보면 이슬람 사람들이 '움마'라고 부르는 '믿는 자들의 공동체'가 굳건히 존재하고 있었음을 알 수 있다.[14]

아프리카에서는 1250년 이후 대륙의 동쪽 해안을 따라 이슬람 세계와의 무역이 확장되었는데, 그로 인해 그 지역에 30~40개의 도시국가들이 발달하게 됐다. 그들 중 모가디슈와 킬와가 대표적인 도시였으며, 스와

힐리어를 공통으로 사용하고 있었다. 14세기에서 15세기 사이에 아프리카 동부로부터의 금 수출이 늘어나며, 15세기 말이 되면 킬와에서 매년 1톤씩의 금이 수출된다. 아프리카에서 수출되던 금의 대부분은 1400년 무렵 대짐바브웨라는 도시가 가장 발달했을 때, 그곳에서 출발하거나 그곳을 통과해 거래됐다.

니제르 강에서 대서양 연안까지 이르던 아프리카에서의 이슬람 무역은 대단히 활발했었기 때문에, 그 지역의 통치자들이 보다 넓은 세계와 문화적으로 연결되기 위해 이슬람으로 귀의할 정도였다. 아프리카의 통치자들은 노예와 금과 소금을 수출해 부를 쌓았다. 니제르 강을 따라 발전했던 말리왕국은 1330년경에 그 정점에 이르렀는데, 당시의 말리 통치자들은 전 세계 금 생산의 3분의 2를 통제할 정도였다. 종이와 제지법도 도입됐고, 통북투가 학문의 중심지가 되었다. 서로 경쟁하던 지역 통치자들은 노예무역을 통해 국가 재정을 충당했기 때문에, 인구나 농업 생산이 증가하는 데는 한계가 있었다. 15세기에 무역이 쇠퇴하자 무역상들이 떠났고, 일부 아프리카인들은 다시 예전의 물활론적인 종교로 돌아갔다.

모슬렘 통치자들이 물질적으로 풍요해지면서 노예의 수도 늘어났다. 인도에서의 전쟁으로 인해 수많은 힌두교도들이 노예가 되었다. 아프리카의 사하라 남부 지역에서는 지배계급들이 다른 아프리카인들을 팔아넘겼고, 모슬렘 풍습이 자리를 잡으면서 자신의 노예를 갖기도 했다. 1200년에서 1500년 사이에 사하라 남부와 홍해의 무역상들은 약 250만 명 정도의 아프리카인들을 노예로 만들어 아프리카 북부와 다른 지역의 모슬렘들에게 팔았던 것으로 추측된다. 하지만 정확한 숫자는 알기 어렵다. 중국에도 7세기부터 아프리카 노예가 들어오기 시작해, 12세기에는 광저우의 부유층들도 흑인 노예를 소유하게 된다. 일부 부유한 모슬렘 남자들은 전 세계에서 온 첩을 거느렸다. 인도의 어떤 귀족은 터키와 중국에서 온 여성을 포함해 약 2,000명의 하렘 노예를 갖고 있었다고 전해지고 있다.[15]

이슬람 세계는 중국과 유럽을 잇는 유라시아 대륙의 교역로에서 핵심적 위치를 차지하고 있었기 때문에 그 이념과 풍습을 다른 많은 지역과 교류할 수 있었다. 중국인들이 권력을 되찾은 이후에 몽골족의 이념을 부정한 것과는 달리, 이슬람 지도자들은 몽골족의 유산에 적용하고 그것을 흡수했다.

1000년부터 1500년 사이의 유럽

1000년경의 유럽은 인구도 많지 않고 열 명 중 아홉 명이 농촌의 궁벽한 지역에 사는 낙후된 곳이었다. 모슬렘과 비잔틴제국 사람들은 유럽인들을 '프랑크족'이라고 불렀다. 하지만 유럽인들은 스스로를 '라틴족'이라고 불렀는데, 그 이유는 로마의 가톨릭교를 믿으며 가톨릭 의식에서 사용되는 라틴어를 쓰고 있었기 때문이다. 한편 그리스정교의 지지를 받던 로마 황제들은 그리스어를 사용하면서, 세르비아와 불가리아 국경의 남부에서 그리스를 거쳐 터키 동부와 이탈리아 남부에 이르던 비잔틴제국을 통치하고 있었다.

유럽의 서부에는 기사 계급이 15~30가구에 이르는 소작농의 노동에 기초해 생활하는 사회적 양상이 두드러졌다. 농민들은 수확한 곡물의 절반과 자신의 노동력 일부를 기사 계급에게 제공하고, 그에 대한 대가로 농토와 신변의 보호를 받았다. 농부들은 흙을 파내 엎는 보습을 단 쟁기를 협동해서 사용했다. 그들은 크리스마스 앞뒤의 12일을 제외하고는 연중 끊임없이 일하면서 삼모작을 했는데, 따뜻한 겨울과 1년 내내 내리는 비로 인해 농업 생산량이 늘어났다.

한 가구가 12만 제곱미터에서 16만 제곱미터 정도의 땅을 경작할 수 있었으며, 그런 넓이의 땅이면 매년 4,600킬로그램 정도의 식량을 생산할 수 있었다. 그중 약 1,500킬로그램 정도는 다음 해의 농사를 위해 종자로 보관했고, 1,300킬로그램 정도로 네 마리의 말을 먹였고, 1,200킬로그램 정도는 영주에게 바쳤으며, 농부와 그의 가족에게는 나머지 600킬로그램 정도가 돌아갔다. 가족 한 명당 하루에 약 1,600칼로리가 돌아가는 셈이었다. 따라서 농부들은 과일, 채소, 가축, 닭, 토끼 등을 함께 길러야만 했다.[16]

쟁기가 개량돼 농업 생산량이 늘어나면서, 농부들은 식량을 저장했다가 다른 물건과 교환할 수 있게 됐다. 그리하여 약 3세기 동안 인구가 증가했고, 1100년에서 1445년 동안에는 인구가 두 배 이상 증가했다. 이 기간 동안에 한때 조밀하던 유럽의 삼림은 강력한 영주가 사냥터로 보존한 곳을 빼고는 대부분 농경지로 변했다.

11세기와 12세기의 유럽 정치에서는 지중해 동부에 있는 모슬렘에 대항하는 그리스도교도들의 일련의 군사적 행동인 십자군十字軍 전쟁이 가장 큰 특징으로 나타난다. 교황들은 교회를 개혁하고 자신의 권력을 지키고 싶어 했으며, 상위 계층 남자들은 군사 행동을 통해 인정받고 싶어 했고, 이슬람 세력은 콘스탄티노플을 위협하고 있었고, 상인들은 무역을 늘리고 싶어 했다. 그 결과 상상하기 어려울 정도로 복잡한 연합이 무수히 생겼다가 사라졌다. 1204년의 4차 십자군은 팔레스타인 대신에 자신이 보호하기로 했던 제국의 수도인 콘스탄티노플을 점령해, 비잔틴제국 영토를 지배하는 라틴공국을 세우기도 했다. 새로운 차원의 반유대주의가 유럽을 지배했고, 전쟁터에서 약탈한 보석, 예술품, 종교적 작품들이 유럽의 도시로 쏟아져 들어왔다.[17]

유라시아 대륙의 다른 지역과는 달리, 유럽에서는 통치자와 사제가 은행과 상업을 통제하지 않았다. 또한 유럽에는 제국주의적 국가가 존재하지 않았기 때문에 평화가 유지되기 어려웠고, 그 대신에 자율적인 도시들이 경쟁하고 갈등하고 때로는 전쟁을 벌이는 일이 흔했다. 독일의 황제도, 로마의 교황도, 자신이 절대 권력을 갖고 있다는 것을 입증할 수 없었다. 유럽은 통일되지 않았고 전쟁으로 황폐해졌다. 백년전쟁은 프랑스 왕의 봉건영주들, 즉 잉글랜드의 왕과 다양한 여러 귀족들이 1337년부터 1453년까지 프랑스 왕에게 대항해 싸운 것이다. 잉글랜드가 프랑스의 잔 다르크를 생포했지만, 결국 프랑스의 왕 샤를 7세가 승리했다. 그러나 잉글랜드와 프랑스의 두 왕은 모두 자신의 권력을 대의기관인 국회와 삼부회에 일부 양보해야만 했다.

유럽 사람들은 13세기에 몽골족과 중국 문명을 제대로 접하기 시작했다. 1237년에 헝가리의 수도승이 동쪽으로 여행하다가 칭기즈칸의 손자인 바투가 이끄는 몽골 군대를 만났지만, 그는 그들이 누구인지 설명할 길이 없었다. 그 수도승이 생각할 수 있었던 것은 그들이 이스라엘의 사라진 10부족 중 하나거나, 아니면 신성로마제국의 황제인 프리드리히가 헝가리 왕의 존경을 얻기 위한 계략으로 보낸 군대일 수 있다는 정도였다. 1246년 7월에 유럽에서 몽골의 왕실로 보낸 최초의 사절이 카라코룸에 도착했는데, 그 사절은 5,000킬로미터의 거리를 말을 타고 하루 평균 40킬로미터 정도로 달려 거의 석 달 반 만에 도착했다. 그런 상황에서는 새로운 소식이 자주 전달되거나 빠르게 전달되기 어려웠다.[18]

유럽 최초의 세계 여행자는 베네치아의 무역상 가문 출신인 마르코 폴로였다. 그는 1271년부터 1295년까지 삼촌들과 함께 중국으로 여행을 했다. 그런 여행이 가능했던 것은 출신 성분과 종교에 관계없이 모든 상인이 여행하고 사업을 할 수 있도록 허락해준 몽골의 제도 때문이었다. 마르코 폴로가 중국을 방문했을 때는 쿠빌라이가 중국을 지배할 때였고, 이븐바투타는 그보다 뒤인 약 1345년에서 1346년 사이에 중국을 방문했다. 1300년 마르코 폴로의 여행기가 이탈리아에서 처음 나왔을 때, 당시의 많은 지식인들은 그것이 허구라고 생각했다. 그 이유는 마르코 폴로가 자신의 이야기를 받아 적도록 했던 작가가 상상의 여행기를 쓰기로 유명한 사람이었기 때문이다.

몽골제국의 무역 체계로 인해 유럽인들이 치러야 했던 대가는 흑사병이 유럽을 휩쓸면서 분명해졌다. 그러나 유럽은 몽골제국의 무역 체계로부터 전 세계의 어느 곳보다 더 많은 혜택을 보았다. 유럽인들은 중국인들과 교역을 통해 인쇄술과 무기, 그리고 항해용 기기와 같은, 1500년 이후에 자신들이 세계를 지배할 때 사용할 도구를 얻게 된다.

양피지는 종이로 대체됐는데, 종이는 몽골제국 이전에 유럽에 알려지긴 했지만 유럽에서는 거의 사용되지 않고 있던 것이었다. 무역과 구매를 통해 유럽인들은 용광로를 개선했고, 새로운 목공구와 기중기를 얻었으며, 홍당무, 순무, 방풍나물, 메밀 등과 같은 먹을거리도 얻었다. 무역의 증대로 인해 1252년에는 금화가 만들어지고, 14세기 중반이 되면 이탈리아에서 복식부기법이 개발돼 역사상 최초로 정확한 손익계산을 간단히 할 수 있게 된다.

유럽은 1315년에서 1322년 사이에 춥고 습기 찬 기온을 경험하게 되는데, 그로 인해 곡물 생산이 줄어들어 광범위한 기근을 겪게 된다. 그리고 한 세대 후인 1347년부터 1351년 사이에는 흑사병이 제노바로 들어온다. 결국 1400년의 유럽 인구는 1200년 수준으로 줄어들게 된다. 유럽의 인구는 1500년이 지나서야 흑사병이 돌던 때의 수준을 넘게 된다. 화약으로 인해 무기를 든 기사 계급이 쇠퇴하고 흑사병으로 모든 것이 해체되자 농노제가 사라졌다. 농민들은 도망치거나 자유를 샀다. 그로 인

해 삼림이 다소 회복되었고, 14세기에는 프랑스와 독일에서 삼림을 관리하는 학문이 생겨났다.[19]

14세기 중반에 유럽인들은 중국으로부터 배운 화약 기술에 기초해 무기를 만들어내기 시작한다. 15세기 중반이 되면 유럽의 총기 제조업자들이 정부가 아닌 민간인들로부터 자본을 받아 지역의 광물자원을 활용하면서 다른 지역의 총기 제조업자들을 앞서 나간다. 1480년이 되면 이동식 공성포는 어떤 성이라도 무너뜨릴 수 있을 정도로 발전하고, 배에 장착해 다른 배나 해안의 성벽을 공격할 수도 있게 된다.

1000년에서 1500년 사이에 유럽인들은 기껏해야 《성경》을 읽거나 로마인들의 신화나 일화를 읽던 시대에 비해 엄청난 학문의 발전을 이룬다. 11세기에 라틴 그리스도교도들은 모슬렘들로부터 톨레도와 에스파냐와 시칠리아를 되찾고, 비잔틴제국으로부터 이탈리아 남부를 되찾는다. 그 과정에서 그들은 그리스와 아랍 수도승들의 문서를 손에 넣는다. 900년경에 바그다드에서 이집트로 전해졌던 제지법은 12세기에는 모로코와 에스파냐에까지 알려지게 된다.

1200년 이후에 유럽에는 새로운 칼리지들이 나타나기 시작하는데, 그것은 이슬람 세계의 '마드라사'를 본뜬 것이었다. 마드라사는 이슬람 세계 전체에 퍼져 있던 기금을 가진 학교로, 학생들에게는 기숙사를 제공하고 교사들에게는 월급을 지급하는 형태로 운영되었다. 유럽에 새로 생긴 칼리지들의 교수들은 주로 도미니크수도회와 프란체스코수도회로부터 배출됐다. 유럽인들은 마드라사 제도에 새로운 개념을 더 해 연구와 고등교육에 특화된 학위를 수여하는 기관인 대학이라는 의미 있는 발명을 해냈다.

1300년이 되기 전에 유럽인들은 20개의 대학을 만들었고, 1300년에서 1500년 사이에는 60개를 더 만들었다. 모든 대학에서는 라틴어가 사용됐다. 때로는 학생들이 모여 대학을 만들기도 했는데, 일반적인 형태는 교수들이 모여 만든 대학이었다. 볼로냐에 있는 대학은 법학 교육이 특화돼 있었고, 몽펠리에와 살레르노에 있던 대학은 의학, 그리고 파리와 옥스퍼드에 있던 대학은 신학이 특화돼 있었다. 피에르 아벨라르(1079년~1144년)와 토마스 아퀴나스(1225년~1274년) 같은 유명한 파리의 교수들은 논리적인 사유를 통해 종교적이고 철학적인 문제들에 대한 답을 찾으려고 노력했다.

1450년 이후 세 가지 진보가 인쇄술을 혁명적으로 바꿔놓았고, 그로 인해 교육도 변했다. 세 가지 진보는 금속활자와 종이에 찍어내기 적합한 잉크, 그리고 잉크를 묻힌 활자를 종이에 찍는 나무 볼트를 사용하는 개량된 인쇄기였다. 구텐베르크는 1454년에《성경》을 인쇄했는데, 그 책의 아름다움을 보면 그가 얼마나 오랜 세월 동안 수없이 많은 실험을 했는지 알 수 있다. 1500년이 되면 유럽의 인쇄기들은 연간 1,000만 권에서 2,000만 권의 책을 찍어내게 되며, 12개가 넘는 언어로 고대의 기록들과 당대의 정치·철학적 논문들이 발행됐다.[20]

유럽에서는 보통 사람도 총(권력)과 책(지식)을 사고 소유할 수 있었다. 그에 따라 정부가 변화를 통제하거나 사회가 계속해서 상업화되는 것을 막을 수 없었다. 이런 점 때문에 라틴 유럽은, 보다 통제적인 정부가 전통적인 생활 방식과 행동을 강요할 수 있었던 유라시아 대륙의 다른 지역과 비교해 매우 다르게 발전했다. 예를 들어 일본에서는 총을 만드는 일 자체가 규제 대상이었으며, 1637년 이후에는 사무라이 계급이 총을 비신사적인 것으로 간주해 없애기도 했었다.

유라시아 대륙 주변부에서 세계화의 기틀을 마련하다

유럽은 아시아의 태평양 연안에 있는 국가들과 함께 유라시아 대륙 교역망의 핵심부에서 벗어나 주변적인 위치에 머물러 있었다. 그 결과 그 두 지역에서는 대양을 항해할 수 있는 배를 만드는 기술과 항해 기술이 비슷하게 발전했는데, 그것을 기초로 나중에 세계화의 기틀이 마련된다. 말레이의 뱃사람들과 상인들은 몰루카제도, 보르네오 섬, 필리핀의 민다나오 섬과 같은 태평양의 외딴섬들까지 다니며 무역을 했다. 일본은 중국의 침략을 막아내면서 독자적인 문화를 발전시켰다. 한국과 안남(베트남)은 일본과 비교해볼 때 중국의 영향을 좀 더 받았지만, 중국 제국의 관료주의적 지배를 직접 받지는 않았다. 그에 따라 그런 국가들 사이에서는 유럽의 서부에서와 마찬가지로 경쟁이 있었고, 새로운 발명품들도 나타났다.

아프리카에서는 3~4세기에 아프리카 서부의 동東나이지리아로부터 검은 피부를 가진 반투족 사람들이 이동하면서 역사상 가장 큰 규모의 이주가 일어났다. 그들이 이동한 이유는 알려지지 않고 있다. 어쩌면 사하라사막의 건조화를 피해 자신들이 살던 지역으로 이주해 들어온 사람들 때문에 생긴 인구의 증가가 원인이었는지도 모른다. 반투족은 철을 제련했고 그것으로 무기를 만들었는데, 철제 무기를 가진 그들은 이웃의 수렵·채집자들에 비해 강점을 갖고 있었다. 반투족의 이주가 평화적인 것이었는지 아니면 폭력을 동반한 것이었는지도 확실치 않다. 반투족은 먼저 수단 중부로 이주했고, 13세기에는 아프리카 중부와 서부의 삼림 지대, 동부의 해안 지역, 그리고 잠베지 강의 남쪽을 통해 아프리카 남부 지역으로까지 이주했다. 무려 1000년에 걸친 점진적인 이주였다.

세네갈로부터 차드 호에 이르는 아프리카의 초원 지대는 아프로유라시아 대륙의 핵심적인 무역망에서 보자면 남쪽 한계에 해당한다. 그 지역에서는 말리와 그 뒤를 이은 송가이제국이 아랍 세계와 무역을 하며 부를 쌓았다. 그러나 그보다 더 남쪽의 아프리카 중부와 남부에 살던 사람들은 무역망의 외곽에 있었다. 그곳에는 짐을 실을 동물이 없었고, 배가 다닐 강도 적었고, 치명적인 질병이 만연하고 있었으며, 또 가뭄과 기근이 반복되었기 때문에 도시가 형성되기 어려웠고 장거리 무역도 힘들었다. 그곳 사람들은 조상과 물신을 숭배하면서 종족을 중심으로 하는 생활을 계속하고 있었다. 대짐바브웨로 알려졌던 도시는 하나의 예외에 불과했다.

시베리아 북쪽 지역과 알래스카 그리고 캐나다의 북쪽 지역인 북극지방도 무역의 외곽 지역으로 남아 있었다. 그곳에서는 사냥꾼과 어부, 채집자들이 전통적인 삶의 방식을 이어갔다. 러시아의 기후는 북극보다는 따뜻했고, 배를 타고 다닐 만한 강도 있었다. 러시아에는 15세기에 모스크바대공국이 생겨 노브고로드를 중심으로 모피 무역을 했다.

1500년이 되면 세계 인구는 4억에서 5억 정도에 이르게 된다. 중국과 인도는 각각 세계 인구의 약 20퍼센트씩을 차지하고 있었으며, 아프리카 전체에도 그 정도의 인구가 살고 있었다. 러시아를 제외한 유럽에는 약 15퍼센트 정도의 인구가 살고 있었고, 아메리카 대륙에는 10퍼센트 미만의 인구가 살았다.[21]

1000년에서 1500년까지의 5세기 동안 아프로유라시아 대륙의 핵심부에 살던 사람들은 서로 교역을 하고, 영향을 주고받고, 기술을 개발하고, 생각을 교류하고, 공동 사업을 하면서 그 지역의 부와 권력을 역사상 최고 수준까지 끌어올렸다. 칭기즈칸이 만든 제국은 흑사병과 내분으로 인해 분열될 때까지 그런 교류가 가능하도록 안정된 환경을 제공했다. 몽골제국이 분열된 후 중앙아시아를 지나는 교역로가 더 이상 안전하지 않게 되자, 유럽 남부의 사람들은 중국과 교역할 수 있는 새로운 길을 찾기 시작했다. 그런 그들의 노력이 성공하면서 세계 역사의 새로운 장이 열리게 된다.

서구의 역사학자들은 대개 그런 식으로 세계사를 말한다. 하지만 좀 더 정확하게 보자면 현대 세계의 새로운 장은 1000년에서 1500년 사이에 이미 시작된 것이라고 말할 수 있다. 왜냐하면 그 기간 중에 아프로유라시아 대륙에서는 식량, 기술, 발명품, 그리고 사회·종교적인 관념들이 교환되기 시작했기 때문이다. 중국, 인도, 이슬람 문화가 그런 교환 활동에서 선도적인 역할을 했고, 유럽은 침체 상태에 있다가 나중에서야 그런 문화들을 따라잡게 된다. 유럽인들이 콜럼버스의 발견에 그토록 환호를 보낸 데는 그런 배경이 있었다.

남아 있는 의문점들

1. '봉건제도feudalism'의 의미는 무엇인가? 그 용어는 세계사를 분석하기 위한 도구로서의 가치를 갖고 있는가?

세계사를 연구하는 학자들은 이 문제를 놓고 논쟁을 벌이고 있다. 만약 '봉건제도'가 당시에 사용하던 말의 종류나 기사 계급이 국가나 사회와 맺고 있던 관계, 혹은 농민들의 생산양식 등에서 찾아볼 수 있는 특정한 변화에 대한 것이라고 정의하면, 어떤 학자들은 그런 변화가 유라시아 대륙 전체에서 일어났다고 하고, 어떤 학자들은 그렇지 않다고 말한다.

'봉건제도'라는 말을 좀 더 좁게 정의해 900년에서 1200년 사이에 유럽에서 일어난 일에 한정시킨다고 해도, 그 내용은 그다지 단순치 않다. 기사 계급은 장원을 경영하면서 자신의 권력과 지위를 높였다. 장원에서 농민들은 임금을 받는 노동이 무임금 노동을 대체할 정도로 생산성을 향상시켜나갔다. 그와 동시에 여전히 수렵이나 채집 생활을 하던 사람들이나 혹은 국가가 통제하지 않는 곳에서 농사를 짓던 사람들이 차츰 국가가 통제하는 농업 지역으로 흡수되기 시작했다. 유럽이 봉건제도를 갖게 되는 과정은 동시에 일어났던 대단히 많은 수준의 변화들을 포함하고 있기 때문에, '봉건제도'라는 용어는 세심한 정의와 구분이 필요하다.[22]

2. 세계 남성 인구의 0.5퍼센트가 칭기즈칸의 후예일까?

칭기즈칸과 그의 남자 후손들에게 특징적인 Y염색체를 추적한 유전학자들은 그렇다고 말한다. 옥스퍼드대학의 크리스 타일러스미스Chris Tyler-Smith 박사가 주축이 되어 함께 연구했던 중국, 파키스탄, 우즈베키스탄, 몽골의 유전학자들은 이전 몽골제국의 내부와 주변에 살고 있는 사람들의 혈액을 10년 동안 채취해 분석했다. 그들이 발견한 것은 몽골제국의 내부에는 흔하지만 외부에는 없는 특정한 Y염색체 유전자 표지였다. 몽골제국 외부에서 그것이 발견된 유일한 예외는 자신들이 칭기즈칸의 후예로 예전에 몽골의 군인이었다고 주장하는 파키스탄과 아프가니스탄의 하자라 사람들뿐이었다.

칭기즈칸의 사체가 발견되지 않았기 때문에 증명할 방법은 없지만, 유전학자들은 그 특정한 유전자 표지가 칭기즈칸과 그 후예들로부터 비롯된 것으로 보고 있다. 유전학자들은 또 그 특정한 유전자 표지가 넓게 퍼진 이유가 정복과정에서 흔히 있었던 강간 때문이기도 하겠지만, 더 큰 이유는 몽골의 지배자들이 자신이 지배하던 영토에서 상당수의 여성을 데리고 살았기 때문이라고 생각한다. 몽골제국에 속했던 지역에서는 약 8퍼센트 정도까지의 남성들이 그 특정한 유전자 표지를 갖고 있는 것으로 드러났다. 또 현재의 몽골에서는 무려 20퍼센트의 남자들이 그 유전자 표지를 갖고 있다.[23]

3. 명나라의 통치자들은 왜 바다에서 우월한 지위를 점하고 있었음에도 중국을 전 세계인 해양 제국으로 만들지 않았을까?

초기의 서양 역사학자들은 세계무역에서 중국이 후퇴한 것은 심각한 오판이었고, 그로 인해 유럽이 전 세계를 연결한 이후에 중국을 대신해 세계를 지배하게 되었다고 생각했다. 그러나 현재의 역사학자들은 그런 후퇴가 중국의 입장에서 보면 합리적인 선택이었다고 보는 경향이 있다. 즉, 중국은 거대한 육상 제국이었기 때문에 굳이 멀리 떨어져 있는 식민지를 지배할 이유가 없었다는 것이다. 어떤 학자들은 영락제의 해상 활동도 그의 개인적 취향에서 비롯된 것이었으며, 그 후의 황제들은 거대한 항해에 돈을 대지 않았다고 주장한다. 하지만 그렇다고 해도 '만약'이라는 질문을 해보지 않을 수 없다. 만약 중국이 신대륙을 식민지로 삼았다면 어떻게 되었을까?

최근에 영국 해군의 잠수함 사령관이었던 개빈 멘지스Gavin Menzies는 정화가 이끌었던 중국의 배들이 1421년에서 1423년 사이에 바하마제도와 포클랜드제도에 도착했었고, 오스트레일리아와 뉴질랜드, 푸에르토리코, 멕시코, 캘리포니아(미국), 그리고 브리티시컬럼비아(캐나다)에 식민지를 건설했었다는 주장을 했다. 그의 책《1421: 중국, 아메리카 대륙을 발견하다1421: The Year China Discovered America》는 2003년에 미국에서 베스트셀러가 됐지만, 학자들은 그의 주장이 황당하고 증거도 부족하다는 이유로 그 책의 정확성을 부정하고 있다.[24]

11

지구를 연결하다

1450년 ~ 1800년

16세기 동안에 사람들은 바다를 항해하면서 지구의 두 반구를 연결했다. 물론 대양 항해는 그 이전부터 서서히 발전해왔으며, 미지의 대양을 건너려는 시도도 있었다. 바이킹은 1001년에 뉴펀들랜드에 도착했고, 폴리네시아 사람들은 그보다 먼저 아메리카 대륙에 도착했다. 말리의 무함메드는 대서양을 건너는 대양 탐험대를 이끌었던 것으로 보인다. 바스크족 어부들은 15세기경에 뉴펀들랜드 해안에서 대구를 잡기도 했다. 그러나 아프로유라시아 대륙과 아메리카 대륙을 영구적으로 잇는 항해에 궁극적으로 성공한 사람들은 포르투갈과 에스파냐의 뱃사람들이었다. 에스파냐와 포르투갈은 신세계로 항해할 수 있는 최적의 위치에 있었으며, 신세계에 도착한 이후 그곳에 정착할 수 있는 자원도 갖고 있었다.[1]

칼 마르크스로부터 데이비드 크리스천에 이르는 세계사학자들은 두 개의 반구가 이어진 일이야말로 인류 역사에서 가장 중요한 사건이었다는 사실에 동의하고 있다. 물론 그것은 아메리카 대륙과 오스트레일리아, 태평양 제도의 사람들에게는 파괴적이고 참혹한 일이었다. 그 일로 인해 유라시아 사회가 전 세계를 지배하게 되었으며, 마르크스가 말했듯이 "16세기 이후부터 세계무역과 세계시장, 그리고 자본의 현대적 역사가 시작되었다."[2]

아메리카 대륙에 '콜럼버스'로부터의 시련이 다가오다

1500년경에 법에 의해 통치되고 관료에 의해 다스려지는 국가에 속했던 지역은 전체 육지의 20퍼센트도 되지 않았다. 나머지는 종족사회나 부족사회로 대부분 농업 생활을 하고 있었다. 수렵과 채집 생활을 하는 사람 수는 지구상의 전체 인구 약 4억 6,100만 명 중에서 1퍼센트 정도에 불과했다.[3]

복잡한 국가 체계 아래 살건 아니면 부족사회에 살건, 무역이 필요한 사람들은 교역로와 교역망을 만들어냈다. 태평양 제도 사이에도 그런 교역망이 존재했다. 그 안에는 뛰어난 대양 항해술을 가진 수백만의 사람들이 살고 있었는데, 그들은 나침반 없이 파도, 별, 해류, 그리고 육지를 관찰하는 것만으로 바다 위의 섬들을 돌아다니며 교역을 했다. 캐롤라인 제도의 야프 섬, 괌, 팔라우, 피지, 사모아, 통가 등이 태평양 제도 교역망에 들어 있었다.

아메리카 대륙에는 4,000만 명에서 6,000만 명 정도의 사람들이 속해 있던 또 다른 교역망이 있었다. 그것은 북아메리카의 오대호五大湖에서 안데스산맥 지역까지 이어지던 교역망으로, 카리브제도와 강에서는 카누를 이용하고 내륙에서는 중계무역망을 이용했다. 그것은 멕시코 중앙 지역에 있던 아즈텍 교역망과 안데스산맥 지대에 도로를 갖고 있던 잉카제국 교역망과도 연결돼 있었다.

세 번째 교역망은 인류 전체의 4분의 3에 해당하는 약 2억 6,000만에서 3억의 인구를 포함하는 교역망으로, 유라시아 대륙과 아프리카의 북부 지역에 걸쳐 있었다. 세 번째 교역망 안에는 두 개의 주요 교역로가 있었다. 하나는 중앙아시아를 가로지르는 실크로드라는 카라반 교역로였고, 다른 하나는 한국, 일본, 중국에서 시작해 인도양을 건너 페르시아만과 홍해로 이어지는 바닷길이었다. 이 가운데 바닷길은 라인 강, 엘베강, 도나우 강, 포 강 등을 통해 유럽 내륙과 연결되었으며, 낙타를 이용해 아프리카 내륙으로 이어졌다.[4]

세 번째 교역망 안에서 유럽인들은 모슬렘에 대항해 공격적으로 맞서 싸웠다. 여러 번의 십자군전쟁이 있었으며, 포르투갈과 에스파냐의 그리스도교도들은 모슬렘들로부터 영토를 되찾기 위해 1031년부터 수차례 전투를 치렀다(에스파냐는 아직도 그런 분쟁의 역사를 보여주는 아라곤, 카스티야, 나바라, 그리고 그라나다로 나뉘어 있다). 1250년에 그리스도교도들은 에스파냐 남부 해안을 따라 좁고 길게 형성된 그라나다를 제외하고는 자신의 영토 대부분을 되찾는다.

유럽인들은 십자군전쟁 중에 시리아에서 처음으로 설탕을 맛보았다. 시칠리아를 제외한 유럽의 기후는 설탕을 얻을 수 있는 작물을 기르기에는 너무 서늘해서, 그들은 그런 작물을 재배할 수 있는 장소를 찾아야 했다. 그에 더해 유럽인들은 동쪽으로부터 오는 향신료 무역을 통해 더 많은 이익을 얻고 싶어 했다.[5]

유럽의 통치자들 또한 자국 경제를 발전시키고 자신의 통치 활동에 쓰기 위한 금을 얻을 수 있는 새로운 지역이 필요했다. 당시에는 대부분의 금이 현재의 가나, 베냉, 토고, 기니에 해당하는 서아프리카 지역에서 나왔기 때문에, 유럽인들은 그 지역을 '황금해안'이라고 불렀다. 그 지역에서 나오는 금은 낙타에 실려 사하라사막을 지나 모로코의 페스나 튀니지 혹은 트리폴리로 옮겨졌으며, 모슬렘 상인들이 금 무역을 독점하고 있었다.

대서양 연안의 유럽인들은 바다를 이용할 수 있었다. 그들은 그 점을 활용하기 위해 어떤 바다든 항해할 수 있고 무거운 함포를 장착할 수 있는 원양 항행 선박들을 건조했다. 포르투갈 사람들은 두 개의 돛대가 달린 카라벨이라고 하는 작은 범선을 개발했는데, 유럽과 중국의 거대한 배들과 비교해보면 5분의 1밖에 안 되는 크기였다. 카라벨은 나무판자를 북유럽에서처럼 서로 겹쳐 깔지 않고 배의 늑재助材에 못으로 박아 만들었다. 포르투갈 사람들은 카라벨에 사각형 모양의 유럽식 돛 대신에 래튼돛lateen sail이라고 불리는 큰 삼각형 모양의 돛을 달아 기동성을 높였다(삼각형의 돛은 인도양 지역에서도 사용됐다). 삼각형 모양의 돛을 단 카라벨은 바람을 거슬러 항해할 수 있었다. 나중에 카라벨은 삼각형 모양의 돛과 사각형 모양의 돛을 동시에 갖춘 세 개의 돛대를 지닌 배로 발전한다.

바다를 항해할 수 있는 배가 있다고 해서 문제가 다 해결된 것은 아니었다. 항해에 대한 지식이 발전해야 했는데, 아랍의 천문학과 수학에 뱃사람들의 실제적인 지식이 합쳐져 그 문제가 해결됐다. 바다 항해에 가장 중요한 기구는 중국에서 처음 발명된 자기나침반과, 아랍인들 혹은 그리스인들이 발명한 태양이나 별의 위치를 측정해 배가 다른 위도 상의 장소로 항해할 수 있도록 해주는 아스트롤라베였다. 포르투갈에 서는 왕의 셋째 아들이었던 '항해왕자' 엔히크(1394년~1460년)가 항해술을 연구하고 지도를 수집하기 위해 연구소를 만들었다. 그는 1415년에 내륙의 금을 지키고 있던 모슬렘들을 물리치기 위해 모로코를 공격했다가 실패했는데, 그로 인해 아프리카 해안으로 배를 타고 내려갈 방법을 찾기 시작한 것이었다. 포르투갈이 이런 일을 하고 있을 때 오스만제국의 모슬렘 군대가 1453년에 비잔티움을 점령했다. 이후로 비잔티움은 이스탄불이라고 불리게 됐다. 모슬렘이 이스탄불을 점령함으로써 내륙을 통한 무역이 더 어려워졌고, 그에 따라 유럽인들이 중국으로 가는 바닷길을 찾아야 할 이유가 더 커졌다.

1460년에 항해왕자 엔히크가 사망했을 때, 정부의 후원을 받은 포르투갈의 항해자들은 마데이라제도, 아조레스제도, 카보베르데제도와 같은 아프리카 대륙 연안의 섬들까지 항해할 수 있었으며, 멀리는 시에라리온까지도 배를 타고 내려갔다. 1487년에는 포르투갈의 한 탐험대가 서쪽으로 가서 다시 돌아오지 않은 일도 있었다. 1488년에 바르틀로메우 디아스는 아프리카 남쪽 끝을 도는 항해에 성공했고, 1497년에서 1498년 사이에 바스코 다가마는 포르투갈의 탐험대를 이끌고 아프리카를 돌아 인도까지 항해했다. 1500년에 페드루 카브랄은 바람을 타고 아프리카 남단을 돌기 위해 서쪽으로 항해하다가 우연히 남아메리카 대륙 연안까지 도착했는데, 이를 두고 포르투갈은 브라질을 발견했다는 주장을 하게 된다. 1510년이 되면 포르투갈은 배에 실은 함포로 해상 전투에서 우위를 점하게 되고, 인도양에서 자신의 존재를 드러내기 시작한다.

포르투갈이 이런 활동을 하고 있는 사이에 에스파냐를 통치하던 가문들은 그라나다에서 모슬렘을 몰아내는 데 집중하고 있었다. 1469년에 결혼한 아라곤의 페르난도 왕과 카스티야의 이사벨 여왕은 1480년대에 두 왕국을 통합하고, 모슬렘을 물리치기 위해 더 집중적인 노력을 기울인다. 그들은 도미니크라는 사제가 아라곤 지역에서 이단자들을 뿌리 뽑기 위해 시작했던 종교재판을 부활시켰다.

모슬렘 통치하에서, 그리고 1348년에 흑사병이 발병하기 전까지 그리스도교 왕들의 통치하에서, 에스파냐왕국의 그리스도교도들과 유대교도들, 그리고 모슬렘들은 잘 어울려 살았다. 유대인들과 모슬렘들은 에스파냐왕국에서 가장 성공적인 농장과 사업체들을 소유하기까지 했었다. 그러나 1481년에 시작된 종교재판으로 인해 유대인들의 재산이 압수됐고, 이는 모슬렘과의 전쟁 비용으로 충당됐다. 모슬렘들은 1492년 초반 결국 항복을 한다. 그 후 페르난도와 이사벨은 다른 종교를 전혀 용납하지 않는 그리스도교 중심의 통치 체제를 세운다. 모든 유대인들은 종교를 바꾸지 않으면 곧바로 추방됐다. 그리고 10년 후에 모슬렘들도 같은 운명에 처했다.[6]

페르난도와 이사벨은 1492년 모슬렘들을 물리친 직후에, 서쪽으로 항해해 중국을 찾아보겠다는 콜럼버스의 항해를 후원하기로 약속한다. 콜럼버스는 그런 약속을 받아내기 위해, 모슬렘들과 전쟁을 벌이고 있던 에스파냐의 통치자들에게 4년 동안이나 자신의 항해를 후원해달라는 청을 넣고 있었지만 거절당했었다. 콜럼버스와 그의 선원들이 1492년 8월 3일에 세비야 근처의 항구인 팔로스를 출발했을 때, 그들은 모슬렘에 대항해 여러 세기 동안 종교전쟁을 벌인 후 승리한 그리스도교도들의 들뜬 분위기를 등에 업고 있었던 것이다. 콜럼버스는 1492년 8월 2일에 마지막 남은 유대인들이 추방될 때까지 출항 허가를 받지 못했다. 유대인들은 포르투갈이나 이탈리아 북부, 네덜란드, 혹은 아프리카 북부에 있는 모슬렘 국가들로 추방됐다.

유럽의 인종주의적 사고는 이베리아반도에서 모슬렘과의 갈등이 격해지면서 자리 잡았다. 역사학자들은 그리스인들과 로마인들, 그리고 초기 그리스도교도들의 사고에서 '인종'과 동등한 개념을 찾지 못하고 있다. 물론 그리스도교도들은 예수의 죽음에 유대인들이 책임이 있다는 이유로 그들을 증오했고, 그것은 십자군전쟁 기간 동안에 일반인들의 감정 속에 더욱 강하게 자리 잡았다. 그러나 중세 유럽에서 이베리아반도를 제외하고는 흑인종에 대한 증오는 찾아볼 수 없었다. 이베리아반도에서 그리스도교도들은 모슬렘들을 통해 흑인을 노예제도와 연결시킬 수 있다는 것을 알게 됐다(모슬렘들은 백인 노예도 갖고 있었지만 시간이 지나면서 흑인 노예들에게만 천한 일을 시켰다). 유럽에서의 백인 노예는 유럽의 다신교 민족들이 그리스도교도로 개종하면서 줄어들었다.

이베리아에서 유대인들과 모슬렘들이 추방된 직후에 에스파냐에서는 '순수혈통법'이 제정되어, 유대인이나 모슬렘의 피가 섞인 사람은 공직에서 추방되고 해외 정복자나 선교사도 될 수 없게 된다. 그런 일들은 오직 순수한 그리스도교 선조를 둔 사람들에게만 허용됐다. 종교적 순수성을 유지하려는 의도에서 시작된 이런 인종주의는 나중에 유럽에서 생물학적 인종주의로 발전하게 된다.[7]

아프로유라시아와 아메리카 대륙, 처음으로 만나다

콜럼버스는 마르코 폴로가 쓴 여행기 한 권을 들고 중국을 향한 항해를 시작했다. 그는 또 몽골의 칸들과 대화를 하기 위해 아랍어를 구사할 줄 아는 사람을 데려갔는데, 콜럼버스는 몽골이 1268년에 이미 중국에서 물러났다는 사실을 모른 채 몽골의 칸들이 여전히 중국을 지배하고 있다고 생각했다.

콜럼버스는 카리브 해로 네 번에 걸쳐 항해했다. 최초의 항해에서 그는 120명의 선원들을 데리고 현재의 아이티와 도미니카공화국에 해당하는 섬인 히스파니올라에 도착했다(그림 11.1). 그곳에는 타이노족이 옥수수, 고구마, 고추, 카사바, 유카, 목화, 담배 등을 기르며 살고 있었다. 그들은 금 부스러기를 모아 장신구를 만드는 데 사용했으나 금을 거래하지는 않았으며, 철도 갖고 있지 않았다. 그들은 온순하고 평화로운 사람들이었지만, 근처 섬에는 전쟁을 하던 종족도 살고 있었다. 타이노 사람들

그림 11.1 콜럼버스의 첫 번째 항해

은 콜럼버스를 조심스럽게 환영해주었고, 금을 찾으려면 다른 곳으로 가라고 했다. 콜럼버스는 그곳에 일행 중 40명을 남겨두었는데, 그들이 주민들을 강간하고 싸움을 일삼았기 때문에 타이노 사람들은 그들을 모두 죽였다.

두 번째 항해에서 콜럼버스는 영구 식민지를 건설하기 위해 1,200명의 남자(여자는 한 명도 없었다)와 소, 돼지, 염소 등을 데려갔다. 그러나 콜럼버스가 데려간 부하들이 강간을 일삼고 금으로 된 장신구와 음식을 훔치는 등 거친 행동을 했기 때문에, 타이노 사람들과 전쟁을 하게 된다. 1년의 전쟁 기간 동안 에스파냐 사람들은 약 25만 명에 달하던 타이노 사람 중 수만 명을 죽였다. 그리고 살아남은 사람들은 식품과 무명실, 그리고 금을 공물로 바쳐야 했다. 그 섬에는 금광이 없었고 장신구에 사용된

금은 여러 세대 동안 금가루를 모아 만든 것이었다. 그러나 에스파냐 사람들은 주어진 할당량을 바치지 않는 사람들의 손을 자르고 죽였다. 에스파냐 사람들이 데려온 동물들은 타이노 사람들의 식량과 농작물을 먹어치워 기근을 초래했다. 콜럼버스는 자신이 아시아 대륙 근처의 제도를 발견했다고 믿었고, 자신의 탐험을 정당화해줄 금과 향신료를 찾기 위해 두 번이나 더 그 지역을 찾았다. 그는 뛰어난 항해자였지만, 행정가로서는 에스파냐의 기준으로 보아도 무능력한 사람이었다. 그는 1504년 11월, 53세의 나이에 불명예스럽게 에스파냐로 돌아왔고, 그로부터 17개월 후에 이름 없는 존재로 숨을 거두었다.[8]

콜럼버스가 서반구에 도착한 지 2년 후에, 에스파냐와 포르투갈은 대서양 한가운데에 상상의 선을 긋고 그것을 지구 반대편까지 둘러 전 세계를 두 개로 갈라 자기들끼리 나눠 가졌다. 그들은 그것을 합리화하기 위해 에스파냐 보르자 가문 출신의 교황 알렉산데르 6세의 권위를 이용

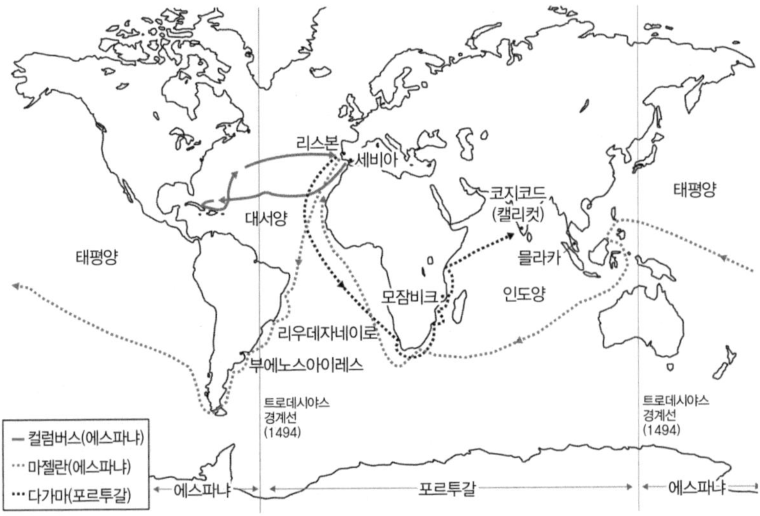

그림 11.2 에스파냐와 포르투갈이 나눈 세계

했다. 포르투갈은 그 선의 동쪽에 있는 모든 것을 차지했고, 에스파냐는 그 선의 서쪽에 있는 모든 것을 차지했다. 그들은 그것을 토르데시야스 조약이라고 불렀으며 그 조약을 통해 분쟁을 미리 방지할 수 있기를 희망했다(그림 11.2). 그런데 당시에는 세계의 정확한 크기를 몰랐기 때문에, 그 조약에서는 동인도에 있는 값비싼 향신료의 원산지인 몰루카제도를 두 나라 중 어느 쪽에도 귀속시키지 못했었다. 하지만 마젤란의 배들이 1522년에 항해에서 돌아온 후에 에스파냐는 몰루카제도가 포르투갈에 속한다는 사실을 인정했다. 포르투갈은 당시 말레이반도의 가장 중요한 항구도시인 말라카를 장악하고 있었으며, 에스파냐는 필리핀을 점유하고 있었다.

아메리카 대륙으로 간 에스파냐 사람들은 신을 섬기고 부를 얻기 위해, 정복하고 통치하며 그리스도교를 믿지 않는 사람들을 개종시켰다. 히스파니올라의 섬들과 쿠바를 정복한 후에 에스파냐 사람들은 더 많은 보물을 얻으려 서쪽으로 눈을 돌렸다. 1519년에 34세의 무자비하고 야망이 넘치는 에스파냐 귀족 코르테스는 그가 2년 전부터 그 존재를 알고 있던 아즈텍제국을 공격하기 위해 600명의 군인을 이끌고 쿠바를 떠난다. 그런데 그 군인 중 한 명이 천연두에 걸려 있었다. 천연두는 1518년에 불법으로 수입된 아프리카 노예들에 의해 히스파니올라에 처음 들어왔다.

코르테스는 그즈음에 신성로마제국의 황제가 된 자신의 군주 에스파냐의 카를로스 1세로부터 정복 활동이나 식민지 활동에 대한 어떤 권한도 부여받지 못했었다. 당시 유럽에서 가장 강력한 통치자였던 에스파냐의 왕은 그 이후 10년 동안 유럽을 통일하고 오스만제국의 모슬렘들을 밀어내는 데 모든 힘을 쏟을 수밖에 없었기 때문이다. 결국 카를로스 1세는 1529년에 빈에서 모슬렘 군대를 물리친다.

아즈텍 사람들은 코르테스가 도착하기 몇 년 전부터 흰 얼굴에 수염이 난 남자들에 대한 이야기를 듣고 있었다. 당시 아즈텍의 통치자였던 목테수마 2세(모테쿠소마 쇼코요친)는 어쩌면 아즈텍의 전설이 예언했던 것처럼 농업과 예술의 신이었던 케찰코아틀이 돌아온 것이라고 생각했는지도 모른다. 코르테스가 1519년 8월에 베라크루스에 상륙했을 때 목테수마는 왕관을 보냈는데, 코르테스는 왕관을 쓰고는 "이게 다인가?"라고 물었다고 한다. 11월에 목테수마는 코르테스를 테노치티틀란으로 초대해 그와 그의 군인들을 자신의 왕궁에 묵도록 했다. 코르테스 일행은 도시를 둘러보고 신전에 있는 인간의 혈흔을, 혐오감을 느끼며 지웠다. 코르테스가 목테수마를 인질로 잡자 목테수마는 그에게 왕궁의 보물들을 넘겨주었으며, 에스파냐 군대는 그것을 모두 녹였다. 전면전이 시작되자 목테수마는 목숨을 잃었고(정확히 그가 어떻게 죽었는지는 분명치 않다), 코르테스는 아즈텍에 복속돼 있던 부족들을 자신의 동맹군으로 만들려고 일단 후퇴한다. 그런데 1520년에 테노치티틀란에서 천연두가 발병해 전투에서보다 더 많은 사람들이 목숨을 잃는다. 코르테스는 테노치티틀란으로 돌아가 93일 동안 도시를 포위하고 물과 음식을 끊어 결국 항복을 받아낸다. 포위 기간 동안에 전쟁의 신인 위칠로포치틀리에게 53명의 에스파냐 군인들과 네 마리의 말이 제물로 바쳐졌다.[9]

에스파냐 사람들이 '누에바에스파냐Nueva España(새 에스파냐)'라고 불렀던 멕시코 전체의 통치권을 장악하는 데는 10년의 세월이 걸렸다. 테노치티틀란을 점령한 뒤 1년 후에, 코르테스는 누에바에스파냐의 총독 겸 총사령관이 되었으며 거대한 영지의 주인이 되었다. 수천 명의 아즈텍 사람들이 코르테스의 영지에서 강제 노동을 했다. 코르테스는 1547년에 죽을 때까지 25년 동안 그런 삶을 누렸다. 1550년대 중반에 멕시코에서는 130개의 에스파냐 가문들이 카를로스 1세의 분명한 반대에도 불구하고 반봉건적인 강제 노동 제도로 18만 명의 원주민들을 통제했다.

문화에 일어난 이런 변화는 멕시코의 풍경을 영구적으로 바꾸어놓았다. 땔감으로 사용하거나 테노치티틀란의 유적 위에 멕시코시티를 건설하기 위한 목재로 사용하기 위해 엄청난 양의 나무가 벌목됐다. 또 쟁기의 사용으로 인해 토양도 손실됐다. 소와 돼지와 양은 식물을 모조리 먹어치웠다. 아즈텍의 운하들은 방치됐다. 불과 몇 세대 만에 멕시코 분지의 대부분 지역에서 대규모 농사가 불가능하게 됐고, 식량을 외부에서 들여와야 했다. 에스파냐의 통치는 1821년에 멕시코가 독립할 때까지 약 300년간 지속됐다.[10]

천연두는 아메리카 대륙의 또 다른 제국인 페루의 잉카에 에스파냐 사람보다 먼저 도착했다. 1520년대 말이 되면 천연두는 수없이 많은 잉카 사람들의 목숨을 앗아 간다. 1526년경에는 황제였던 와이나 카팍과 대부분의 귀족들이 천연두로 죽었고, 그 뒤를 이어 황제의 후계자였던 니난 쿠요치도 천연두로 죽었다. 잉카 사람들은 그때까지도 에스파냐 사람들에 대해 알지 못했다. 프란시스코 피사로가 1527년에 페루의 해안 지역에 상륙하기 전까지는 에스파냐 사람들에 대한 소식이 전혀 전달되지 않았기 때문이다.[11]

피사로는 1502년에 부를 얻기 위해 25세의 나이로 아메리카 대륙에 왔다. 그는 히스파니올라 정복과 파나마 탐험에 참여했고, 그 결과 파나마에서 가장 부유한 지주가 되었다. 에스파냐 왕의 허가와 디에고 데 알마그로라는 사람의 재정적 지원을 받아 피사로는 태평양 연안을 탐험해 자신의 운을 시험하기로 한다. 그가 그 과정에서 발견한 것이 잉카제국이었다.

피사로와 함께한 대부분의 군인들은 20대의 젊은이들이었다. 에스파냐의 봉건 구조에서 야망을 가진 젊은 남자가 신분 상승을 할 수 있는 길은 돈 많은 여자와 결혼을 하거나 아니면 전쟁터에 나가는 것이었다. 피사로는 모슬렘을 상대로 수없이 많은 전투를 했던 무식한 아버지를 두었으며, 자신도 글을 읽을 줄 몰랐다. 그는 광신도였던 코르테스와는 달리 종교적 신념도 없었고, 그저 돈과 권력만을 원했다. 따라서 피사로와 그의 군인들은 자신의 지위를 높이기 위해 끔찍한 전쟁을 일으킬 충분한 동기를 갖고 있었다.

피사로와 그가 이끄는 180명의 군인들은 금을 찾기 위해 길고 광적인 노력을 한 끝에 금으로 된 잉카제국의 예술품들과 안데스산맥의 금광을 찾아냈다. 피사로가 처음 에콰도르의 해안에 도착했을 때, 잉카제국은 이복형제였던 아타우알파와 우아스카르가 왕권을 놓고 내전을 벌이고 있었다. 피사로가 도착하기 직전에 아타우알파는 우아스카르를 생포해 놓고 현재의 리마에서 약 1,000킬로미터 북쪽에 있는 카하마르카의 온천에서 쉬고 있었다.

카하마르카에서 피사로와 그의 군인들은 7,000명에서 8,000명에 이르는 무장하지 않은 잉카 사람들을 죽인 후에 아타우알파를 생포했다. 그리고 무려 6,000킬로그램이 넘는 금으로 된 물건들을 아타우알파의 몸값으로 받고 나서, 그를 죽이고 꼭두각시 정권을 세운다. 피사로는 3년 만에 잉카제국 전체를 지배하게 된다.

피사로와 그의 재정적 후원자였던 알마그로 사이에 누가 어떤 땅을 다스릴 것인지를 놓고 분쟁이 일어났다. 결국 1541년에 알마그로의 지지자들이 피사로를 죽인다. 에스파냐에서는 질서를 회복하기 위해 새 관리들을 파견해야만 했다. 왜냐하면 피사로가 어떻게 성공적으로 금을 발견했는지를 자세하게 설명한 책이 아타우알파를 처형한 지 9개월 만에 세비야에서 출판됐는데, 그 책을 읽은 수없이 많은 에스파냐 식민지 건설자들이 페루로 들어왔기 때문이다.

1545년에 에스파냐 사람들은 포토시(볼리비아)에서 은광을 발견했다. 10년 후에 그들은 페루에서 금과 은을 채굴하는 데 필요한 수은을 발견했고, 그 결과 금과 은의 생산량이 급증했다. 안데스 지역의 광물자원은 에스파냐 사람들의 추가 정복을 자극했으며, 유럽 제국에 재정적 도움을 주었다. 유럽에서는 그런 광물들을 이용해 주화를 만들고, 교회와 왕궁을 치장하고, 빚을 갚고, 군대를 늘렸다. 1570년에서 1572년 사이에 원주민들은 그들이 전통적으로 살던 지역을 떠나 에스파냐 사람들이 새로 건설한 도시 주변으로 이주해 살게 된다. 원주민의 전체 인구는 거의 절반 정도로 줄어들었는데, 일부 해안 지대 마을에서는 무려 90퍼센트까지 줄어들었다.

에스파냐 정복자들은 어떻게 아메리카 대륙에 있던 제국들을 그렇게 적은 군대로 그렇게 빨리 정복할 수 있었던 것일까? 무려 1만 5000년 이상 떨어져 있던 두 개의 문명 사이의 만남이, 왜 한 문명이 다른 문명을 그렇게 빨리 지배하는 것으로 끝났던 것일까? 우리와 직접적으로 관련이 있다고 느낄 수 있을 정도로 최근에 일어났던 이 아메리카 역사의 드라마는 우리의 상상력을 자극한다.

에스파냐 정복자들이 발명과 문화적인 전문화가 먼저 시작된 아프로유라시아 대륙에 살고 있었던 이점을 가졌다는 사실에서 그 답을 찾을 수 있을 것 같다. 그리고 그런 발명과 전문화는 아메리카 대륙에서보다 아프로유라시아 대륙에서 더 많은 식물이 재배되고 더 많은 동물이 사육되었기 때문에 가능했었다. 또 아프로유라시아 대륙에서는 농업 기술이 비슷한 기후를 따라 옆으로 퍼져나갈 수 있었다. 잉여 식량으로 인해 아메리카 대륙에서보다 먼저 복합사회가 발달했고, 그로 인해 두 대륙의 차이를 만들어낸 총, 말, 칼, 대포, 배, 질병에 대한 면역성, 읽고 쓰는 능력, 자원을 중앙에 집중할 수 있는 조직, 지도와 항해술 등과 같은 기술과 문화적 특징이 만들어졌다. 에스파냐 사람들은 수메르인들이 도시 생활로 전환한 이후부터 생겼다가 사라진 아프로유라시아 대륙의 모든 복합사회들과 교류했던 이점을 갖고 있었다.

아프로유라시아 사회가 만들어낸 모든 유산을 흡수하고 그에 적응하면서, 에스파냐 사람들은 아메리카 대륙에서는 발전하지 못한 강점을 갖게 됐다. 아메리카 대륙에서는 곡물이 남북으로 쉽게 퍼져나가지 못했고, 안데스산맥 지대에 살던 야마를 제외하고는 짐을 나를 동물도 없었으며, 금속을 다루는 기술도 늦게야 발전했다. 또 그곳에서는 복합사회의 발전도 아프리카 북부나 유라시아에 비해 2000년에서 4000년 정도 뒤늦게 시작됐다.[12]

역사학자들은 에스파냐와 포르투갈 사람들이 갖고 있던 그런 모든 장점 중에서도 그들이 동물로부터 전파되는 홍역, 천연두, 감기, 디프테리아, 흑사병과 열대 아프리카에서 전파된 말라리아, 황열과 같은 병에 면역력을 갖고 있었다는 사실을 가장 중요하게 생각한다. 아메리카 대륙의 원주민들은 가축화된 동물을 접할 기회가 없었기 때문에 동물이 전파하는 바이러스에 노출된 적이 없었고, 결국 싸울 기회도 없이 엄청난 피해를 입을 수밖에 없었다. '콜럼버스의 교환'(콜럼버스가 아메리카 대륙에 도착한 이후 일어난 아프로유라시아 대륙과 아메리카 대륙의 교류를 집합적으로 설명하는 용어-옮긴이)으로 발생한 아메리카 대륙에서의 천연두 유행은 기록된 인류 역사상 가장 큰 두 개의 인구 멸종 사건 중 하나였다. 다른 하나는 물론 14세기에 있었던 흑사병이었다. 반복된 천연두 발병으로 인해 1492년에서 1650년 사이에 아메리카 대륙 원주민의 절반에서 90퍼센트까지가 목숨을 잃었다. 유럽인들이 만난 아메리카 대륙 원주민들은 불가항력의 질병으로 인해 갑자기 붕괴한 복잡한 문명의 생존자들로, 마음에 충격을 받고 있던 사람들이었다.[13]

에스파냐의 왕이나 신학자들이 아메리카 대륙에서 정복자들이 했던 잔인한 행위를 반대하지 않은 것은 아니었다. 교황이 세계를 에스파냐와 포르투갈 두 나라의 영토로 분할한 1494년 이후에, 학자들은 그것이 종교적인 개종을 할 수 있는 권리를 부여한 것인지 아니면 침략과 정복을 할 권리까지 부여한 것인지에 대해 논쟁을 거듭했다.

1512년부터 1514년 사이에 에스파냐의 신학자들은 히스파니올라에 정착한 식민지 건설자들을 비난하면서, 왕은 침략할 권리는 없고 개종의 권리만 갖고 있다고 주장했다. 원주민들의 지지자로 가장 유명했던 라스카사스는 1514년에 그들을 옹호하는 글을 썼으며, 1520년에는 카를로스 1세가 원주민들의 땅을 에스파냐 사람에게 양도하는 '엔코미엔다'를 철폐하라는 칙령을 내렸다. 하지만 그는 그것을 실행하지는 못했다. 20년 후에 왕은 원주민들에게 유리한 새로운 법을 만들기 위해 위원회를 구성했고, 그로 인해 페루에서 내전이 벌어졌지만 식민주의자들의 승리로 끝이 난다. 또한 원주민을 행정가로 이용하는 몇몇 실험도 있었지만, 에스파냐 사람들은 그들에게 충분한 권력을 양도하지 않았다.[14]

전 지구적인 교환 활동이 일어나다

에스파냐와 포르투갈이 아메리카 대륙을 정복한 후 200여 년 동안 유럽인들은 현재 우리가 알고 있는 자본주의경제의 토대를 만들었다. 유럽인들이 자본주의를 발전시킨 데는 강제 노동과, 안데스산맥 지역에서 발견한 엄청난 양의 금과 은 같은 아메리카 대륙의 자원에 기초한 자본축적이라는 배경이 있었다. 유럽인들은 금과 은으로 이동이 가능한 부를 만들어냈고, 그것은 차츰 토지에 기초한 귀족계급의 부를 능가하기 시작했다. 자신의 부를 증가시킬 것이라고 생각하고 금과 은을 찾기 위해 아메리카 대륙에 갔던 것이 토지에 기초한 유럽의 귀족계급이었다는 것을 생각해보면 운명의 장난이라고 할 수 있다.[15]

1500년에서 1650년 사이에 현재의 가치로 보면 최소한 약 28억 달러에 이르는 180톤에서 200톤의 금이 에스파냐로 흘러들어 왔다. 그런 금들은 안데스산맥에서 채광돼 사람들이 지고 내려왔으며, 나귀로 파나마 지협을 통과해 유럽으로 가는 배에 실렸다. 에스파냐의 왕이며 동시에 신성로마제국의 황제였던 카를로스 1세가 자신의 빚을 갚기 위해 다량의 금을 사용했기 때문에 유럽 전체에 금이 넘쳐흘렀고, 그로 인해 현란한 장식을 특징으로 하는 바로크와 로코코 건축양식이 탄생했다.

그러나 경제에 더 큰 영향을 준 것은 금이 아니라 은이었다. 왜냐하면 일상적인 거래에서는 금보다 은이 더 많이 사용됐기 때문이다. 일반인들도 은으로 된 주화를 모으고 부를 축적할 수 있었다. 에스파냐 사람들이 포토시 근처에서 은 광산을 발견한 후 50년 동안 오늘날의 가치로 33억 달러에 이르는 1만 6,000톤의 은이 공식적으로 유럽에 들어왔고, 그에 더해 불법적으로 약 5,000톤이 더 들어왔다. 아메리카 대륙 원주민들의 강제 노동을 통해 은이 채광됐는데, 다섯 명 중 네 명의 광부가 10년 이내에 목숨을 잃었다. 1500년에서 1600년 사이에 유럽에서 금과 은의 공급량은 무려 여덟 배로 늘어났으며, 그로 인해 인플레이션이 생겨 다른 지역의 부를 감소시켰다. 오스만제국의 은화는 가치를 잃었고, 따라서 이슬람의 힘도 약해졌다. 금 시장을 잃어버린 아프리카도 역시 고통을 받았다. 인도와 중국은 유럽인들이 그 지역의 물건들을 사 가면서 이득을 얻었다. 전체적으로 보면 이 시기에 지구 전체에서 생산된 은의 약 3분의 2가 중국으로 흘러들어 갔다.

새로 시작된 전 세계에 걸친 무역에서 아프리카 사회들은 불리할 수밖에 없었다. 그들이 생산하는 것 중 다른 지역에서 원하는 것은 오직 노예뿐이었기 때문이다. 포르투갈의 항해자들은 1441년에 최초로 서아프리카사람들을 사서 포르투갈과 마데이라제도, 카나리아제도 등지로 데려갔다. 아프리카 노예들은 그곳에서 사탕수수를 생산하는 데 동원됐다. 사하라 남쪽의 아프리카 사람들은 1000년이 넘는 세월 동안 중동과 중국에 노예로 팔려나가고 있었다. 하지만 노예무역은 유럽인들이 대서양 연안을 연결한 후에 그 양과 중요성이 증가했다. 자신들이 생산하는 금을 살 사람이 없어진 아프리카의 왕과 추장들은 옷, 철, 구리, 담배, 술, 총, 그리고 서아프리카에서 화폐로 통용되던 인도양의 자패紫貝를 얻기 위해 동족인 아프리카 사람들을 노예로 팔아넘겼다. 그리하여 부를 얻은 추장들은 가장 중요한 자산인 아이들을 더 많이 낳아줄 여러 아내들을 거느릴 수 있었다.

유럽인들은 아메리카 대륙의 열대 지역에서 사탕수수와 담배를 길러 이윤을 남기기 위해 노예가 필요했다. 콜럼버스와 그의 선원들은 원래 인도의 자번식물이던 사탕수수를 카리브 해 지역으로 들여왔고, 1520년이 되면 세인트토머스 섬 한 곳에만도 60개의 설탕 공장이 운영된다. 하지만 타이노와 카리브 사람들은 그 수가 줄어들었고, 유럽인들보다는 아프리카의 노예들이 더 저렴했다. 또 아프리카인들은 자신들이 황열병, 십이지장충과 함께 아메리카 대륙으로 들여온 말라리아에도 면역력을 갖고 있었다.

카리브 해 지역에서는 프랑스와 영국이 에스파냐와 경쟁하고 있었다. 18세기 말이 되면 프랑스와 영국은 '설탕 섬'(16세기부터 19세기까지 아프리카 노예를 이용해 사탕수수를 기르던 카리브 해의 히스파니올라제도와 쿠바, 자메이카, 푸에르토리코 등을 부르는 말-옮긴이)들을 중요한 무역 기지로 삼게 된다. 네덜란드의 투자자들도 브라질에서 경쟁하기 시작해 17세기 초반이 되면 설탕에서 무려 56퍼센트까지의 수익을 얻는다. 유럽에서는 1인당 연간 설탕

소비량이 1700년에 약 2킬로그램이었던 것이 1800년대 초에는 8킬로그램 정도로 늘어나고, 설탕은 공장 노동자들을 위한 값싼 칼로리의 원천이 된다.[16]

1534년부터 세네갈과 가나로부터 브라질로 이어지는, 대서양을 건너는 노예무역 항해가 시작된다. 결국 노예 수출은 앙골라까지 내려가고, 18세기에는 모잠비크와 아프리카 동부 해안까지 확장된다. 유럽인들은 아프리카 노예를 직접 생포할 필요가 없었다. 아프리카의 통치자들과 노예 무역상들이 알아서 노예를 잡았기 때문이다. 대서양을 통한 350년 동안의 노예무역을 통해서 약 1,200만 명에서 2,500만 명의 사람들이 아프리카에서 노예로 잡혀 아메리카 대륙으로 보내졌다. 그중 85퍼센트 정도가 6주에서 10주쯤 걸리는 험난한 항해를 이겨내고 살아났다. 약 40퍼센트가 브라질로 갔고, 40퍼센트는 카리브 해 지역으로 갔으며, 5퍼센트는 나중에 미국이 되는 곳으로 갔고, 나머지는 에스파냐 사람들이 점령한 아메리카 지역으로 퍼져나갔다. 1820년대가 되면 아메리카 대륙에는 아프리카 사람의 수가 유럽인보다 다섯 배 더 많아진다.[17]

대서양을 통한 350년 동안의 노예무역 기간에 210만 명 정도의 아프리카 사람들이 아프리카 동부 연안에서 잡혀 아라비아 해와 인도양의 항구도시들로 보내졌다. 전체적으로 볼 때 모슬렘 상인들의 노예무역은 1200년 동안이나 계속됐고, 모슬렘 사람들에 의해 1,400만 명에서 1,500만 명 정도의 아프리카인들이 노예로 팔렸다. 또한 아프리카에서 다른 지역으로 팔려나간 수만큼 많은 아프리카인들이 아프리카 내부에서 노예가 되었다.[18]

노예무역이 아프리카 문화에 미친 영향에 대해서는 많은 논란이 있지만, 최소한 많은 아프리카 사회가 군사화되고 군벌이 발전하는 계기가 된 것은 분명하다. 사람들의 희생이라는 측면에서 보자면 노예무역이 아프리카에 미친 영향은 전염병이 아메리카 대륙에 미친 영향보다 적었다.

영국 정부는 제노바 출신의 뱃사람인 존 캐벗(조반니 카보토)을 후원하는 것으로 식민지 정복 경쟁에 뛰어들었다. 캐벗은 1497년에 뉴펀들랜드에 도착했고, 1498년에는 뉴잉글랜드에 도착했다. 그의 항해에 이어 거대한 선단이 구성돼 북아메리카 대륙 연안의 풍부한 어류를 잡아들였다. 그곳에서 잡은 물고기를 유럽까지 먹을 수 있는 상태로 운반하려면 소금에 절여야 했다. 소금에 절인 대구는 뱃사람과 군인, 그리고 유럽 북부의 가난한 사람들에게 훌륭한 먹을거리가 되었다. 영국인들은 캐벗의 뒤를 이어 곧바로 북아메리카 대륙에 식민지를 건설하지는 못했다. 월터 롤리 경은 1584년에 노스캐롤라이나 연안의 한 섬에 식민지를 건설하려다가 실패했다. 영국인들은 1607년 제임스타운에, 그리고 1620년 플리머스에 어렵게 식민지를 건설했다. 영국 정부는 식민지를 건설할 수 있는 왕실 칙허장을 발급하기는 했지만 강력한 행정 지원을 할 수 없었다. 따라서 영국의 식민지 건설자들은 에스파냐나 프랑스의 식민지 건설자들과 비교해보면 정부의 적극적인 지원을 받지 못했다고 할 수 있다.

신세계에서 프랑스 사람들은 모피를 얻는 데 집중했다. 모피는 중국과 유럽에 엄청난 수요가 있었기 때문이다. 프랑스 사람들은 1608년 세인트로렌스 강 유역에 누벨프랑스Nouvelle France(새 프랑스)라는 식민지를 건설했는데, 현재 퀘벡 시가 있는 자리다. 프랑스 모피 사냥꾼들은 그곳으로부터 세인트로렌스 강을 거슬러 올라가 오대호 연안과 허드슨 만 쪽으로 나가서, 내륙에 있는 여우, 족제비, 다람쥐, 담비 등 카누로 옮기기 쉬운 동물의 모피를 구했다. 아메리카 대륙 원주민들은 프랑스 사람들에게 모피를 주고 총, 직물, 금속도구, 술 등을 얻었다. 원주민들을 가톨릭 신자로 개종시키려는 열정에 넘치던 예수회 선교사들도 모피 사냥꾼들과 함께 다녔다. 영국의 식민지가 그랬듯이 프랑스 식민지에도 많은 사람들이 정착하지는 못했다. 프랑스 왕실에서는 위그노파 신자들이 아메리카 대륙에 가는 것을 금지했는데, 누벨프랑스가 가톨릭을 믿는 곳이 되기를 원했기 때문이다(뒤에 보게 될 것처럼 유럽에서는 종교개혁이 이미 1517년부터 시작되고 있었다). 영국과 프랑스, 그리고 그들의 식민지들 사이에 몇 차례 전쟁이 있은 후, 1763년에 프랑스는 루이지애나를 에스파냐에, 캐나다를 영국에 넘겨준다.

프랑스 사람들이 북아메리카 대륙의 수렵·채집자들을 농업과 도시 사회의 교역망에 연결시키는 동안, 러시아 사람들은 유라시아 대륙의 약 4분의 1에 해당하는 시베리아 지역에서 같은 일을 하고 있었다. 시베리아 지역 사람들은 친족 집단을 중심으로 사냥꾼으로, 어부로, 채집자로, 그리고 순록 목축가로 전통적인 생활 방식을 유지하며 살고 있었다. 러시아 사람들은 우크라이나의 카자흐스탄 사람들을 고용해 시베리아에서 모피 사업을 시작했는데 그들은 배에 대포를 싣고 다니며 원주민들과 싸웠다. 그리고 그들과 함께 도착한 질병도 원주민들과 싸우는 데 도움을 주었다. 1440년이 되면 그들은 태평양 연안 지역까지 도착해 모든 원주민 성인 남자들에게 공물을 바치게 하고, 밀가루와 각종 도구와 술을 주고 그 대신에 모피를 얻었다. 17세기에 크렘린은 전체 재원의 7퍼센트에서 10퍼센트 정도를 시베리아에서 오는 모피에 의존하고 있었다. 1730년대에 이르면 러시아 사람들은 무역 활동을 알래스카로 확장하며, 1810년이 되면 캘리포니아 북쪽까지 확장한다.

다른 유럽 국가인 네덜란드도 북아메리카에서 식민지 경쟁에 합류한다. 네덜란드는 허드슨 강의 입구에 니우암스테르담Nieuw Amsterdam(새 암스테르담)이라는 무역 식민지를 세우고 모피 무역에 뛰어들었다. 그러나 1664년에 영국 해군이 니우암스테르담을 대포로 점령하고 뉴욕이라고 개명하면서 네덜란드 사람들의 모피 무역은 끝이 났다.

대서양에서의 이런 활발한 무역 활동을 기반으로 세계를 바꾼 새로운 경제 제도가 등장한다. 에스파냐와 포르투갈은 15세기와 16세기 동안까지만 해도 해외무역과 식민지 경영을 왕실만의 사업으로 독점하려고 노력했다. 하지만 그것은 비용도 많이 들었고 효율성도 떨어졌다. 결국 아메리카 대륙의 식민지 개척자들은 프랑스, 네덜란드, 영국과의 거래를 선호했다. 그런 국가들에서 온 부유한 개인 투자자들은 은행, 주식회사, 증권 거래, 특허된 무역 회사 등을 통해 위험을 줄이고 수익은 늘리는 방법들을 찾아냈는데, 그것들이 합쳐져 자본주의라는 체계를 만들었다. 주식회사는 투자자들에게 주식을 팔아 해외 사업에 필요한 거대한 자본금을 마련했다. 투자자들은 자신이 소유한 주식을 사고팔 방법이 필요했다. 1530년에 암스테르담에 최초의 증권거래소가 만들어졌고, 17세기와 18세기 동안 세계 최대의 주식시장으로 성장했다. 영국에서는 1695년부터 왕실이 관리하는 증권거래소가 만들어졌으며, 1773년에 런던증권거래소로 발전했다.[19]

유럽의 일부 정부는 필요하다면 무력을 동원해서라도 자국민들의 무역을 보호하고 증진시키는 정책을 사용해 개인들의 해외무역을 도왔는데, 흔히 중상주의重商主義라고 부른다. 중상주의적 자본주의의 최초 사례는 네덜란드에서 찾아볼 수 있다. 1602년에 네덜란드 정부는 '네덜란드 동인도회사VOC'에 인도양에서의 모든 네덜란드 무역에 대한 독점권을 주었다. 정부의 이런 정책은 투자자들에게 그 회사의 주식을 살 동기를 부여했다. 그리고 투자자들은 그 회사가 포르투갈로부터 인도양의 해상 무역로에 대한 지배권을 빼앗으면서 큰 이익을 얻었다. 물론 정부도 늘어난 세금으로 이익을 얻었다. 약 20년 후에 네덜란드 정부는 대서양에서 사업을 할 수 있도록 '네덜란드 서인도회사GWIC'에 독점적인 사업권을 주었다. 네덜란드 서인도회사는 포르투갈로부터 브라질 연안의 항구들과 아프리카의 노예무역항들을 빼앗았다. 1652년부터 1678년 사이에 영국과 프랑스는 막강한 해군을 이용해 아메리카 대륙에서 네덜란드를 물리친다.

경제 제도가 발전하면서 은행은 빌려준 돈에 이자를 물리기 시작했는데, 이자를 물리는 것 자체에 대해 혹은 과도한 이자를 받는 것에 대해 반대하는 사람들은 그것을 고리대금이라고 불렀다. 자본주의경제의 돈에 대한 수요는 그리스도교도들의 양심에 혼란을 가져왔다. 왜냐하면 그리스도교도들은 모슬렘들과 마찬가지로 이자를 받는 것은 잘못된 일이라고 믿었기 때문이다(이것은 물론 돈의 힘에 대한 농촌경제적 반발이라고 부를 수도 있다). 《구약성경》은 오직 이방인에게만 이자를 받을 수 있다고 적고 있다. 유럽의 가톨릭 신자들은 이자를 받고 돈을 빌려주는 것에 대한 그런 고대의 제한을 거듭 주장했고, 그 결과 프랑스에서는 1789년까지 이자를 받고 돈을 빌려주는 것이 불법이었다. 칼뱅은 1545년에 약 5퍼센트 정도의 합리적인 이자율은 합법적인 것이라고 이자에 대한 신교도의 입장을 밝혔다.[20]

아프로유라시아 대륙과 아메리카 대륙 사이의 무역은 두 종류였다. 하나는 양쪽에 모두 알려져 있는 물건들을 교역하는 것이었고, 다른 하나는 한쪽에 전혀 알려지지 않은 물건을 교역하는 것이었다. 예를 들어 물고기와 모피는 양쪽에 모두 알려져 있었지만, 설탕은 아메리카대륙에는 알려져 있지 않은 물건이었고, 담배는 아프로유라시아 대륙에서는 재배된 적이 없었다. 역사학자들은 사람, 식물, 동물, 질병, 그리고 기술의 이러한 획기적인 교류를 '콜럼버스의 교환'이라고 부른다.

콜럼버스의 교환 이전에 유럽 사람들이 어떤 음식을 먹었을지는 상상하기조차 힘들다. 아메리카 대륙에서 토마토가 들어오기 전에 이탈리아 사람들은 파스타에 도대체 무엇을 넣었을까? 초콜릿도 아메리카 대륙에서 들어왔으며, 아프로유라시아 대륙에는 1492년 전까지는 없던 식품이다. 또 유럽인들에게는 새로운 작물이던 옥수수와 감자는 많은 사람들의 끼니를 해결해주었다. 브라질 열대 지역이 원산지이며 토양이 좋지 않고 건조한 곳에서도 잘 자라는 칼로리가 높은 근채류根菜類 식물인 카사바도 열대 아프리카 사람들의 생명을 지키는 식물이 되었다. 콩, 호박, 고구마, 땅콩, 고추, 담배, 약재 등은 아프로유라시아 대륙으로 들어온 아메리카 대륙의 선물들이다.

반대로 밀, 올리브, 포도, 채소류 등과 같은 유럽의 작물들이 대서양을 건너 아메리카 대륙으로 갔다. 유럽인들은 또 아프리카와 아시아에서 자라는 작물들인 쌀, 바나나, 코코넛, 빵나무, 사탕수수, 밀감, 멜론, 무화과, 양파, 무, 날로 먹을 수 있는 야채류 등도 아메리카 대륙에 가져갔다. 에스파냐 사람들은 소, 돼지, 양, 염소, 쥐, 토끼, 그리고 아메리카 대륙이 자생지였지만 마지막 빙하시대 동안에 아메리카 대륙에서 멸종된 말을 가져갔다. 노예로 팔려 간 아프리카 사람들은 오크라, 검은눈콩, 마, 기장, 수수, 망고 등을 가져갔다.

아프로유라시아 대륙 사람들은 그런 선물들과 함께 아메리카 대륙에 전혀 없었던 박테리아와 바이러스도 옮겼다. 중국과 지중해 지역 사람들은 서력기원이 시작되면서 전염병 때문에 엄청난 피해를 입었기 때문에 서서히 면역력이 생겼다. 그러나 그런 질병에 노출된 적이 없었던 아메리카 대륙 사람들은 앞에서 살펴본 것처럼 아프로유라시아 대륙에서 들어온 질병으로 인해 전체 인구의 무려 50퍼센트에서 90퍼센트까지 목숨을 잃었다. 아메리카 대륙에서는 담배가 아프로유라시아 대륙으로 들어갔고, 매독은 아메리카 대륙에서 발생해 뱃사람들을 통해 다른 지역으로 퍼진 것으로 보인다.

세계무역의 팽창으로 오스트레일리아와 태평양 제도의 생태계도 결국 지구의 다른 지역들과 접촉하게 됐지만, 그렇게 된 것은 18세기 후반의 일이었다. 1769년에 대영제국의 후원을 받은 제임스 쿡 선장이 뉴질랜드 해안의 해도를 만들기 시작했다. 당시 그곳에는 1300년쯤에 도착한 폴리네시아 사람들의 후손인 약 10만 명의 마오리족들이 살고 있었다. 또한 오스트레일리아에는 수렵과 채집을 하며 이주 생활을 하는 약 75만 명의 오스트레일리아 원주민이 살고 있었다. 1788년에 영국은 대개가 단순 절도범이었던 범죄자들을 오스트레일리아로 보내기 시작했고, 1845년이 되면 그 사람들의 수가 원주민의 수보다 많아진다. 오스트레일리아는 유칼립투스 나무를 다른 세계에 주었고 그 대신에 수십 종류의 새로운 식물과 동물을 받아들여, 전 세계에서 가장 극적인 생태 변화를 겪었다.

유라시아의 주요 제국들, 세계를 지배하다

대서양을 가로지르는 무역 활동이 왕성하기는 했지만, 인도의 무굴제국과 중국은 18세기 내내 무역의 크기와 부의 규모에서 세계에서 가장 강한 제국이었다. 중국과 인도 다음으로 가장 강력한 정부는 터키에서 시작된 오스만제국과, 유럽의 약 20퍼센트와 아메리카 대륙의 에스파냐 식민지들을 통치하고 있던 합스부르크 왕가였다.

중국에서는 명나라에 이어 1644년에 베이징을 점령한 만주족들의 나라인 청淸나라가 정권을 잡았으며, 청나라는 그 후 약 40년에 걸쳐 중국 전체를 점령하고 1911년까지 중국을 통치했다. 청나라에는 강희제康熙帝(재위 1662년~1722년)와 건륭제乾隆帝(재위 1736년~1796년)라는 두 명의 뛰어난 황제가 있었다. 중국 정부는 무역을 엄격하게 통제해 유럽 사람들은 광저우에서만 거래를 할 수 있었는데, 그들은 대개 은을 주고 자신이 원하는 중국 물건을 샀다. 유럽의 부유한 신흥 중산층들은 비단, 도자기, 차, 벽지와 같은 중국 물건들을 진짜건 가짜건 엄청나게 소비했다. 1700년대 후반이 되면 영국은 중국 무역에서의 막대한 무역 손실을 걱정하게 되고, 정책의 변화를 이끌어내려고 하지만 실패한다.

중국 인구는 명나라 때의 1억 명 정도에서 1800년이 되면 3억 5,000만 명 정도로 급격히 늘어나 인류 전체의 3분의 1을 차지하게 된다. 인구증가로 인해 산림이 황폐해졌고, 그로 인해 심각한 침식과 홍수가 일어났다. 18세기 말이 되면 대운하의 사용이 불가능할 정도로 퇴적이 심각해진다. 중국의 남서부와 중부 지역에서는 농민 반란이 끊이지 않고 일어났다.

인도의 무굴제국은 바부르가 이끌던, 현재의 우즈베키스탄에 있던 페르가나 계곡의 모슬렘 투르크족들이 1526년에 델리의 이슬람 군주를 무찌르면서 시작됐다. 바부르는 칭기즈칸의 둘째 아들이었던 차가타이의 후손이었다. 모슬렘 투르크족들은 소수자로서 힌두교도들의 땅을 다스렸으며, 제국을 인더스 강과 갠지스 강 유역, 카슈미르, 펀자브에서부터 뭄바이(봄베이)까지 확장했다. 하지만 인도의 동쪽 해안과 남쪽 끝지역은 다스리지 못했다. 바부르의 손자인 아크바르(재위 1556년~1605년)는 라지푸트족 공주와 결혼해, 모슬렘이면서 힌두교도인 아들을 낳았다. 그의 왕궁은 화려한 장식과 엄청난 부, 그리고 페르시아 문자에 기초한 독특한 양식을 만들어냈다. 1억에서 1억 5,000만 명 정도의 인구가 있었던 인도는, 해군이나 무역을 하는 배가 없이도 항구를 통해 면으로 만든 직물을 교역하면서 16세기 말부터 17세기 초까지 고도의 번영을 누렸다. 17세기에 무굴제국의 국가 수입은 프랑스에 비해 네 배나 더 많았다. 무굴제국은 1857년 영국이 무굴제국의 마지막 황제를 폐위시킬 때까지 명맥을 유지했다. 하지만 무굴제국은 1707년에 지역의 힌두교 세력들이 무굴제국의 군사적 우위에 저항하기 시작하면서 그 힘을 잃기 시작했다. 그 결과 인도는 수많은 군주국들로 분열됐고, 19세기 영국의 침입에 저항할 수 없었다.

아나톨리아 북서부 지역에서 온 모슬렘 투르크족들이 만든 오스만제국은 1415년 이후부터 팽창하기 시작했다. 오스만제국은 1453년에 콘스탄티노플을 점령해 이스탄불로 이름을 바꿨고, 1550년에는 유프라테스 강에서 시작해 유럽의 헝가리와 아프리카의 사하라사막까지 영토를 넓혔다. 오스만제국에는 2,000만 명에서 2,500만 명 정도의 인구가 살고 있었는데, 18세기에는 약 3,000만 명까지 늘어났다. 발칸반도에 있던 그리스도교 국가들을 점령한 후에 오스만제국은 그리스도교도의 남자아이들을 징집해 투르크 가족들과 살게 했고, 나중에는 이스탄불의 군사학교로 보내 군인을 만들었다. 그중에서 재능 있는 아이들은 후에 정부 관료가 되기도 했다. 홍해가 인도양과 만나는 아라비아반도의 끝에 있는 예멘의 고원지대에서 자라던 커피는 15세기 이스탄불에서 크게 유행하다가 나중에 유럽으로 퍼지게 되는데, 베네치아에는 1615년에, 런던에는 1651년에 선을 보인다. 이란과의 지속적인 전쟁에도 불구하고 오스만제국은 제 1차 세계대전으로 사라질 때까지 존속했다.

사파비제국으로 알려졌던 이란은 1600년에 서쪽으로는 바그다드에서 동쪽으로는 무굴제국에 이르는 영토를 갖고 있었다. 사파비제국을 지배하던 가문을 창건했던 이스마일은 수니파였던 이웃 나라들과는 달리 이란이 시아파 이슬람을 믿도록 했다. 1258년에 몽골족이 바그다드를 파괴한 이후 이란 문화는 아라비아반도의 문화보다는 인도 문화에 더 가까워졌고, 학자와 작가들도 아랍어보다는 페르시아어를 주로 사용했다. 사파비제국에 살던 사람들은 그들이 이란인이건, 터키인이건, 쿠르드인이건, 아랍인이건 간에 대개는 자족적인 농업이나 목축을 하며 살았다. 외국과 무역할 수 있는 물건은 비단과, 오늘날에도 여전히 소중하게 여겨지는 양탄자뿐이었다. 1722년에 아프간족이 유목민 집단들의 도움을 받지 못하는 정부의 수도를 점령하고 사파비 통치를 끝냈다.

1000년에서 1500년 사이에 지구상에서 네 번째로 큰 제국은 유럽의 합스부르크왕조였다. 합스부르크왕조는 원래 스위스에서 시작됐으며, 그곳의 통치자였던 루돌프 1세가 1273년에 신성로마제국의 황제가 되었다. 그는 자신의 아들을 오스트리아의 통치자로 임명했으며, 합스부르크왕조는 결혼과 상속을 통해 1477년에 네덜란드를, 그리고 1516년에 에스파냐를 통치했고, 룩셈부르크, 부르고뉴, 보헤미아, 헝가리, 시칠리아, 나폴리, 밀라노까지 복속시켰다. 1519년에 에스파냐의 왕이었던 합스부르크 가문의 카를로스 1세(페르난도 왕과 이사벨 여왕의 손자)는 앞에서 잠깐 언급했던 것처럼 신성로마제국의 황제가 되어 카를 5세로도 알려지게 된다.

카를 5세가 왕위를 이어받은 것은 마르틴 루터가 종교개혁을 시작한 지 2년 후의 일이었기 때문에, 카를 5세는 오스만제국의 모슬렘에 대항해서뿐만 아니라 선교에 대해서도 호전적인 가톨릭 십자군전쟁을 벌인다. 카를 5세는 유럽 전체 인구의 약 20퍼센트에 해당하는 2,000만 명 정도의 인구를 다스리고 있었다. 그는 유럽을 통일하지도 못했고, 신교의 전파를 막지도 못했다. 그는 프랑스와 네 번의 전쟁을 치렀는데, 신성로마제국은 개신교도와 가톨릭교도들 사이의 종교전쟁 때문에 쇠퇴했다. 카를 5세는 1556년에 왕위를 물려주고 수도원으로 물러난다. 합스부르크왕조는 다스리던 영토를 잃었으며, 오스트리아에서만 1918년 제 1차 세계대전이 끝날 때까지 지속됐다.

1600년대 초기에 에스파냐는 아메리카 대륙 식민지에서 들어오는 은이 보충되었음에도 불구하고 파산했다. 그리고 부르봉왕조가 다스리던 프랑스가 유럽에서 가장 강력한 국가가 되었다. 암스테르담은 17세기 유럽의 금융 중심지이면서 주요 항구도시의 역할을 한다. 1689년이 되면 영국이 프랑스의 가장 강력한 경쟁국으로 부상한다. 유럽의 정치적 분화는 전례 없이 경쟁적인 상황을 만들어냈고 기술 변화를 촉진시켰다.

유럽 농촌의 생활은 1500년부터 1750년 사이에 악화되었던 것으로 보인다. 소빙하기로 알려진 추운 기후 때문에 질병과 영양실조로 많은 사람들이 죽었다. 집과 배의 재목으로, 난방과 요리를 위한 연료로, 그리고 원석을 제련하기 위한 숯으로 쓰기 위해 엄청난 나무가 사라졌다. 남벌은 특히 가난한 사람들에게 심각한 영향을 미쳤으며, 그들은 도시로 몰려들었다. 1500년에는 파리만이 유럽 북부에서 유일하게 10만 명이 넘는 도시였다. 하지만 1700년이 되면 파리와 런던에 각각 50만 명이 살게 되고, 암스테르담에 20만 명, 그리고 20개의 유럽 도시에 6만 명 이상이 살게 된다. 도시에서는 프랑스인들이 부르주아지라고 부르던 부유한 사람들이 지배적인 계급이 되어 사업을 하는 데 긴 시간을 바쳤다. 그들의 사업이 발전하면 국가 수입이 늘어나기 때문에 군주들은 부르주아지를 지원했다. 그러나 도시 인구의 10퍼센트에서 20퍼센트 정도는 세금을 감면받을 정도로 가난했다.

종교, 과학 그리고 전쟁

1450년부터 1800년까지 유럽과 유럽의 식민지에서는, 하나씩 떼어내 재사용이 가능한 금속활자를 이용한 인쇄술이 발달했다. 그에 반해 오스만제국과 무굴제국, 그리고 명나라에서는 그런 인쇄술이 발전하지 못했다. 그런 곳에서는 19세기까지도 서기書記에 의존했다. 그렇게 된 이유는 정부가 인쇄술을 통제하지 못할까 봐 두려워했기 때문일 수도 있고, 서기를 불쾌하게 만들기 싫어서였을 수도 있지만, 정확한 이유는 알 수 없다. 어쩌면 상형문자를 쓰는 곳에서는 알파벳문자를 쓰는 곳에서보다 인쇄술이 매력적인 수단으로 보이지 않았을 수도 있다. 모슬렘 정권에서는 인쇄술이《코란》의 신성한 내용을 세속화한다고 생각했던 적도 있었다. 유일한 예외는 한국이었다. 한국에서는 13세기에 독립된 금속활자를 사용하는 인쇄술이 발명되었으며, 15세기 초에는 새로운 알파벳문자가 만들어졌다. 그러나 극소수의 지배계급만이 글자를 읽을 수 있었던 한국의 발전된 인쇄술은 주변의 다른 지역으로 퍼져 나가지는 못했다.[21]

유럽에서는 구텐베르크의 인쇄기(1454년)가 빠른 속도로 퍼져나갔다. 1500년이 되면 유럽의 236개 도시에 비슷한 인쇄기가 도입된다. 1501년에는 키릴 알파벳(러시아어의 초기 형태)과 그리스 알파벳을 인쇄할 수 있는 활자가 만들어진다. 1533년에 에스파냐 사람들이, 그리고 1639년에 영국인들이 아메리카 대륙에 인쇄기를 들여왔다. 1605년에는 신문이 정기적으로 발행되기 시작했고 1702년에는 최초의 일간지가 발행된다. 1753년에 영국에서는 매일 2만 부의 신문이 팔렸다. 문자 해독률이 높아졌고 상업적인 의사소통이 늘어났다. 더욱 많은 사람들이 지적인 토론, 특히 격한 종교적 논쟁에 참여하게 됐다.

유럽 사람들의 거의 절반을 신교도로 바꾼 것은 인쇄술의 발달 덕분이었다. 비텐베르크대학의 신학 교수이자 가톨릭 사제였던 마르틴 루터(1483년~1546년)는 기부금을 내거나 성지 순례를 하면 과거의 죄를 용서받을 수 있는 면죄부를 판매하는 레오 10세의 조치에 반대했다.

루터는 1517년에 라틴어로 자신의 반대 입장을 적어 교회 문에 못을 박아 걸었다. 루터는 거기서 그리스도교를 믿는 것은 개인적인 일이며, 구원은 선행을 한다고 얻어지는 것이 아니라 오직 믿음에 의해서만 얻을 수 있다고 주장했다. 값싼 전단지들을 통해 이런 생각이 널리 퍼졌고,

지위 고하를 막론하고 다양한 사람들에게 번졌다. 교회가 막으려고 했지만 그런 생각이 퍼지는 것을 막을 수는 없었다. 그러나 루터는 종교적 관용을 주장하지 않았으며, 신교가 가톨릭을 대신하는 유일한 진짜 종교가 되기를 바랐다. 게르만 국가들은 서로 전쟁을 하다가 1555년에 휴전했는데, 그 결과 모든 군주들이 자기 왕국의 종교를 스스로 선택할 수 있게 됐다. 유럽의 다른 곳에서도 칼뱅파, 영국국교회파, 장로파 등의 다양한 종교개혁 움직임이 일어났다.

기성 종교에 대한 도전은 전 세계의 많은 곳에서 일어났다. 중국에서는 왕양명王陽明(1472년~1529년)이 오랫동안 공자의 사상을 연구하지 않은 보통 사람들도 선과 진실을 알 수 있다고 주장했다. 그러나 그의 도전은 결국 공자의 정통성을 재확인하는 것으로 끝났다. 인도에서는 구루 나나크(1469년~1539년)가 새로운 종교인 시크교를 창설했다. 시크교는 힌두교 경전에 기초해 있었지만 브라만 카스트 사제의 권위를 부정하고, 서로 다른 카스트에 따른 도덕규범을 적용하는 힌두교와는 달리 모든 사람들에게 동일한 도덕규범을 적용했다. 아크바르 황제는 종교적 다양성과 관용을 유지했으나 그 이후의 황제들은 이슬람교를 선호했다.

종교개혁 운동, 무역, 교통의 발달, 식민지 건설 등으로 인해 이 시기에 전 세계적으로 많은 지역 종교가 사라졌다. 지역 전통을 완고하게 지켰던 사람들은 고립되거나, 이슬람이나 그리스도교 선교사들의 선교대상이 되었다. 오랫동안 자기 지역의 주술 신앙을 믿었던 몽골족까지도 티베트 불교로 서서히 개종됐다. 1601년에는 몽골 사람이 차기 달라이라마로 선택되었고, 그 이후 몽골 전체에 많은 불교 사원이 세워졌다.

유럽에서는 기존 권위에 대한 도전이 새운 사고방식을 만들어내기까지 했다. 즉, 권위에 의존하지 않고 모든 생각을 실험과 이성을 통해 검토하려는 사고방식이었다. 과학적이라고 알려진 이런 사고방식은 유럽에서 특히 발전했고, 그곳에 있던 대학들이 과학을 실천하는 공동체가 되었다. 1500년에 유럽에는 100개가 넘는 대학이 있었는데, 전 세계에서 유럽으로 들어오는 정보를 받아들이고 이해하려 노력했다. 1559년에 교황청에서는 불온하다고 생각되는 책들을 금지하기 시작했으며, 1966년까지도 그런 일을 계속했다. 교황청은 또 태양이 지구 주위를 도는 것이 아니라 지구가 태양 주위를 돈다고 주장했던 과학자 갈릴레오 갈릴레이에 반대했다. 그래서 1616년 이후부터는 그를 이탈리아의 피렌체에 있는 집에 가두었으나 그의 생각이 퍼지는 것을 막지는 못했고, 결국 네덜란드에서 그의 이론이 책으로 출판되었다. 빠르게 변화하는 세상에 의해 생긴 갈등은 영국의 극작가인 윌리엄 셰익스피어(1564년~1616년)의 희곡에도 잘 묘사돼 있다.

그의 작품을 보면 전쟁에 대한 자세한 묘사가 많지는 않지만, 그럼에도 불구하고 전쟁이 항상 중요한 소재 중 하나로 등장한다. 1450년부터 1800년 사이에 전쟁의 양상은 함포로 무장한 대양 해군과 그에 맞서는 야전포 및 거대한 요새들, 전쟁터에서 퇴각하지 않도록 훈련받은 상비군, 야전군을 지원하는 거대한 병참 부대 등 새로운 전쟁 기술의 발달로 인해 변화한다. 이런 전쟁에는 아주 많은 돈이 필요했기 때문에 은행 제도가 전쟁의 한 부분이 되었다. 거대한 제국들의 경우에는 국가수입의 70퍼센트에서 90퍼센트까지를 전쟁과 관련한 곳에 썼다.

그러나 모든 제국이 새로운 군사적 발전에 참여하지는 않았다. 유럽과 중국만이 대양 해군을 만들었으며, 중국은 후에 대양에서 물러났다. 유럽과 오스만제국은 야전포대와 보병에서 앞섰다. 유럽인들(이탈리아, 베네룩스 국가들, 그리고 영국)은 밀집대형으로 전투하는 방식을 창안했고, 그리스도교《성경》이 고리대금을 금지하고 있음에도 불구하고 은행 제도를 만들어냈다. 모슬렘들은《코란》에 근거해 고리대금업을 하지 않았다. 그 대신에 돈을 빌려주는 사람이 사업의 동업자가 되는 제도를 만들어냈다. 무굴제국에는 대양 해군도, 은행 제도도 없었다. 중국에서 청나라는 예수회 선교사들로부터 기술을 배운 공성포를 이용해 명나라를 물리쳤다. 아프리카인들은 새로운 군사적 발전의 극히 일부만을 습득했지만, 그것을 통해 총이나 대포를 대량으로 만들 수 없었던 유목민들을 영구적으로 파멸시켰다.

1750년에서 1800년 사이에 여러 대륙을 연결하는 바다를 이용한 무역과 교환의 전 세계적인 연결망이 자리를 잡았다. 항구도시와 그 배후지가 발전했고, 육지로 둘러싸인 지역은 쇠퇴했다. 대서양을 건너는 데는 한 달이 걸렸으며, 태평양을 건너는 데는 석 달이 결렸고, 사하라사막을 낙타로 가로지르는 데는 한 달 혹은 그 이상이 걸렸으며, 유라시아 대륙의 한쪽 끝에서 다른 쪽 끝까지 걸어서 이동하는 데는 최소한 1년이 걸렸다. 1450년에서 1800년 사이 기간의 특징으로는 원양무역을 꼽을 수 있다.

같은 기간에 세계 인구는 두 배로 늘어나 9억 명이 됐다. 전염병이 줄어든 것과 콜럼버스의 교환으로 인한 곡물의 교류가 주된 원인이었다. 아프리카에서만 다른 지역에 비해 인구 증가가 더뎠으나, 전반적으로 보면 18세기가 인구 증가의 전환점이 되었다. 즉 18세기는 급속한 현대적 인구 증가의 시작점이 되었던 것이다. 하지만 전 세계 인구의 약 80퍼센트에서 85퍼센트 정도는 농사를 짓고 살았으며, 자신의 근력을 에너지원으로 사용했고, 글을 읽을 줄 몰랐고, 이방인을 거의 만나지 못했다. 이 시기 동안 전 세계의 노예 인구는 급증해서, 1800년이 되면 전 인류의 2퍼센트에서 5퍼센트에 해당하는 2,000만 명에서 5,000만 명 정도가 노예였다.

세계경제는 인구가 증가하는 비율과 비슷하게 발전했다. 1450년에서

1800년 사이에 세계경제는 매년 0.25퍼센트쯤 성장해서, 이 기간에 전체적으로 두 배에서 세 배 정도 성장했다. 그러나 경제성장은 생산성의 향상에서 비롯된 것이 아니라 주로 인구 증가에서 비롯된 것이었다. 왜냐하면 인간의 노동력이 에너지원의 대부분이었기 때문이다. 중국과 인도는 대서양 경제가 서부 태평양 경제의 경쟁자로 등장하는 18세기 중반까지는 전 세계 상품과 용역의 거의 80퍼센트를 차지하는 세계경제의 중심지였다. 1492년 이후 불과 수십 년 사이에 유럽의 경제성장 속도는 급격하게 빨라졌는데, 아메리카 대륙에서 약탈한 땅과 값싼 노예 노동력이 그 근간이었다.

1000년에서 1500년 사이의 시기에 대한 우리의 이야기는 몽골족에 집중돼 있었다. 그라고 1500년에서 1800년 사이에는 대양에서 몽골족과 같은 역할을 한 대서양 주변의 유럽인들이 그 중심이었다.[22] 잔인함과 종교적 신념으로 무장한 유럽인들은 자신의 문화를 아메리카 대륙에 전파했으며, 유럽 내에서는 훗날 유럽인들이 전 세계를 지배하게 되는 근거가 된 산업화의 기반을 만들어냈다.

남아 있는 의문점들

1. 노예무역이 아프리카에 미친 영향은 무엇인가?

제이 얄 맥닐과 윌리엄 맥닐 같은 일부 역사학자들은 노예무역이 아프리카 전체의 인구에 미친 영향은 상당히 적었다고 본다. 그들은 약 400년에 걸쳐 여러 지역에서 잡힌 2,500만 명 정도의 노예는 아프리카 전체 인구로 보자면 극히 일부(물론 정확한 비율은 알 수 없지만)였을 것이라고 말한다.[23] 하지만 패트릭 매닝Patrick Manning 같은 다른 역사학자들은 사하라 이남 지역의 인구가 1750년에서 1850년 사이에 전혀 증가하지 않았는데, 만약 노예무역이 없었다면 5,000만 명 정도였던 인구가 7,000만 명에서 1억 명까지 늘어났을 것이라고 주장한다. 매닝은 1750년에서 1850년 사이에 "아프리카 전체 인구의 약 10퍼센트 정도였던 600만 명에서 700만 명 사이의 사람들이 동서양에서의 수요를 맞추기 위해 노예 상태가 되었을 것"이라고 보았다.[24]

노예무역은 아프리카에 다른 영향도 미쳤다. 국가 없는 사람들은 포로가 되기 쉬웠기 때문에 노예무역으로 인해 국가의 형성이 촉진됐다. 또한 노예무역은 많은 아프리카 사회를 군사화했고, 총기의 숫자를 늘렸다(물론 총을 살 돈은 노예를 팔아 만들었다). 노예무역은 사회를 분열시켰고, 개인과 사회에 노예를 거래할 것인지 아닌지에 대한 선택을 강요했다. 심지어 오늘날까지도 일부 아프리카 사람들은 누구의 조상이 노예였고 누구의 조상이 노예를 잡아 팔던 사람이었는지를 기억하고 있다.

2. 아메리카 원주민에 대한 유럽인들의 학대를 비판한 유럽인은 있었나?

아주 일부가 있었다. 그중 가장 유명한 사람은 유대교에서 가톨릭으로 개종한 집안에서 태어난 세비야 출신의 라스카사스였다. 그의 할아버지는 유대인이라는 이유로 1492년에 화형을 당했고, 그의 아버지는 콜럼버스의 두 번째 항해에 참여하기도 했다. 라스카사스는 1502년부터 1506년 사이에 아버지와 함께 카리브 해 지역을 방문했고, 서품을 받기 위해 에스파냐로 돌아왔다가 1509년부터 1515년까지 다시 카리브 해 지역을 찾았다. 그때 그는 쿠바 정복을 목격하게 된다. 라스카사스는 자기 나라 사람들이 어떻게 원주민들을 학대했는지를 자세히 묘사하는 몇 권의 책을 썼다. 결국 그는 아메리카 대륙 원주민을 노예로 삼는 것을 금지하고 다른 형태의 강제 노동도 제한하는 이른바 '1542년의 신법'을 통과시키는 데 영향을 미쳐, 아메리카 대륙 원주민 보호에 기여한다.

1550년대에 그는《인디언의 역사Historia de las Indias》라는 책을 쓴다. 하지만 라스카사스도 아프리카 사람들을 노예로 쓰는 것에 대해서는 반대하지 않았다.[25]

3. 자본주의는 왜 중국이나 인도가 아닌 유럽에서 시작됐는가?

이 질문은 유럽과 미국의 사회과학자들과 역사학자들이 즐겨 묻는 것이다. 유럽 전체를 통합하는 정부의 부재로 인한 국가 간의 경쟁, 바다의 위치, 아메리카 대륙에서 들어온 엄청난 양의 금과 은, 노동력, 식량, 강력한 관료주의, 풍부한 석탄 매장량, 인구밀도, 인쇄술의 발달로 인한 빠른 의사소통, 사회구조와 정책의 차이, 그 밖에 수많은 부수적 변수 등 다양한 이유들이 제시되고 있다. 그 모든 요소들이 일정한 역할을 한 것으로 보인다. 그 뒤를 잇는 흔한 질문은 영국이 어떻게 자본주의 발전에서 선두를 차지했는가 하는 것이다. 이는 우리가 다음 장에서 살펴볼 주제다.

12

산업화가 진행되다

1750년 ~ 2000년

1750년 무렵에 영국에서 처음 시작된 화석연료, 공장 시스템, 그리고 제조업 경제로의 변화를 표현하기 위해 어떤 역사학자들은 '산업혁명industrial revolution'이라는 용어를 사용한다. 하지만 나를 포함해 다른 역사학자들은 '산업화industrialization'라는 용어를 더 선호한다. 산업화라는 용어는 아프로유라시아 대륙이 연결되면서 시작돼(10장), 그 후 전 세계가 하나로 연결되면서 더욱 강화되었고(11장), 1850년경에 영국에서, 그리고 다른 곳에서는 조금 늦게 완성된, 또 일부 지역에서는 여전히 진행 중인, 대단히 길고 점진적인 변화 과정을 '산업혁명'보다 잘 표현하고 있기 때문이다. 대부분의 역사학자들은 인간이 화석연료를 사용하고 제조업을 시작한 것이 농업이나 도시로의 전환만큼이나 의미 있는, 인류 역사상 서너 번 정도 있었던 근본적인 변화 중 하나라는 사실에 이견이 없다.[1]

산업화의 발전 과정에서 인류 역사상 전례 없던 두 가지 현상이 발생했다. 하나는 폭발적인 인구 증가이고 다른 하나는 급격한 경제 발전이다.

기원후 1년부터 1700년까지 세계 인구는 점진적으로 증가해, 100년에 약 12퍼센트 정도의 성장률을 보였다. 하지만 그런 점진적인 인구 증가도 지속적인 것은 아니었다. 인구가 식량 공급을 초과하거나 앞에서 본 것처럼 대규모의 질병이 발생하면 감소할 때도 있었다. 1700년 이후 사망률이 감소하기 시작했다. 그 결과 세계 인구는 18세기에 30퍼센트에서 50퍼센트 정도가 늘어났고, 19세기에는 80퍼센트 늘어났으며, 20세기에는 무려 280퍼센트가 늘어났다. 아무도 정확한 원인은 모르지만 따뜻한 기후, 풍부해진 식량(아메리카 대륙에서 온 새로운 먹을거리와 농업기술의 발전으로 인한), 교통수단의 발달, 치명적 질병의 확산에 따른 면역력의 증가 등이 가능성 있는 설명으로 제시되고 있다.[2]

더 극적인 변화는 잉글랜드와 네덜란드에서 1600년대 말부터 일어났는데, 그 지역에서는 농업 수확량이 감소했음에도 불구하고 증가하는 인구만큼 1인당 소득도 증가했다. 1인당 소득 증가(개인당 실질소득의 증가)는 그 전에도 세계의 다양한 지역에서 있었던 일이다. 하지만 그런 증가는 언제나 역전돼 결국 자족적인 생활을 하는 농민들의 생활수준을 그 소득 증가 이전의 수준으로 돌려놓았었다. 그러나 유럽에서는 1600년대 말 이후로 전쟁을 하는 때와 같이 일시적인 시기를 제외하고는 생활수준이 역전되지 않았다. 그 이유에 대한 많은 분석이 이루어졌지만 정확히 그 원인을 아는 사람은 없다. 그런 분석 중 가장 잘 알려진 것이 애덤 스미스의 《국부론The Wealth of Nations》(1776)이다. 그 책에서 스미스는 어떤 사회가 경제적 성장을 촉진시키려면 평화를 정착시키고, 세금을 낮추고, 사유재산과 투자를 보호하기 위해 공평하게 법을 집행해야 한다고 주장했다.[3]

부르주아지 권력을 쥐다

약 5000년 전에 최초의 국가가 탄생한 이후 가장 보편적이고 지속적인 정치 형태는 군주제였다. 그것은 다양한 제약이 있기는 했지만 한 사람이 모든 권력을 갖고 다스리는 형태였다. 도시가 나타난 이후 소수의 몇몇 사회가 모든 시민이(시민의 정의가 어떤 것이든) 참여하는 민주주의를 만들어냈지만, 그런 사회들은 규모가 작았고 오래가지도 못했다.

17세기경부터 도시의 수가 급속하게 늘어나고 무역량이 증가하면서, 상인들과 상업적으로 농사를 짓던 지주들은 군주가 부과하는 세금에 반발하기 시작했다. 과거의 전통에 기초해 있던 중국의 청나라, 인도의 무굴제국, 터키와 중동의 오스만제국 같은 거대한 제국들은 내전 없이 이런 갈등을 조정할 수 있었다.

하지만 작은 규모의 신생국가들이 대부분이었던 유럽 국가들은, 특히 네덜란드와 잉글랜드의 군주들은 그런 갈등을 평화롭게 조정할 수 없었다. 부르주아지 지도자들은 군주의 권력을 제한하기 위해 내전을 일으켰다. 네덜란드의 도시 지배계급은 1567년부터 1609년에 이르는 긴 전쟁 끝에 합스부르크왕조의 권위를 무너뜨리고 네덜란드공화국을 세웠다.

잉글랜드에서는 그보다 50년 후에 정치혁명이 일어나, 완성되는 데 또한 50년이 걸렸다. 잉글랜드의 정치혁명은 1642년의 내전으로 시작됐는데, 1649년에 찰스 1세가 참수됐고, 1660년에는 그의 아들인 찰스 2세가 복위됐다가 1688년에서 1689년 사이에 국회의 쿠데타로 끝이 났다. 그 정치혁명은 국회의 자산계급들에 의해 주도됐다. 그들은 군주를 통합의 상징 정도로 격하시키고, 권리장전에서 볼 수 있는 것처럼 진정한 권력을 국회에 넘겨주었다. 국회는 국가재정을 통제하고 군주의 권력을 제한하면서 정치적 우위를 얻었다. '명예혁명'으로 알려진 이런 정치적 변화는 그 이후에 잉글랜드에서 일어난 극적인 경제적·기술적 변화의 기초가 되었다. 그 혁명을 이끈 전체 인구의 약 5퍼센트에 해당하는 지배계급은 전체 국부의 25퍼센트 정도를 갖고 있었다. 그들은 공공 재정을 개혁하고 중앙집권화했으며, 엄격한 회계 기준을 정했다.[4]

대서양 무역이 증가하면서 다른 정치혁명도 일어났다. 대부분이 자산계급이던 북아메리카 대륙의 영국 식민지 건설자들은 높은 세율에 저항해 1776년 영국에 전쟁을 선포했다. 영국 정부가 해외에서의 전쟁을 수행하는 데 필요한 재정을 부담하기 어려웠고 프랑스가 식민지 건설자들을 도와주었기 때문에, 식민지 건설자들은 독립을 얻어냈다. 북아메리카에서 전쟁이 일어난 지 얼마 지나지 않아 프랑스에서도 1789년에 정치혁명이 일어났고, 농민들이 자산가들로 이루어진 '삼부회三部會'와 힘을 합쳐 군주를 몰아냈다. 그 후 프랑스는 무정부 상태에 들어섰다가 나폴레옹의 독재를 경험하게 된다. 그다음엔 군주제가 잠시 회복됐다가 더 많은 정치혁명이 일어났고, 결국 1871년 이후에 안정적인 공화국이 자리 잡게 된다. 아메리카 대륙에서는 프랑스의 설탕 식민지였던 생도밍그에서 반란이 일어나 1804년에 아이티라는 이름으로 독립을 얻어냈다. 1826년이 되면 남아메리카 대륙에서는 대농장의 소유주들이 자신의 최대 고객인 에스파냐에 충성하던 쿠바와 푸에르토리코를 제외하고는, 에스파냐가 갖고 있던 영토가 시몬 볼리바르(1783년~1830년)가 주도한 독립운동으로 인해 분열돼 독립국가들이 된다. 브라질은 1822년에 포르투갈로부터 독립한다. 독일에서는 제 1차 세계대전에서 패할 때까지 군주제가 제한된 의회 권력과 함께 유지됐고, 러시아에서는 1917년 혁명으로 군주제가 무너진다.

부와 재산을 가진 부르주아지 남성들은 자신의 부에 대해 세금을 부과하는 군주의 권력에 대항하기 위해 대의代議정부라는 이상을 발전시켰다. 대의정부 이론을 발전시킨 두 명의 영국 사상가가 있었다. 시인이었던 존 밀턴(1608년~1674년)과 귀족의 자문역을 하던 존 로크(1632년~1704년)였는데, 두 사람 모두 많은 재산을 소유했었다. 고리대금업자였던 밀턴의 아버지는 자식의 미래를 위해 상당한 투자를 했고, 밀턴은 1649년부터 1660년까지 올리버 크롬웰이 의회를 통해 권력을 행사하던 '공화정'의 외국어 담당 비서관으로 일했다. 밀턴은 정부의 출판물 사전 검열에 반대해 자유를 지지하는 〈아레오파지티카Areopagitica〉라는 팸플릿을 쓰기도 했다. 결국 왕의 검열 정책을 바꾼 투쟁에서, 밀턴은 국회가 왕을 살해할 수 있는 권리를 갖고 있다고까지 주장했다.

그로부터 몇 년 후에 로크도 《통치론Two Treatises of Government》(1690)에서 군주의 권리에 대항할 의회의 권리를 옹호했다. 《통치론》에서 로크는 인간이 정부에 복종하는 이유는 인간이 선천적으로 절대 권력을 가진 지도자에게 순종하는 본성이 있기 때문이 아니라, 합법적인 정부가 인간의 재산권을 보호해주기 때문이라고 주장했다. 그러나 만약 정부가 이런 보호를 해주지 못한다면, 재산을 가진 사람들은 정부에 대한 동의를 철회하고 새로운 정부를 만들 권리를 갖고 있다고 말했다. 왕이 지배할 권리를 가진 것이 아니라, 시민이 동의할 권리를 갖는다는 말이다. 자신의 주장을 뒷받침하기 위해 로크는 새로운 인식론까지 만들어냈는데, 절대적인 권위에 복종하는 성향과 같은 어떠한 선천적인 관념도 존재하지 않는다고 보았다. 로크에 따르면 어린아이의 정신은 '타불라라사tabula rasa', 즉 빈 종이와 같은 것이고, 모든 관념은 경험과 이성으로부터 만들어진다.

하지만 대체 어떤 사람들이 정부에 동의할 권리를 갖고 있다는 말인가? 로크의 시대에는 단지 소수의 성인 남성들만이 국회의원을 선출할 수 있었다. 토머스 제퍼슨(1743년~1826년)은 미국 독립선언문을 작성하면서, 아메리카대륙에서 일어난 잉글랜드 식민지의 반란을 정당화하기 위해 로크의 생각을 빌려 왔다. 그런데 제퍼슨은 '재산'에 대한 권리를 '행복 추구'에 대한 권리로 바꿔 정당한 투표권을 가진 사람의 범위를 넓혔다. 제임스 매디슨은 재산이란 좁게는 토지나 돈, 상품을 뜻하지만, 넓은 의미로는 자유로운 의견과 자신의 선택에 따라 능력을 자유롭게 사용할 권리를 뜻한다고 말했다. 그는 "인간에게 자신의 재산에 대한 권리가 있다고 말하는 것은, 그에게 자신의 권리를 가질 재산권이 있다고 말하는 것과 같다."[5]라고 주장하면서 제퍼슨의 논리를 더욱 발전시켰다. 그러나 이런 사상에 기초해 부유한 찰스 1세에 대항하며 그의 목을 자른 부르주아지 남성들의 행동은 그들이 당초에 의도했던 것보다는 훨씬 더 급진적인 것이었다.

미국 헌법에는 투표권의 자격에 대한 어떤 언급도 없다. 단지 대통령은 선거인단이 뽑고, 주 의회가 상원 의원을 뽑고, 하원 의원의 선출에 대해서는 각각의 주가 나름대로의 기준을 정하도록 되어 있다. 하지만 1800년에 투표권에 대한 재산권 규정이 없었던 곳은 펜실베이니아 주뿐이었다. 노예는 투표를 할 수 없었고, 단지 하원 의원의 정원을 정하기 위한 인구 기준에서 노예 1명이 백인 남성 0.6명으로 계산됐다. 그에 따라 노예를 가진 주들은 정치적인 힘을 갖게 되었다. 또 여성도 1920년까지는 투표를 할 수 없었다.[6]

유럽과 미국에서 인간의 정치적 평등에 대한 사상이 받아들여지던 때, 이 지역 사람들은 육체적 특징에 따른 분류 체계로서 인종의 개념도 발전시켰다. 유럽인들은 만약 모든 인간이 평등하다면 왜 어떤 인간은 다른 인간에 비해 그렇게 열등한지를 궁금해했다. 스웨덴의 박물학자였던 칼 폰 린네도 1735년에 인종 분류를 위한 시도를 했었지만, 가장 권위 있는 분류는 형질인류학의 아버지로 불리는 요한 블루멘바흐에 의해 수립됐다. 독일 괴팅겐대학의 교수였던 그는 두개골의 크기에 기초해 인종을 분류했다. 《인류의 자연적 다양성에 대하여De generis humani varietate nativa》(1775)에서 블루멘바흐는 인간을 다섯 인종으로 구분했는데, 1795년에 출판된 그 책의 3판에서는 그 다섯 인종을 캅카스 인종, 몽골 인종, 에티오피아 인종, 아메리카 인종, 말레이 인종이라고 명명했다. 블루멘바흐는 아프리카 사람들이 다른 인종에 비해 원숭이에 더 가깝다고 생각하지는 않았지만, 캅카스 인종이 최초의 인종이고 다른 인종들은 거기서 분화되었다고 생각했다.[7]

영국, 산업혁명이 시작되다

현재 산업화로의 변화는 전 지구적 현상이다. 즉 산업화는 단순히 유럽에 의해 만들어진 변화가 아니라, 아프로유라시아 대륙 사람들과 아메리카 대륙 사람들이 전 세계적 연결망 안에서 상호작용하면서 만들어낸 변화다. 두 개의 반구가 연결된 후, 전 세계적으로 혁신의 속도와 생산성의 수준, 그리고 집단적 학습의 속도가 매우 빨라졌다. 유럽의 대서양 연안 지역은 그 지리적 위치 때문에 최초로 탄생한 세계 체계의 일차적 중심지로 떠올랐다. 유럽인들은 전략적으로 중요한 위치를 차지하고 있었고, 젊고 유연했으며, 변화를 위한 준비가 돼 있었다는 점에서 다른 지역의 사람들과 달랐다.

산업화의 과정은 유럽 북부 해안에 있는 습기 찬 섬인 영국에서 시작됐다. 그렇게 된 가장 중요한 이유 중 하나는 석탄 매장량이 풍부했기 때문이다. 철의 제련에 필요한 숯을 만들던 목재가 바닥나면서 잉글랜드의 철 생산량은 급속히 감소했었다. 그러나 일반적인 석탄은 그 안에 섞인 불순물로 인해 철을 깨지기 쉽게 만들기 때문에 철의 제련에 그대로 사용할 수 없었다. 1709년에 슈롭셔의 다비 집안이, 석탄이 코크스로 변할 때 성공적으로 철을 제련할 수 있다는 것을 발견했다.

그렇지만 석탄은 깊은 곳에 묻혀 있었고 갱도를 채우는 물 때문에 캐내기도 어려웠다. 물을 퍼낼 펌프가 필요했다. 1770년대에 스코틀랜드 출신의 제임스 와트가 증기기관의 설계를 향상시켰고, 1800년이 되면 영국은 약 2,000개의 증기기관을 갖게 된다. 물론 당시 증기기관의 효율성은 기껏 5퍼센트 정도에 불과했지만, 각각의 증기기관은 석탄광에서 약 200명의 남자가 물을 퍼내는 것과 같은 역할을 했다. 그 결과 석탄 생산량은 1780년부터 1830년 사이에 무려 500퍼센트나 증가했다. 그러나 증기기관은 여전히 향상될 여지가 있었다. 이를 위해 영국인들은 총과 시계를 만들던 기술을 모두 동원했다. 결국 1830년 이후 증기로 움직이는 기계들에 사용되는 에너지 비용은 현저하게 떨어졌다.[8]

증기기관은 18세기 이전에 다른 곳에서도 일종의 호기심으로 개발됐었다. 중국인들은 여러 가지 기관을 만들었다. 하지만 그들이 만든 기관들은 엔진을 풀무로 사용했고, 와트가 만든 증기기관처럼 피스톤이 바퀴를 돌리는 것이 아니라 바퀴가 피스톤을 돌리는 방식이었다. 중국인도 석탄을 사용해 철을 생산했다. 1080년에 중국의 철 생산량은 이미 러시아를 제외한 유럽 전체의 1700년도 철 생산량을 넘어섰다. 그렇지만 석탄이 매장돼 있던 중국 북부 지역은 몽골의 침입과 내전, 홍수, 전염병 등으로 고통받았다. 결국 사람들은 남쪽으로 이주했고, 철 생산이 재개되었을 때는 석탄 대신 숯을 사용했다.[9]

1700년대에는 유일하게 인도만이 면직물의 거대 수출국이었다. 1721년에 영국의 부유한 상인들은 자신의 부를 늘리기 위해, 의회를 통해 인도산 면직물의 수입을 금지했다. 그들은 아메리카 대륙의 식민지에서 노예를 이용해 생산된 면화를 수입해 잉글랜드의 농촌 지역으로 가져갔다. 그곳에서는 장인 가족들이 물레와 베틀 같은 손 도구만을 이용해 면직물을 만들었고, 상인들은 그것을 판매했다. 방적공과 방직공들은 집에서 일하거나 아니면 공장의 초기 형태 비슷한 작은 집단을 이뤄 일했다.

1764년에 런던의 한 협회에서 방적 과정을 가장 획기적으로 혁신한 사람에게 상을 내걸었는데, 제임스 하그리브스가 '제니 방적기'로 알려진 다축방적기로 상을 받았다. 제니 방적기는 여러 개의 물레를 나무틀에 단 것으로 동시에 8줄의 실을 뽑아낼 수 있었고, 수력 장치를 붙이면 최대 100줄의 실까지 한꺼번에 뽑아낼 수 있었다. 1800년대 초반이 되면 영국인들은 증기기관으로 작동하는 베틀을 만들어낸다. 또한 미국의 조지아 주에서 목화씨를 걸러내는 기계인 조면기繰綿機가 발명되면서 면 생산량이 증가한다.

잉글랜드에서의 산업화 과정에는 다른 많은 변화가 동시에 필요했다. 앞서 언급한 것과 같은 발명들은 필수적이었다. 또 아메리카 대륙의 식민지들은 원료와 시장을 제공했다. 그리고 운하와 도로는 기본적인 교통망을 제공했다. 나중에 증기선과 기차를 통해 이동 시간이 단축됐다. 자본의 축적을 도울 금융 제도도 17세기와 18세기 초반부터 발전하기 시작했다. 고리대금업에 대한 태도도 바뀌었다. 마침내 농업 생산량이 증가하면서 농부들이 들판에서 공장으로 이동하게 됐다.

잉글랜드 농부들은 양의 선택적 번식을 통해 그 크기를 두 배로 키웠고, 씨앗을 뿌리는 대신에 줄을 맞춰 씨앗을 심어 곡물 생산량을 늘렸다. 또한 말이 끄는 굴착기를 사용하고, 휴경지가 필요 없는 4년 윤작 농법(순무, 보리, 클로버, 밀을 매년 돌아가며 윤작하는 방법)을 발전시켜 생산량을 늘렸다. 겨울 동안 소들에게 순무를 먹임으로써 가을에 소를 도살할 필요가 없었고, 그에 따라 1년 내내 우유와 버터를 얻을 수 있었다. 그런데 이런 변화들이 효과를 얻기 위해서는 더 넓은 땅이 필요했다. 결국 부유한 농부들은 가난한 농부들이 가축을 방목하던 공용목초지에 자신이 울타리를 칠 수 있게 해달라고 요구하기 시작했다. 공용 목초지에 울타리를 쳐서 사유지로 만드는 '인클로저enclosure' 운동은 1700년대와 1800년대 초에 절정에 달했다. 그에 따라 넓은 땅을 소유하지 못했던 농민들은 고용 노동자가 되거나 도시로 이주했다. 곡물생산이 증가하기는 했지만 인구도 늘어나서, 1800년대 중반 잉글랜드는 산업 생산물을 팔아 곡물을 수입해야 했다. 잉글랜드가 남는 밀을 수출한 것은 1792년이 마지막이었다.[10]

이런 모든 변화들은 잉글랜드의 가난한 사람들에게 재앙은 아니라고 해도 감당하기 어려운 일이었다. 기계 베틀이 도입되면서 수천 명의 방직공들이 직업을 잃었다. 1760년부터 1815년까지 임금이 꾸준히 떨어졌다. 역사학자들은 가난한 사람들의 상황이 그 이전보다 더 나빠졌는지, 그리고 만약 나빠졌다면 얼마나 더 나빠졌는지에 대해 의견의 일치를 보지 못하고 있다. 일부 학자들은 영국의 산업 기반을 만들어내기 위해 최소한 두 세대가 희생됐다고 본다. 하지만 대부분의 학자들은 영국의 산업화가 완성된 1850년 이후 영국의 전체 국민들이 영국의 전 세계적인 성공의 혜택을 나눠 가졌다고 여기고 있다. 한편 대량의 이주도 발생했다. 1815년부터 1914년까지 약 2,000만 명의 영국인들이 영국을 떠났다. 1900년에 영국의 인구는 4,100만 명이었는데, 그런 대규모 이주가 없었다면 영국의 인구는 7,000만 명에 이르렀을 것이다.[11]

산업화의 과정에서 담배, 코코아, 차, 커피가 일상생활의 중요한 소비재가 되었다는 사실은 결코 우연이 아니다. 아메리카 대륙에서 들어온 담배는 1565년부터 잉글랜드에서 재배됐다. 커피는 1651년에 런던에 들어왔고, 초콜릿은 1657년에, 그리고 차는 1660년에 런던에 들어왔다.

모두가 중독성이 있고, 손쉽게 준비하고 소비할 수 있는 것들이었다. 그리고 일시적으로 활력을 제공하는 것들이어서 노동자들의 긴 노동 시간을 위로하기에 적합했다. 또 음료수에 설탕을 첨가함으로써 가난한 사람들은 자신들의 식단에 부족했던 귀한 단백질이 노동으로 소비되는 것을 막을 수 있었다. 한 뙈기의 열대 지역 사탕수수밭에서는 그 네 배의 넓이에 해당하는 감자밭이나 그보다 9~12배의 넓이에 해당하는 밀밭에서 생산되는 열량을 제공했다. 1900년이 되면 설탕 수입은 1815년보다 무려 11배나 증가했고, 영국인들은 자신들이 매일 얻는 열량의 15~25퍼센트까지를 설탕에서 얻게 된다.[12]

이런 산업화로 인해 노동이 가족 환경에서 분리되었고, 결국 여성과 아동에게 중요한 변화를 가져왔다. 여성과 아동은 유연한 노동력이 되어, 남성이 하고 싶어 하지 않는 일이면서 별 권위도 없고 최소한의 교육만을 필요로 하는 일을 하며, 노동시장에서 남성의 노동을 대체하게 된다. 이런 과정에서 구조적인 불평등이 자리 잡았다. 물론 일부 아동들은 고된 생산노동에서 벗어나 교육을 받는 혜택을 누렸고, 도시의 가정을 책임지거나 서비스 분야에 종사하던 여성의 경우에는 농사를 짓던 남성 노동자들보다는 더 나은 생활을 했다.[13]

왜 그때 잉글랜드에서 산업화가 시작됐을까? 역사학자들은 다양한 설명을 제시해왔다. 간단한 설명은 당시 잉글랜드에 독특한 요소들의 결합이 있었다는 것이다. 대양에서의 잉글랜드의 위치, 삼림의 대대적인 남벌, 석탄 매장량, 명예혁명에 따른 사회·정치적 영향, 아메리카 대륙의 땅과 부에 기초한 상업과 농업의 발전, 교통수단의 발달, 기계 기술의 발전, 인구 증가, 인쇄기의 보급, 혁신의 장려, 그리고 자유와 같은 요소들이 흔히 꼽힌다.

1815년 이후에 유럽의 다른 지역과 미국에서도 산업화가 시작됐다.

벨기에와 스위스는 일찍이 산업화되었다. 풍부한 석탄을 갖고 있었기 때문이다. 독일도 루르 지역의 풍부한 석탄을 바탕으로 산업화되었고, 1880년대에는 영국의 산업 생산을 앞지른다. 프랑스는 산업 선진국이 되기에는 석탄 매장량이 부족했고, 1848년 이후에는 석탄을 수입해야만 했다. 미국은 공장 관리 분야를 선도했고, 무기 생산에서 세계 최초로 교체가 가능한 부품을 사용하기 시작했다. 1890년대에 미국의 산업은 독일을 앞질러 세계 최고가 된다. 1900년 이전에 산업화되기 시작한 비서구 국가는 러시아와 일본뿐이었다. 러시아의 중공업은 1860년대에 시작됐는데, 1910년에는 세계에서 네 번째나 다섯 번째 수준의 중공업 국가가 되었고, 1950년에 그 정점에 이르렀다. 일본의 산업화도 1860년대에 시작되었고, 1914년이 되면 세계 최고 수준의 군사력과 공업 생산력을 갖게 된다. 영국, 독일, 러시아, 미국, 일본과 같은 20세기의 강국들은 모두 19세기에 산업화를 시작한 나라들이다.[14]

석탄을 이용하면서 노동력을 덜 이용하게 되었고, 그에 따라 노예나 강제 노동을 이용한 노동력은 경제적이지도 않고 매력적이지도 않은 수단이 되었다. 전 세계적으로 노예제도와 농노제도가 최고조에 이른 바로 직후에, 그 두 가지 형태의 고대적인 노동 형태는 아주 빠른 속도로 사라졌다.

노예제도와 농노제도는 19세기 초반이 되면서 정점에 이르렀다. 1800년부터 1860년 사이에 미국 남부에서는 목화를 생산하기 위해 노예의 수가 네 배나 증가했다. 카리브 해 지역과 브라질에서는 설탕을 생산하기 위해 노예의 수가 늘어났다. 아시아의 남동부 지역에서는 설탕과 후추를 생산하기 위해 거대한 농장에서 노예들이 일을 했다. 러시아에서는 수백만 명의 농노들이 밀을 길렀고, 이집트에서는 농노들이 목화를 기르며 군인의 역할도 했다. 아프리카 북부에서는 이 기간 동안에 산업용 윤활제로 사용되는 야자 기름을 생산하기 위해 노예노동이 증가했다.

노예제도를 폐지하자는 주장은 18세기 후반에 잉글랜드의 퀘이커 교도들과 프랑스의 계몽주의 철학자들에 의해 시작됐다. 그들의 사상은 책과 여행을 통해 퍼져나갔다. 1807년에 잉글랜드에서, 그리고 1808년과 1830년에 프랑스에서 노예 판매가 금지됐다. 1820년대에 칠레와 멕시코에서는 노예제도 자체가 금지됐다. 잉글랜드도 1833년에 노예제도를 금지했다. 대서양 연안의 다른 국가들에서도 비슷한 일이 일어났다. 미국에서는 1865년에, 에스파냐에서는 1886년에, 그리고 브라질에서는 1888년에 노예제도가 금지됐다. 러시아에서는 사유 농노제가 폐지됐지만 공공 토지에 자신의 지분을 갖기 위해서는 최소한 9년을 더 일해야 했고, 1866년에는 정부가 소유하는 농노제도도 폐지됐다. 오스만제국도 유럽의 압력에 굴복해 노예무역을 금지했지만 노예제도는 폐지하지 않았는데, 그 이유는 모슬렘 법에 노예가 명시되어 있기 때문이었다. 아프리카에서는 1914년경에 노예무역이 자취를 감췄고, 20세기 초반에 노예제도가 폐지됐다. 전체적으로 보자면 노예제도와 농노제도의 폐지는 인류 전체의 자유를 증진시킨 획기적인 일이었다. 러시아에서만 5,000만 명의 농노가 자유를 얻었다. 화석연료의 사용이 노예제도를 공식적으로 사라지게 한(물론 실제로 완전히 사라지지는 않았지만) 가장 중요한 원인이었다.[15]

교통과 통신 수단에서 일어난 발명으로 인해 세계무역이 지속적으로 변화했다. 1801년에 미국과 스코틀랜드에서 초기 형태의 증기선이 발명된다. 그리고 1860년이 되면 증기선은 대양에서 범선의 속도를 앞지른다. 1650년에는 네덜란드에서 자바까지 배를 타고 가는 데 1년이 걸렸는데, 1850년에는 3개월로 줄어들었고, 1920년에는 3주로 줄어들었다. 1850년에서 1910년 사이에 세계의 선박 물동량은 네 배가 늘어났다.

1830년에는 영국에 세계 최초의 공공 철도가 놓였다. 그러나 1845년이 되면 미국이 영국보다 두 배 더 많은 철로를 갖게 되고, 1914년에는 미국이 세계 전체 철로의 반을 갖게 된다. 1844년에 볼티모어와 워싱턴 사이에서 세계 최초의 전보 통신이 이루어졌다. 1866년에는 대서양 횡단 케이블이 놓이고, 1870년에는 영국과 인도를 연결하는 케이블이 놓여 통신문을 전달하는 시간이 8개월에서 5시간으로 줄어든다. 1902년이 되면 영국은 전 세계적인 케이블망을 갖게 된다. 1860년의 전보는 모스 부호를 사용해 1분에 10단어를 전송할 수 있었다. 그러나 60년 후에는 1분에 400단어를 전송하는 수준까지 발전한다. 1890년경부터 전 세계가 전기를 사용하기 시작했다.[16]

19세기 말에 세계를 바꾼 또 다른 발명이 이루어졌다. 그것은 내연기관의 연료로 수천만 년 동안 땅속에 묻혀 있던 화석연료인 석유를 사용하기 시작한 일이었다. 제임스 영이라는 스코틀랜드 사람이 1850년에 원유를 정제하는 법을 발견했고, 1859년에는 미국 펜실베이니아의 에드윈 드레이크가 땅속 깊이 묻혀 있는 암석을 굴착해 원유를 얻을 수 있음을 보여줬다. 독일은 1880년대에 석유를 사용하는 엔진을 개발하기 시작했다. 1800년에 전 세계의 원유 생산량은 0이었지만 1900년에는 2,000만 톤이 되었고, 1990년에는 30억 톤으로 늘어난다. 현재 전 세계 원유 생산량의 25퍼센트를 세계 인구의 4퍼센트에 불과한 미국인들이 쓰고 있다. 결국 석유는 20세기의 인간 역사를 이해하는 데 대단히 중요한, 어쩌면 가장 중요한 실마리가 된다.[17]

제국주의와 세계대전(1850년~1945년)

1870년이 되면 유럽은 전 세계 무역의 70퍼센트를 장악한다. 1914년에는 유럽이 전 세계 육지의 80퍼센트를 점령하거나 통제한다. 1900년에 중국은 전 세계 상품 생산의 불과 6퍼센트를 차지하는데, 이것은 1800년의 33퍼센트에 비해 대폭 감소한 것이다. 인도의 경우는 1900년에 전 세계 상품 생산의 2퍼센트를 차지했는데, 1800년의 25퍼센트에 비해 역시 대폭 감소한 것이었다. 아프리카 대륙은 유럽의 강국들에 의해 쪼개졌다.[18]

유럽과 미국에서는 이 기간 동안에 인종주의에 기초한 정책과 인종주의적 사상들이 정점에 이른다. 인종주의는 인간의 평등을 믿는 것처럼 말하면서도, 실제로는 '하나의 인종적 혹은 역사적 집단이 유전되고 변하지 않는다고 자기들이 생각하는 차이점들에 기초해 다른 집단을 지배하거나 배제하거나 없애려고 할 때' 발생한다.[19] 인종주의는, 전적으로는 아니라고 해도, 주로 유럽과 미국의 산물인 것처럼 보인다. 인종주의적 논리는 20세기에 세 지역 사람들에 의해 주로 형성되고 완성됐다. 아프리카 출신의 미국인들에 대해서 미국 남부 사람들이(1890년대부터 1950년대까지), 아프리카 사람들에 대해서 남아프리카공화국의 유럽식민지 건설자들이(1910년대부터 1980년대까지) 그리고 유대인들에 대해 히틀러 치하의 독일이(1933년부터 1945년까지) 인종주의적 사고를 만들어냈다.

19세기 중반에 유럽과 미국의 많은 사람들은 자신이 세계를 지배하게 된 이유가 문화적이고 기술적인 혹은 지리적인 이점에 근거한 것이라기보다는, 선천적인 생물학적 우월성 때문이라고 해석했다. 프랑스, 영국, 독일, 포르투갈, 벨기에, 그리고 미국은 새로운 식민지를 얻는 일을 정당화하기 위해 이런 인종주의적 이데올로기를 이용했다.

1914년 이전에는 군사력을 갖고 있던 산업 강국들이 그것을 이용해 세계를 나눠 가졌다. 1840년대 이후에 무기와 통신수단에서 국가 간에 심각한 불균형이 발생했다. 1800년대 말이 되면 자동식 소총과 기관총의 발달, 그리고 질병을 예방할 수 있는 의학적 능력 등으로 인해서 그런 불균형은 더욱 심화된다. 산업화된 국가들은 빠르고 값싼 군사적 활동을 통해 식민지를 얻을 수 있었으며, 실제로 그들은 그렇게 식민지를 얻었다.

영국은 식민지 경쟁에서 가장 큰 혜택을 얻었다. 1914년이 되면 대영제국은 전 세계로 퍼져나가 세계 역사에서 가장 큰 제국이 된다(물론 육지로 이어진 크기로만 보자면 몽골제국이 여전히 최고의 기록을 갖고 있다). 대영제국의 가장 중요하고 부유한 식민지였던 인도는 몽골제국이 1710년에 그 영향력을 잃은 후인 1750년부터 1860년 사이에 서서히 영국의 식민지가 되었다. 영국은 캐나다, 오스트레일리아, 뉴질랜드, 남아프리카공화국, 이집트, 그리고 아프리카의 많은 지역을 식민지로 삼았으며, 19세기 말에는 아프리카 전체 인구의 60퍼센트 정도를 통치할 정도로 영향력을 넓혔다.

19세기 마지막 수십 년간의 아프리카 사회질서는 그 이전보다 훨씬 더 노예제도에 기초해 있었다. 그로 인해 아프리카에 대한 산업 열강들의 침략이 더 강화됐는데, 유럽 국가들은 라이베리아와 에티오피아를 제외한 아프리카의 모든 지역을 식민지로 만들었다(그림 12.1). 외부 세계와 거의 접촉이 없었던 중앙아프리카의 인구는 1880년에서 1920년 사이에 약 4분의 1이 줄어들었다. 하지만 20세기 후반에 의학 발달에 힘입어 아프리카는 역사상 유례없는 빠른 속도의 인구 증가를 경험했다.[20]

중국은 한 번도 식민지가 된 적이 없었다. 청나라는 1912년까지 유지됐다. 하지만 청나라의 상황은 식민지가 되는 것보다 더 나쁘게 흘러갔다. 영국과 미국이 인도에서 아편을 밀수입해 청나라로 들여오면서 1850년부터 1864년까지 역사상 가장 거대한 내전인 '태평천국의 난'으로 이어졌고, 그로 인해 2,000만 명에서 3,000만 명 사이의 중국인이 목숨을 잃었다.

미국은 푸에르토리코와 필리핀을 차지하기 위해 1898년에 에스파냐와 전쟁을 했다. 러시아는 캅카스산맥 지역으로 영토를 확장했으며, 일본은 중국으로부터 대만과 한국을 빼앗고 만주에서는 조차지를 얻어냈으며, 러시아로부터는 사할린 섬의 절반을 얻었다.

제국주의 국가들의 야망은 19세기 후반의 기후변화로 인해 도움을 받았다. 1876년에 시작해 1879년까지 세 번이나 우기에 비가 오지 않았다. 강우량 부족으로 인해 열대지방과 중국 북부에서 가뭄과 기근이 만연하면서 3,000만 명에서 5,000만 명가량이 목숨을 잃었고, 그 때문에 그 지

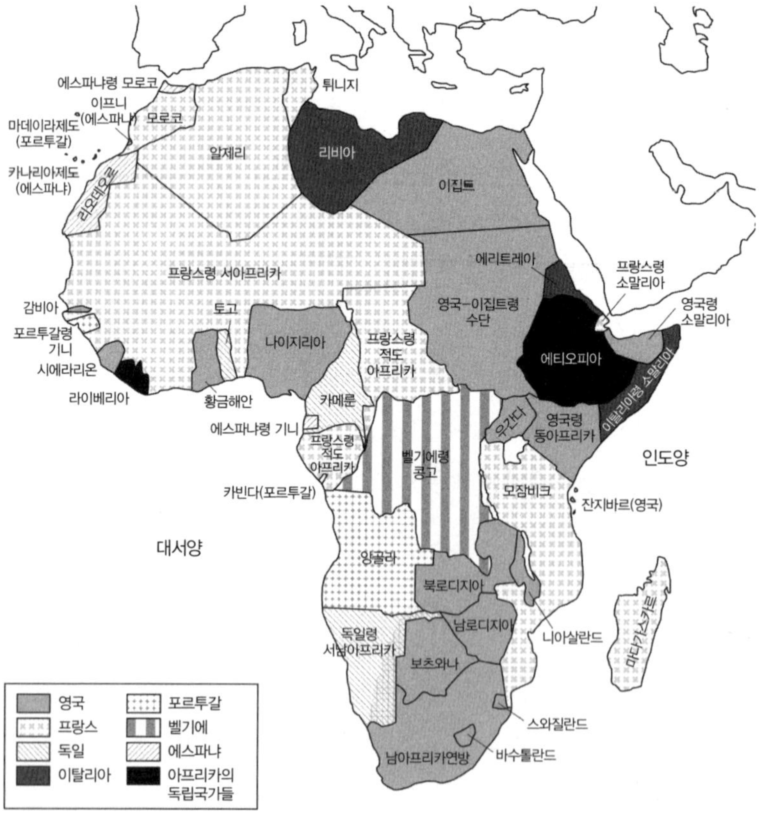

그림 12.1 1914년의 아프리카

역의 산업화가 늦어졌다. 아프리카는 20세기 내내 가뭄에 시달렸다.[21]

그러나 유럽인들이 만들어낸 세계 체제는 오래가지 못했다. 그것은 유럽의 강국들이 서로 싸우면서, 또 두 개의 비서구 국가인 러시아와 일본이 땅과 자원을 놓고 미국 및 유럽의 국가들과 경쟁하면서, 20세기에 들어와 무너졌다.

유럽 제국주의의 종말은 1914년부터 1918년 사이에 일어난 제1차 세계대전부터 시작됐다. 제1차 세계대전은 강한 민족주의의 시기에 독일이 강대국으로 부상해 다른 유럽 국가들과 식민지 경쟁을 벌인 데서 비롯됐다. 영국, 프랑스, 러시아, 세르비아 그리고 나중에는 미국이 연합해서 가까스로 독일, 오스트리아헝가리, 오스만제국의 연합군을 물리쳤다. 평화협정으로 인해 독일은 영토가 조금 줄어들었으며, 전쟁을 유발했다는 이유로 엄청난 배상금을 물어야 했다. 1920년에 승전국들은 미래의 갈등을 예방하고 조정하기 위해 스위스의 제네바에 본부를 둔 '국제연맹'이라는 국제기구를 출범시켰다. 그리고 국제연맹의 권한으로 독일의 아프리카 식민지들을 여러 승전국들에게 나눠 주었다. 오스만제국의 일부도 승전국들이 차지하게 되었는데, 영국은 팔레스타인을 얻었다. 오스만제국의 나머지 부분은 1919년에서 1923년 사이에 혁명으로 붕괴했고, 비종교적 국가인 터키가 탄생했다. 터키는 이슬람 왕조 정치를 끝냈으며, 그 결과 모슬렘 세계는 종교적 대표자나 정치적 중심지를 잃게 됐다. 러시아 왕조는 1917년 혁명으로 무너졌고, 이탈리아 정부도 1919년에서 1927년 사이에 무너지면서 베니토 무솔리니(1883년~1945년)의 독재 정치가 등장하게 된다. 제1차 세계대전이 끝난 후 군인들이 고향으로 돌아가면서 독감이 전 세계적으로 유행해, 전쟁에서 죽은 사람보다 더 많은 4,000만 명 정도의 사람들이 목숨을 잃었다. 전쟁 기간 중에 여성의 적극적인 참여가 있었기 때문에 일부 국가에서는 여성이 투표권을 얻게 되었다.

이 참혹한 전쟁이 끝난 후에 많은 나라들이 세계무역에서 물러나 경제적인 자급자족을 성취하려고 노력했다. 1929년 미국 주식시장의 붕괴와 더불어 해외 대출과 관련되었던 은행들은 파산했고, 전 세계적인 경제공황이 일어났다. 그런데 각국 정부들은 관세를 올리고 수입을 최소한으로 줄여 대처함으로써 상황을 더 악화시켰다. 1932년까지 세계경제는 20퍼센트쯤 축소되었고 세계무역도 25퍼센트 정도 줄어든다.[22]

제2차 세계대전은 제1차 세계대전 이후 불과 20년 만에 일어났기 때문에 많은 역사학자들은 그것을 제 1차 세계대전의 연장으로 보고 있다. 민족주의가 만연했고, 이탈리아의 무솔리니와 독일의 히틀러, 그리고 일본의 제국주의자들이 야심을 품고 있었으며, 그로 인해 새로운 전쟁의 불씨가 붙여졌다. 영국, 프랑스, 러시아, 미국이 추축국(독일, 이탈리아, 일본)들을 1945년 5월에 유럽에서, 그리고 1945년 9월에 일본에서 물리쳤다. 전쟁에서 6,000만 명이 목숨을 잃었는데, 1940년 세계 인구의 약 3퍼센트에 해당하던 숫자였다. 독일과 독일이 점령한 지역에서 약 600만 명의 유대인들이 목숨을 잃었는데, 히틀러와 그의 추종자들이 의도적으로 그들을 대량 학살했다. 러시아에서는 2,500만 명의 군인과 민간인들이 목숨을 잃었다. 러시아는 전쟁에서 가장 많은 희생자를 낸 나라였다. 또한 미국이 일본의 항복을 빨리 끌어내기 위해 원자력을 이용해 만들어낸 새로운 폭탄인 원자폭탄을 일본에 투하했을 때, 히로시마와 나가사키에서 10만 명이 목숨을 잃었다.

20세기에 있었던 전쟁과 혁명으로 인한 살육은 사람들의 정신에 깊은 영향을 주었다. 1914년 이전까지만 해도 많은 사람들이 산업화된 세계는 과거와 같은 살육이 일어날 수 없을 정도로 발전했다고 믿었지만, 실제로 그런 일이 20세기에도 일어났기 때문이다. 하지만 전쟁과 혁명의 공포와 살육에도 불구하고 그것이 세계 인구 전체에 미친 영향은 실제로는 미미했다. 전쟁, 대학살, 인간이 야기한 기근, 그리고 일부 국가가 일으킨 테러의 희생자들을 모두 합쳐도 20세기에 사망한 사람들의 약 4퍼센트 정도에 불과한 1억 8,000만 명에서 1억 9,000만 명 정도였다.[23]

미국이 세계를 지배하다(1945년~2000년)

제2차 세계대전이 끝날 무렵이 되면, 전 세계의 산업 강국들은 서로간의 공업 생산력에 엄청난 타격을 주게 된다. 유일한 예외는 미국이었는데, 그 결과 미국은 전쟁을 끝내는 데 주도적인 역할을 했고 세계경제를 지배하게 된다. 전쟁이 끝나갈 무렵의 아주 짧은 기간 동안 미국은 원자력 무기의 독점권을 갖고 있었고, 전 세계 공업 생산력의 절반을 갖고 있었다. 미국은 제2차 세계대전이 끝난 후에 제1차 세계대전 이후 독일에서 있었던 일이 다시 일어나지 않게 하기 위해서, 그리고 러시아와 공산주의의 위험에 대처하기 위해서 유럽과 일본의 재건을 돕기 시작했다. 그에 따라 그 후 50년 동안 세계 공업 생산이 급속하게 증가했다.

20세기에 들어서 석유를 에너지로 사용하게 됨에 따라 에너지 분야에서 획기적인 발전이 일어났다. 미국은 석유에 기초한 경제를 선도했다. 차와 비행기처럼 석탄으로 움직일 수 없었던 교통수단에 석유를 사용하게 되면서 교통수단에 혁명이 일어났다. 1912년에 헨리 포드는 자동차를 생산하기 위해 세계 최초로 자동화된 조립 공정을 도입했다. 포드는 노동자들을 단순 작업에 묶어두기 위해 두 배의 임금을 지불해야 했고, 노동자들은 두 달 치 임금만으로도 포드가 생산하는 모델 T형 자동차를 살 수 있었다. 1920년대에 자동차와 전화, 라디오가 미국 전역에 퍼졌다.

1950년에서 2000년 사이 미국의 지도하에 전 세계가 다시 하나의 연결망 안에 묶여 세계화됐다. 경제적 세계화의 기초는 1944년에 45개국이 모여 국제통화기금IMF과 세계은행을 만들면서 놓여졌다. 또 다른 파국적 전쟁을 피하려고 승전국들은 국제연합UN을 만들었다. 미국의 뉴욕에 본부를 둔 국제연합은 그 이전의 국제연맹이 하지 못한 일을 좀 더 효과적으로 하기 위한 기구였다. 루스벨트가 미국의 대통령이던 1948년에 국제연합 총회에서는 〈세계인권선언문〉이 발표된다. 그것은 인류 역사의 한 획을 그은 일로 모든 인간의 권리에 대한 최초의 선언문이었다. 2년 후에 유네스코UNESCO(국제연합 교육과학문화기구)는 인종이라는 개념에 과학적 근거가 전혀 없다는 과학자들의 선언문을 채택했다.

그러나 경제적 지배를 위한 경쟁은 제2차 세계대전으로 끝난 것이 아니었다. 미국과 가장 큰 경쟁자는 소비에트연방USSR이었는데, 미국과 소비에트연방은 정치적·경제적 경쟁을 하는 냉전 관계에 들어서게 된다. 두 국가 사이의 냉전은 1949년 소비에트연방이 핵폭탄의 생산을 늘리고 그해 중국에서 공산주의자들이 승리하면서 더욱 심화됐다.

소비에트연방과 서구의 산업화된 국가들 사이의 불신은 짧은 기간 동안 유럽식 정부 형태를 실험했던 러시아의 군주제가 1917년에 공산주의 혁명으로 무너지면서 시작됐다. 러시아인들은 군주제 대신에 공산주의 혁명을 완성하기 위해 볼셰비키 당을 선택했다. 15개의 공화국으로 이루어진 소비에트연방은 산업체와 농업 생산을 국유화하고, 시민들에게 주택과 의료, 그리고 교육 서비스를 제공했다. 그들은 마르크스의 이론에 따라 자본주의적 민주주의가 붕괴할 운명을 갖고 있으며 폭력적인 계급 전쟁에 의해 공산주의가 실현될 것이라고 믿었다. '자본주의capitalism'라는 용어는 20세기에 들어와서 '사회주의socialism'나 '공산주의communism'와 구분하기 위해 보편적으로 사용되기 시작했다.

많은 사람들이 노동자들과 산업자본가들 사이에 존재하는 불평등을 줄이기 위한 방법을 찾으면서, 마르크스 이론은 서구 민주주의 사회에서도 추종자들을 얻었다. 그러나 소비에트연방의 공산주의적 제도는 경제적·군사적·농업적 경쟁 체제를 유지할 수 없었다. 1970년대 말이 되면 소비에트연방은 자국 내의 인구를 먹여 살릴 수 없게 되고, 1980년대 들어서는 급격하게 떨어지는 원유 가격 때문에 경제적으로 심각한 상황에 처하게 된다. 결국 당 간부들은 자본주의의 물질적 이득을 원하게 되었다. 1991년에 14개의 공화국들이 러시아로부터 독립을 얻으면서 소비에트연방은 해체되었고, 러시아의 미하일 고르바초프는 평화적으로 그들의 독립을 인정했다.

두 차례의 세계대전으로 인해 유럽은 확장을 멈췄고, 이전의 제국들은 서서히 해체됐다. 제1차 세계대전 후에 오스트리아헝가리제국은 헝가리, 폴란드, 체코슬로바키아, 오스트리아의 네 개 나라로 나뉘었고, 아일랜드는 영국으로부터 독립했다. 제2차 세계대전 기간 중에, 그리고 그 후에 대부분의 식민지들이 독립했다. 그 결과 1990년대에는 그 이전의 60년 동안과 비교해 무려 세 배나 많은 독립국가들이 존재하게 됐다.

1950년대에 유럽 국가들은 예전의 경쟁국이던 프랑스와 독일의 주도하에 서로 도우면서 미국과 소비에트연방의 유럽 지배를 막기 위해 유럽경제공동체EEC를 만든다. 이것은 1990년대에 들어서 유럽연합EU의 형태로 발전해 비록 불완전하기는 하지만 통일 유럽을 형성하는 데까지 이어지며, 공통의 화폐와 공통의 경제, 농업, 이민 정책을 갖게 된다.

제2차 세계대전이 끝나자 팔레스타인에서 심각한 문제가 발생한다. 제1차 세계대전 기간 동안에 프랑스와 영국의 외교관들은 유대인들과 아랍인들 모두에게 자신을 지지하는 대가로 팔레스타인 땅을 주겠다고 약속했었다. 하지만 전쟁이 끝난 후에 국제연맹은 팔레스타인을 영국에게 주었다. 영국은 제2차 세계대전이 일어나기 전에 유대인들에게 팔레스타인으로 이주하는 것을 허락했고, 그에 따라 많은 유대인들이 그곳으로 이주했다. 유대 국가 건설에 대한 유대인들의 열망과 미국의 지지 때문에 영국은 1947년에 이스라엘이라는 독립국가의 생성에 마지못해 찬성했고, 1948년에 이스라엘은 국제연합의 승인을 받는다. 결국 많은 팔레스타인 사람들이 자신의 땅을 떠나야 했고 목숨을 잃었다. 이웃의 아랍 국가들이 이스라엘을 공격했지만 패배했다. 1948년부터 2005년 사이에 네 번의 전쟁이 일어났다. 미국과 그 동맹국들에게는 아랍 국가들과 이란의 원유가 중요했기 때문에, 미국은 아랍 국가들의 지배자들을 후원했고 동시에 이스라엘에게는 거대한 규모의 군사적·재정적 지원을 했다. 이스라엘은 원자폭탄을 개발했다는 것을 시인하지 않고 있지만 그렇게 한 것으로 알려져 있으며, 이스라엘과 아랍 국가들의 위험한 대치는 지금도 계속되고 있다.

20세기 후반의 과학 발전은 놀라운 수준에 이르렀다. 제2차 세계대전 기간 중에 발명된 항생제는 생명을 구하는 데 널리 사용되었다. 과학자들은 생명을 구하는 다른 약품들도 계속해서 발명했다. 1987년이 되면 일본인들은 세계에서 가장 긴 평균수명인 78세를 자랑하게 된다. 러시아인들은 1957년에 첫 번째 인공위성인 스푸트니크(동반자)를 지구 궤도에 발사한다. 미국의 우주비행사들은 1969년에 달에 착륙했고, 1977년에는 태양계 바깥까지 탐사하기 위해 보이저 1호가 발사됐다. 1950년대에 미국의 과학자들은 DNA분자에 담긴 유전자 암호를 해독했으며, 유전자의 돌연변이를 입증함으로써 다윈의 진화론을 증명했다. 1960년대에 우주 이론가들은 우주가 단일한 폭발의 순간에 시작됐다는 빅뱅 이론에 대한 구체적인 증거들을 찾아냈다. 화학자들은 1940년대에 원유로부터 플라스틱을 만들어냈다. 1960년부터 1980년 사이에 새로운 밀, 쌀, 옥수수 종자들이 개발돼 곡물 수확량이 두 배에서 네 배까지 늘어났다.

과학의 힘과 권위가 증진되었으나 종교가 쇠퇴한 것은 아니었다. 세속적인 세계관이 유럽과 미국에서 비록 힘을 얻기는 했지만, 그리스도교와 이슬람교는 식민주의 기간 동안 세력을 확장하기 시작해 20세기 후반까지 지지 세력을 넓혔다. 또한 모든 종교의 바탕에 깔린 공통점과 모든 종교의 교리에 담긴 유사성을 강조하는 종교들도 등장했다. 그런 종교로 비베카난다(1863년~1902년)가 전 세계에 알린 인도의 라마크리슈나 운동과, 교리를 전달하기 위해 영어를 사용했던 페르시아 시아파 이슬람의 분파인 바하이교가 있다. 20세기 말이 되면 두려움과 불안의 분위기 속에서 세계종교의 근본주의적 분파들이 고개를 든다. 2002년에는 전 세계적으로 약 1만 개의 종교가 존재했고, 그중 약 150개 정도는 최소한 100만 명쯤의 신자를 갖고 있었다. 만약 열 명의 집단으로 세계종교의 분포를 표현해보자면, 그중 세 명은 그리스도교도이고, 두 명은 모슬렘이고, 두 명은 종교가 없거나 무신론자이고, 한 명은 힌두교도이고, 한 명은 불교 신자이고, 다른 한 명이 다른 모든 종교를 나타낸다고 말할 수 있을 것이다.[24]

20세기 후반에 세계경제는 놀랍게도 무려 여섯 배나 증가한다. 그 시기를 살던 사람들에게 그것은 놀랄 일이 아닐 수도 있지만, 전 지구적으로 보자면 그런 규모의 경제성장은 역사적으로 없던 일이었다. 그것은 앞에서 언급한 것처럼 과학과 기술 진보, 그리고 인구 증가와 늘어난 에너지 사용에 근거한 것이었다. 세계 인구는 1950년에 25억 명에서 2000년에 61억 명으로 늘어났다. 원유 생산은 1950년부터 1973년 사이에 여섯 배나 증가했다. 1990년대의 보통 사람은 20명의 노예와 맞먹는 에너지를 소비했지만 그런 수치는 에너지의 불평등한 분배를 제대로 표현한 것이라고 할 수 없다. 평균적 미국 시민은 75명의 '에너지 노예'를 사용하는 것과 같았지만, 방글라데시에 사는 사람은 1명도 안 되는 '에너지 노예'를 사용했다. 그럼에도 불구하고 1950년에서 1975년 사이에 가장 부유한 지역과 가장 가난한 지역의 차이는 좁혀졌으며, 산업화된 국가 안에서의 불평등도 감소했다. 지난 25년 동안 모든 도시 사회에서 전통적인 빈부 격차가 실제로 감소했다.[25]

그러다가 1970년대부터 가난한 지역과 부유한 지역, 그리고 가난한 사람들과 부유한 사람들의 차이가 다시 벌어지기 시작했다. 1980년대 이후 부유한 상위 10퍼센트의 사람들은 더 부유해졌으며, 가난한 하위 10퍼센트의 사람들은 더 가난해졌다.

2000년에는 전 세계 인구의 절반을 갖고 있는 가난한 6개 나라 국가의 1인당 평균 소득은 가장 부유한 나라들의 1인당 평균 소득과 같은 도표 안에 작성할 수 없을 정도가 된다. 1985년에는 전 세계 인구의 6분의 1에 불과한 국가들이 전 세계 부의 5분의 4를 소유하게 됐다. 2000년에는 세계 인구 중 부유한 20퍼센트의 사람들이 전 세계 총생산량의 80퍼센트 이상을 통제했다.[26]

20세기 말이 되면 전 세계 부의 대부분은 독립국가의 정부에 의해 통제되거나 조직되지 않게 된다. 그 대신에 그것은 국가의 통제를 벗어나 활동하는, 일부 국가보다 더 부유한 다국적기업들에 종속된다. 이런 발전이 미래에 어떤 결과를 가져올지는 아무도 모르고 있다.[27]

이런 상황 속에서 인쇄기의 발명만큼이나 의미 있는 인터넷망으로 연결된 개인용 컴퓨터가 등장한다. 컴퓨터는 제2차 세계대전 기간 동안에 암호해독을 위해 처음 사용됐다. 1990년대가 되면 인터넷망으로 연결된 컴퓨터가 전 세계적으로 보급된다. 2000년까지 수억 대의 개인용 컴퓨터가 보급되었고 16억 페이지의 웹문서를 선택할 수 있게 되었는데, 그 중 78퍼센트가 영어였다. 컴퓨터는 교육을 더욱 중요하게 만들었고, 일시적으로나마 국가의 힘을 약화시켰다. 컴퓨터로 인해 다국적기업, 학계, 시민 단체, 테러리스트들 사이의 의사소통이 증가했고, 그와 더불어 해커들이 시스템에 문제를 일으킬 수 있는 가능성도 늘어났다.

아직도 10억이 넘는 사람들이 전기 없이 살고 있다. 그러나 그들도 찻집에 있는 텔레비전이나 라디오를 통해 다른 사람들이 자신이 가지지 못한 것을 갖고 살고 있다는 사실을 알고 있다. 빠른 통신수단으로 인해 사람들이 자신의 불이익을 잘 알게 된 세계에 존재하는 불평등은 폭발적인 상황을 만들고 있으며, 그것이 어떤 결과를 낳게 될지는 예측하기 어렵다.

20세기의 근본적인 사실들을 가장 단순하게 표현하자면 다음과 같다. 인구는 거의 네 배로 증가했고, 세계경제 규모는 14배로 급증했으며, 1인당 소득은 네 배쯤 늘어났고, 에너지 소비는 16배 증가했다. 이런 규모의 증가는 지구 역사상 전례가 없는 것으로, 하늘 아래 완전히 새로운 일이었다.[28]

남아 있는 의문점들

1. '자본capital'이나 '자본주의capitalism'의 뜻은 무엇인가?

자본이나 자본주의는 다양한 평가가 함축돼 있는 가치평가적 용어이며, 그 의미에 대해서도 여러 가지 논란이 있어왔다. 그런 이유로 나는 그 단어들을 사용하는 것을 될 수 있으면 피했다. 여기 몇 가지 가능한 의미를 제시하려고 한다.

자본은 원래 돈을 의미했다. 그러다가 1770년경에 프랑스의 경제학자 자크 튀르고가 노동의 통제라는 의미를 덧붙였다. 19세기에 마르크스는 '자본가capitalist'라는 말을 생산수단을 통제하는 사람이라는 뜻으로 사용했다. 오늘날에는 도로, 다리, 운하, 배, 도구, 기계 등과 같은 것은 고정자본이라 부르고, 원자재, 돈, 임금, 노동과 같은 것은 유동자본이라고 부르기도 한다.

'자본주의'라는 말은 사회주의나 공산주의와 구별하기 위해 20세기에 들어와서야 널리 사용되기 시작했다. 자본주의 역사가로 잘 알려진 페르낭 브로델Fernand Braudel은 자본주의를 단순히 하나의 경제체제나 자유시장으로 보지 않고, 문화와 지배계급에 의해 지지되는 사회적 질서로 보았다. 그는 문화와 지배계급이 정부 정책만큼이나 자본주의를 지탱하는 데 중요하다고 보았다. 브로델에게 자본주의란 도시와 무역의 발생, 노동시장의 탄생, 인구밀도의 증가, 화폐의 사용, 생산량의 증가, 국제시장 등의 요소들을 포함한다.[29]

나는 자본주의, 사회주의, 공산주의를 모두 산업화의 변형으로 생각한다. 자본주의는 개인이 주도권을 가진 산업화이며, 공산주의는 국가가 주도권을 가진 산업화이고, 사회주의는 그 둘이 복합된 형태의 산업화다.

2. 산업화는 좋은 일인가?

역사적 설명을 읽어보면 흔히 산업화가 모든 사람이 달성해야 할 목표처럼 묘사되고 있다. 앨런 스미스Alan Smith도 산업화를 '근대로의 행군'이라고 표현했다.[30]

실제로 산업화는 그것이 가능한 지역에서는 거부할 수 없는 일이었던 것처럼 보이기도 한다. 산업화와 함께 부, 건강, 교육, 여행, 자극, 쾌락, 그리고 다양한 다른 기회들이 찾아왔다. 아주 극소수의 개인과 집단들만이 그런 산업화의 이익을 거부했다.

그러나 산업화는 착취할 수 있는 식민지가 없을 때는 지속 가능하지 않은 것으로 드러났다. 산업국가들은 이미 생활수준을 유지하는 데 어려움을 겪고 있다. 또한 새로운 국가들이 산업화를 이루려고 노력하면서, 산업화를 위한 자원이 한계를 드러내고 있다. 산업화된 국가들이 서서히 규모를 축소해나갈 것인지 아니면 새로운 대체 자원을 찾을 것인지는 분명치 않다. 어쩌면 산업화되지 않은 국가들이 21세기의 도전에 맞설 더 나은 위치에 있는지도 모른다.

3. 신교도들이 산업화의 초기 과정에서 중요한 역할을 했었나?

1904년에 독일의 사회학자인 막스 베버Max Weber는 《프로테스탄트 윤리와 자본주의 정신Die protestantische Ethik und der 'Geist' des Kapitalismus》이라는 책을 통해 신교도들은 고된 노동, 저축, 합리성과 같은 가치와 믿음을 갖고 있었으며, 그로 인해 효과적인 자본가가 되었다고 말했다. 예를 들면 칼뱅주의자들은, 부를 얻는 것은 신의 구원을 받은 증거라고 믿었기 때문에 더 열심히 일을 했다는 것이다. 많은 신교도들은 부를 사치스러운 생활을 위해 사용하지 말아야 하며 공공의 이익을 위해 사용해야 한다고 생각했다. 베버는 독일의 한 지역에서 실시한 사회조사를 통해 자신의 생각을 발전시켰는데, 그 조사에 따르면 신교도들이 가톨릭 신자들에 비해 경제활동에 더 왕성하게 참여하고 더 부유한 것으로 나타났다. 그의 이런 이론은 신교도가 많았던 지역과 자본주의자들이 최초로 탄생한 지역(네덜란드와 영국)이 일치하고, 또한 자본주의가 늦게 발달한 국가들에서는 가톨릭이 득세하고 있었다는 사실과도 부합한다.

베버의 책이 출판된 후 100년 동안 그 책은 학계에서 치열한 논쟁의 대상이 되었기 때문에, 그 논쟁을 '학계의 백년전쟁'이라고까지 부른다.[31] 20세기 후반이 되면 베버의 이론은 여러 이유에서 비판받게 된다. 신교와는 다른 종교를 믿던 러시아와 일본이 상당히 초기에 산업화된 사회가 되었으며, 1950년대 이후에는 아시아의 '용'들인 한국, 싱가포르,

대만 등이 산업화되었기 때문이다. 그러다 다른 나라들은 산업화가 되었다고 해도 그 속도가 매우 느렸다. 학자들은 그 이유가 지리적인 것인지, 구조적인 것인지, 아니면 문화적인 것인지에 대해 논쟁하고 있다. 베버는 일을 열심히 해야 하는 최초의 동기에 대해서는 맞게 진단했는지 모른다. 하지만 나중에 유럽이 아닌 지역에서 일어난 산업화는 어쩌면 유럽의 산업화에 따른 이점들 때문에 유발되었을 수도 있다. 그런 이점들은 유럽에서 산업화에 대한 최초의 실험이 일어날 때는 예상할 수 없던 것들이었다.

13

우리는 어디에 있고 어디로 가는가

역사학자들은 보통 현재에 대해 기술하려고 하지 않는다. 그들은 그런 과제를 사회학자와 정치학자, 그리고 정치인 등에게 맡기곤 한다. 하지만 지금까지 나는 역사학자들이 통상적으로 하는 일에 우리 이야기를 국한시키지 않았다. 미래를 계획하기 위해 현재를 분석하는 일은 인간의 능력 안에 있는 일이고 또 인간의 의무이기도 하다. 이 장에서는 그런 일을 해보려고 한다.

숫자로 본 현재의 세계는 어떠한가

서기 2000년에 지구에는 61억의 인간이 살고 있다. 그것은 지금까지 지구상에 존재했던 것으로 추정되는 500억에서 1,000억의 인간 중 6퍼센트에서 12퍼센트에 해당되는 숫자다. 측정 가능한 지표들로 볼 때 현재

를 살고 있는 인간은 이전의 인간들에 비해 더 나은 생활을 하고 있다.[1]

1900년에 전 세계의 평균수명은 로마제국 시대 시민들의 평균수명이었던 22세와 비교해 별로 다르지 않은 약 30세였다. 2000년이 되면 전 세계적으로 평균수명이 67세에 이르고, 늘어난 기간 동안에도 병으로 고통을 받는 것이 아니라 양호한 건강을 유지하면서 살게 된다.

20세기 후반에 식량의 가격이 급격하게 떨어졌다. 2000년도의 전체적인 식량 가격은 1957년의 식량 가격과 비교해 3분의 1에 불과했다. 높은 수확량을 내는 곡물, 관개시설, 댐, 농약, 비료, 그리고 농부들의 경영 기술 향상 등이 곡물 가격 하락의 원인이었다. 물론 그런 곡물 가격 하락은 환경에 미친 비용을 고려하지 않고 있다. 하지만 사하라 남부의 아프리카는 값싼 칼로리 증가의 혜택을 받지 못해서, 1960년에서 1997년 사이에 1인당 하루의 칼로리가 150칼로리 정도밖에 증가하지 않았다. 그에 비해 아시아에서는 그 기간 동안에 1인당 하루에 800칼로리가 증가했다. 사하라 남부의 아프리카에서는 아시아에 비해 헥타르당 훨씬 더 적은 비료를 사용했다. 또 농경지의 약 5퍼센트에 해당하는 지역에만 관개시설을 했는데, 아시아에서는 37퍼센트의 농경지에 관개시설을 했다. 물론 아시아에서는 그에 따라 더 많은 토양이 유실됐다. 사하라 이남의 농부들은 더 많은 식량을 생산할 수 있는 잠재력을 갖고 있었지만, 극심한 인종 갈등, 가뭄, 부패, 부족한 기반 시설, 낮은 교육 수준, 농지 가격 등으로 인해 그렇게 하지 못했다.

20세기 동안 평균적인 사람들은 그 이전의 모든 역사시대에 살던 사람들에 비해 훨씬 더 부유해졌다. 전 세계적인 1인당 생산량, 즉 전 세계의 1인당 국내총생산량GDP은 1800년대 이전까지는 400달러 정도에 머물러 있다가 1800년대에 그 두 배인 800달러 정도로 늘어났다. 2000년이 되면 그것은 6,000달러를 넘어선다. 물론 그 평균치 안에는 가장 부유한 나라의 사람들이 포함되어 있다. 하지만 가난한 사람들의 수, 특히 아시아의 남부와 동부에 사는 가난한 사람들의 수가 상당히 감소한 것도 사실이다. 1950년에 전 세계적으로 가난한 사람들의 비율은 약 50퍼센트 정도였다. 2000년에 발표된 세계은행의 수치를 보면 제3세계의 가난한 사람들의 수는 1987년 28.3퍼센트에서 1998년 24퍼센트로 서서히 줄어들었음을 알 수 있다. 1950년 이후 약 34억의 사람들이 극심한 빈곤에서 벗어났다.

20세기 말이 되면 20세기가 시작될 무렵보다 더 많은 사람들이 공식적인 교육을 받게 된다. 개발도상국에서는 학교에서 교육을 받는 기간이 1960년에 평균 2.2년이던 것이 1990년에는 평균 4.2년으로 늘어난다. 서구에서는 1960년에 평균 7년이던 것이 1990년에는 9.5년으로 늘어난다. 20세기 동안 인도는 교육에서 많은 발전을 보였다. 1900년 인도의 중학교 입학률은 3~4퍼센트였지만 1998년에는 50퍼센트로 늘어나고, 1900년에 20퍼센트였던 문자 해독률은 1998년에는 100퍼센트가 된다. 유네스코가 발표한 자료에 따르면, 1910년에 75퍼센트였던 전체 개발도상국 청소년들의 문맹률은 2000년에 17퍼센트로 격감했다. 개발도상국의 모든 연령층에서 문맹률은 2000년에 30퍼센트에 불과했다.

가파른 연간 인구 증가율은 1964년에 연간 2.17퍼센트로 최고조에 달했다가 2000년에는 연간 1.26퍼센트로 떨어져, 세계 인구가 두 배로 증가하는 데 50년에서 55년쯤 걸리게 됐다. 1960년에 경구피임약이 개발됐고, 중국 정부는 1979년에 한 가족이 한 명의 아이만을 갖도록 강제했다. 개발도상국들의 가족당 평균자녀 수는 1950년에 6.16명이었는데, 산아제한 정책이 실시되고 여성의 교육 수준이 높아지면서 2000년에는 3.1명으로 감소했다. 2000년에 국제연합이 출산율의 중간치를 이용해 예측한 바에 따르면, 2025년이 되면 지구에는 약 80억의 인구가 살게 될 것이고, 2050년에는 93억, 2200년에는 약 110억의 인구가 살게 된다. 또 대부분의 인구 증가는 개발이 덜 된 지역에서 일어날 것이다.

지구에 대한 인간의 실험은 어떤 영향을 미치고 있는가

수세기에 걸쳐 인간은 인구와 기대수명, 수입을 늘리기 위해 창의력을 발휘하면서, 자연스럽게 자신을 지탱해주고 있는 지구에 대한 실험을 해왔다. 1972년에 10개국에서 모인 과학자, 교육자, 기업가, 경제학자, 공무원으로 구성된 '로마클럽'이라는 집단이《성장의 한계》라는 제목의 보고서를 통해 이런 인간의 활동에 대해 경고를 했다. 20세기 말이 되면 정보력 있는 많은 사람들이 제한된 행성인 지구에서의 인류의 미래에 대해 심각한 우려를 표명하게 된다.[2]

예를 들어 인구는 지난 100년 동안 16억에서 61억으로 늘어났다. 만약 사람들이 현재 가족의 수를 그대로 대체하는 수준에서 인구 증가를 억제한다고 해도, 인구 증가율은 지구 인구가 80억에서 90억 수준에 이르기 전까지는 안정되지 않을 것이다. 또한 그런 인구 증가의 대부분은 가장 덜 산업화되었거나 인구를 지탱하기 어려운 국가들을 중심으로 일어날 것이다. 결국 상당히 절실한 의문이 생긴다. 도대체 우리는 지구가 지탱할 수 있는 인구의 한계에 언제 도달하게 될까? 혹은 이미 그 한계에 도달한 것은 아닐까?

지구에 대한 인간의 실험은 다양한 차원에서 이루어졌고, 그 모든 것들이 지구상의 생명체들에게 영향을 미치고 있다. 그런 실험들을 간략하고 분명하게 표현하기 위해 그것이 공기, 삼림, 토양, 물, 방사능에 미친 영향으로 나눠 설명해보겠다.[3]

공기

2000년도에 전 세계 인구의 절반은 도시에 살고 있다. 영국은 1850년에 이미 그런 수준에 도달했고, 중국은 2005년에서 2010년 사이에 그렇게 될 것이다. 일본의 도쿄는 3,400만 명이 사는 세계에서 가장 큰 도시인데, 현재 도쿄에 사는 사람 수는 지구상에서 처음 농업이 시작되었을 때 지구 전체에 살던 사람 수와 비슷한 숫자다.

1988년에 세계보건기구WHO는 세계 도시들의 공기 상태를 점검했는데, 10억 명에서 18억 명에 이르는 도시인들이 이산화황과 매연, 그리고 먼지로 인해 오염된 공기를 마시고 있다고 추정했다. 일찍 산업화된 지역에 있는 런던이나 피츠버그 같은 도시들은 그 이후 충분한 부를 쌓았기 때문에 도시의 공기를 상당 수준 깨끗하게 할 수 있었지만, 20세기 후반에 형성된 인구 1,000만 명 이상의 '메가시티mega-city'들은 너무나 빨리 성장했기 때문에 공기에 대한 규제를 하지 못한 채 경제 발전에 우선순위를 둘 수밖에 없었다. 멕시코시티(1,800만 명), 캘커타(1,500만 명), 상하이上海(1,300만 명), 베이징北京(1,100만 명), 카라치(1,000만 명), 카이로(1,200만 명), 서울(1,000만 명) 등이 그런 도시들이다. 이들 도시에서는 공기 중의 오염 물질로 인한 기관지 계통의 질병으로 연간 수백만의 사람들이 사망하고 있다. 로스앤젤레스 역시 1990년대 내내 스모그가 건강에 큰 위협을 주었던, 미국 전체에서 가장 심각하게 공기가 오염된 도시였다.

인간이 공기 중에 더한 또 다른 위험은 염화불화탄소CFC였다. 최초의 염화불화탄소 물질인 프레온은 그 전까지 냉장고에 사용되던 독성이 있는 가연성가스를 대체했고, 냉방도 가능하게 해주었다. 그러나 프레온 생산자들은 염화불화탄소가 상층 대기권에 이르게 되면 자외선의 방사능으로 인해 분자가 파괴된다는 사실을 몰랐다. 그렇게 파괴된 염화불화탄소 분자는 지구상의 생명체들을 치명적인 자외선 방사능으로부터 보호해주는, 산소와 햇빛의 상호작용으로 만들어지는 얇은 오존층의 분자 구조를 파괴하는 물질을 배출한다. 1974년에 과학자들은 이런 일이 일어날 수도 있다는 이론적 가능성을 제기했다. 1985년에는 남극 상공에서 이런 일이 실제로 일어나고 있다는 관측 결과가 보고됐다. 1988년 이후 전 세계적으로 염화불화탄소의 사용량이 약 80퍼센트 정도 줄어들었다. 자외선 방사능이 늘어난다면 그 결과가 치명적이기 때문에 전 세계 국가들이 몬트리올의정서를 통해 염화불화탄소의 사용을 금지했던 것이다. 자외선 방사능은 대양의 먹이사슬의 기초가 되는 플랑크톤을 죽여 광합성에 영향을 미치고, 인간에게는 백내장과 피부암을 일으키고 면역 체계를 약화시킨다. 하지만 이미 방출된 염화불화탄소는 최소한 10년에서 20년 동안 오존층을 파괴할 것이며, 그것이 다시 복구되는 데는 수십 년이 더 걸릴 것이다. 아무도 그것이 인간의 면역 체계와 건강에 미칠 장기적인 영향을 알지 못한다.[4]

대기 중에 인간이 첨가한 또 다른 위험 물질은 흔히 '온실가스'라고 불리는 이산화탄소와 메탄 같은 화학물질들이며, 주로 식물이 분해될 때 발생하거나 천연가스 속에 포함돼 있다. 지구의 기후는 대기의 구성물들에 의해 조절되는데, 온실가스들은 지구 표면에서 반사되는 태양 광선을 가둬두기 때문에 지구를 덥게 만든다.

1800년 이전의 이산화탄소 수준은 270ppm에서 290ppm에 머물러 있었다. 그런데 인간이 화석연료(석탄, 석유, 천연가스)를 태우고 삼림을 황폐화한 결과 그 수치가 높아졌다. 1800년 이후에는 이산화탄소의 양이 현격하게 증가해 1995년에는 360ppm에 이르게 된다. 그 증가량 중 4분의 3은 화석연료의 사용으로 인한 것이고, 나머지는 삼림의 황폐화로 인한 것이었다. 1990년에 미국은 산업화된 국가에서 방출되는 전체 이산화탄소의 36퍼센트를 만들어냈는데, 미국에서의 온실가스 방출량은

1990년에서 2002년 사이에 13.1퍼센트나 증가했다. 메탄은 1800년 이후 700ppm에서 1,720ppm으로 증가했다. 메탄이 증가한 주된 원인은 가축(가축들은 소화기관에서 메탄을 방출한다)의 사육, 쓰레기 처리, 탄광 개발, 화석연료 사용 등에 있다. 시베리아의 툰드라가 녹으면서도 엄청난 양의 메탄이 방출된 것으로 보인다.

지구가 따뜻해진 것은 20세기에 들어와 생긴 일이다. 지구 표면의 평균온도는 섭씨 0.3도에서 0.6도까지 높아졌으며 대양의 온도는 그보다 훨씬 더 높아졌다. 온도가 가장 높아진 지역은 북위 40도 이북 지역으로, 필라델피아와 마드리드와 베이징의 북쪽이었다. 20세기 말이 되면 대부분의 과학자들이 기후변화가 실제로 발생하고 있고 인간의 활동이 그 원인 중 하나라는 사실에 동의하게 된다. 또 대부분의 과학자들은 21세기에도 기온이 섭씨 1~5도 정도 상승할 것이라는 사실에 동의하고 있다. 그로 인해, 예측하기는 어렵지만 분명히 심각한 결과가 나타날 것이다. 잦은 홍수와 가뭄, 해수면 상승, 열대병의 확산, 멸종의 가속화, 그리고(혹은) 북대서양 멕시코만류의 저속화 등이 예상되는 결과들이다. 2006년에는 전 세계의 저명한 과학자들이 인간이 앞으로 10년 안에 탄소 배출량을 줄이기 시작하지 않는다면 원치 않는 심각한 결과들을 초래할 기후변화에 직면하게 될 것이라고 경고했다.[5]

삼림

나무를 연료로 사용하면서 삼림에 중대한 영향을 미치게 됐다. 18세기 말이 되면 영국은 심각한 삼림의 황폐화에 직면하게 된다. 전체 면적에 대한 영국 삼림의 비율(5~10퍼센트)과 1인당 목재 공급량은, 인구가 과밀한 중국이나 인도에 비해서도 낮은 편이었다. 영국과 유럽 서부의 삼림 비율은 1800년에서 1850년 사이에 안정되었는데, 삼림의 보존과 아메리카 대륙에서 새롭게 들어온 곡물들, 더 나은 삼림 경영 기술, 그리고 석탄의 사용 등으로 인해 삼림을 보존할 수 있었기 때문이다.[6]

지난 1만 년 동안 줄어든 전 세계 삼림에 대한 추정 수치는 15퍼센트에서 50퍼센트까지로 다양하다. 아프리카와 아시아의 몬순지대에서는 1만 년 전에 삼림이었던 지역의 약 3분의 1 정도만이 현재까지도 삼림으로 남아 있는 것으로 추정된다. 러시아에서는 3분의 2 정도가 아메리카 대륙에서는 4분의 3정도가 남아 있다. 삼림 황폐화의 절반은 20세기에 일어났고, 그중 절반은 1960년 이후에 열대우림 지역에서 일어났다. 현재 지구상에는 세 개의 거대한 삼림지대만이 남아 있다. 스웨덴에서 사할린에 이르는 유라시아 북부 삼림지대와 알래스카에서 래브라도에 이르는 북아메리카 삼림지대 그리고 아마존 강과 오리노코 강 유역에 있는 남아메리카 삼림지대가 그것들이다. 그러나 현재와 같은 추세로 진행된다면 앞으로 50년 내에 현재 삼림의 약 4분의 1 정도가 다른 용도로 바뀔 것이다.[7]

토양

지구의 표면은 축적되는 데 수백 년에서 수천 년이 걸린 엉덩이 정도 높이의 얇은 표토로 덮여 있다. 표토는 삼림이 황폐하면 쉽게 유실된다. 삼림은 20세기에 들어와 전 세계의 경작지가 두 배로 늘어나면서 급속히 황폐됐고, 그 대부분은 열대우림 지역에서 일어났다. 아프리카에서의 토양 유실은 유럽에 비해 평균적으로 여덟 배에서 아홉 배 정도 더 심각했고, 그 결과 1960년대 이후 유독 아프리카에서만 식량 생산이 감소했다. 다른 지역에서는 토양침식과 토양 유실이 식량 생산의 증가로 인해 가려졌다. 토양이 유실되었음에도 불구하고 식량 생산이 늘어난 이유는 곡물 생산을 줄어들게 하는 질소와 인의 고갈을 대체해줄 화학비료가 사용됐기 때문이다.

공장에서 생산된 화학비료는 최근의 인간 역사에서 매우 중요한 역할을 했다. 화학비료는 암모니아합성법을 통해 공기로부터 질소를 뽑아내는 데 성공하면서 공장에서 생산되기 시작했다. 지금의 폴란드 슐레지엔에 살던 화학자 프리츠 하버가 1909년에 그 방법을 찾아냈다. 그리고 카를 보슈라는 화학자가 비료의 대량생산법을 발견했기 때문에 현재는 '하버-보슈 공정'이라고 불린다. 그러나 그것은 엄청난 양의 석유를 태우는 공정이다. 따라서 20억의 인구를 추가로 먹일 수 있게 만들어준 식량 생산의 증대는 그에 따르는 커다란 대가를 요구했다. 그 대가는 석유에 대한 종속과 인공 비료로 인한 토양과 물의 오염이었다. 1940년에 400만 톤이었던 인공 비료의 사용은 1990년에는 1억 5,000만 톤으로 늘어났다. 비료의 사용과 새로운 작물의 등장으로 1960년부터 1980년까지 1인당 곡물 생산량은 지속적으로 늘어나다가, 그 이후 조금씩 감소하고 있다.

식량 생산이 비료에 의존하고 있고 비료는 다시 석유를 태우는 것에 의존하고 있기 때문에 식량 가격에는 석유 가격이 그대로 반영된다. 지금까지 알려진 원유 매장량은 현재와 같은 속도로 석유를 사용한다면 약 40년 동안 사용할 수 있는 양이다. 2005년에 미국은 전 세계 원유생산량의 4분의 1을 사용했다. 중국과 인도가 산업화되면서 전 세계적인 원유 수요는 급격하게 늘어나고 있다. 아무도 원유 생산의 정점이 어느 시점일지 모르고 있지만, 그 이후에는 전 세계적인 수요가 원유 가격을 폭등시킬 것이다.

물

한 사회의 건강과 부는 깨끗한 물을 충분히 갖고 있느냐에 달려 있다. 20세기 말의 인간은 그 이전의 어느 때보다 더 많은 물을 사용했다.

1920년이 되면 부유한 몇몇 도시들은 시민들에게 안전한 식수를 제공할 수 있게 되었지만, 아시아, 아프리카, 남아메리카 대륙에서는 이런 일이 전혀 일어나지 않았거나 일어났다고 해도 불균등하게 일어났다. 상하이, 캄팔라, 알제 같은 식민지 도시에서는 유럽인들이 사는 곳에만 하수도 시설과 정수장이 있었고, 다른 지역은 그런 혜택을 받지 못했다. 1980년에 전 세계 도시 인구의 절반은 폐수처리 시설의 혜택을 전혀 받지 못하고 있었으며, 많은 도시인들이 하수도망에 연결돼 있지 않았다.

20세기에 들어와 산업 지대에 있는 강과 내해內海들은 독성이 있는 생화학적 폐기물로 오염됐다. 인도의 갠지스 강은 1990년에 7,000만 명이 만들어내는 쓰레기와 산업체가 방출하는 오염 물질, 비료에서 나오는 인산, 연간 6만 마리의 동물 시체와 몇 톤에 이르는 화장된 인간 유해들을 실어 날랐다. 인도 정부의 정화 정책도 별 효과가 없었다. 그에 반해 제2차 세계대전 이래로 독일에서 있었던 라인 강의 정화는 강에 연어가 돌아올 정도로 효과를 봤다. 1975년 이후 알바니아를 제외한 모든 지중해 국가들이 국제연합환경계획UNEP의 주도로 모여 바다로 들어가는 폐기물을 공동으로 관리하는 지중해실행계획MAP을 세웠다. 그로부터 20년 후에 지중해는 그 전보다 더 오염됐지만, 만약 지중해실행계획이 없었다면 더 심각하게 오염됐을 것이다.

바다는 대단히 넓기 때문에 오염으로부터 자유로울 것처럼 생각되어 왔지만 사실은 그렇지 않다. 1992년이 되면 플라스틱이 해변 쓰레기의 60퍼센트를 차지한다. 플라스틱은 대양의 바닥까지 흩어져 있으며, 바닷물의 작용에 의해 분해돼 바다 생물들에게까지 영향을 미치고 있다는 보고서가 계속 나오고 있다. 큰 생선들의 수은 함량은 이제 인간이 먹을 수 없을 정도로 높아졌다. 과거에는 가난한 사람들이 생선을 먹었지만 이제는 부자들이 생선을 먹는다. 예를 들면, 참다랑어는 1970년에서 1990년 사이에 94퍼센트가 감소됐으며, 1990년대 초 도쿄에서는 450그램에 100달러를 호가했다. 오랫동안 유럽의 주요 산물이었던 대구는 2002년에 스톡홀름에서 450그램에 무려 80달러에 달했다. 2002년에 소비된 생선 중 3분의 1은 해안의 습지에서 양식된 것이었는데 그로 인해 습지가 파괴됐다. 또 양식으로 인해 물에 음식 쓰레기와 항생제가 들어갔고, 세균이 번식했으며, 길들여졌던 생물 종들이 다시 야생으로 돌아가는 일도 생겼다.[8]

물의 사용이 증가하고 포장된 지역이 늘어나면서 전 세계의 많은 지역에서 지하수면이 낮아졌다. 캘리포니아의 센트럴밸리에서는 매년 평균 1세제곱킬로미터 씩의 지하수가 줄어들고 있다. 미국의 중서부 지역에서는 관개시설에 물을 대는 지하수가 매년 12세제곱킬로미터씩 줄어들고 있다. 아프리카 북부와 중동에서는 사막의 대수층에서 펌프로 물을 끌어올리고 있는데, 대수층에 새로 공급되는 물은 전혀 없는 실정이다. 인도의 농업지대에서는 지하수면이 매년 50센티미터씩 낮아지고 있다. 중국 북부의 황하는 주변 우물에서 물을 너무 많이 퍼내기 때문에 말라가고 있다. 오염되고 과소비된 물로 인해 21세기에는 인간의 활동이 많은 제한을 받을 것이라고 결론지어도 과장이 아니다.[9]

방사능

제2차 세계대전 중에 미국의 과학자들은 그 이전에 지구에서 한 번도 본 적이 없었던 오염 문제를 만들어냈다. 우라늄이나 플루토늄 원자가 파괴되면서 생성되는 방사능이 그것이었다. 제2차 세계대전이 끝났을 때, 오직 미국만이 원자폭탄을 개발했었다. 소비에트연방은 그로부터 4년 후에야 원자폭탄을 개발했다. 2005년이 되면 7개국(미국, 영국, 프랑스, 러시아, 중국, 인도, 파키스탄)이 원자력 무기를 갖고 있다고 인정했으며, 2개국

(이스라엘, 남아프리카공화국)은 그런 사실을 인정하지는 않았지만 원자력 무기를 갖고 있었다. 남아프리카공화국은 그 후 원자력 무기를 해체했다. 2004년까지는 20개 이상의 국가들이 무기 수준의 연료를 생산할 능력을 가졌는데, 전기를 생산하기 위해 사용되는 우라늄이나 플루토늄의 연료봉은 폭탄을 만드는 데 필요한 농축 우라늄이나 플루토늄을 만드는 데도 사용될 수 있기 때문이다.[10]

지금까지 인간에게 투하된 원자폭탄은 1945년에 미국이 제2차 세계대전을 끝내기 위해 일본에 사용한 두 개가 전부이다. 미국은 방사능의 피해에 대해 아는 바가 전혀 없었고, 일본 국민들을 실험용 동물로 이용한 것이었다. 방사능은 피폭 정도에 따라 극심한 질병과 죽음을 초래한다. 그리고 만약 최초의 피폭에서 살아남는다고 해도 백혈병과 다양한 종류의 암, 그리고 유전자 돌연변이와 같은 장기적인 문제들을 초래한다.

1945년 이후 미국은 수만 개의 원자폭탄을 만들었으며 그중 1,000개 이상을 사람이 살지 않는 지역에서 실험했다. 가장 중요한 폭탄 공장은 워싱턴 주 중남부를 흐르는 컬럼비아 강가의 핸포드라는 마을에 있던 핸포드엔지니어링Hanford Engineering Works이었는데, 일본의 나가사키에 투하된 폭탄이 만들어진 곳이기도 하다. 그 후 50년 동안 핸포드엔지니어링은 수십억 리터에 달하는 방사능 쓰레기를 컬럼비아 강으로 배출했으며, 일부는 지하수로 스며들기도 했다. 1949년에 핸포드에서 있었던 폭탄 실험으로, 당시에 받아들여지던 방사능 유출 한계치보다 무려 80배에서 1,000배나 높은 방사능이 유출됐다. 그러나 지역 사람들은 1986년까지도 핸포드에서의 원자폭탄 실험에 대해 알지 못했다. 미국에서 50년 동안 진행된 원자폭탄 생산에 따른 환경 피해를 일부분이라도 복구하는 데는 최소한 75년이 걸릴 것이고, 1,000억 달러에서 많게는 1조 달러의 경비가 들 것으로 예측되고 있다. 그것은 역사상 가장 큰 규모의 환경 프로젝트이며, 그렇게 한다고 해도 완전한 피해 복구는 불가능하다.

소비에트연방도 미국에 이어 거대한 원자폭탄 생산 기지를 만들었고, 카자흐스탄과 북극의 노바야제믈랴 섬에서 대부분의 원자폭탄 실험을 했다. 소비에트연방은 많은 핵폐기물을 바다에 버렸으며, 그 대부분을 북극해에 버렸다. 소비에트연방이 원자력 연료를 재가공하던 중심지였던 시베리아 서쪽 오비 강 상류의 분지지역은 현재 지구상에서 방사능 오염이 가장 심한 곳이다. 그곳에는 핸포드보다 무려 50배가 더 많은 26톤의 플루토늄이 쌓여 있다. 1967년의 가뭄 때 카라차이 호에 저장돼 있던 액체 핵폐기물이 방출됐는데, 히로시마에서 발생된 것보다 무려 3,000배가 넘는 방사능이 바람에 실려 아무것도 모르는 50만 명 이상의 사람들에게 피해를 입혔다. 당시에 방출된 방사능은 지금까지도 공기와 땅과 물에 남아 있다.

소비에트연방과 영국, 그리고 미국을 시작으로 원자력으로 전기를 만드는 일이 시작됐다. 1998년이 되면 29개국에서 437개의 원자력발전소가 전기를 생산하게 된다. 그러나 그중 단 한 곳도 상업적으로 성공하지 못했고, 엄청난 보조금이 있어야만 존속이 가능했다. 1999년에 원자력으로 1킬로와트시kWh의 전기를 생산하는 데 11센트에서 13센트 정도가 들었던 데 비해, 화석연료를 사용하면 6.23센트 정도가 들었기 때문이다. 또한 전기를 생산하고 난 연료봉은 계속해서 방사능을 유출하며, 그것을 안전하게 보관할 수 있는 장소도 없다.[11]

원자력발전소를 닫는 일에도 엄청난 돈이 든다. 또한 당연히 사고도 일어나는데, 1986년에 우크라이나의 체르노빌에서는 인간의 사소한 실수가 전기 화재와 폭발을 일으켜 원자로 하나가 거의 폭파될 뻔했다. 체르노빌에서 유출된 전체 방사능의 양은 미국이 일본에 떨어뜨렸던 두 개의 폭탄에 의해 방출된 양보다 수백 배가 더 많았다. 약 75만 명의 군인들이 청소 작업에 동원되었고 그들 모두가 암을 유발하는 방사능에 노출됐다. 또 약 13만 5,000명의 사람들이 영구적으로 고향을 떠나야 했다. 그 사고로 인해 가장 피해를 본 것은 러시아, 벨라루스, 그리고 우크라이나였다. 식량도 심각하게 오염돼, 2003년에 모스크바에서 판매되던 블랙베리에서도 방사능이 검출됐다. 또 북반구에 사는 모든 사람이 체르노빌에서 유출된 방사능에 어떤 형태로든 노출됐으며, 그중 일부 낙진은 앞으로 2만 4000년 동안 치명적인 피해를 입힐 것이다.

21세기 초반에는 두 개의 수소 원자를 하나의 헬륨 원자로 융합해 새로운 에너지를 만들어내는 방법을 개발하려고 했다. 그 과정에서 바닷물이 연료로 사용될 수 있다고 예측됐다. 그러나 200억 달러에 이르는 투자가 있었음에도 불구하고 그런 융합 에너지를 만들어내는 데 필요한 천문학적 온도의 10퍼센트 이상을 만들어낼 수 있는 방법이 아직 발견되지 않았다.[12]

지구 환경에 대한 인간의 다양한 파괴로 인해 현재 존재하는 많은 종들이 멸종 위기를 맞고 있다. 물론 이전에도 급속한 멸종은 있었다. 지질학적 증거를 보면 지구 역사에 최소한 다섯 번의 대규모 멸종 사건이 있었으며, 2억 5000만 년 전과 6500만 년 전에 가장 광범위한 멸종이 있었다. 지구상에 존재했던 생물의 단지 1퍼센트에서 10퍼센트 정도만이 현재 살아 있다. 많은 과학자들은 인간이 여섯 번째 대규모 멸종을 초래하고 있다고 믿고 있다.[13]

1960년대 이후 환경 문제에 대한 수많은 국제 협약이 만들어졌고 상당한 효과를 거두었다. 산업 폐수, 이산화황 방출, 유연 휘발유, 하수 처리 등과 같이 정치적으로, 그리고 기술적으로 쉽게 접근할 수 있는 문제들은 많이 개선됐다. 그러나 다른 문제들은 오히려 악화됐다. 농장에서 흘러나오는 독성이 있는 빗물과 차량 배기가스에 포함된 아산화亞酸化질소는 증가했고, 문제를 해결하는 데 대한 관련 업계의 반발도 거세다.

1980년대에 브라질, 케냐, 인도 같은 가난한 나라들 일부가 환경 관련 프로그램을 만들었다. 왕가리 마타이 박사가 이끄는 케냐의 그린벨트운동은 28년 동안 무려 3,000만 그루의 나무를 심었다. 2004년에 스웨덴의 노벨상위원회는 충분한 자원만이 평화를 유지할 수 있다는 사실을 인식시킨 공로로 그녀에게 노벨 평화상을 수여했다.

1992년에 국제연합은 브라질의 리우데자네이루에서 환경과 개발에 대한 국제회의를 열었다. 그 회의에서 개발과 성장이 균형을 맞춰야 한다는 사실을 확인한 최초의 국제적인 협약이 만들어졌다. 하지만 실천은 별로 이루어지지 않았다. 브라질은 아마존 열대우림을 개발하겠다고 주장하고 있고, 중국과 인도는 산업 발전의 꿈을 포기하지 않고 있다. 2002년에 요하네스버그에서 열린 추가 협의의 결과는 더 실망스러웠다. 참가국들이 자국의 이해를 앞세워 회의 자체가 불가능할 지경이었다. 오염, 산림 남벌, 기후변화와 같은 문제들은 많은 국가와 그 지도자들에게 경제 발전이나 군사력 증강이 지체되는 것에 비하면 당면한 위협처럼 보이지 않았던 것이다. 엄청난 전 지구적 격차가 존재함에도 부자 나라에 사는 사람들은 자신의 안전이 가난한 나라에 사는 사람들의 절망에 의해 위협받는다고 믿지 않고 있다.

인간은 지속 가능한 쪽으로 변화할 수 있을까

우리 인간은 심각한 위험에 처해 있다. 하지만 그것이 얼마나 위험한 것인지에 대해서는 아무도 모르고 있다. 어쩌면 가파른 인구 감소와 생활의 파멸을 막기에는 이미 너무 늦었는지도 모른다. 혹은 아직까지 위험한 상황을 막을 수는 있지만 그러려면 앞으로 20년 안에 반드시 결정적인 행동을 취해야만 하는지도 모른다. 혹은 경제 발전과 새로운 발견과 기술 개발을 통해 현재의 정책들을 유지하면서도 지속 가능한 국제사회로 천천히 변해갈 수 있을지도 모른다.

1972년에 《성장의 한계》를 발표한 도넬라 메도즈Donella Meadows, 요르겐 랜더스Jorgen Randers, 데니스 메도즈Dennis Meadows 등 세 명의 학자들은 한 번에 하나씩 변수를 변화시켜가며 하나의 변수가 다른 변수들에 미치는 영향에 대한 컴퓨터 모델 작업을 계속했다. 그들은 그 후 30년 동안 최신 자료를 이용해 분석을 정교하게 만든 후에, 2002년까지 수집 가능했던 정보에 기초해 《성장의 한계: 30년 업데이트》라는 두 번째 보고서를 출판했다. 그들은 지난 30년 동안의 실제 인구와 식량 생산이 30년 전의 정책이 유지된다면 일어날 것이라고 예측됐던 최초의 시나리오와 대단히 비슷했지만, 실제로는 인구 증가 비율이 예상보다 더 줄어들었다고 보고했다. 그들은 1980년대에 이미 지구가 유지할 수 있는 능력보다 이른바 '인간 발자국human footprint'이 더 많아졌다고 결론지었다. 그들은 그 증거로 다음과 같은 사실들을 예로 들었다. 우선 곡물 생산은 1980년대 중반에 정점에 도달했다. 바다에서 잡히는 물고기의 양이 늘어날 것이라고 볼 수 없다. 자연재해에 따른 피해의 규모가 늘어나고 있다. 식수와 화석연료를 차지하려는 과정에서 국가 간에 갈등이 발생하고 있다. 미국과 다른 국가들에서 온실가스 배출이 늘고 있다. 54개국에 사는 전 세계 인구의 12퍼센트의 사람들이 경제적 쇠퇴를 겪고 있다.[14]

미국에서는 많은 사람들이 《성장의 한계》에 제시된 분석에 동의하지 않거나 반대하고 있다. 그에 반대하는 사람들에 따르면, 더 많은 성장이 우리가 당면한 문제에 대한 해결책이며, 자유 시장과 그에 따른 기술 진보 및 발명으로 인해 인류가 직면한 도전을 극복할 수 있을 것이라고 한다.

예를 들어 메릴랜드대학의 경영학 교수인 줄리안 사이먼Julian Simon은 20세기가 지구상에서 보다 더 나은 생활을 향한 장기적 경향의 시작점이라고 믿고 있다. 사이먼은 자유와 평화, 제한적 정부에 대해 연구하는 워싱턴 시의 공공정책 연구 재단인 카토연구소Cato Institute의 단기 연구원으로 일한 적이 있었다. 카토연구소가 1998년 사이먼이 죽은 후에 사이먼과 스티븐 무어Stephen Moore의 공저로 출판한《상황은 늘 좋아지고 있다: 지난 100년간의 100가지 위대한 경향》에서 저자들은 다음과 같이 예측하고 있다.

1. 현재 미국이 도달한 부와 건강 수준은 앞으로 50년 내에 전 세계로 퍼져나갈 것이다. 우리는 전 세계적인 부의 증진의 첫 번째 단계에 있다.
2. 천연자원의 가격은 계속해서 떨어질 것이며, 이전의 어느 때보다도 성장에 제약을 주지 않을 것이다.
3. 농업의 지속적인 혁신, 특히 생명공학 분야에서의 혁신으로 인해 인구 증가를 훨씬 앞서는 식량 생산이 이루어질 것이다.[15]

이런 종류의 낙관론에 대해《성장의 한계》의 저자들은 낙관론자들이 인간의 성취로 인해 환경이 치러야 하는 대가를 고려하지 않고 있다고 비판한다. 성장에 한계가 있다고 믿는 사람들을 긍정적인 사람들이라고 말할 수는 없지만, 지난 30년간의 상황을 보면 그들의 예측이 현실적이라고 인정할 수밖에 없다. 앞으로 10년에서 20년 사이의 상황을 보면 그들의 예측이 정확한지 아니면 낙관론자들의 예측이 정확한지 알 수 있을 것이다.《성장의 한계》의 저자들은 2012년에 '40년 업데이트'를 출판할 것이라고 예고하고 있다.

만약 급속한 성장과 오염이 지속된다면 어떤 일이 벌어질까?《성장의 한계: 30년 업데이트》에 실린 시나리오에 따르면, 세계의 산업 생산은 2015년에서 2020년 사이에 정점에 이르렀다가 2100년이 되면 1900년 수준으로 퇴보할 수 있다. 기대수명, 1인당 식량, 소비재 생산과 서비스 수준 등과 같은 다른 변수들도 2100년이 되면 1900년 수준으로 퇴보할 것으로 보인다. 자원의 경우에는 1900년 수준의 약 4분의 1까지 떨어질 수 있다고 예측됐다. 실제 세계에서 이런 일들이 일어나면 어떻게 될지 아무도 모른다.

만약 현재와 같은 추세가 계속되는 대신에 인간 공동체가 이런 위협에 대처하기 위해 전례가 없는 방법으로 충분히 협조해나간다면 어떤 일이 가능할까?《성장의 한계》의 저자들이 만들어낸 시나리오에 따르면, 지속 가능한 세계는 약 80억 정도의 인구가 현재 유럽의 저소득 국가와 비슷한 생활수준에 만족한다면 가능할 수도 있다.

그런 지속 가능한 세계를 만들기 위해 인간은 지금 즉시 세 가지 일을 실천해야만 한다. 인구 증가를 억제하고, 산업 성장을 제한하고, 기술을 발전시켜야 한다. 인구 증가를 억제하려면 모든 부부가 피임의 수단을 가질 수 있어야 하며, 가족당 평균 두 명의 아이만을 가져야 한다. 가장 산업화된 나라들에서는 이미 10억 정도의 사람들이 그렇게 하고 있다. 전 세계적인 산업 성장을 제한하기 위해서는 1인당 생산성이 2000년의 평균보다 약 10퍼센트 정도 높은 수준에서 안정화되어야 한다. 그렇게 되면 전 세계의 가난한 사람들의 생활수준이 향상될 것이며 부도 적절히 재분배될 것이다. 만약 소득이 지금보다 더 평등하게 분배되지 않는다면 인구 증가나 이민이 억제되기는 힘들 것이다. 마지막으로 기술이 더 발달되고 적용되어, 자원의 생산성을 높이고 오염과 토양 유실을 막을 수 있어야 한다.

《성장의 한계》의 저자들은 만약 이런 조치들이 20년 전에 취해졌다면, 인구는 약 60억 명 선에서 안정되었을 것이며 모든 사람들에게 더 많은 자원이 돌아갔을 것이라고 본다. 그들은 만약 인간이 이런 조치들을 취하는 데 앞으로 20년을 더 기다린다면, 인간은 급격한 몰락을 피할 수 없을 것이라고 예측한다.

그렇다면 지속 가능한 세계를 만드는 데 필요한 국제적 협력이 이루어질 가능성은 어느 정도일까? 현재 이루어지고 있는 국제적 협력과 의사소통의 수준은 역사적으로 전례가 없을 정도로 높은 수준에 있다. 국제적 협력의 한 가지 예가 눈에 띄는데, 앞에서 잠시 언급했던 염화불화탄소 금지 조치가 그것이다. 염화불화탄소 금지 조치가 재조명받을 필요가 있는 것은, 먼저 소비자들이 빠르게 행동했고, 일부 정부와 기업들이 용감하게 앞장섰으며 국제연합이 지구 생명체 모두를 위협하는 국제적 문제를 해결하기 위해 복잡한 협상을 해내는 능력을 발휘했던 예이기 때문이다.

국제적 협력의 과정에는 참여자들의 이해관계가 복잡하게 얽혀 있었다. 일단 문제가 알려지자 미국의 환경 단체들이 에어로졸 용기를 사용하는 것에 반대하는 운동을 시작했고, 그 결과 1975년까지 에어로졸 용기 제품 판매의 60퍼센트가 줄었다. 1985년 빈에서 국제연합환경 계획의 첫 회의가 열린 2개월 후, 과학자들은 극지방의 바람에 의해 지구 전체로 퍼지기 전에 한 지역에서 몇 달간 머물곤 하는 오존홀이 남극 대륙 상공에 존재한다는 사실을 발표했다. 레이건 행정부 내부의 심각한 분열에도 불구하고 미국 정부는 선도적인 역할을 했다. 1987년에 몬트리올에서 열린 국제연합환경계획의 다음 회의에서, 주요 염화불화탄소 생산국들은 염화불화탄소의 생산 중단과 1998년까지 염화불화탄소 방출량을 30퍼센트 삭감할 것을 결의했다. 과학자들은 오존 감소에 대한 더 많은 증거를 제시했다. 미국 내 염화불화탄소의 가장 큰 생산자였던 듀폰은 1988년에 모든 생산을 중지하기로 합의했다. 상대적으로 싼 가격으로 냉장고와 스프레이 용기의 염화불화탄소를 대체할 수 있는 체재도 발견됐다. 국제연합환경계획의 의장이었던 무스타파 톨바는 대단히 능숙한 협상가였다. 계속된 과학자들의 측정 결과 오존 감소가 예상했던 것보다 거의 두 배나 빠른 속도로 진행되고 있음이 밝혀졌다. 1992년에 코펜하겐에 모인 몬트리올의정서의 서명국들은 1996년까지 모든 염화불화탄소의 생산을 중단할 것에 합의했고, 1996년이 되면 157개 나라가 그 합의에 동참하게 된다. 협상과 강제조치까지 포함한 최종 비용은 4,000만 달러에 달했다. 국제연합환경계획과 세계기상기구WMO가 2002년에 실시한 '오존층에 대한 과학적 평가'에 따르면 2010년까지는 오존의 양이 감소하다가 2050년경까지는 오존의 양이 1980년대 이전 수준까지 회복될 것이라고 한다. 만약 보고서의 시나리오가 정확하다면, 오존 감소의 정점은 1995년부터 2010년 사이가 될 것이다. 러시아와 중국과 인도 세 나라는 2010년까지 약간의 염화불화탄소를 생산할 수 있도록 허가받았고, 여전히 일부 알려지지 않은 양의 비밀스러운 거래도 계속되고 있다. 염화불화탄소에 대한 이야기는 국제적 협력을 통해 위험을 미연에 방지하고 지구를 보호하기 위해 오존층을 안정적으로 유지하게 만들었던 성공적인 사례다.[16]

다른 한편에서는 1997년에 전 세계 대표들이 모여 교토의정서에 합의했는데, 2008년까지 이산화탄소 방출량을 1990년 수준에서 5퍼센트 감소하는 내용이었다. 미국 대표단은 미국의 이산화탄소 방출량을 7퍼센트 줄이기로 합의했다. 그러나 미국 상원은 95대 0으로 교토의정서를 승인하는 것에 반대했다. 그럼에도 불구하고 충분히 많은 국가들이 의정서를 승인했기 때문에 교토의정서는 2005년부터 발효됐다. 하지만 미국의 참여 없이는 이산화탄소 감소량이 약 1퍼센트에 불과할 것이다. 유럽과 일본이 자신의 경제에 피해를 주지 않으면서 이산화탄소 배출량을 줄일 수 있을까? 미국 내에서도 캘리포니아 주 같은 곳에서는 환경 변화가 자신의 이윤에 심각한 타격을 준다는 사실을 깨달은 회사들에 의해 이산화탄소 방출량을 줄이기 위한 노력이 시작될 수 있다.

현재의 방향을 바꾸지 않는다면 처하게 될 위험을 인간이 알게 될 때만, 인간은 지속 가능한 미래를 향해 움직일 수 있다. 국제연합의 사무총장이었던 미얀마 출신의 우탄트U Thant는 정부 관료들과 일반 시민들에게 그런 위험을 알리려고 노력했다.

> 내가 너무 극적으로 보이지 않기를 바랍니다. 하지만 국제연합 사무총장으로서 내가 알고 있는 정보를 통해, 국제연합 회원국들이 자신의 오래된 다툼을 접고, 군비 경쟁을 줄이고, 환경을 개선하고, 인구 폭발을 막고, 개발을 위한 노력에 필요한 계기를 마련하는 데 어쩌면 앞으로 약 10년 정도의 시간밖에는 남아 있지 않다는 결론을 내릴 수밖에 없습니다. 만약 앞으로 10년 안에 그런 국제적 협력이 이루어지지 않는다면, 내가 언급한 문제들이 감당할 수 없는 수준에 이르러 우리가 통제할 수 있는 능력의 범위를 넘어서게 될 것입니다.[17]

1992년에 70개국 1,600명의 과학자들이 〈인류에 대한 세계 과학자들의 경고〉라는 선언문을 발표한다.

> 인간과 자연 세계는 충돌하는 길 위에 있다. 인간의 행위는 환경과 필수적인 자원에 심각하고 복구 불가능한 피해를 입히고 있다. 만약 그치지 않는다면, 현재 인간이 행하는 많은 행위들은 우리가 인류 사회와 식물

> 과 동물 세계를 위해 바라는 미래를 중대한 위험에 빠뜨릴 것이다. 또한 생명 세계를 심각하게 변화시켜 우리가 알고 있는 방식으로 생명이 유지될 수 없을 것이다. 현재의 방향이 야기할 충돌을 피하려면 근본적인 변화가 신속하게 이루어져야 한다.[18]

인간이 지구에 대해 잘못하고 있는 행동을 바로잡을 수 있는 가능성은 얼마나 될까? 아무도 정확히 모르지만 세 가지 가능한 결말이 있다. 그중 어떤 결말이든 현재 아동기나 청년기를 보내고 있는 사람들의 생전에 일어날 것이다. 첫 번째 결말은 인간이 자신의 성장과 자원의 사용을 제한하는 것이다. 두 번째는 질병, 기아, 전쟁, 대학살, 사회 붕괴 같은 자연이나 인간의 본성으로 인해 성장과 자원의 사용이 제한되는 것이다. 세 번째는 두 가지가 함께 결합돼 일어나는 것이다. 《성장의 한계》의 저자들은 어떤 결말이 올지에 대해 서로 다른 의견을 갖고 있다. 세 명의 저자는 각각 위의 세 가지 결말 중 한 가지가 일어날 것이라고 믿고 있다.

인간은 이전에도 심각한 위기에 처한 적이 있었지만 도전을 잘 이겨냈었다. 인류 역사에서 대규모의 이주와 인구 감소는 자주 있었으며, 그때마다 그에 적응하고 견뎌내기 위해 인간은 생존을 위한 새로운 방법을 찾아냈었다.

하지만 현재 우리가 당면한 위기는 인류 역사에서 새로운 것처럼 보인다. 그것은 500년 동안의 생활수준 향상에 따른 것이다. 그리고 우리는 그런 생활수준의 향상에 기초해서 인간이 발전하고 진보한다고 믿어왔고, 그런 믿음은 특히 산업화된 국가에서 더욱 강하다. 이번 위기가 과거와 다른 점은 이제는 더 이상 사람들이 살지 않는 곳으로 이주할 수 없다는 점이다. 또한 이번 위기는 지구의 일부가 아닌 지구 전체에 영향을 미칠 기후변화를 가져올 것이다. 우리는 진화의 과정에 참여했지만, 우리의 생존 본능에만 귀 기울인 결과 도대체 우리가 무슨 행동을 하고 있는지 거의 모르고 있었다.

좀 더 큰 그림을 보면, 인간은 수렵·채집자로서 조그만 집단 속에서 살다가 지난 수십만 년 동안 사회적 행동 양식과 능력을 개발해왔다. 우리의 진화는 한 사람의 인생이라는 측면에서 보자면 그렇게 빠른 것은 아니었다. 우리의 복잡한 문화는 강한 원심력으로 작동하기 때문에 우리는 가능한 한 우리가 알고 있는 생활양식대로 살려고 한다. 우리는 문화적으로도 진화하지만 그 속도는 빠르지 않다. 농경 생활을 하다가 도시 생활로 변화하는 데 수천 년이 걸렸고, 여전히 일부 지역에서는 그런 변화가 진행 중이다. 또 우리는 300년 이상 산업화의 과정을 경험하고 있다.

그렇다면 인간은 지속 가능한 쪽으로 충분히 빨리 변화를 이룰 수 있을까? 우리가 인구 폭발을 막을 수 있는 길을 찾을 수 있을까? 우리는 지구가 우리를 굴복시키기 전에 지구와 공존하는 방법을 찾을 수 있을까? 만약 모든 자료가 완벽하게 분명해질 때까지 기다린다면, 우리가 선택할 수 있는 대안은 무척 좁아질 것이다. 도대체 어떻게 해야 인간이 거대하고 즉각적인 위험에 직면하기 전에 행동하게 될 것인가?

우주는 지속된다

하나의 종으로서 인간은 아직 어리다. 만약 우리에게 앞으로 한 100만 년쯤 더 미래가 있다면, 그때야 우리는 하나의 종으로서 열 살에서 스무 살쯤 먹은 청년이 될 것이다. 앞으로 다가올 수백 년이나 수천 년 동안 인간에게 어떤 일이 벌어질지 예측할 수 있는 길이 있을까?

그런 중기적 미래에 대해 예측하는 것은 어리석은 일이지만, 사람들은 여전히 추측하고 꿈을 꾼다. 과학자들은 수소융합을 포함한 다양한 신에너지원을 찾으려고 노력하고 있다. 생명과학자들이 100억에서 120억까지의 인구를 먹이고 입힐 수 있는 새로운 길을 찾을 수도 있다. 머지않은 장래에 유전공학자들은 자연선택의 느린 과정을 기다리는 대신에 인간의 유전자를 조작할 것이다.

어떤 과학자들은 인간이 달이나 가까운 행성을 거주가 가능한 곳으로 만들어 사람들을 이주시키거나, 우주 방주를 만들어 사람들을 살게 할 수 있다고 생각한다. 1997년에 화성에 탐사선이 착륙해 여러 가지 실험을 했다. 2000년대 초반에는 더 많은 우주탐사 계획이 잡혀 있다. 미국의 공학자인 로버트 주브린 박사는 1990년대 초에 네 명의 우주비행사가 30개월 정도에 걸쳐 화성을 탐사하려는 유인 화성 탐사 계획을 세웠다. 예상된 비용은 약 300억 달러에서 500억 달러 수준이었다. 하지만 미국 상원은 1969년에 이미 당시 기준으로 250억 달러에서 300억 달러(1998년 기준으로 보자면 1,000억 달러에 해당한다)에 달했던 아폴로 탐사 경비를 심의한 후에 모든 유인 우주선 계획을 종료시켰다.[19]

중기적 미래에 대한 예측은 공상과학소설에 잘 나타나 있다. 조지 스튜어트George Stuart는 〈지구는 지속된다〉(1949)라는 소설에서 질병이 인류를 거의 몰살하고 극소수의 사람들이 살아남아 다른 인간들과 어떤 접촉도 없이 새롭게 시작하는 세상을 그리고 있다. 냉전이 절정에 있던 시절에 월터 밀러Walter Miller는 〈레보비츠를 위한 찬가〉(1959)에서 주기적인 핵전쟁에 시달리는 미래를 그렸다. 킴 로빈슨Kim S. Robinson의 〈붉은 화성〉(1991), 〈녹색 화성〉(1994), 〈푸른 화성〉(1996) 3부작은 식민지화된 화성이 어떤 모습일지 보여주고 있다.

이런 중기적 미래 너머에는 장기적 미래가 있다. 장기적 미래는 그 변화의 속도가 대단히 느리기 때문에 천문학자들조차도 지구와 태양, 그리고 우주가 어떤 모습으로 변할지 예측하기가 쉽지 않다. 그러나 그들은 우리의 태양이 이미 그 생애의 절반 정도를 살았다는 것을 알고 있다. 태양은 지금까지 약 50억 년 정도 유지돼왔으며, 앞으로 긴 죽음의 투쟁을 시작할 때까지 50억 년 정도 더 불탈 것이다. 태양이 나이를 먹어가면서 그 밝기가 매 10억 년마다 10퍼센트 정도씩 증가하며 지구 표면을 달굴 것이다. 앞으로 30억 년 정도가 지나면 지구는 현재 금성이 받는 것만큼의 태양열을 받게 될 것이고, 그 이전에 이미 생명을 유지하기에는 너무 뜨거워져 있을 것이다.[20]

태양이 앞으로 50억 년 후에 모든 수소를 다 태워버리면 차츰 불안정해져서 태양 외피의 물질들을 우주 공간으로 분출하게 될 것이다. 그리고 태양의 핵이 부풀어 올라 현재 지구가 공전하고 있는 우주 공간까지 점령하게 될 것이다. 지구는 가벼워진 태양의 중력을 덜 받게 되어, 지금보다 약 6,000만 킬로미터 바깥쪽으로 궤도가 바뀌게 된다. 태양이 헬륨을 태우기 시작하면 다시 크기가 줄어든다. 그리고 산소와 탄소를 만들어내면서 다시 불타게 된다. 그 후 마침내 태양의 용광로가 꺼지면서 백색왜성이 되어 어두워지게 된다.

태양계로부터 가장 가까운 거대 은하인 안드로메다은하는 현재 우리 은하를 향해 다가오고 있는데, 아마도 태양이 부풀어 오를 때쯤이면 우리 은하와 만날 것이다. 안드로메다은하는 계속해서 우리 은하로 들어와 수억 년이 지나고 나면 안드로메다은하, 우리 은하, 그리고 다른 국부 은하들이 만나 새로운 은하를 만들어낼 것이다.

우리 은하는 별을 생산하는 단계를 이미 끝내가고 있다. 별을 만들어내는 물질의 약 90퍼센트를 벌써 사용했기 때문이다. 앞으로 수천만 년 이내에 별들이 죽어갈 것이며 우리 은하의 빛도 사라지기 시작할 것이다. 앞으로 수천억 년이 지나면 우주 전체가 검고 차가운 물체들인 갈색왜성과 블랙홀, 그리고 죽은 행성들의 무덤이 될 것이다.

빅뱅으로부터 약 10^{30}년쯤이 지나면 우주는 팽창되어, 블랙홀과 서로 몇 광년씩 떨어져 돌아다니는 아원자입자들만이 남아 있는 춥고 어두운 공간이 될 것이다. 결국 블랙홀조차도 사라진다. 끝없는 밤이 계속되는 우주에 마지막까지 남게 되는 것은 전자, 양전자, 중성미자, 광자 같은 아원자입자들뿐이다.

위의 시나리오는 한계가 없는 열린 우주라는 가설에 근거한 현재의 지식에 기초한 것이다. 그러나 만약 우주의 팽창을 막을 수 있는 암흑 물질의 양이 충분하다면 닫힌 우주가 발생할 수도 있다. 그렇게 되면 우주는 팽창을 멈추고 역사를 다시 시작하기 위해 빅뱅과 비슷한 환경이 될 때까지 축소될 것이다.

현재 우리는 상당한 정확성을 갖고 우주의 탄생과 그 생애를 그려볼 수 있기 때문에, 이 책에서 다루고 있는 130억 년의 세월도 그리 길게 여겨지지 않는다. 그 역사는 우주가 시작될 무렵의 창조성과 현재 우리가 경험하고 있는 찬란한 우주를 만들어낸 아동기의 거대한 에너지와 열기를 보여주고 있다. 우리 인간도 하나의 종으로 보자면 아동기에 있으며 다양한 가능성을 갖고 있는데, 그 자체가 우주의 창의성과 힘이 만들어낸 결과다.

우주는 그 놀라운 창조적 힘으로, 마치 지구의 미래를 자신의 손에 잡고 있는 것처럼 보이는 인간이라는 존재를 만들어냈다. 하지만 우리가 사라진 뒤에도 지구는 태양에 의해 불태워질 때까지 존재할 것이다. 우주 자체는 아원자적 밤의 시간으로 서서히 식어가면서 아마도 영원히 존재할 것이다.

남아 있는 의문점들

1. 현재 세계의 정책들은 인간을 지속 가능한 미래로 이끌고 있는가, 아니면 특정한 형태의 붕괴로 이끌고 있는가?

2. 새로운 기술들은 장기적으로 볼 때 세계 체제를 성장시키는 추세로 바꾸고 있는가, 아니면 붕괴시키는 추세로 바뀌고 있는가?

3. 시장경제는 자원을 지속 가능한 방법으로 분배하고 있는가? 시장경제는 부를 부유한 사람에게 분배하고 가난한 사람들의 가난을 심화시키고 있는 것처럼 보인다. 이런 현재 체제의 구조적 요인들을 어떻게 바꿀 수 있는가? 그것을 바꿀 수 없다면 현재와 같은 인구 증가는 막기 어려운 것으로 보인다.

4. 산업화된 지역의 사람들이 자연과 조화를 이루며 살 수 있는 방법을 찾을 것인가? 그들은 덜 산업화된 지역의 사람들과 나누며 살 수 있을까?

빅히스토리 입문자를 위한 길잡이

빅히스토리란 무엇인가?

신시아 브라운의 이 책은 데이비드 크리스천의《시간의 지도: 빅히스토리》(이근영 옮김, 심산, 2015)와 함께 빅히스토리 분야를 체계적으로 다루고 있는 몇 안 되는 책 중 하나이며, 현재 전 세계의 대학과 고등학교에서 빅히스토리 분야의 교재로 사용되고 있다. 따라서 빅히스토리를 처음 접하는 독자들에게는 훌륭한 입문서로 손색이 없다.

하지만 '빅뱅에서 현재까지의 역사'를 다루는 빅히스토리의 전체적인 체계로 볼 때는 몇 가지 아쉬운 점이 있다. 가장 눈에 띄는 것은 책 전체의 구성에서 인간의 역사가 차지하는 비중이 우주, 지구, 생명의 역사보다 지나치게 많다는 점이다. 두 번째는 저자가 '이야기'를 강조하다 보니 빅히스토리의 구조적인 부분이 잘 드러나지 않는다는 것이다.

그 결과 이 책을 다 읽은 후에도 빅히스토리가 다루는 우주, 지구, 생명, 인간의 역사에서 무엇이 중요한 부분들이고 그것들이 구조적으로 어떻게 연결되어 있는지에 대해서는 모호한 부분들이 적지 않다. 옮긴이의 후기를 대신해서 빅히스토리를 좀 더 공부하고 싶은 독자들을 위해 빅히스토리가 다루는 7가지 큰 질문들을 제시하고, 참고가 될 만한 책들을 소개함으로써 이런 부분들을 채워보려고 한다.

모든 것의 시작은 무엇인가?

빅히스토리의 첫 번째 질문은 우주가 어떻게 시작되었는가이다. 우리가 보고 있는 모든 것들이 도대체 어디서 출발했는가 하는 물음이다. 이 물음에 대한 현대적인 답을 제시하는 것이 '빅뱅 우주론'이다. 빅뱅 우주론에 따르면, 약 138억 년 전에 시간과 공간이 처음 나타났고, 우리가 알고 있는 가장 단순한 원소인 수소와 헬륨이 만들어졌으며, 지금까지 우주를 움직이고 있는 4개의 힘인 중력과 전자기력, 강력, 약력이 나타났다. 따라서 조금 어렵게 느껴질지 모르지만 빅히스토리를 이해하기 위해 맨 먼저 넘어야 할 관문이 '빅뱅 우주론'이다.

조금 더 이 분야를 이해하고 싶은 독자들에게는 《우주의 기원》(사이먼 싱 지음, 곽영직 옮김, 영림카디널, 2015)와 《빅뱅: 어제가 없는 오늘》(존 파렐 지음, 진선미 옮김, 양문, 2009)이 도움이 될 것이다.

모든 것을 구성하고 있는 원소들은 어떻게 만들어졌는가?

우주에는 수소와 헬륨 말고도 수없이 많은 다른 원소들이 존재하고 그런 원소들이 모여 인간을 비롯한 다양한 생명체와 물질들이 만들어졌다. 그렇다면 빅뱅 때 만들어진 수소와 헬륨을 제외한 다른 원소들은 도대체 어떻게 만들어졌는가? 이것이 빅히스토리의 두 번째 중요한 질문이다(아쉽게도 신시아 브라운의 책은 빅히스토리 전체의 구조에서 이 부분이 얼마나 중요한지를 충분히 강조하고 있지 않고, 다루고 있지도 않다). 이 내용은 "핵합성"이라는 조금 어려운 이름으로 알려져 있기는 하지만 중학교 수준 정도의 과학지식이라면 충분히 이해할 수 있고, 인간에게 이르는 우주의 역사를 알기 위해 반드시 이해해야 하는 부분이다.

좀 더 관심이 있는 독자들은 《마법의 용광로: 원자의 기원을 찾아서》(마커스 초운 지음, 이정모 옮김, 사이언스북스, 2009)와 《가모브가 들려주는 원소의 기원 이야기》(김충섭 지음, 자음과모음, 2010)를 참고하기 바란다.

우리가 살고 있는 지구는 어떻게 만들어졌는가?

빅히스토리가 다음으로 관심을 갖는 주제는 다양한 원소들이 모여 어떻게 태양계 안에서 태양과 지구가 만들어졌으며, 지구가 어떤 모습으로 변화했는가 하는 것이다. 태양과 지구가 만들어진 과정과 그 변화가 인간과 직접적인 관련이 있기 때문이다. 이 부분 역시 신시아 브라운의 책에서는 거의 다루어지지 않고 있기 때문에 그 중요성이 과소평가된 아쉬움이 있다. 실제로 빅히스토리가 관심을 갖는 처음 3개의 주제가 신시아 브라운의 책에서는 1장에서 하나로 묶여 다루어지고 있다.

이 부분을 채우고 싶은 독자들은 《지구 이야기: 광물과 생물의 공진화로 푸는 지구의 역사》(로버트 헤이즌 지음, 김미선 옮김, 뿌리와이파리, 2014)와 《한 권으로 충분한 지구사》(가와카미 신이치 & 도조 분지 지음, 박인용 옮김, 전나무숲, 2010)를 보면 좋다.

인간은 생명계에서 어떤 위치를 차지하고 있나?

빅히스토리가 네 번째로 관심을 갖는 주제는 신시아 브라운의 책 2장이 다루고 있는 지구 생명의 진화와 멸종 이야기다. 생명 진화의 한 가지에서 호모 사피엔스가 등장하고 진화해 현재의 모습에 이르렀기 때문이다.

이 책에서 다루어진 내용보다 좀 더 자세한 생명의 진화와 멸종에 관심이 있는 독자들은, 《생명 최초의 30억년》(앤드류 놀 지음, 김명주 옮김, 뿌리와이파리, 2007), 《조상 이야기: 생명의 기원을 찾아서》(리처드 도킨스 지음, 이한음 옮김, 까치, 2005), 《새로운 생명의 역사: 지구 생명의 기원과 진화를 밝히는 새로운 근본적인 발견들》(피터 워드 & 조 커슈빙크 지음, 이한음 옮김, 2015) 등을 참고하라.

인간 최초의 모습은 어떤 것이었나?

빅히스토리는 일반적인 역사와 달리 인간의 역사를 크게 3단계로 나눠, 수렵채집 시대와 농업시대, 그리고 화석연료 시대로 본다. 신시아 브라운의 책에서는 각각 3~4장, 5~11장, 12~13장에 해당된다. 빅히스토리가 보는 수렵채집 시대의 주요 관심사는 인간이 지구상에 어떻게 등장했는지, 처음 어떤 생활을 했는지다. 이 부분은 통상의 역사책에서 잘 다루어지지 않고 있는데 실제로는 호모사피엔스 역사의 95% 이상을 차지하고 있는 대단히 중요한 내용이다.

인류의 진화와 수렵채집 생활에 대해 좀 더 관심이 있는 독자는 《잊혀진 조상의 그림자: 인류의 본질과 기원에 대하여》(칼 세이건 지음, 김동광 옮김, 사이언스 북스, 2008), 《인간이 된다는 것의 의미》(리차드 포츠 & 크리스토퍼 슬론 지음, 배기동 옮김, 주류성, 2013), 《제3의 침팬지》(재레드 다이아몬드 지음, 김정

흠 옮김, 문학사상, 2015), 《어제까지의 세계》(재레드 다이아몬드 지음, 강주헌 옮김, 김영사, 2013), 《인류의 선사시대》(브라이언 페이건 지음, 최몽룡 옮김, 을유문화사, 1987) 등을 참고하기 바란다.

농업 문명의 본질은 무엇인가?

빅히스토리가 인간의 역사에서 두 번째로 주목하는 내용은 농업문명이다. 농업이 왜 시작됐고, 어떻게 발전했으며 현재 어떤 모습인가가 중요한 주제들이다. 신시아 브라운의 책에서 가장 길게 다루고 있는 부분이기는 하지만 '이야기'에 치중되어 있어 구조적인 설명이 아쉽다.

빅히스토리의 관점에서 농업 문명의 본질을 이해할 수 있는 책들로는 《사피엔스》(유발 하라리 지음, 조현욱 옮김, 김영사, 2015), 《넌제로》(로버트 라이트 지음, 임지원 옮김, 말글빛냄, 2009), 《총, 균, 쇠: 무기, 병균, 금속은 인류의 운명을 어떻게 바꿨는가》(재레드 다이아몬드 지음, 김진준 옮김, 문학사상, 2005), 《왜 서양이 지배하는가》(이언 모리스 지음, 최파일 옮김, 글항아리, 2013), 《판도라의 씨앗》(스펜서 웰스 지음, 김한영 옮김, 을유문화사, 2012) 등을 참고하라.

화석연료 시대의 인간은 무엇을 했는가?

빅히스토리의 마지막 질문은 현재 우리가 살고 있는 세계에 대한 것이다. 보통의 역사에서 자본주의 시대라고 부르는 현대는 화석연료 시대라고 부르는 것이 더 타당하다. 지난 200년 정도를 특징짓는 폭발적인 인구 증가와 물질적 풍요(그리고 빈곤)를 가능하게 한 것은 화석연료의 사용이었기 때문이다.

화석연료 시대의 현재와 미래에 대해서는 《녹색 세계사》(클라이브 폰팅 지음, 이진아 옮김, 그물코, 2010), 《파티는 끝났다》(리처드 하인버그 지음, 신현승 옮김, 시공사, 2006), 《여섯 번째 대멸종》(엘리자베스 콜버트, 이혜리 옮김, 처음북스, 2014), 《에너지란 무엇인가》(바츨라프 스밀 지음, 윤순진 옮김, 삼천리, 2011), 《기후변화와 자본주의》(조너선 닐 지음, 김종환 옮김, 책갈피, 2011) 등을 참고하라.

주

1장 우주, 팽창하다

1 이 장의 내용에 대해 다음과 같은 책들을 주로 참고했다. Terence Dickinson, 1992, *The Universe and Beyond, revised and expanded*, Buffalo, NY: Camden; Timothy Ferris, 1997, *The Whole Shebang: A State-of-the-Universe Repot*, New York: Simon and Schuster; Brian Greene, 1999, *The Elegant Universe*, New York: Vintage; Robert T. Kirshner, 2003, *The Extravagant Universe: Exploding Stars, Dark Energy and the Accelerating Cosmos*, Princeton, NJ: Princeton University Press.

2 Bill Bryson, 2003, *A Short History of Nearly Everything*, New York: Broadway Books, 37.

3 Ibid., 12.

4 Ibid., 24.

5 Lee Smolin, 1998, *The Life of the Cosmos,* London: Phoenix.

2장 지구, 생명을 갖다

1 러브록이 쓴 두 권의 책을 보라. James Lovelock, 1979, *Gaia: A New Look at Life on Earth*, Oxford: Oxford University Press; James Lovelock, 1988, *The Ages of Gaia: A Biography of our Living Earth*, New York: Bantam Books.

2 Lynn Margulis and Dorion Sagan, 1986, *Microcosmos: Four Billion Years of Evolution from Our Microbial Ancestors*, Berkeley, CA: University of California Press, new ed. 1997, 183~184.

3 이 장과 다음 장의 내용에 대해 다음 책들을 주로 참고했다. Margulis and Sagan, 1986; Bill Bryson, 2003, *A Short History of Nearly Everything*, New York: Broadway Books; Richard Dawkins, 2005, *The Ancestor's Tales: A Pilgrimage to*

the Dawn of Evolution, Boston: Houghton Mifflin.

4 Margulis and Sagan, 1986, 121~123.

5 앞의 주에서 언급한 책 이외에 굴드의 책도 참고했다. Stephen J. Gould, ed., 1993, *The Book of Life: An Illustrated History of the Evolution of Life on Earth*, New York: W. W. Norton.

6 Bryson, 2003, ch. 14.

7 J. R. McNeill, 2000, *Something New Under the Sun: An Environmental History of the Twentieth Centruy World*, New York: W. W. Norton, 49.

8 Margulis and Sagan, 1986, 167.

9 Bryson, 2003, 342.

10 Douglas H. Erwin, 2006, *Extinction: How Life on Earth Nearly Ended 250 Million Years Ago*, Princeton: Princeton University Press, 10, 87.

11 Ibid., 41, 187.

12 이 충돌구멍의 발견에 대한 흥미진진한 이야기에 대해서는 다음 책을 참고하라. Walter Alvarez, 1997, *T. Rex and the Crater of Doom*, Princeton, NJ: Princeton University Press; Bryson, 2003, ch. 13.

13 유인원에 대해 내가 가장 재미있게 읽은 책들은 다음과 같다. Frans De Waal, 2005, *Our Inner Ape: A Leading Primatologist Explains Why We Are Who We Are*, New York: Riverhead Books; Jared Diamond, 1991, *The Rise and Fall of the Third Chimpanzee*, London: Radius. 그 외의 책들은 다음과 같다. Roger Fouts with S. T. Mills, 1997, *Next of Kin: My Conversations with Chimpanzees*, New York: Avon; Jonathan Marks, 2002, *What It Means to Be 98% Chimpanzees: Apes, People, and Their Genes*, Berkeley, CA: University of California Press; Robert Sapolsky, 2001, *A Primate's Memoir: A Neuroscientist's Unconventional Life Among the Baboons*, New York: Simon and Schuster; Craig Stanford, 2001, *Significant Others: The Ape-Human continuum and the Quest for Human Nautre*, New York: Basic Books.

14 침팬지는 고릴라보다 인간에 더 가깝다. 만약 유전적 거리에 따라 분류를 한다면 인간은 침팬지의 다른 두 종과 같은 '호모(homo)'로 분류될 것이다. 즉 우리는 침팬지의 세 번째 종이다. 다음 책을 참조하라. Diamond, 1991, 20~21.

15 De Waal, 2005, 7~19. 드발은 예측이 가능하고 풍부한 식량 공급이 없다면 피그미 침팬지 사이의 형제애는 존재하지 않을 것이라고 본다(228).

16 이 과정에 대한 보다 자세한 설명은 다음 책을 보라. Dawkins, 2004, 517~523.

17 Bryson, 2003, 308~310.

18 Stephen Pinker, 1997, *How the Mind Works*, New York: W. W. Norton, 386~389.

3장 인간, 하나의 종으로 탄생하다

1 David Christian, 2004, *Maps of Time: An Introduction to Big History*, Berkeley, CA: University of California Press, 502~503.

2 Bill Byson, 2003, *A Short History of Nearly Everything*, New York: Broadway Books, 336.

3 이 장의 내용을 위해 주로 다음 책들을 참고했다. Richard Dawkins, 2004, *The Ancestor's Tales: A Pilgrimage to the Dawn of Evolution*, Boston: Houghton Mifflin; Brian Fagan, 1990, *The Journey from Eden: The Peopling of Our World*, London: Thames and Hudson; Stephen Jay Gould, ed., 1993. *The Book of Life: An Illustrated History of the Evolution of Life on Earth*, New York: W. W. Norton; Roger Lewin, 1988, *In the Age of Mankind*, Washington, DC: Smithsonian Books; Collin Tudge, 1996, *The Time before History: Five Million Years of Human Impact*, New York: Scribner; Jared Diamond, 1991, *The Rise and Fall of the Third Chimpanzee*, London: Radius.

4 다음 글을 보라. Richard W. Wrangham, 2001, "Out of the Pan, into the Fire: How our Ancestors' Evolution Depended on What They Ate," in Frans B. M. De Waal, *Tree of Origin: What Primate Behavior Can Tell Us About Human Social Evolution*, Cambridge, MA: Harvard University Press, 121~143.

5 Jonathan Marks, 2002, *What It Means to Be 98% Chimpanzee: Apes, People, and Their Genes*, Berkeley, CA: University of California Press, 225.

6 Eugenia Shanklin, 1994, *Anthropology and Race, Belmont*, CA: Wadsworth, 10~12.

7 Derek Bickerton, 1995, *Language and Human Behavior*, Seattle, WA: University of Washington Press, 70.

8 Roger Fouts, 1997, *Next of Kin: My Conversations with Chimpanzees*, New York: Avon, ch. 8; Tudge, 1996, 246~250.

9 Fagan, 1990, 19~22.

10 George Gallup Jr., and D. Michael Lindsay, 1996, *Surveying the Religious Landscape: Trends in U. S. Beliefs*, Harrisburg, PA: Morehouse Publishing, 36~37.

4장 인간, 수렵과 채집을 시작하다

1 다음과 같은 책들이 없었다면 이 장을 쓸 수 없었을 것이다. Roger Lewin, 1999, *Human Evolution: An Illustrated Introduction*, 4th ed., Malden, MA: Blackwell Science; Clive Ponting, 1991, *A Green History of the World: The Environment and the Collapse of Great Civilizations*, New York: Penguin; Brian Fagan, 1992, *People of the Earth: An Introduction to World Prehistory*, 7th ed., HarperCollins; L.S. Stavrianos, 1989, *Lifelines from Our Past: A New World History*, New York: Pantheon Books. 이 장과 다음 장을 기술하는 데 다음의 두 기본서를 참고했다. Richard W. Bulliet, et al., 2003, *The Earth and Its People: A Global History*, Brief 2nd ed., Boston: Houghton Mifflin; J. R McNeill and William H McNeill, 2003, T*he Human Web: A Bird's-Eye View of World History*, New York: W. W. Norton.

2 Geoffrey Blainey, 2002, *A Shot History of the World*, Chicago: Ivan R. Dee, 12.

3 Margaret Ehrenberg, 1989, *Women in Prehistory*, Norman: University of Oklahoma Press, 15~18; Fagan, 1992, 66~69.

4 Ehrenberg, 1989, ch. 2.

5 William H. McNeill, "Secrets of the Cave Paintings," *New York Review of Books*, October 19, 2006, 20~23.

6 Randall White, 1986, *Dark Caves, Bright Visions,* New York: American Museum of Natural History, 113.

7 다음 책을 보라. Riane Eisler, 1987, *The Chalice and the Blade: Our History, Our Future*, New York: HarperCollins.

8 Ehrenberg, 1989, 66~76.

9 다음 책들을 보라. Derek Bickerton, 1995, *Language and Human Behavior,* Seattle, WA: University of Washington Press; Jared Diamond, 1991, *The Rise and Fall of the Third Chimpanzee*, London: Radius; Stephen Pinker, 1994, *The Language Instinct: HOw the Mind Creates Language*, New York: William Morrow, 2000; HarperCollins Perennial.

10 Diamond, 1991, ch. 2에서는 이를 '대약진 운동'이라 칭한다. 이 외에 다음 책을 참조하라. Stephen Mithen, 1996, *The Prehistory of the Mind: The Cognitive Origins of Art, Religion and Science*, London: Thames and Hudson.

11 David Christian, 2004, *Maps of Time: An lntroduction to Big History*, Berkeley, CA: University of California Press, 178~180; Bickerton, 1995; Pinker, 1994.

12 Nicolas Wade, "In Click Languages, An Echo of the Tongues of the Ancients;"

New York Times, March 18, 2003, science section. 이 기사는 나이트(Alec Knight)와 마운틴(Joanna Mountain)의 작업에 대한 것이다.

13 이 내용은 러시아의 선사시대를 연구하고 있는 학자 프롤로프(Boris Frolov)의 작업에 기초한 것으로 다음 책에 인용돼 있다. Ian Wilson, 2001, *Past Lives: Unlocking the Secrets of Our Ancestors,* London: Cassel, 28.

14 Luigi Luca Cavalli-Sforza, 2000, *Genes, Peoples, and Language*, New York: North Point/Farrar, Straus and Giroux, 140; Merrit Ruhlen, 1994, *The Origin of Language: Tracing the Evolution of the Mother Tongue*, New York: John Wiley, 119.

15 인간의 보편적 특징에 대해서는 다음 책들을 보라. Donald E. Brown, 1991, *Human Universals*, Philadelphia, PA: Temple University Press; Mark Ridley, 1996, *The Origin of Virtue: Human Instincts and the Evolution of Cooperation*, New York: Viking Penguin.

16 보다 구체적인 설명을 위해 다음 책을 참고하라. Loyal Rue, 2000, *Everybody's Story: Wising Up to the Epic of Evolution*, Albany, NY: State University of New York Press, 81~96.

17 다음 책을 보라. William Ryan and Walter Pitman, 1999, *Noah's Flood: The New Scientific Discoveries About the Event That Changed History*, New York: Simon and Schuster.

18 Colin Tudge, 1999, *Neanderthals, Bandits and Farming: How Agriculture Really Began*, New Haven: Yale University Press.

19 이 논의에 관해서는 다음 책을 참조하라. Ivan Hannaford, 1996, *Race: The History of an Idea in the West*, Baltimore, MD: Johns Hopkins University Press.

20 Spencie Love, 1996, *One Blood: The Death and Resurrection of Charles R. Drew*, Chapel Hill, NC: University of North Carolina Press; John H. Relethford, 1994, *The Human Species: An Introduction to Biological Anthropology*, 2nd ed., Mountain View, CA: Mayfield Publishing, 164~173.

21 Richard Dawkins, 2004, *The Ancestor's Tales: A Pilgrimage to the Dawn of Evolution*, Boston: Houghton Mifflin; 405.

22 Relethford, 1994, 173~178.

23 Diamond, 1991, ch. 6.

24 Ibid., chs. 5~6.

25 Marshal Sahlins, 1972, *Stone Age Economics*, Chicago and New York: Aldine-Atherton.

26 Ridley, 1996, 6.

27 Dawkins, 2004, 32~33; Relethford, 1994, 160~161.

28 Bryan Sykes, 2001, *The Seven Daughters of Eve: The Science That Revelas Ours Genetic Ancestry,* New York: W. W. Norton.

5장 초기 농업이 시작되다

1 이 장의 내용은 다음 책들에 상당 부분 기초해 있다. J. R. McNeill and William H. McNeill, 2003, *The Human Web: A Bird's-Eye View of World History*, New York: W. W. Norton; Richard W. Bulliet, et al., 2003, *The Earth and Its People: A Global History*, brief 2nd ed., Boston: Houghton Mifflin; John A. Mears, 2001, "Agricultural Origins in Global Perspective," in Michael Adas, ed., *Agricultural and Pastoral Societies in Ancient and Classical History*, Philadephia: Temple University Press, 36~70.

2 다음의 책들을 보라. Mark Cohen, 1977, *The Food Crisis in Prehistory: Overpopulation and the Origins of Agriculture*, New Haven: Yale University Press; Stephen Jay Gould, "Down on the Farm, A review of Donald O. Henry, From Foraging to Agriculture: The Levant at the End of the Ice Age," *New York Review of Books*, January 18, 19990, 26~27.

3 Charles B. Heiser, 1981, *Seed to Civilization: The Story of Food*, 2nd, San Francisco: W. H. Freeman, 16; Stephen Budiansky, 1992, *The Covenant of the Wild: Why Animals Chose Domestication*, New York: William Morrow, 82.

4 Budiansky, 1992, 22.

5 Margaret Ehrenberg, 1989, *Women in Prehistory*, Norman: University of Oklahoma Press, 77~78; Riane Eisler, 1987, *The Chalice and The Blade: Our History, Our Future*, New York: HarperCollins, 68~69.

6 David Christian, 2004, *Maps of Time: An Introduction to Big History*, Berkeley, CA: University of California Press, 208; Vachav Smil, 1994, *Energy in World History*, Boulder, CO: Westview Press, 236.

7 Jared Diamond, 1999, *Guns, Gems and Steel: The Fates of Human Societies*, New York: Norton.

8 L.S. Stavrianos, 1989, *Lifelines from Our Past: A New World History*, New York: Pantheon Books, 48.

9 James Mellaart, 1967, *Çatal HüyüK: A Neolithic Town in Anatolia*, New York: McGraw-Hill; Ian A. Todd, 1976, *Çatal HüyüK in Perspective,* Menlo Park, CA: Cummings Publishing; Eisler, 1987.

10 Malcolm Gladwell, 2000, *The Tipping Point: How Little Things Can Make a Big Difference*, Boston: Bay Books, Little, Brown, 178~180; Fred Spier, 1996, T*he Structure of Big History: From the Big Bang Until Today*, Amsterdam: Amsterdam University Press, 62~66.

11 John Noble Wilford, 1993, "9000-Year-Old Cloth Found," *San Francisco Chronicle*, August 13, 1993.

12 Mark Kurlansky, 2002, *Salt: A World History*, New Yrok: Walker, 6~12.

13 Heiser, 1981, 20~22; Catherine Johns, 1982, *Sex or Symbol? Erotic Images of Greece and Rome*, London: British Museum, 39~40.

14 Sarah Shaver Hughes and Brady Hughes, 2001, "Women in Ancient Civilizations," in Michael Adas, ed., *Agricultural and Pastoral Societies and Classical History*, Philadelphia, PA: Temple University Press, 116~150; Donald E. Brown, 1991, *Human Universals*, Philadelphia: Temple University Press, 52.

15 Clive Ponting, 1991, *A Green History of the World: The Environment and the Collapse of Great Civilizations*, New York, Penguin; Roger Sands, 2005, *Forestry in a Global Context*, Cambridge, MA: CABI Publishing.

16 Daniel J. Hillel, 1991, *Out of the Earth: Civilization and the Life of Soil*, New York: Free Press, Macmillan, 16에서 인용.

17 J. R. McNeill, 2005, *Something New Under the Sun: An Environmental History of the Twentieth Century World*, New York: W. W. Norton, 45.

18 Stephen Mitchell, 2004, *Gilgamesh: A New English Version*, New York: Free Press.

19 Hillel, 1991, 63. 이 같은 해석을 하는 책은 다음과 같다. Colin Tudge, 1996, *The Time Before History: Five Million Years of Human Impact*, New York: Scribner, 267.

20 Michael Pollan, 2001, *The Botany of Desire: A Plant's Eye View of the World*, New York: Random House, 11.

21 보다 심화된 내용에 대해서는 다음 책을 보라. William Ryan and Walter Pittman, 1999, *Noah's Flood: The New Scientific Discoveries About the Event that Changed History*, New York: Simon and Schuster.

6장 초기 도시들이 생겨나다

1 이와 관련한 논의로 다음을 참조하라. Peter N. Stearns, 1987, *World History: Patterns of Change and Continuity*. New York: Harper and Row, 13~16.

2 David Christian, 2004, *Maps of Time: An Introduction to Big History*, Berkeley, CA: University of California Press, 248.

3 이 장에서는 다음과 같은 책들을 기본 자료로 사용했다. J. R. McNeill and William H. McNeill, 2003, *The Human Web: A Bird's-Eye View of World History*, New York: W. W. Norton; Rihard W. Bulliett, et al. 2003, *The Earth and Its People: A Global History*, Brief 2nd ed., Boston: Houghton Mifflin; Arthur Cotterell, ed., 1980, The *Penguin Encyclopedia of Ancient Civilizations*, London and New York: Penguin.

4 수메르인에 대해서는 다음 책을 보라. Harriet Crawford, 1991, *Sumer and the Sumerians*, Cambridge: Cambridge University Press.

5 Christian, 2004, 261.

6 Rosalind Miles, 1990, *The Women's History of the World*, New York: Harper and Row, 43.

7 Crawford, 1991, 151~153; Georges Jean, 1992, *Writing: The Story of Alphabets and Scripts*, New York: Harry N. Abrams, 12~21.

8 Dale Keiger, "Clay, Paper, Code," *Johns Hopkins Magazines*, September 2003, 34~41; Timothy Potts, "Buried Between the Rivers," *New York Review of Books*, September 25 , 2003, 18~23; Diane Wolkstein and Samuel Noah Kramer, 1983, *Inanna: Queen of Heaven and Earth*: *Her Stories and Hymns from Sumer*, New York: Harper and Row, 127~135.

9 Brian M. Fagan, 2005, *The Long Summer: How Climate Changed Civilization*, New York: Basic Books, 6~7, 141~145.

10 Jared Diamond, 1999, *Guns, Germs and Steel: the Fates of Human Societies*, New York: Norton, 418.

11 Wolkstein and Kramer 1983, 101.

12 Charles Officer and Jake Page, 1993, *Tales of the Earth: Paroxysms and Perturbations of the Blue Planet*, New York: Oxford University Press, 62~63.

13 Mark Kurlansky, 2002, *Salt: A World History*, New York: Walker, 38~44.

14 Daniel J. Hillel, 1991, *Out of Earth: Civilization and the Life of the Soil*, New York: Free Press, Macmillan, 5.

15 R. F. Willetts, 1980, “The Minoans,” in Arthur Cotterell, ed., *The Penguin Encyclopedia of Ancient Civilizations*, London and New York: Penguin, 204~210; William J. Broad, “It Swallowed a Civilization,” *New York Times*, October 21, 2003, D1~2.

16 Miles, 1990, 64.

17 Colin A. Ronan, 1978, *The Shorter Scence and Civilization in China: An Abridgement of Joseph Needham's Original Text*, vol. 1, Cambridge, England: Cambridge University Press, 26~30.

18 Kurlansky, 2002, 44~46; Jerry H. Bentley, 1993, *Old World Encounters: Cross Cultural Contacts and Exchanges in Pre-Modern Times*, New York: Oxford University Press.

19 Hillel, 1991, 16~17.

20 Jean, 1987, 60~62.

21 Christian, 2004, 257, 263.

22 Joseph Campbell with Bill Moyers, 1988, *The Power of Myth*, New York: Doubleday, 169-171.

23 Miles, 1990, 47.

24 Catherine Johns, 1982, *Sex or Symbol? Erotic Images of Greece and Rome*, London: British Museum Press, 42~61.

25 Christian, 2004, 143, 309.

26 Ibid., 258; Geoffrey Blainey, 2002, *A Short History of the World*, Chicago: Ivan R. Dee, 72~73.

27 Cotterell, ed., 1980, 16~17; Bentley, 1993, 21.

28 《블랙 아테나》의 영상물에 대한 나이트의 평을 보라. Franklin W. Knight, 1993 “Black Athena,” *Journal of World History* 4, no. 2, Fall 1993, 325~327.

7장 아프로유라시아 네트워크를 만들다

1 Mark Kurlansky, 2002, *Salt: A World History*, New York: Walker, 54-55.

2 Peter Bernesford Ellis, 1990, *The Celtic Empire: The First Millennium of Celtic History, c. 1,000 B.C. ~ 51 A.D.*, London; Constable.

3 Richard W. Bulliet, et al., 2003, *The Earth and Its People: A Global History*, Brief 2nd ed., Boston: Houghton Mifflin, 108~115, J. R McNeill and William H

McNeill, 2003, T*he Human Web: A Bird's-Eye View of World History*, New York: W. W. Norton, 6~64, 86.

4 다음 책을 보라. Huston Smith and Phil Novak, 2003, *Buddhism: A Concise Introduction*, New York: HarperCollins.

5 Robert Temple, 1986, *the Genius of China: Three Thousand Years of Science*, Discovely and Invention, New York: Simon and Schuster, 219~224.

6 McNeill and McNeill, 2003, 67.

7 Xinru Liu, 2001, "The Silk Road: Overland Trade and Cultural Interactions in Eurasia," in Michael Adas, ed., *Agricultural and Pastoral Societies and Classical History*, Philadelphia: Temple University Press, 151~179.

8 Vaclav Smil, 1994, *Energy in World History*, Boulder, Co: Westview Press, 232. 9. 9. McNeill and McNeill, 2003, 80.

10 Crane Brinton, John B. Christopher, and Robert Lee Wolff, 1960, *A History of Civilization*, 2nd ed., Englewood Cliffs, Nj: Prentice-Hall, I, 65.

11 Sarah Shaver Hughes and Brady Hughes, 2001, "Women in Ancient Civilizations," in Michael Adas, ed., *Agricultural and Pastoral Societies and Classical History*, Philadelphia: Temple University Press, 140.

12 Michael Cook, 2003, *A Brief History of the Human Race*, New York: W. W. Norton, 226.

13 Donald J. Hughes, 1975, *Ecology in Ancient Civilizations*, Albuquerque: University of New Mexico, 68~75.

14 Kurlansky, 2002, 63~68.

15 Shaye. J. D. Cohen, 1988, "Roman Domination: The Jewish Revolt and the Destruction of the Second Temple," in Hershel Shanks, ed., *Ancient Israel: A Short History form Abraham to the Roman Destruction of the Temple*, Englewood Cliffs, NJ: Prentice-Hall, 205~235.

16 William H. McNeill, 1976, *Plagues and People, Garden City*, NJ: Anchor Press/ Doubleday, 121~122; Robert Austin Markus, 1974, *Christianity in the Roman World*, London: Thames and Hudson, 25.

17 William H. McNeill, 1992, *The Global Condition: Conquerors, Catastrophes and Community*, Princeton: Princeton University Press, 103.

18 David Christian, 2004, *Maps of Time: An Introduction to Big History*, Berkeley: University of California Press, 143, 325-326.

19 Clive Ponting, 1991, *A Green History of the World: the Environment and the*

Collapse of Great Civilizations, New York: Penguin, 54-83; Hughes, 1975, 99~124.

20 유일신을 믿었던 최초의 종교 중 하나는 기원전 5세기 초에 페르시아제국의 동쪽 지방에서 시작된 것으로 보인다. 그것은 조로아스터교였는데, 그 종교의 선지자를 그리스어로 조로아스터(Zoroaster)라고 불렀으며 페르시아어로는 자라투스트라(Zarathushtra)라고 불렀지만 그의 생몰 연도는 확실치 않다. 조로아스터교는 이원론적 우주를 믿었으며, 선한 힘과 사악한 힘이 우주적 투쟁을 벌여 결국 선한 힘이 세계가 끝나는 시점에 이길 것으로 보았다. 조로아스터교의 사제들은 '마기(magi)'라고 불렸다. 조로아스터교는 유대교와 그리스도교에 영향을 미친 것으로 보인다. 그러나 훗날 이슬람 세계가 이란을 점령하면서 조로아스터교는 쇠퇴했고, 오늘날 남아 있는 조로아스터교 공동체들은 '파르시'라고 불린다.

21 축의 시대에 대해서는 다음 책을 참고하라. Karen Armstrong, 2006, *The Great Transformation: The Begginning of Our Religious Traditions*, New York: Alfred A. Knoph: 왜 인간이 아직까지 고대 종교를 믿는지에 대해서는 다음 책을 참고하라. Sam Harris, 2004, *The End of Faith*, New York: W. W. Norton.

22 다음 책을 보라. G. W. Bowerstock, 1988, "The Dissolution of the Roman Empire," in Norman Yoffee and George L. Cowgill, eds, *The Collapse of Ancient States and Civilizations*, Tucson, AZ: University of Arizona Press, 165~175; Allen M. Rollins, 1983, *The Fall of Rome: A Reference Guide, Jefferson*, NC: McFarland; Bryan Ward-perkins, 2005, *The Fall of Rome and the End of Civilization*, Oxford: Oxford University Press.

8장 아프로유라시아 네트워크가 확장되다

1 이 장에서는 기본적으로 다음 책들을 참고했다. J. R McNeill and William H McNeill, 2003, T*he Human Web: A Bird's-Eye View of World History*, New York: W. W. Norton, ch, 4.; Rihard W. Bulliett, et al. 2003, *The Earth and Its People: A Global History*, Brief 2nd ed., Boston: Houghton Mifflin, chs. 7~9.

2 Bulliett, et al., 2003, 324. 다음 책을 통해 더 복잡한 논의들을 살펴볼 수 있다. David Christian, 1998, *A History of Russia, Central Asia and Mongolia*, vol. 1, *Inner Eurasia from Prehistory to the Mongol Empire*, Oxford: Blackwell, 346~348.

3 Crane Brinton, John B. Christopher, and Robert Lee Wolff, 1960, *A History of Civilization*, 2nd ed., Englewood Cliffs, NJ: Prentice-Hall, 1, 221~222.

4 Xinru Liu, 2001, "The Silk Road: Overland Trade and Cultural Interactions in

Eurasia," in Michael Adas, ed., *Agricultural and Pastoral Societies and Classical History*, Philadelphia: Temple University Press, 154~179.

5 Richard M. Eaton, 1990, *Islamic History as Global History*, Washington, DC American Historical Association, 10~11.

6 Frederick Kilgour, 1998, *The Evolution of the Book*, Oxford and New York: Oxford University Press, 54-62.

7 Liu, 2001, 161.

8 S. A. M. Adshead, 2000, *China in World History*, 3rd ed., New York: St. Martin's Press, 54~56.

9 Bulliett, et al., 2003, 222~223.

10 Adshead, 2000, 72~88.

11 Ibid., 70, 98.

12 Robert Temple, 1986, *The Genius of China: Three Thousand Years of Science*, Discovely and Invention, New York: Simon and Schuster, 224~228.

13 Adshead, 2000, 97.

14 Colin A. Ronan, 1978, *The Shorter Science and Civilization in China: An Abridgement of Joseph Needham's Original Text*, vol. 1, Cambridge, England: Cambridge University Press, 44~48.

15 다음 글을 보라. Peter B. Golden, 2001, "Nomads and Sedentary Societies in Eurasia," in Michael Adas, ed., *Agricultural and Pastoral Societies in Ancient and Classical History*, Philadelphia: Temple University Press, 71~115.

16 Bulliett, et al., 2003, 206~207; Stewart Brand, 1999, *The Clock of the Long Now: Time and Responsibility*, New York: Basic Books, 101.

17 바이킹에 대해서는 다음 책을 보라. Gwyn Jones, 1984, *A History of the Vikings*, rev. ed., Oxford and New York: Oxford University Press; E. O. G. Turville-Petre, 1975, *Myth and Religion of the North: The Religion of Ancient Scandinavia*, Westport, CN: Greenwood Press; David M. Wilson, 1989, *Vikings and Their Origins: Scandinavia in the First Millennium*, rev. ed., London: Thames and Hudson.

18 이 문제에 대해서는 다음 책을 보라. Jerry H. Bentley, 1993, *Old World Encounters: Cross Cultural contacts and Exchanges in Pre-Modern Times*, New York; Oxford University Press, 100~101.

19 다음 책을 보라. Roger Collins, 1998, *Charlemagne*, Toronto and Buffalo: University of Toronto Press.

20 Lester Kurtz, 1995, *Gods in the Global Village: The World's Religions in Sociological Perspective*, Thousand Oaks, CA; Pine Forge Press, 271.

21 McNeill and McNeill, 2003, 98.

22 Philip D. Curtin , 1984, *Cross-Cultural Trade in World History*, Cambridge: Cambridge University Press, 15~27; John Illiffe, 1995, *Africans: The History of a Continent*, New York: Cambridge University Press. 일리프는 아프리카의 역사가 기후, 지리, 질병과 같은 방해물들 때문에 독특해졌다고 주장한다.

23 Curtin, 1984, 38-39; McNeill and McNeill, 2003, 96; David Christian, 2004, *Maps of Time: An Introduction to Big History*, Berkeley: University of California Press, 344.

24 David Christian, 'World History in Context', *Journal of World History*, December 2003, 451.

25 Christian, 2004, 344.

26 Johan Goudsblom, Eric Jones, and Stephen Mennell, 1996, *The Course of Human History: Economic Growth, Social Process and Civilization*, Armonk, NY: M. E. Sharpe, 22~28.

27 Basil Davidson, 1991, *African Civilization Revisited*, Trenton, NJ: Africa World Press, 93~97.

9장 아메리카 대륙에 문명이 등장하다

1 Roger Lewin, 1988, *In the Age of Mankind*, Washington, DC: Smithsonian Books, 167~169; Jared Diamond, 1999, Guns, Germs, and Steel: The Fates of Human Societies, New York: Norton, 44~48.

2 이 장의 기초적인 내용에 대해서는 다음 책을 참고했다. John E. Klcza, 2001, "The People and Civilizations of the Americas Before Contact,' in Michael Adas, ed., *Agricultural and Pastoral Societies in Ancient and Classical History*, Philadelphia: Temple University Press, 183~223.

3 Charles C. Mann, 2005, 1491: New Revelations of the Americas Before Columbus, New York: Alfred A. Knopf, ch. 9; William H. McNeill, "New World Symphony," New York Review of Books, December 15, 2005, 45.

4 J. R McNeill and William H McNeill, 2003, T*he Human Web: A Bird's-Eye View of World History*, New York: W. W. Norton, 109; John A. Mears, 2001,

"Agricultural Origins in Global Perspective," in Michael Adas, ed., *Agricultural and Pastoral Societies in Ancient and Classical History*, Philadelphia: Temple University Press, 170~175.

5 Kicza in Adas, ed., 2001, 185.

6 Brian M. Fagan, 2005, *The Long Summer: How Climate Changed Civilization*, New York: Basic Books, 214~230; Joseph A. Tainter, 1989, *The Collapse of Complex Societies*, Cambridge: Cambridge University Press, 170~175.

7 Brian M. Fagan, 1984, *The Aztecs*, New York, W. H. Freeman, 243-244.

8 Diamond, 1999, 292.

9 아즈텍에 관한 설명은 다음 책을 기초로 한 것이다. Fagan, 1984, 9~11.

10 Terence N. D' Altroy, 2002, *The Incas*, Malden, MA: Blackwell, ch. 2.

11 Garcilaso e la Vega, *Royal Commentaries of the Incas*, and Felipe Guaman Pom de Ayala; D' Altroy, 2002, 14~15. 잉카에 관한 설명은 다음 책은 기초로 했다. D' Altroy, 2002; Craig Morris and Adriana von Hagen, 1993, *The Inka Empire and Its Andean Origins*, New York: Abbeville Press and the American Museum of Nautral History.

12 Hugh Thomson, 2001, *The White Rock: An Exploration of the Ica Heartland*, Woodstock and New York; Overlook Press, 204; John Hemming, 1970, The Conquest of the Incas, New York: Macmillan, 498.

13 Jack Weatherford, 1991, *Native Roots: How the Indians Enriched America*, New York: Crown Publishers, 97~98.

14 Rihard W. Bulliett, et al. 2003, *The Earth and Its People: A Global History*, Brief 2nd ed., Boston: Houghton Mifflin, 250; McNeill and McNeill, 2003, 112.

15 Kicza, in Adas, ed., 2001, 27.

16 I. A. Ritchie Carson, 1981, F*ood in Civilization: How History Has Been Affected by Human Tastes*, New York and Toronto: Beaufort Books, 106.

17 Johan Goudsblom, Eric Jones, and Stephen Mennell, 1996, *The Course of Human History: Economic Growth, Social Process and Civilization*, Amonk, NY: M. E. Sharpe.

18 McNeill and McNeill, 2003, 162.

19 Lewin, 1988, 160~164.

20 Fagan, 1984, 233~236.

21 Morris and von Hagen, 1993, 86.

10장 아프로유라시아, 하나로 연결되다

1 David Christian, 2004, *Maps of Time: An Introduction to Big History*, Berkeley: University of California Press, 305, 335.

2 Ibid., 318.

3 Jack Weatherford, 2004, *Genghis Khan and the Making of the Modern World*, New York: Crown Publishers, xxvi.

4 Ibid., introduction; David Christian, 1998, *A History of Russian, Central Asia and Mongolia, vol. 1, Inner Eurasia from Prehistory to the Mongol Empire*, Oxford: Blackwell, 426.

5 David Morgan, 1986, *The Mongols*, Oxford: Basil Blackwell, 30; Weatherford, 2004, xxvii. 몽골족에 대한 설명은 위의 두 책과 다음 책들에 기초한 것이다. Peter B. Golden, 2001, "Nomads and Sedentary Societies in Eurasia," in Michael Adas, ed., *Agricultural and Pastoral Societies in Ancient and Classical Times*, Philadelphia: Temple University Press, 71~115; Paul Ratchnevsky, 1991, *Genghis Khan: His Life and Legacy*, Oxford: Blackwell.

6 Morgan, 1986, 93; Weatherford, 2004, 113~117.

7 Jerry H. Bentley, 1993, *Old World Encounters: Cross Cultural Contacts and Exchanges in Pre-Modern Times*, New York: Oxford University Press, 111에서 인용.

8 William H. McNeill, 1976, *Plagues and People*, Garden City, NJ: Anchor Press/Doubleday, 166~186.

9 Philip D. Curtin, 1984, *Cross-Cultural Trade in World History*, Cambridge: Cambridge University Press, 125; Christian, 2004, 379; Richard W. bulliet, et al., 2003, *The Earth and Its People: A Global History*, Brief 2nd ed. Boston: Houghton Mifflin, 290~292. 좀 더 읽기 쉬운 책으로는 다음 책이 있다. Louise Levathes, 1994, *When China Ruled the Seas: The Treasure Fleet of the Dragon Throne, 1405~1433*, New York: Simon and Schuster.

10 Janet L. Abu-Lughod, 1989, *Before European Hegemony: The World System A. D. 1250~1350*, New York: Oxford University Press, 344~347.

11 Curtin, 1984, 107; Bentley, 1993, 176.

12 Richard M. Eaton, 1990, *Islamic History as Global History*, Washington, DC American Historical Association, 23.

13 J. R McNeill and William H McNeill, 2003, T*he Human Web: A Bird's-Eye View*

of World History, New York: W. W. Norton, 132.

14 Eaton, 1990, 44~45; Ross E. Dunn, 1986, *The Adventures of Ibn Battuta: A Muslim Traveler of the Fourteenth Century*, Berkeley, University of California Press.

15 Bulliet, et al., 2003, 319~320; Paul E. Lovejoy, 2000, *Transformations in Slavery: A History of Slavery in Africa*, 2nd ed., Cambridge: Cambridge University Press, 24~25.

16 L.S. Stavrianos, 1989, *Lifelines form Our Past: A New World History*, New York: Pantheon, 54.

17 다음 책을 보라. Christopher Tyerman, 2006, *God's War: A New History of the Crusades*, Cambridge, MA: Harvard University Press.

18 Morgan, 1986, 179; Weatherford, 2004, 162.

19 Roger Sands, 2005, *Forestry in a Global Context*, Cambridge, MA: CABI Publishing, 31~33.

20 Frederick Kilgour, 1998, *The Evolution of the Book*, New York: Oxford University Press, 8, 82.

21 Christian, 2004, 344~345.

22 다음 잡지에 실린 논쟁을 참고하라. *Journal of World History 4*, no. 4, December 2003, 503~550.

23 다음 글을 보라. Nicolas Wade, "A Prolific Genghis Khan, It Seems, Helped People the World," *New York Times*, February 11, 2003, D3.

24 다음 글을 보라. Robert Finlay, "How Not to (Re)Write World History: Gavin Menzies and the Chinese Discovery of America," *Journal of World History 15*, 2, June 2004, 229~242. 합리적인 설명을 보려면 Levathes, 1994를 참고하라.

11장 지구를 연결하다

1 Richard W. bulliet, et al., 2003, *The Earth and Its People: A Global History*, Brief 2nd ed. Boston: Houghton Mifflin, 344; J. R McNeill and William H McNeill, 2003, *The Human Web: A Bird's-Eye View of World History*, New York: W. W. Norton, 163, 176.

2 David Christian, 2004, *Maps of Time: An Introduction to Big History*, Berkeley: University of California Press, 381.

3 John A. Mears, 2001, "Agricultural Origins in Global Perspective," in Michael Adas, ed., *Agricultural and Pastoral Societies in Ancient and Classical History*, Philadelphia: Temple University Press, 38; Jared Diamond, 1999*, Guns, Germs, and Steel: The Fates of Human Societies*, New York: Norton, 266, 283; Christian, 2004, 344~345.

4 McNeill and McNeill, 2003, 156~161.

5 Jerry H. Bentley, 1993, *Old World Encounters: Cross Cultural Contacts and Exchanges in Pre-Modern Times*, New York: Oxford University Press, 177.

6 James Reston, 2005, *Dogs of God: Columbus, the Inquisition, and the Defeat of the Moors*, New York: Doubleday, 205. 영국은 1290년에 유대인들을 추방했다. Ibid.

7 Ivan Hannaford, 1996, *Race: The History of an Idea in the West*, Washington, DC: Woodrow Wilson Center Press, ch. 4; George M. Frederickson, 2002, *Racism: A Shot History*, Princeton: Princeton University Press, 17~34.

8 Milton Meltzer, 1990, *Columbus and the World Around Him*, New York: Franklin Watts.

9 코르테스와 아즈텍에 대해서는 다음 책을 보라. Brian M. Fagan, 1984, *The Aztecs*, New York: W. H. Freeman, ch. 11.

10 Fagan, 1984, ch. 12.

11 페루 점령에 대해서는 다음 책들을 보라. Diamond, 1999, 68~79; Terence N. D'Altroy, 2002, *The Incas*, Malden, MA: Blackwell; Nigel Davies, 1995, *The Incas*, Niwot, CO: University Press of Colorado; John Hemming, 1970, *The Conquest of the Incas*, New York: Macmillan.

12 Diamond, 1999.

13 William H. McNeill, 1976, *Plagues and People*, Garden City, NJ: Anchor Press/Doubleday; Robert S. Desowitz, 1997, *Who Gave Pinta to the Santa Maria? Tracking the Devastating Spread of Lethal Tropical Disease into America*, New York: Harcourt Brace.

14 Hemming, 1970, 267~288; Hugh Thomas, 2004, *Rivers of Gold: The Rise of the Spanish Empire, from columbus to Magellan*, New York: Random House, 304~456.

15 금과 은에 대해서는 다음의 책들을 보라. Jack Weatherford, 1988, *Indian Givers: How the Indians of the Americas Transformed the World*, New York; Fawcett Columbine, 6~17.

16 I. A. Ritchie Carson, 1981, *Food in Civilization: How History Has Been Affected*

by Human Tastes, New York and Toronto: Beaufort Books, 111~128; J. M. Blaut, 1993, *The Colonizer's Model of the World: Geographical Diffusionism and Eurocentric History*, New York and London: Guilford Press, 191~192; Bulliet, et al., 2003, 398.

17 Frederickson, 2002, 30; McNeill and McNeill, 2003, 168~169; William H. McNeill, 1992, *The Global Condition: Conquerors, Catastrophes and Community*, Princeton: Princeton University Press, 21.

18 Paul Bairoch, 1993, *Economics and World History: Myths and Paradoxes*, Chicago: University of Chicago Press, 146~167; Patrick Manning, 1990, *Slavery and African Life: Occidental, Oriental and African Trade*, Cambridge and New York: Cambridge University Press, 171; Bulliet, et al. 2003, 421.

19 Femand Braudel, 1985, *Civilizations and Capitalism, Fifteenth-Eighteenth Century, vol. II*, London: Fontana Press, 101~102.

20 Ibid., 559~568.

21 이 부분의 설명은 다음 책에 대부분 의존했다. McNeill and McNeill, 2003, 186~212.

22 이 구절은 페이시의 다음 책에서 나온 것이다. Amold Pacey, 1990, *Technology in Civilization: A Thousand-Year History*, Cambridge, MA: MIT Press, 62.

23 McNeill and McNeill, 2003, 170~171.

24 Manning, 1990, 84.

25 Bulliet, et al., 2003, 384; Thomas, 2004, 304~456; Frederickson, 2002, 36.

12장 산업화가 진행되다

1 Peter N. Steams, 1993, *The Industrial Revolution in World History*, Boulder, CO: Westview Press; Fred Spier, 1996, *The Structure of Big History: From the Big Bang Until Today*, Amsterdam: Amsterdam University Press, 38.

2 J. R McNeill and William H McNeill, 2003, *The Human Web: A Bird's-Eye View of World History*, New York: W. W. Norton, 222. Donella Meadows, et al., 2004, *Limits to Growth: The Thirty-Year Update*, White River Junction, VT: Chelsea Green Publishing 28.

3 Robert Skidelsky, "The Mystery of Growth," *New York Review of Books, March 13*, 2003, 28~31.

4 Fernand Braudel, 1985, *Civilizations and Capitalism, Fifteenth-Eighteenth*

Century, Vol. II, London: Fontana Press, 525~574.

5 Charles Van Doren, 1991, *A History of Knowledge: Past*, Present and Future, New York: Ballantine, 227.

6 Howard Zinn, 1980, *A People's History of the United States*, New York: Haper and Row, 82~95.

7 George M. Frederickson, 2002, *Racism: A Shot History*, Princeton: Princeton University Press, 56~57; Ivan Hannaford, 1996, *Race: The History of an Idea in the West*, Washington, DC: Woodrow Wllson Center Press, 206~208.

8 Kenneth Pomeranz, 2001, *The Great Divergence: China, Europe, and the Making of the Modern World Economy*, Princeton: Princeton University, 61; J. R. McNeill, 2000, *Something New Under the Sun: An Environmental History of the Twentieth-Centruy World*, New York,: W. W. Norton, 13; McNeill and McNeill, 2003, 230~232.

9 Pomeranz, 2001, 61~66.

10 Crane Brinton, John B. Christopher, and Robert Lee Wolff, 1960, *A History of Civilization,* vol. II, Englewood Cliffs, NJ Prentice-Hall, 11~12; I. A. Ritchie Carson, 1981, *Food in Civilization: How History Has Been Affected by Human Tastes,* New York and Toronto: Beaufort Books, 135~136.

11 Braudel, 1985, vol. □, 595~615; Paul Kennedy, 1991, *Preparing for the Twenty-First Century*, New York: Ballantine, 6~7.

12 Braudel, 1985, vol. □, 249~261; Pomeranz, 2001, 275~281.

13 Louise A. Tilly, 1993, *Industrialization and Gender Inequality*, Washington, DC: American Historical Association, 14, 48; Stearns, 1991, 14~15.

14 McNeill and McNeill, 2003, 241~345; Stearns, 1991, 35~40.

15 David Christian, 1997, *Imperial and Soviet Russia: Power, Privilege and the Challenge of Modernity*, New York: St. Martin's Press, ch. 3; McNeill and McNeill, 2003, 252~258.

16 이 문단과 이전 문단의 내용은 다음 책에 기초한 것이다. McNeill and McNeill, 2003, 217~221.

17 J. R. McNeill, 2000, 14; Kennedy, 1991, 32.

18 Phillp Curtin, 1984, *Cross-Cultural Trade in World History, Cambridge*: Cambridge University Press, 251; Peter Jay, 2000, *The Wealth of Man*, New York: Public Affairs, 186~208.

19 Frederickson, 2000, 170.

20 Paul E. Lovejoy, 2000, *Transformations in Slavery: A History of Slavery in Africa*,

2nd ed., Cambridge: Cambridge University Press, 252, 288; McNeill and McNeill, 2003, 216; John Iliffe, 1995, *Africans: The History of a Continent*, New York: Cambridge University Press, 3.

21 다음을 참조하라. Mike Davis, 2001, *Late Victorian Holocausts: El Nino Famines and the Making of the Third World*, London and New York: Verso; John Richards, 2003, *The Unending Frontier: An Environmental History of the Early Modern World*, Berkeley: University of California Press, 82.

22 McNeill and McNeill, 2003, 291~292; Paul Bairoch, 1993, *Economics and World History: Myths and Paradoxes*, Chicago Press, 9.

23 McNeill and McNeill, 2003, 280.

24 Lester Kurtz, 1995, *Gods in the Global Village: The World's Religions in Sociological Perspective, Thousand Oaks*, CA: Pine Forge Press, 21.

25 J. R. McNeill, 2000, 15~16; McNeill and McNeill, 2003, 290~316.

26 Kennedy, 1991, 45~46; Donella Meadows, Jorgen Randers, and Dennis Meadows, 2004, *Limits to Growth: The 30-Year Update*, White River Junction, VT: Chelsea Green, 42~43.

27 David Christian, 2004, *Maps of Time: An Introduction to Big History*, Berkeley: University of California Press, 444~445; Paul Kivel, 2004, *You Call This a Democracy? Who Benefits, Who pays and Who Really Decides*, New York: Apex Press, 25.

28 J. R. McNeill, 2000, 16.

29 Braudel, 1985, vol. □, 620~623.

30 Allen K. Smith, 1991, *Creating a World Economy: Merchant Capital, Colonialism and World Trade, 1400~1825*, Boulder, CO: Westview Press, 116.

31 Elizabeth Kolbert, "Why Work?," *New Yorker*, November 29, 2004, 154.

13장 우리는 어디에 있고, 어디로 가는가

1 J. R. McNeill, 2000, *Something New Under the Sun: An Environmental History of the Twentieth Century World*, New York: W. W. Norton, 9. 이 부분과 관련한 나머지는 다음 책에 기초한 것이다. Bjorn Lomborg, 2001, *The Skeptical Environmentalist: Measuring the Real State of the World*, Cambridge: Cambridge University Press.

2 Donella Meadows, et at., 1972, *The Limits to Growth: A Reprot for the Club of Rome's Project on the Predicament of Mankind*, New York: Universe Books.

3 이 부분의 설명은 별다른 표시가 없는 한 J. R. McNeill, 2000에 기초한 것이다.

4 J. R. McNeill, 2000, 111~115; David Christian, 2004, *Maps of Time: An Introduction to Big History*, Berkeley: University of California Press, 478-479.

5 J. R. McNeill, 2000, 100~111; Jim Hansen, "The Threat to the Planet," *New York Review of Books*, July 13, 2006, 12~14, 16.

6 Kenneth Pomeranz, 2001, *The Great Divergence: China, Europe, and the Making of the Modern World Economy*, Princeton: Princeton University Press, 56~60; Donella Meadows, Jorgen Randers, and Dennis Meadows, 2004, *Limits to Growth: The 30-Year Update*, White River Junction, VT: Chelsea Green Publishing, 75.

7 J. R. McNeill, 2000, 229; Jared Diamond, 2005, *Collapse: How Societies Choose to Fail or Succeed*, New York: Viking Penguin, 473, 487.

8 J. R. McNeill, 2000, 146; Meadows, Randers, and Meadows, 2005, 229~231.

9 Medows, Randers, and Meadows, 2005, 66~74.

10 J. R. McNeill, 2000, 342; Martin Rees, 2003, *Our Final Hour: A Scientist's Warming: How Terror, Error, and Enviromental Disaster Threatens Humankind's Future in this Century-On Earth and Beyond*, New York: Basic Books, 34~35; James Sterngold, "Experts Fear Nuke Genie's Out of Bottle," *San Francisco Chronicle*, November 22, 2004, A8.

11 J. R. McNeill, 2000, 312; Lomborg, 2001, 129.

12 Lomborg, 2001, 129.

13 다음 책을 참조하라. Richard Leakey and Roger Lewin, 1995, *The Sixth Extinction: Patterns of Life and the Future of Mankind*, New York: Doubleday.

14 Meadows, Randers, and Meadows, 2004, xiv~xv.

15 Stephen Moore and Julian L. Simon, 2000, *It's Getting Better All the Time: 100 Greatest Trends of the Last 100 Years*, Washington, DC: Cato Institute, 23.

16 Meadows, Randers, and Meadows, 2004, ch. 5; Christian, 2004, 478~479.

17 Meadows, Randers, and Meadows, 2004, 13에서 인용

18 Ibid., 15.

19 Nikos Prantzo, 2000, *Our Cosmic Future: Humanity's Fate in the Universe*, Cambridge: Cambridge University Press, 10, 18, 56~85.

20 장기적인 미래에 대해서는 다음 책들을 참고하라. Prantzos, 2000; Christian, 2004, 486~490.

참고도서 목록

이 목록은 본문에 언급된 모든 책과 논문을 포함하고 있으며, 그 외에 빼놓기에는 너무 훌륭하거나 재미있는 책들을 추가로 포함했다.

- Abu-Lughod, Janet L. 1989. *Before European Hegemony: The World System A.D. 1250–1350.* New York and Oxford: Oxford University Press.
- Adas, Michael, ed. 2001. *Agricultural and Pastoral Societies in Ancient and Classical History*. Philadelphia: Temple University Press.
- Adshead, S.A.M. 2000. *China in World History.* 3rd ed. New York: St. Martin's Press.
- Alvarez, Walter. 1997. *T. Rex and the Crater of Doom.* Princeton, NJ: Princeton University Press.
- Anderson, Walter Truett. 2001. *All Connected Now: Life in the First Global Civilization.* Boulder, CO: Westview Press.
- Armstrong, Karen. 2006. *The Great Transformation: The Beginning of Our Religious Traditions*. New York: Alfred A. Knopf.
- Bairoch, Paul. 1993. *Economics and World History: Myths and Paradoxes.* Chicago: University of Chicago Press.
- Bakker, Robert. 1986. *The Dinosaur Heresies: New Theories Unlocking the Mystery of the Dinosaurs and Their Extinctions.* New York: William Morrow.
- Bentley, Jerry H. 1993. *Old World Encounters: Cross Cultural Contacts and Exchanges in Pre-Modern Times.* New York and Oxford: Oxford University Press.
- Bernal, Martin. 1987. *Black Athena: The Afroasiatic Roots of Classical Civilization. Vol. 1: The Fabrication of Ancient Greece, 1785–1985.* New Brunswick, NJ: Rutgers University Press.
- Bickerton, Derek. 1995. *Language and Human Behavior.* Seattle: University of Washington Press.
- Blainey, Geoffrey. 2002. *A Short History of the World*. Chicago: Ivan R. Dee.

- Blaut, J.M. 1993. *The Colonizer's Model of the World: Geographical Diffusionism and Eurocentric History*. New York and London: Guilford Press.
- Bowerstock, G.W. 1988. "The Dissolution of the Roman Empire." In Norman Yoffee and George L. Cowgill, eds. *The Collapse of Ancient States and Civilizations*. Tucson: University of Arizona Press.
- Brand, Stewart. 1999. *The Clock of the Long Now: Time and Responsibility.* New York: Basic Books.
- Braudel, Fernand. 1985. *Civilizations and Capitalism, Fifteenth–Eighteenth Century*. 3 vols. London: Fontana Press.
- Brinton, Crane, John B. Christopher, and Robert Lee Wolff. 1960. *A History of Civilization.* 2 vols. 2nd ed. Englewood Cliffs, NJ: Prentice-Hall.
- Broad, William J. "It Swallowed a Civilization." *New York Times* (October 21, 2003), D1–2.
- Brown, Donald E. 1991. *Human Universals.* Philadelphia: Temple University Press.
- Bryson, Bill. 2003. *A Short History of Nearly Everything.* New York: Broadway Books.
- Budiansky, Stephen. 1992. *The Covenant of the Wild: Why Animals Chose Domestication.* New York: William Morrow.
- Bulliet, Richard W., et al. 2003. *The Earth and Its People: A Global History*. Brief 2nd ed. Boston: Houghton Mifflin.
- Campbell, Joseph, with Bill Moyers. 1988. *The Power of Myth.* New York: Doubleday.
- Capra, Fritjóf. 2002. *The Hidden Connections: Integrating the Biological, Cognitive, and Social Dimensions of Life into a Science of Sustainability.* New York: Doubleday.
- Capra, Fritjóf and David Steindl-Rast. 1991. *Belonging to the Universe: Explorations on the Frontiers of Science and Spirituality*. New York: HarperCollins.
- Carson, I.A. Ritchie. 1981. *Food in Civilization: How History Has Been Affected by Human Tastes.* New York and Toronto: Beaufort Books.
- Cavalli-Sforza, Luigi Luca. 2000. *Genes, Peoples, and Languages.* Translated from the Italian by Mark Seielstad. New York: North Point/Farrar, Straus and Giroux.
- Christian, David. "The Case for Big History." *Journal of World History* 2, no. 2 (Fall 1991): 223–238. (Reprinted in *The New World History: A Teacher's Companion*. Ross E. Dunn, ed. Boston: Bedford/St. Martin's, 2000, 575–587.)
- ______. 1997. *Imperial and Soviet Russia: Power, Privilege and the Challenge of*

Modernity. New York: St. Martin's Press.
- ______. 1998. *A History of Russia, Central Asia and Mongolia. Vol. 1, Inner Eurasia from Prehistory to the Mongol Empire.* Oxford: Blackwell.
- ______. "World History in Context." *Journal of World History* 14, no. 4 (December 2003): 437–488.
- ______. 2004. *Maps of Time: An Introduction to Big History.* Berkeley: University of California Press.
- Cohen, Mark Nathan. 1977. *The Food Crisis in Prehistory: Overpopulation and the Origins of Agriculture.* New Haven: Yale University Press.
- Cohen, Shaye J.D. 1988. "Roman Domination: The Jewish Revolt and the Destruction of the Second Temple." In Hershel Shanks, ed. *Ancient Israel: A Short History from Abraham to the Roman Destruction of the Temple.* Englewood Cliffs, NJ: Prentice-Hall, 205–235.
- Collins, Roger. 1998. *Charlemagne*. Toronto and Buffalo: University of Toronto Press.
- Cook, Michael. 2003. *A Brief History of the Human Race*. New York: W. W. Norton.
- Cotterell, Arthur, ed. 1980. *The Penguin Encyclopedia of Ancient Civilizations.* London and New York: Penguin Books.
- Crawford, Harriet. 1991. *Sumer and the Sumerians.* Cambridge: Cambridge University Press.
- Curtin, Philip D. 1984. *Cross-Cultural Trade in World History*. Cambridge: Cambridge University Press.
- D'Altroy, Terence N. 2002. *The Incas*. Malden, MA: Blackwell Publishers.
- Davidson, Basil. 1991. *African Civilization Revisited.* Trenton, NJ: Africa World Press.
- Davies, Nigel. 1995. *The Incas*. Niwot, CO: University Press of Colorado.
- Davis, Mike. 2001. *Late Victorian Holocausts: El Niño Famines and the Making of the Third World.* London and New York: Verso.
- Dawkins, Richard. 2004. *The Ancestor's Tale: A Pilgrimage to the Dawn of Evolution.* Boston: Houghton Mifflin.
- Demandt, Alexander. 1984. *Der Fall Roms: Die Auflösung des römischen Reiches im Urteil der Nachweld.* Munich: Beck.
- Desowitz, Robert S. 1997. *Who Gave Pinta to the Santa Maria? Tracking the Devastating Spread of Lethal Tropical Disease into America.* New York: Harcourt

Brace.

- De Waal, Frans, ed. 2001. *Tree of Origin: What Primate Behavior Can Tell Us About Human Social Evolution*. Cambridge, MA: Harvard University Press.
- De Waal, Frans. 2005. *Our Inner Ape: A Leading Primatologist Explains Why We Are Who We Are.* New York: Riverhead Books.
- Diamond, Jared. 1991. *The Rise and Fall of the Third Chimpanzee.* London: Radius.
- ______. 1999. *Guns, Germs and Steel: The Fates of Human Societies.* New York: Norton.
- ______. 2005. *Collapse: How Societies Choose to Fail or Succeed.* New York: Viking Penguin.
- Dickinson, Terence. 1992. *The Universe and Beyond.* Revised and expanded. Buffalo, NY: Camden.
- Dunn, Ross E. 1986. *The Adventures of Ibn Battuta: A Muslim Traveler of the Fourteenth Century.* Berkeley: University of California Press.
- Easterbrook, Gregg. 1995. *A Moment on Earth: The Coming Age of Environmental Optimism*. New York: Penguin.
- Eaton, Richard M. 1990. *Islamic History as Global History.*Washington, DC: American Historical Association.
- Ehrenberg, Margaret. 1989. *Women in Prehistory.* Norman: University of Oklahoma Press.
- Eisler, Riane. 1987. *The Chalice and the Blade: Our History, Our Future*. New York: Harper and Row.
- Ellis, Peter Bernesford. 1990. *The Celtic Empire: The First Millennium of Celtic History c. 1000 B.C.–51 A.D.* London: Constable. Erwin, Douglas H. 2006. *Extinction: How Life on Earth Nearly Ended 250 Million Years Ago*. Princeton, NJ: Princeton University Press.
- Fagan, Brian M. 1984. *The Aztecs.* New York: W. H. Freeman.
- ______. 1990. *The Journey from Eden: The Peopling of Our World.* London: Thames and Hudson.
- ______. 1992. *People of the Earth: An Introduction to World Prehistory*, 7th ed. New York: HarperCollins.
- ______. 2005. *The Long Summer: How Climate Changed Civilization.* New York: Basic Books.
- Fernandez-Armesto, Felipe. 1995. *Millennium: A History of the Last Thousand*

Years. New York: Simon and Schuster.

- ______. 2003. *The Americas: A Hemispheric History.* New York: Modern Library.
- Ferris, Timothy. 1997. *The Whole Shebang: A State-of-the-Universe Report.* New York: Simon and Schuster.
- Finlay, Robert. "How Not to (Re)Write World History: Gavin Menzies and the Chinese Discovery of America." *Journal of World History* 15, no. 2 (June 2004), 229–242.
- Fouts, Roger, with S.T. Mills. 1997. *Next of Kin: My Conversations with Chimpanzees.* New York: Avon.
- Frederickson, George M. 2002. *Racism: A Short History*, Princeton, NJ: Princeton University Press.
- Gallup, George Jr., and D. Michael Lindsay. 1999. *Surveying the Religious Landscape: Trends in U.S. Beliefs*. Harrisburg, PA: Morehouse Publishing.
- Gladwell, Malcolm. 2000. *The Tipping Point: How Little Things Can Make a Big Difference*. Boston: Bay Books; Little, Brown.
- Golden, Peter B. 2001. "Nomads and Sedentary Societies in Eurasia." In Michael Adas, ed., *Agricultural and Pastoral Societies in Ancient and Classical History*. Philadelphia: Temple University Press, 71–115.
- Gonick, Larry. 1990. *The Cartoon History of the Universe: From the Big Bang to Alexander the Great*. New York: Doubleday.
- Goodenough, Ursula. 1998. *The Sacred Depths of Nature*. New York and Oxford: Oxford University Press.
- Goudsblom, Johan, Eric Jones, and Stephen Mennell. 1996. *The Course of Human History: Economic Growth, Social Process and Civilization.* Armonk, NY: M.E. Sharpe.
- Gould, Stephen Jay. "Down on the Farm: A Review of Donald O. Henry, *From Foraging to Agriculture: The Levant at the End of the Ice Age." New York Review of Books* (January 18, 1990), 26–27.
- Gould, Stephen Jay, ed. 1993. *The Book of Life: An Illustrated History of the Evolution of Life on Earth*. New York: W. W. Norton.
- Greene, Brian. 1999. *The Elegant Universe*. New York: Vintage.
- Hannaford, Ivan. 1996. *Race: The History of an Idea in the West*. Washington, DC: Woodrow Wilson Center Press.
- Hansen, Jim. "The Threat to the Planet." *New York Review of Books,* July 13, 2006,

12–14, 16.

- Harris, Sam. 2004. *The End of Faith: Religion, Terror and the Future of Reason.* New York: W. W. Norton.
- Heiser, Charles B. Jr. 1981. *Seed to Civilization: The Story of Food*, 2nd ed. San Francisco: W. H. Freeman.
- Hemming, John. 1970. *The Conquest of the Incas*. New York: Macmillan.
- Henry, Donald O. 1989. *From Foraging to Agriculture: The Levant at the End of the Ice Age.* Philadelphia: University of Pennsylvania Press.
- Hick, John. 1989. *An Interpretation of Religion: Human Responses to the Transcendent.* New Haven: Yale University Press.
- Hillel, Daniel J. 1991. *Out of the Earth: Civilization and the Life of the Soil.* New York: Free Press, Macmillan.
- Howard, W. J. 1991. *Life's Beginnings*. Coos Bay, OR: Coast Publishing.
- Hughes, J. Donald. 1975. *Ecology in Ancient Civilizations.* Albuquerque: University of New Mexico.
- Hughes, J. Donald, ed. 2000. *The Face of the Earth: Environment and World History*. Armonk, NY: M.E. Sharpe.
- Hughes, Sarah Shaver, and Brady Hughes. 2001. "Women in Ancient Civilizations." In Michael Adas, ed., *Agricultural and Pastoral Societies in Ancient and Classical History.* Philadelphia: Temple University Press, 116–150.
- Iliffe, John. 1995. *Africans: The History of a Continent.* New York: Cambridge University Press.
- James, Edward. 1988. *The Franks.* London and New York: Blackwell.
- Jaspers, Karl. 1953. *The Origin and Goal of History*. Translated by Michael Bullock. New Haven: Yale University Press.
- Jay, Peter. 2000. *The Wealth of Man*. New York: Public Affairs.
- Jean, Georges. 1992. *Writing: the Story of Alphabets and Scripts.* Translated from the French by Jenny Oates. New York: Harry N. Abrams.
- Johns, Catherine. 1982. *Sex or Symbol? Erotic Images of Greece and Rome.* London: British Museum Press.
- Jones, Gwyn. 1984. *A History of the Vikings*, rev. ed. Oxford and New York: Oxford University Press.
- Keiger, Dale. "Clay, Paper, Code." *Johns Hopkins Magazine*. (September 2003), 34–41.

- Kennedy, Paul. 1991. *Preparing for the Twenty-first Century.* New York: Ballantine.
- Kicza, John E. 2001. "The People and Civilizations of the Americas Before Contact." In Michael Adas, ed. *Agricultural and Pastoral Societies in Ancient and Classical History.* Philadelphia: Temple University Press, 183–223.
- Kilgour, Frederick. 1998. *The Evolution of the Book.* New York: Oxford University Press.
- Kivel, Paul. 2004. *You Call This a Democracy? Who Benefits, Who Pays, and Who Really Decides.* New York: Apex Press.
- Kirshner, Robert T. 2003. *The Extravagant Universe: Exploding Stars, Dark Energy and the Accelerating Cosmos.* Princeton, NJ: Princeton University Press.
- Knight, Franklin W. *"Black Athena." Journal of World History* 4, no. 2 (Fall 1993), 325–327.
- Kolbert, Elizabeth. "Why Work?" *New Yorker* (November 29, 2004), 154–160.
- Kurlansky, Mark. 2002. *Salt: A World History*. New York: Walker.
- Kurtz, Lester. 1995. *Gods in the Global Village: The World's Religions in Sociological Perspective.* Thousand Oaks, CA: Pine Forge Press.
- Leakey, Richard, and Roger Lewin. 1995. *The Sixth Extinction: Patterns of Life and the Future of Mankind.* New York: Doubleday.
- Levathes, Louise. 1994. *When China Ruled the Seas: The Treasure Fleet of the Dragon throne, 1405–1433.* New York: Simon and Schuster.
- Lewin, Roger. 1988. *In the Age of Mankind.*Washington, DC: Smithsonian Books.
- ______. 1999. *Human Evolution: An Illustrated Introduction*, 4th ed. Malden, MA: Blackwell Science.
- Liu, Xinru. 2001. "The Silk Road: Overland Trade and Cultural Interactions in Eurasia." In Michael Adas, ed., *Agricultural and Pastoral Societies in Ancient and Classical History.* Philadelphia: Temple University Press, 151–179.
- Lomborg, Bjorn. 2001. *The Skeptical Environmentalist: Measuring the Real State of the World.* Cambridge: Cambridge University Press.
- Love, Spencie. 1996. *One Blood: The Death and Resurrection of Charles R. Drew.* Chapel Hill, NC: University of North Carolina Press.
- Lovejoy, Paul E. 2000. *Transformations in Slavery: A History of Slavery in Africa*, 2nd ed. Cambridge: Cambridge University Press.
- Lovelock, James. 1979. *Gaia: A New Look at Life on Earth.* Reprint, Oxford: Oxford University Press, 1987.

- ______. 1988. *The Ages of Gaia: A Biography of Our Living Earth*. New York: Bantam Books.
- MacMullen, Ramsey. 1984. *Christianizing the Roman Empire (A.D. 100–400)*. New Haven and London: Yale University Press.
- McNeill, J.R. 2000. *Something New Under the Sun: An Environmental History of the Twentieth-Century World.* New York: W. W. Norton.
- McNeill, J. R. and William H. McNeill. 2003. *The Human Web: A Bird's-Eye View of World History*. New York: W. W. Norton.
- McNeill, William H. 1976. *Plagues and People.* Garden City, NJ: Anchor Press/ Doubleday.
- ______. 1992. *The Global Condition: Conquerors, Catastrophes and Community*. Princeton, NJ: Princeton University Press.
- ______. "New World Symphony." *New York Review of Books* (December 1, 2005), 43–45.
- ______. "Secrets of the Cave Paintings." *New York Review of Books* (October 19, 2006), 20–23.
- Mann, Charles C. 2005. *1491: New Revelations of the Americas Before Columbus.* New York: Alfred A. Knopf.
- Manning, Patrick. 1990. *Slavery and African Life: Occidental, Oriental and African Trade.* Cambridge and New York: Cambridge University Press.
- Margulis, Lynn, and Dorion Sagan. 1986. *Microcosmos: Four Billion Years of Evolution from Our Microbial Ancestors.* Berkeley: University of California Press; rev. ed. 1997.
- Marks, Jonathan. 2002. *What It Means to Be 98% Chimpanzee: Apes, People, and Their Genes.* Berkeley: University of California Press.
- Markus, Robert Austin. 1974. *Christianity in the Roman World*. London: Thames and Hudson.
- Meadows, Donella, et al. *The Limits to Growth: A Report for the Club of Rome's Project on the Predicament of Mankind.* New York: Universe Books.
- Meadows, Donella, Jorgen Randers, and Dennis Meadows. 2004. *Limits to Growth: The 30-Year Update.* White River Junction, VT: Chelsea Green Publishing.
- Mears, John A. 2001. "Agricultural Origins in Global Perspective." In Michael Adas, ed., *Agricultural and Pastoral Societies in Ancient and Classical History*. Philadelphia: Temple University Press, 36–70.

- Mellaart, James. 1967. *Çatal Hüyük: A Neolithic Town in Anatolia*. New York: McGraw- Hill.
- Meltzer, Milton. 1990. *Columbus and the World Around Him*. New York: Franklin Watts.
- Menzies, Gavin. 2002. *1421: The Year China Discovered America*. New York: William Morrow.
- Miles, Rosalind. 1990. *The Women's History of the World*. New York: Harper and Row, 1990.
- Miller, Walter. 1959. *A Canticle for Leibowitz*. New York: Bantam, reprint 1997.
- Mitchell, Stephen. 2004. *Gilgamesh: A New English Version*. New York: Free Press.
- Mithen, Stephen. 1996. *The Prehistory of the Mind: The Cognitive Origins of Art, Religion and Science*. London: Thames and Hudson.
- Moore, Stephen, and Julian L. Simon. 2000. *It's Getting Better All the Time: 100 Greatest Trends of the Last 100 Years.* Washington, DC: Cato Institute.
- Morgan, David. 1986. *The Mongols*. Oxford: Basil Blackwell.
- Morris, Craig, and Adriana von Hagen. 1993. *The Inka Empire and its Andean Origins*. New York: Abbeville Press and the American Museum of Natural History.
- Officer, Charles, and Jake Page. 1993. *Tales of the Earth: Paroxysms and Perturbations of the Blue Planet*. New York: Oxford University Press.
- Pacey, Arnold. 1990. *Technology in Civilization: A Thousand-Year History*. Cambridge, MA: MIT Press.
- Patterson, Thomas C. 1991. *The Inca Empire: The Formation and Disintegration of a Pre-Capitalist State*. New York and Oxford: Berg, St. Martin's Press [distributor].
- Pearce, Fred. 2006. *When Rivers Run Dry*. Boston: Beacon.
- Pinker, Stephen. 1994. *The Language Instinct: How the Mind Creates Language*. New York: William Morrow; 2000, HarperCollins Perennial.
- ______. 1997. *How the Mind Works*. New York: W.W. Norton.
- Pollan, Michael. 2001. *Botany of Desire: A Plant's Eye View of the World*. New York: Random House.
- Pomeranz, Kenneth. 2000. *The Great Divergence: China, Europe, and the Making of the Modern World Economy*. Princeton, NJ: Princeton University Press.
- Ponting, Clive. 1991. *A Green History of the World: The Environment and the Collapse of Great Civilizations*. New York: Penguin.
- Potts, Timothy. "Buried Between the Rivers." *New York Review of Books* (September

25, 2003), 18–23.

- Prantzos, Nikos. 2000. *Our Cosmic Future: Humanity's Fate in the Universe*. Cambridge: Cambridge University Press.
- Ratchnevsky, Paul. 1991. *Genghis Khan: His Life and Legacy.* Trans. T. N. Haining. Oxford: Blackwell.
- Rees, Martin. 2003. *Our Final Hour: A Scientist's Warning: How Terror, Error, and Environmental Disaster Threatens Humankind's Future in this Century — On Earth and Beyond.* New York: Basic Books.
- Relethford, John H. 1994. *The Human Species: An Introduction to Biological Anthropology*, 2nd ed. Mountain View, CA: Mayfield Publishing.
- Reston, James Jr. 2005. *Dogs of God: Columbus, the Inquisition, and the Defeat of the Moors.* New York: Doubleday.
- Richards, John F. 2003. *The Unending Frontier: An Environmental History of the Early Modern World.* Berkeley: University of California Press.
- Ridley, Mark. 1996. *The Origins of Virtue: Human Instincts and the Evolution of Cooperation*. New York: Viking Penguin.
- Robinson, Kim S. 1991. *Red Mars*. New York: Bantam.
- ______. 1994. *Green Mars*. New York: Bantam.
- ______. 1996. *Blue Mars*. New York: Bantam.
- Rollins, Allen M. 1983. *The Fall of Rome: A Reference Guide*. Jefferson, NC: McFarland and Company.
- Ronan, Colin A. 1978. *The Shorter Science and Civilization in China: An Abridgement of Joseph Needham's Original Text*, vol. 1. Cambridge, England: Cambridge University Press.
- Rue, Loyal. 2000. *Everybody's Story: Wising Up to the Epic of Evolution*. New York: State University of New York Press.
- Ruhlen, Merritt. 1994. *The Origin of Language: Tracing the Evolution of the Mother Tongue*. New York: John Wiley.
- Ryan, William, and Walter Pitman. 1999. *Noah's Flood: The New Scientific Discoveries About the Event That Changed History*. New York: Simon and Schuster.
- Sahlins, Marshall. 1972. *Stone Age Economics.* Chicago and New York: Aldine-Atherton, Inc.
- Sales, Kirkpatrick. 1990. *The Conquest of Paradise: Christopher Columbus and the Columbian Legacy*. New York: Alfred A. Knopf.

- Sands, Roger. 2005. *Forestry in a Global Context*. Cambridge, MA: CABI Publishing.
- Sapolsky, Robert. 2001. *A Primate's Memoir: A Neuroscientist's Unconventional Life Among the Baboons*. New York: Simon and Schuster.
- Schulman, Erik. 1999. *A Briefer History of Time: From the Big Bang to the Big Mac*. New York: W. H. Freeman.
- Shanklin, Eugenia. 1994. *Anthropology and Race*. Belmont, CA: Wadsworth.
- Shanks, Hershel, ed. 1988. *Ancient Israel: A Short History from Abraham to the Roman Destruction of the Temple*. Englewood Cliffs, NJ: Prentice-Hall.
- Skidelsky, Robert. "The Mystery of Growth." *New York Review of Books* (March 13, 2003), 28–31.
- Smil, Vaclav. 1994. *Energy in World History*. Boulder, CO: Westview Press.
- Smith, Alan K. 1991. *Creating a World Economy: Merchant Capital, Colonialism and World Trade, 1400–1825*. Boulder, CO: Westview Press.
- Smith, Huston. 1991. *The World's Religions*, rev. ed. New York: HarperCollins.
- Smith, Huston, and Philip Novak. 2003. *Buddhism: A Concise Introduction*. New York: HarperCollins.
- Smolin, Lee. 1998. *The Life of the Cosmos*. London: Phoenix.
- Spier, Fred. 1996. *The Structure of Big History: From the Big Bang Until Today*. Amsterdam: Amsterdam University Press.
- Standford, Craig. 2001. *Significant Others: The Ape-Human Continuum and the Quest for Human Nature*. New York: Basic Books.
- Stavrianos, L.S. 1989. *Lifelines from Our Past: A New World History*. New York: Pantheon Books.
- Stearns, Peter N. 1987. *World History: Patterns of Change and Continuity*. New York: Harper and Row.
- ______. 1993. *The Industrial Revolution in World History*. Boulder, CO: Westview Press.
- Sterngold, James. "Experts Fear Nuke Genie's Out of Bottle." *San Francisco Chronicle* (November 22, 2004), A1, 8.
- Stuart, George. 1949. *Earth Abides*. New York: Random House.
- Summer Institute of Linguistics. 1990. *The Alphabet Makers*. Huntington Beach, CA: Summer Institute of Linguistics.
- Swimme, Brian, and Thomas Berry. 1992. *The Universe Story: From the Primordial*

Flaring Forth to the Ecozoic Era: A Celebration of the Unfolding of the Cosmos. San Francisco: Harper San Francisco.

- Sykes, Bryan. 2001. *The Seven Daughters of Eve: The Science That Reveals Our Genetic Ancestry.* New York: W. W. Norton.
- Tainter, Joseph A. 1989. *The Collapse of Complex Societies*. Cambridge: Cambridge University Press.
- Temple, Robert. 1986. *The Genius of China: Three Thousand Years of Science, Discovery and Invention*. New York: Simon and Schuster.
- Thomas, Hugh. 2004. *Rivers of Gold: The Rise of the Spanish Empire, from Columbus to Magellan.* New York: Random House.
- Thomson, Hugh. 2001. *The White Rock: An Exploration of the Inca Heartland.* Woodstock and New York: Overlook Press.
- Tilly, Louise A. 1993. "Industrialization and Gender Inequality." In Michael Adas, ed. *Essays on Global and Comparative History*. Washington, DC: American Historical Association.
- Todd, Ian A. 1976. *Çatal Hüyük in Perspective*. Menlo Park, CA: Cummings Publishing.
- Tudge, Colin. 1996. *The Time Before History: Five Million Years of Human Impact.* New York: Scribner.
- ______. 1999. *Neanderthals, Bandits, and Farmers: How Agriculture Really Began.* New Haven and London: Yale University Press.
- Turville-Petre, E.O.G. 1975. *Myth and Religion of the North: The Religion of Ancient Scandinavia*. Westport, CT: Greenwood Press.
- Tyerman, Christopher. 2006. *God's War: A New History of the Crusades*. Cambridge, MA: Harvard University Press.
- Van Doren, Charles. 1991. *A History of Knowledge: Past Present and Future*. New York: Ballantine.
- Van Sertima, Ivan. 1976. *They Came Before Columbus*. New York: Random House.
- ______. 1998. *Early America Revisited.* Piscataway, NJ: Transaction Publishers.
- Van Sertima, Ivan, ed. 1992. *African Presence in Early America*. New Brunswick, NJ: Transaction Books.
- Wade, Nicolas. "In Click Languages an Echo of the Tongues of the Ancients." *New York Times* (March 18, 2003), science section.
- Ward-Perkins, Bryan. 2005. *The Fall of Rome and the End of Civilization.* Oxford:

Oxford University Press.

- Weatherford, Jack. 1988. *Indian Givers: How the Indians of the Americas Transformed the World*. New York: Fawcett Columbine.
- ______. 1991. *Native Roots: How the Indians Enriched America*. New York: Crown Publishers.
- ______. 2004. *Genghis Khan and the Making of the Modern World*. New York: Crown Publishers.
- White, Randall. 1986. *Dark Caves, Bright Visions*. New York: American Museum of Natural History.
- Wilford, John Noble. "9000-Year-Old Cloth Found." *San Francisco Chronicle* (August 13, 1993).
- Willets, R.F. 1980. "The Minoans." In Arthur Cotterell, ed., *The Penguin Encyclopedia of Ancient Civilizations*. London and New York: Penguin, 204–210.
- Williams, Michael. 2003. *Deforesting the Earth: From Prehistory to Global Crisis*. Chicago: University of Chicago Press.
- Wilson, David M. 1989. *The Vikings and Their Origins: Scandinavia in the First Millennium*, rev. ed. London: Thames and Hudson.
- Wilson, Edward O. 2006. *The Creation: An Appeal to Save Life on Earth*. New York: W. W. Norton.
- Wilson, Ian. 2001. *Past Lives: Unlocking the Secrets of Our Ancestors*. London: Cassell. Wolkstein, Diane, and Samuel Noah Kramer. 1983. *Inanna: Queen of Heaven and Earth: Her Stories and Hymns from Sumer*. New York: Harper and Row.
- Wrangham, Richard W. 2001. "Out of the *Pan*, into the Fire: How Our Ancestors' Evolution Depended on What They Ate." In Frans B. M. De Waal, ed., *Tree of Origin: What Primate Behavior Can Tell Us About Human Social Evolution*. Cambridge, MA: Harvard University Press, 121–143.
- Yoffee, Norman, and George L. Cowgill, eds. 1988. *The Collapse of Ancient States and Civilizations*. Tucson, AZ: University of Arizona Press.
- Zinn, Howard. 1980. *A People's History of the United States*. New York: Harper and Row.

찾아보기

ㄹ

ㅁ

ㅂ

ㅅ

ㅇ

ㅈ

ㅊ

ㅋ

ㅌ

ㅍ

빅히스토리

초판 1쇄 발행 | 2017년 12월 4일
초판 4쇄 발행 | 2019년 10월 25일

지은이 신시아 브라운
옮긴이 이근영
책임편집 김은수
디자인 이미지, 김수미, 김종민

펴낸곳 (주)바다출판사
발행인 김인호
주소 서울시 마포구 어울마당로5길 17 5층
전화 322-3885(편집), 322-3575(마케팅)
팩스 322-3858
E-mail badabooks@daum.net
홈페이지 www.badabooks.co.kr

ISBN 978-89-5561-855-6 03900